高等职业院校汽车类技能型人才培养"十三五"规划教

汽车机械基础

主　编　　杨明轩

副主编　　林绍莉　廖春丽

西南交通大学出版社

·成　都·

图书在版编目（ＣＩＰ）数据

汽车机械基础 / 杨明轩主编. —成都：西南交通
大学出版社，2016.3

高等职业院校汽车类技能型人才培养"十三五"规划
教材

ISBN 978-7-5643-4455-9

Ⅰ.①汽… Ⅱ.①杨… Ⅲ.①汽车－机械学－高等职
业教育－教材Ⅵ.①U463

中国版本图书馆 CIP 数据核字（2015）第 313998 号

高等职业院校汽车类技能型人才培养"十三五"规划教材

汽车机械基础

主编　杨明轩

责 任 编 辑	李　伟
特 邀 编 辑	张芬红
封 面 设 计	何东琳设计工作室
出 版 发 行	西南交通大学出版社 （四川省成都市二环路北一段 111 号 西南交通大学创新大厦 21 楼）
发行部电话	028-87600564　028-87600533
邮 政 编 码	610031
网　　　址	http://www.xnjdcbs.com
印　　　刷	成都中铁二局永经堂印务有限责任公司
成 品 尺 寸	185 mm × 260 mm
印　　　张	23
字　　　数	576 千
版　　　次	2016 年 3 月第 1 版
印　　　次	2016 年 3 月第 1 次
书　　　号	ISBN 978-7-5643-4455-9
定　　　价	49.80 元

前　言

在"中国制造 2025"的指引下，智能制造和智能工厂必将取代传统制造业。智能制造庞杂的系统在不相干的设备和设备之间、人和人之间、人和设备之间、物和物之间产生连接的时候，必然就会产生一个系统连接到另一个系统，小系统组成大系统，大系统组成更大的系统。智能制造就是智能工厂，反映在机器之间的并存连接与集成。

高职教育教学顺应这种变化，同时，考虑当前汽车产业发展的实际，突出任务驱动教学模式的优越性。采取"项目引领、任务驱动"的模式，精心选取汽车工程实例为任务载体，按照"任务情境—任务目标—必备知识"的顺序，围绕汽车专业核心课程所需的基础知识和基本技能进行重构，在选择与取舍、提炼和整合中更加注重实用性，使机械理论知识与汽车专业知识有机融合，让理论知识更好地为专业技能服务，达到提高教学质量的目的，体现智能制造和智能工厂所需要的基础，构建新的教学内容体系，以适应"中国制造 2025"国家战略的需要。

本书共包括 4 个项目：汽车机械材料学基础、工程力学、机械设计基础、机械制造技术。通过对全书各项目的学习和训练，希望读者能对汽车钢铁类零件、汽车铸铁类零件、汽车有色金属类零件、汽车非金属类零件的材料、性能、特点、牌号和规格有全面的了解和掌握；能对汽车燃料、润滑油的性能特点进行分析、选择和应用；能对汽车常用四杆机构、汽车配气机构、汽车轮系、汽车机械连接与支承零部件的工作原理、运动特性、基本形式与应用特点进行分析；能对加工汽车零件所使用的车床、铣床、钻床、磨床、镗床、滚齿机等通用加工设备及刀具、量具、加工工艺有充分的了解，具备对零件进行锯削、錾削、锉削、钻孔、攻套螺纹、车削、铣削、磨削、镗削、刮研、装配、焊接等基本技能。

本书以读者完成规定的"任务"为教学目标，强调的是"做"，而不是教师的"讲"，最大限度地激发读者的兴趣和求知欲望，使读者带着问题，有针对性地学习，保持较高的学习热情，从而有效地提高学习效率和效果。因此。在本书编写过程中，编者着重考虑了内容组织和叙述的问题：

（1）在内容组织上打破传统知识结构，充分考虑知识和技能的针对性和适用性，重组、排序和夯实"中国制造 2025"所需要的基础知识。

（2）在内容叙述上尽量多用图和表来表达信息，符合高职院校学生的特点和认知规律；紧密联系汽车行业的实际，并尽可能多地用案例和实例分析，以培养读者的综合能力；每个任务后均附有思考与练习，以便于检查和评估教学效果。

本书由杨明轩担任主编，林绍莉、廖春丽担任副主编。项目一由林绍莉编写，项目二、项目四由杨明轩编写，项目三由廖春丽编写。在本书编写过程中，编者参阅了大量文献资料，在此向这些作者表示衷心的感谢！

本书内容丰富，涉及面广，限于时间紧迫和编者水平，书中不妥之处在所难免，恳请广大读者批评指正。

编　者

2015 年 10 月

目　录

学习项目一　汽车机械材料学基础

工作任务一　汽车机械概述

汽车机械属于机械范畴。汽车是一个复杂的机械系统，其传动原理及各零部件设计、运用与维护都属于机械基础理论技术。现代机械由原动机、传动部分、反馈控制、工作部分组成。汽车是现代机械的典型代表，具有机械的普遍特征。

"汽车机械基础"研究机械中的共性问题，是汽车机械工程的技术基础课，应用广泛。

■ 任务目标

了解汽车机械总体构造、机械基础的概念、汽车材料及其应用和性能；材料的物理性能、化学性能和机械性能是指导生产、选用材料、设计汽车零件及制订加工工艺的主要依据，因此，需着重掌握金属材料的使用性能和工艺性能。

■ 必备知识

一、汽车机械总体构造

汽车通常由发动机、底盘、车身、电气设备四部分组成。

（1）发动机：其作用是使供入其中的燃料燃烧并发出动力。大多数汽车都采用往复活塞式内燃机（现代汽车发动机除了有内燃机外，还有燃料电池式发动机、蓄电池式电动机等）。发动机一般由机体、曲柄连杆机构、配气机构、供给系、冷却系、润滑系、点火系（汽油发动机采用）、起动系等部分组成。

（2）底盘：接收发动机的动力，使汽车产生运动，并保证汽车按照驾驶员的操纵正常行驶。底盘由以下几部分组成：

① 传动系：将发动机的动力传递给驱动车轮。传动系包括离合器、变速器、传动轴、驱动桥等部件。

② 行驶系：将汽车各总成及部件连成一个整体并对全车起支撑作用，以保证汽车正常行驶。行驶系包括车架、车桥（驱动桥的壳体）、车轮（包括转向轮和驱动轮）、悬架等部件。

③ 转向系：保证汽车能按照驾驶员选择的方向行驶。转向系由转向操纵机构、转向器及转向传动装置组成。

④ 制动装置：使汽车减速或停车，并保证驾驶员离开后汽车能可靠地停驻。每辆汽车的制动装置都包括若干个相互独立的制动系，每个制动系都由供能装置、控制装置、传动装置和制动器组成。

（3）车身：是驾驶员的工作场所，也是装载乘客和货物的场所。车身应为驾驶员提供方便操作的条件以及为乘客提供舒适安全的环境，并能保证货物完好无损。

（4）电气设备：由电源组、发动机起动系和点火系、汽车照明和信号装置组成。此外，在现代汽车上越来越多地装用了各种电子设备，如微处理机、中央计算机系统及各种人工智能装置等，显著提高了汽车的使用性能。

为满足不同的使用要求，汽车的总体构造和布置形式都不尽相同。一般根据安装发动机和各个总成相对位置的不同以及驱动方式的不同，现代汽车的布置形式通常分为以下几种：

① 发动机前置后轮驱动（FR）：传统的布置形式，一般多用在货车上，轿车及客车上应用相对较少。

② 发动机前置前轮驱动（FF）：这是目前轿车主流的布置方式，它具有结构紧凑、减少质量、降低地板高度、改善高速时的操纵稳定性等优点。

③ 发动机后置后轮驱动（RR）：这是大多数客车所采用的布置方式，它具有降低室内噪声、利于车身内部布置等优点。

④ 发动机中置后轮驱动（MR）：多用于运动型跑车和方程式赛车上。由于该类汽车需要较大功率的发动机，因此其发动机的尺寸也较大，将发动机安置在驾驶员座椅之后和后桥之前，有利于获得最佳轴荷分配和提高汽车的性能。保时捷跑车便是采用这种布置形式。

⑤ 全轮驱动（nWD）：通常是越野车所采用的方式，此种方式一般发动机前置，在变速器后装用分动器以便将动力分别输送到全部车轮上。不过现在的一些豪华轿车也都采用了这种方式，如奥迪 A8 等。

二、机械基础的概念

机械是机器和机构的总称。机器是由机构组成的；机构是人为的实物组合体，具有确定的机械运动，可以用来传递和转换运动。

机械基础是研究机械工程中的共性问题。工程上使用的机械，首先进行机械设计，将构件按照机械的工作原理组成机构；其次，分析各构件的运动情况及构件在外力作用下的平衡问题；第三，分析构件在外力作用下的承载能力问题，合理地选择材料、热处理方式，确定构件（零件）的形状、具体结构和几何尺寸，绘制零件图、部件装配图和总装图；最后，制订机械制造工艺，经加工和装配成部件或机器，再经试验或使用进一步改进，形成性能完善的机械设备。

根据用途不同，机械可分为如下几种形式：

（1）动力机械：实现机械能与其他形式能量间转换的机械。

（2）加工机械：改变物料的结构形状、性质及状态的机械。

（3）运输机械：改变人或物料空间位置的机械。

（4）信息机械：获取或处理各种信息的机械。

现代机器的出现使机器按功能的分类变得模糊。如机器人能进行焊接和装配，是加工机器；又能用来搬运物品，是运输机械；而且是按照一定的信息来搬运，是信息机械。电池分拣机实现了电池的搬运，但它是根据电池的质量信息来进行分拣后的搬运。

三、汽车发动机的工作原理

四冲程往复活塞式发动机的工作原理：四冲程发动机是活塞每做 4 次往复运动，气缸点火一次，其工作程序如图 1-1-1 所示。

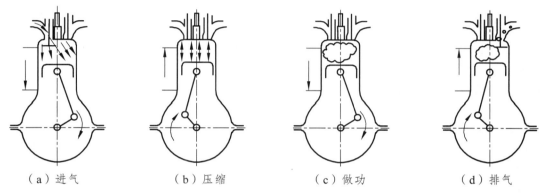

（a）进气　　　（b）压缩　　　（c）做功　　　（d）排气

图 1-1-1　四冲程汽油机工作过程

（1）进气：此时进气门打开，活塞下行，汽油和空气混合后被吸进气缸内。

（2）压缩：此时进气门和排气门同时关闭，活塞上行，混合气被压缩。

（3）做功：当混合气被压缩到最小时，火花塞放电打火，点燃混合气，燃烧产生的压力推动活塞下行并带动曲轴旋转。

（4）排气：当活塞下行到最低点时，排气门打开，废气排出，活塞继续上行，把多余的废气排出。

四、汽车材料及应用

汽车是一个复杂的机械系统，如图 1-1-2 所示。一辆轿车约由 3 万个零部件组装而成。汽车零件按用途来分类，可分为通用零件、专用零件。

通用零件：在各种机器中经常使用的零件，如螺栓、螺母等。

专用零件：仅在特定类型机器中使用的零件，如活塞，曲轴等。汽车上每个零部件的生产制造都涉及材料问题。

据统计，汽车上的零部件采用了 4 千余种不同的材料加工制造。从汽车的设计、选材、加工制造，到汽车的使用、维修和养护等无一不涉及材料。汽车要满足安全、舒适、自重轻、污染排放低、能耗小、价格低等要求，材料是首要考虑的因素。

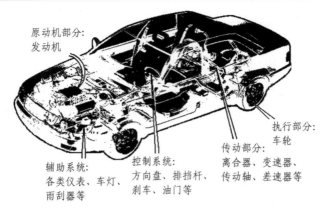

原动机部分：
发动机

执行部分：
车轮

传动部分：离合器、变速器、
传动轴、差速器等

控制系统：
方向盘、排挡杆、
刹车、油门等

辅助系统：
各类仪表、车灯、
雨刮器等

图 1-1-2 汽车的机械系统

（一）汽车工程材料的分类

金属材料（纯金属及合金）由黑色金属（钢铁）和有色金属（Cu、Al、Ti、Mg …）组成。非金属材料以有机高分子材料（主要成分为 C、H）中的塑料、橡胶、合成纤维等和无机材料中的玻璃、水泥、陶瓷等为主。复合材料以玻璃纤维增强塑料等为主。

（二）汽车材料的应用

以轿车用材为例，按照质量来换算，钢材占汽车自重的 55%～60%、铸铁占 12%～15%、有色金属占 6%～10%、塑料占 8%～12%、橡胶占 4%、玻璃占 3%、其他材料（油漆、各种液体等）占 6%～12%。

（三）汽车运行材料

燃料由车用汽油、轻柴油和其他代用燃料组成；润滑油由发动机机油、车辆齿轮油、液力传动油、液压油和润滑脂组成；工作液由制动液、减振器液、发动机冷却液和制冷剂组成。另外，运行材料还有轮胎。

汽车材料总的发展趋势是：结构材料中的钢铁材料所占的比例将逐步下降，有色金属、陶瓷材料、复合材料、高分子材料等新型材料的用量有所上升。在性能可靠的条件下，将尽可能多地采用铝合金、复合材料等轻型、新型材料，以取代钢铁材料。

五、材料的性能

金属材料的性能包括使用性能和工艺性能两方面，其中使用性能又包括物理性能、化学性能和机械性能等，它是指导生产、选用材料、设计零件及制订加工工艺的主要依据。

（一）物理性能

（1）密度：物质单位体积的质量，用符号 ρ 表示，单位符号为 kg/m^3。金属材料的密度直接关系到所制成设备的自重和效能。一般密度小于 $5 \times 10^3\ kg/m^3$ 的金属称为轻金属，密度大于 $5 \times 10^3\ kg/m^3$ 的金属称为重金属。零件在选材时就要考虑到密度。例如，汽车发动机的活塞要求运动时惯性小、质量轻，因此，常用密度较小的铝合金来制造。

（2）熔点：纯金属或合金从固态向液态转变时的温度。纯金属的熔点是固定的，而合金的熔点取决于它的成分，如钢和生铁都是铁和碳的合金，但由于含碳量不同，其熔点也不同。通常熔点低的金属在进行材料加工时易进行铸造和焊接。

（3）导热性：金属材料传导热量的性能。常用热导率来衡量金属导热性的好坏。热导率的符号是λ，合金的热导率比金属的热导率小。导热性能好的金属散热性能也好，所以汽车上的散热器常用铝、铜等金属材料制造。

（4）导电性：金属材料传导电流的性能。衡量金属材料导电性的指标是电阻率，电阻率越小，金属的导电性能越好。金属的导电性以银为最好，铜、铝次之，工业上常用铜、铝及其合金作为导电材料。

（5）热膨胀性：随着温度变化，材料的体积也发生变化（膨胀或收缩）的现象。热膨胀性多用线膨胀系数来衡量，即温度变化 1 ℃ 时材料长度的增减量与其 0 ℃ 时的长度之比，用α表示。在测量零件时必须考虑热膨胀性的因素，轴与轴瓦的装配间隙必须根据材料的热膨胀性来确定，不同金属焊接时要考虑线膨胀系数是否接近等。

（6）磁性：金属导磁的性能。根据金属材料在磁场中受磁化程度的不同，可将金属材料分为铁磁材料、顺磁材料、抗磁材料三类。铁磁材料能在外磁场中强烈地被磁化；顺磁材料只能在外磁场中微弱地被磁化；抗磁材料能抗拒、削弱磁场对材料本身的磁化作用。磁性材料是汽车上的电动机、仪表等电器设备不可缺少的材料。

（二）化学性能

（1）耐腐蚀性：金属材料在常温下抵抗氧、水蒸气等介质腐蚀的能力。常见的铁锈、铜绿等就是腐蚀。一般可采用改变金属材料成分或进行表面处理等方法来提高金属的耐腐蚀性。

（2）抗氧化性：金属在高温时对氧化作用的抵抗能力。为避免金属材料氧化，常在坯件或材料的周围制造一种还原气氛或保护气氛，以减轻金属材料的氧化。在选用汽车材料时，必须考虑其抗氧化性能。例如，汽车发动机排气门在高温高压的环境中工作时，就应该选择抗氧化性好的材料制造。

（三）加工性能

金属对各种加工工艺方法所表现出来的适应性称为工艺性能，它主要有以下 5 个方面：

（1）铸造性能：可铸性反映金属材料熔化浇铸成为铸件的难易程度，表现为熔化状态时的流动性、吸气性、氧化性、熔点以及铸件显微组织的均匀性、致密性和冷缩率等。一般来说，铸铁、铸造铝合金具有较好的可铸性。

（2）锻造性能：可锻性反映金属材料在压力加工过程中成形的难易程度。例如，将材料加热到一定温度时其塑性的高低（表现为塑性变形抗力的大小），允许热压力加工的温度范围大小，热胀冷缩特性，与显微组织、机械性能有关的临界变形的界限，热变形时金属的流动性、导热性能等。一般来说，低碳钢具有良好的可锻性，铸铁的可锻性则较差。

（3）焊接性能：可焊性反映金属材料在局部快速加热时，使结合部位迅速熔化或半熔化（需加压），从而使结合部位牢固地结合在一起而成为整体的难易程度，表现为熔点，熔化时的吸气性、氧化性、导热性、热胀冷缩特性、塑性以及与接缝部位和附近用材显微组织的相关性对机械性能的影响等。

（4）切削加工性能：反映切削工具对金属材料进行切削加工（如车削、铣削、刨削、磨削等）的难易程度。一般来说，铸铁、铝合金具有较好的切削加工性能，高合金钢的切削加工性能则较差。

（5）热处理性能：金属材料适应各种热处理方法的能力，主要指金属材料在热处理中的可淬硬性、淬透性、变形开裂倾向、遇热敏感性、回火脆性倾向、冷脆性等。

金属材料的工艺性能对于机械零件加工工艺方法的选择极为重要。例如，铸造性能和切削加工性能较好的灰口铸铁，可广泛应用于制造形状和尺寸较复杂的零件；压力加工性能和焊接性能较好的低碳钢，常用来制造外形较复杂的零部件（如汽车车身、蒙皮等）。

思考与练习

一、简答题

1. 汽车通常由哪几部分组成？
2. 按图 1-1-1 所示的结构，分析四冲程往复活塞式发动机的工作原理。
3. 金属材料的加工性能有哪些？各有何特征？

二、分析题

1. 汽车材料总的发展趋势是什么？
2. 发动机活塞用哪种金属材料制造？为什么？

工作任务二　金属材料的力学性能

▰任务情境

汽车传动轴做成同一直径，而变速箱上的轴却做成阶梯形，其强度、塑性、硬度、耐冲击振动和抗疲劳的能力如何？怎么来评判？

▰任务目标

掌握金属材料的强度、塑性、硬度、冲击韧性、疲劳极限等力学性能。

金属材料最重要的性能是机械性能，机械性能是衡量金属材料的主要指标之一。金属在一定温度条件下承受外力（载荷）作用时，抵抗变形和断裂的能力称为金属材料的机械性能。材料受载荷作用后的变形可分为压缩、拉伸、剪切、扭转和弯曲等。金属材料在不同载荷作用下的变形如图 1-2-1 所示。金属材料承受的载荷有多种形式，可以是静态载荷，也可以是动态载荷，包括单独或同时承受的拉伸应力、压应力、弯曲应力、剪切应力、扭转应力以及摩擦、振动、冲击等。

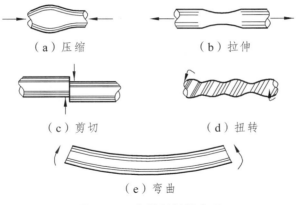

（a）压缩　　　　　　　（b）拉伸

（c）剪切　　　　　　　（d）扭转

（e）弯曲

图 1-2-1　金属材料的变形

必备知识

一、强　度

强度是指金属材料在静载荷作用下抵抗变形和断裂的能力。由于所受载荷的形式不同，金属材料的强度可分为抗拉强度、抗压强度、抗弯强度、抗扭强度、抗剪强度等，各种强度之间有一定的联系。大多以静载荷作用下的抗拉强度作为判别金属强度高低的基本指标。

抗拉强度是通过拉伸试验测定的。拉伸试验的方法是用静拉伸力对标准试样进行轴向拉伸，同时连续测量力和相应的伸长，直至断裂。根据测得的数据，即可求出有关的力学性能。

（一）拉伸试样

为了使金属材料的力学性能指标在测试时能排除因试样形状、尺寸的不同而造成的影响，并便于分析比较，试验前需将被测金属材料制成标准试样。图 1-2-2 所示为圆形拉伸试样。

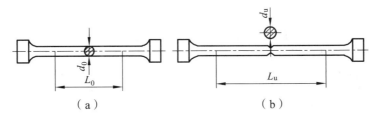

（a）　　　　　　　　　　　（b）

图 1-2-2　圆形拉伸试样

在图 1-2-2 中，d_0 是试样的直径，L_0 是标距长度。根据标距长度与直径之间的关系，试样可分为长试样（$L_0 = 10d_0$）和短试样（$L_0 = 5d_0$）两种。

（二）力-伸长曲线

在拉伸试验中，记录拉伸力与伸长关系的曲线称为力-伸长曲线，也称拉伸图。图 1-2-3 是低碳钢的力-伸长曲线，图中纵坐标表示力 F，单位为牛（N）；横坐标表示绝对伸长 ΔL，单位为毫米（mm）。由图可见，低碳钢在拉伸过程中，其载荷与变形关系有以下几个阶段。

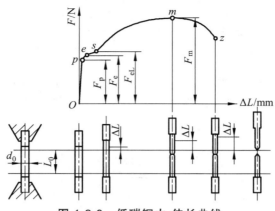

图 1-2-3　低碳钢力-伸长曲线

1. 弹性变形阶段（Op）

当载荷不超过 F_p 时，拉伸曲线为直线。即试样的伸长量与载荷成正比，产生弹性变形，外力撤去，则变形完全消失。F_p 为试样能恢复到原始形状和尺寸的最大拉力。

当载荷从 F_p 增加到 F_e 后，试样将进一步伸长，此时，若卸除载荷，试样的变形不能完全消失，而是保留一部分残余变形，试样开始产生塑性变形。

2. 屈服阶段（es）

当载荷从 F_e 增加到 F_{eL} 后，拉伸曲线出现了锯齿形或水平线段，这表明在载荷基本不变的情况下，试样却继续变形，金属出现显著的塑性变形，除去载荷，试样不能恢复原尺寸，这种现象称为"屈服"。F_{eL} 为引起试样屈服的载荷，称为屈服载荷。e 点是金属材料从弹性状态转变成塑性状态的标志。工程上使用的金属材料，除低碳钢、中碳钢及少数合金钢有屈服现象外，大多数没有明显的屈服现象。

3. 强化阶段（sm）

当载荷超过 F_{eL} 后，试样的伸长量与载荷以曲线关系上升，但曲线的斜率比 Op 段的斜率小，即载荷的增加量不大，而试样的伸长量却很大。这表明在载荷超过 F_{eL} 后，试样已开始产生大量的塑性变形，晶粒滑移终结，屈服终止，试件恢复了继续抵抗变形的能力，这种现象称为形变强化，即发生强化，F_m 为试样在屈服阶段后所能抵抗的最大载荷。

4. 缩颈-断裂阶段（mz）

当载荷超过最大值 F_m 时，试样的局部截面缩小，产生所谓的"缩颈"现象。由于试样局部截面逐渐缩小，故载荷也逐渐降低，当达到拉伸曲线上的 z 点时，试样随即发生断裂。

在试样产生缩颈以前，由载荷所引起试样的伸长，基本上是沿着整个试样标距长度内发生的，属于均匀变形；缩颈后试样的伸长主要发生在颈部的一段长度内，属于集中变形。

不仅许多金属材料没有明显的屈服现象，而且有些脆性材料既没有屈服现象，也不产生"缩颈"现象，如铸铁等。

（三）强度指标

强度指标是用应力值来表示的，主要有屈服强度和抗拉强度。

1. 屈服强度

当金属材料呈现屈服现象，在试验期间达到塑性变形时的最低应力值为屈服强度。屈服强度分上屈服强度和下屈服强度，分别用 R_{eH} 和 R_{eL} 表示。

上屈服强度的计算式为

$$R_{eH} = \frac{F_{eH}}{S_0} \tag{1-2-1}$$

式中　R_{eH}——上屈服强度，试样发生屈服而载荷首次下降前的最大应力，MPa；

　　　F_{eH}——上屈服载荷，使试样产生屈服而载荷首次下降前的最大载荷，N；

　　　S_0——试样的原始横截面面积，mm^2。

下屈服强度的计算式为

$$R_{eL} = \frac{F_{eL}}{S_0} \tag{1-2-2}$$

式中　R_{eL}——下屈服强度，在屈服期间，不计初始瞬时效应时的最小应力，MPa；

　　　F_{eL}——下屈服载荷，在屈服期间，不计初始瞬时效应时的最小载荷，N；

　　　S_0——试样的原始横截面面积，mm^2。

对于低塑性材料或脆性材料，按照国家标准 GB/T 228.2—2010 规定，可用规定残余延伸强度 $R_{r0.2}$ 表示。$R_{r0.2}$ 表示卸载后试样规定的残余伸长率达到 0.2% 时对应的应力，其计算式为

$$R_{r0.2} = \frac{F_{r0.2}}{S_0} \tag{1-2-3}$$

式中　$R_{r0.2}$——规定残余延伸强度，MPa；

　　　$F_{r0.2}$——规定残余伸长率达到 0.2% 时所对应的载荷，N；

　　　S_0——试样的原始横截面面积，mm^2。

屈服强度 R_{eL} 和规定残余延伸强度 $R_{r0.2}$ 都是衡量金属材料塑性变形抗力的指标。机械零件工作时，如果受力过大，就会因为过量塑性变形而失效。

2. 抗拉强度

试样断裂前能够承受的最大应力称为抗拉强度，用 R_m 表示，其计算式为

$$R_m = \frac{F_m}{S_0} \tag{1-2-4}$$

式中　R_m——抗拉强度，MPa；

　　　F_m——试样断裂前所能承受的最大载荷，N；

　　　S_0——试样的原始横截面面积，mm^2。

零件在工作过程中所承受的应力如果超过了抗拉强度，就会发生断裂。因此在设计机械零件时，抗拉强度是重要的依据之一，同时也是评定金属材料强度的重要指标。

二、塑　性

金属发生塑性变形而不破坏其完整性的能力称为塑性，在拉伸时用断后伸长率和断面收缩率表示。

（一）断后伸长率

断后伸长率是指试样断后标距的残余伸长（$\Delta L = L_u - L_0$）与原始标距（L_0）之比的百分率，用符号 A 表示，即

$$A = \frac{\Delta L}{L_0} = \frac{L_u - L_0}{L_0} \times 100 \qquad (1\text{-}2\text{-}5)$$

式中　A——断后伸长率，%；

L_0——试样的原始标距长度，mm；

L_u——试样拉断时的标距长度，mm。

（二）断面收缩率

断面收缩率是指试样拉断后，试样横截面面积的最大缩减量（$\Delta S = S_0 - S_u$）与原始横截面面积（S_0）之比的百分率，用符号 Z 表示，即

$$Z = \frac{\Delta S}{S_0} = \frac{S_0 - S_u}{S_0} \times 100 \qquad (1\text{-}2\text{-}6)$$

式中　Z——断面收缩率，%；

S_0——试样的原始横截面面积，mm^2；

S_u——试样断裂处的横截面面积，mm^2。

必须说明，断后伸长率的大小与试样的尺寸有关。试样长短不同，测得的断后伸长率也是不同的。对于同一材料而言，短试样所得的断后伸长率要比长试样大一些，两者不能直接进行比较。断面收缩率不受试样尺寸的影响，却能比较确切地反映金属材料的塑性。

A 和 Z 的数值越大时，材料的塑性越好。塑性好的金属材料易通过塑性变形加工成复杂的零件，如低碳钢的塑性较好，故可以进行锻压；普通铸铁的塑性差，因而不能进行锻压，只能进行铸造。另外，塑性好的材料在受力过大时，首先产生塑性变形，不会因稍有超载而突然断裂，这就增加了材料使用的安全可靠性。

三、硬　度

硬度是指材料抵抗其他硬物体压入其表面的能力。它是金属材料的重要性能之一，也是检验机械零件质量的一项重要指标。由于测定硬度的试验设备比较简单，操作方便、迅速，又属无损检验，故在生产和科研中应用十分广泛。

测定硬度的方法比较多，其中常用的硬度测定法是压入法，它是用一定的静载荷（压力）把压头压在金属表面上，然后通过测定压痕的面积或深度来确定其硬度。常用的硬度试验方法有布氏硬度、洛氏硬度和维氏硬度 3 种试验方法。

（一）布氏硬度

1. 布氏硬度的测定原理

用一定的载荷 F 把直径为 D 的淬火钢球或硬质合金球压入被测金属表面，保持一定时间后卸除载荷，用金属表面压痕的面积 S 除载荷 F 所得的值作为布氏硬度值，如图 1-2-4（a）所示。

$$布氏硬度值 = \frac{F}{S} = 0.102 \times \frac{2F}{\pi D(D - \sqrt{D^2 - d^2})} \tag{1-2-7}$$

式中　D——球体直径，mm；

　　　F——载荷，N；

　　　d——压痕平均直径，mm。

试验时，用读数显微镜测量出压痕的平均直径 d，如图 1-2-4（b）所示，经计算或查表，即可得出所测材料的布氏硬度值。

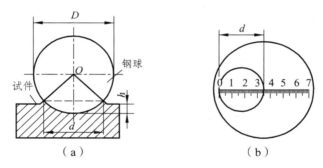

图 1-2-4　布氏硬度测量

2. 布氏硬度值的表示方法

压头为淬火钢球时，用 HBS 表示，可测硬度值小于 450 的材料；压头为硬质合金时，用 HBW 表示，可测硬度值小于 650 的材料。压头直径有 10 mm、5 mm、2.5 mm、2 mm、1 mm 多种形式。符号 HBS 或 HBW 之前的数字表示硬度值，符号后面的数字按顺序分别表示球体直径（mm）、载荷[kgf（N）]及载荷保持时间（s）。

如 120HBS10/1000/30 表示直径为 10 mm 的钢球，在 1 000 kgf（9.807 kN）载荷作用下，保持 30 s，测得的布氏硬度值为 120，可直接写成 120 HBS。

3. 布氏硬度的应用

布氏硬度测定的数据准确、稳定、重复性强，常用于测定退火、正火、调质钢、铸铁及有色金属的硬度。但其压痕较大，易损坏成品的表面，只适合毛坯和半成品的测定，不适合太薄试样的测定。而金属材料软硬厚薄不同，不能采用一种标准的载荷 F 和压球直径 D。

（二）洛氏硬度

当材料的硬度较高或试样较小时，需要用洛氏硬度计进行硬度测试。

1. 洛氏硬度的测定原理

洛氏硬度测量是用顶角为 120° 的金刚石圆锥或直径为 1.587 5 mm（1/16″）的淬火钢球作压头，在初试验力 F_0 及总试验力 F（初试验力 F_0 与主试验力 F_1 之和）分别作用下压入金属表面，然后卸除主试验力 F_1，在初试验力 F_0 下测定残余压入深度，用深度的大小来表示材料的洛氏硬度值，并规定每压入 0.002 mm 为一个硬度单位。

洛氏硬度试验原理如图 1-2-5 所示，图中 0—0 为金刚石压头没有和试样接触时的位置，1—1 为压头在初载荷（100 N）作用下压入试样的位置 h_1，2—2 为压头在全部规定载荷（初载荷 + 主载荷）作用下压入的位置 h_2，3—3 为卸除主载荷保留初载荷后的位置 h_3。这样压痕的深度 $h = h_3 - h_1$，洛氏硬度的计算公式为

$$洛氏硬度值 = C - \frac{h}{0.002} \tag{1-2-8}$$

式中　　h——压痕深度，mm；

C——常数，当压头为淬火钢球时，$C = 130$；当压头为金刚石圆锥时，$C = 100$。

材料越硬，h 便越小，所测得的洛氏硬度值越大。

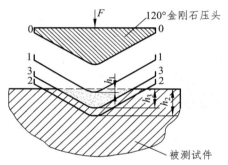

图 1-2-5　洛氏硬度试验原理

2. 洛氏硬度值的表示方法

洛氏硬度值分别用 3 种硬度标尺 HRA、HRB、HRC 来进行测量，分别可以测量从软到硬较大范围的硬度，所加载荷根据被测材料本身硬度的不同而做不同的规定，其试验规范如表 1-2-1 所示。淬火钢球压头适用于退火件、有色金属等较软材料的硬度测定；金刚石压头适用于淬火钢等较硬材料的硬度测定。

表 1-2-1　洛氏硬度试验规范

硬度符号	测量范围	初试验力 F_0/N	主试验力 F_1/N	总试验力 F/N	压头类型	应用举例
HRA	20～88	98.07	490.3	588.4	金刚石圆锥	渗碳钢、硬质合金、渗碳层等
HRB	20～100	98.07	882.6	980.7	1/16″（ϕ1.587 5 mm）钢球	有色金属、退火与正火钢、可锻铸铁
HRC	20～70	98.07	1 373	1 471	金刚石圆锥	调质钢、淬火钢等

注：HRA、HRC 所用刻度盘满刻度为 100，HRB 为 130。

3. 洛氏硬度的应用及优缺点

洛氏硬度测定操作迅速、简便，可从表盘上直接读出，压痕小，可测量成品和薄壁工件；但精确性较差，重复性差，通常需多点测量取平均值来表示材料的硬度。

（三）维氏硬度

1. 维氏硬度的测定原理

维氏硬度的测定原理基本上和布氏硬度相似，也是以单位压痕面积的力作为硬度值计量。不同的是，所用压头是锥面夹角为 136° 的金刚石正四棱锥体，如图 1-2-6 所示。试验时，在载荷 F 作用下，在试样表面上压出一个正方形锥面压痕，测量压痕对角线的平均长度 d，借以计算压痕的面积 S，以 F/S 的数值来表示试样的硬度，用符号 HV 表示，即

$$维氏硬度值 = 0.102\frac{2F\sin\frac{136°}{2}}{d^2} = 0.1891\frac{F}{d^2} \tag{1-2-9}$$

式中　F——载荷，N；

　　　d——压痕对角线的算术平均值，mm。

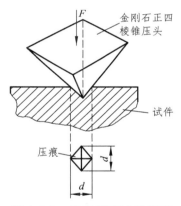

图 1-2-6　维氏硬度试验原理

维氏硬度可根据所测得的 d 值从维氏硬度表中直接查出。由于维氏硬度所用的压头为正四棱锥，当载荷改变时，压痕的几何形状相似，所以，维氏硬度所用载荷可以随意选择（如 50 N、100 N、150 N、200 N 等）而所得到的硬度值是一样的。

2. 维氏硬度值的表示方法

在符号 HV 前方标出硬度值，在 HV 后面按载荷大小和载荷保持时间（10～15 s 不标出）的顺序用数字表示试验条件。例如，640 HV300 表示用 300 N 的载荷，保持 10～15 s，测定的维氏硬度值为 640。640 HV300/20 表示用 300 N 的载荷，保持 20 s，测定的维氏硬度值为 640。

3. 维氏硬度的应用

维氏硬度可测软、硬金属，尤其是极薄零件和渗碳层、渗氮层的硬度。测得的压痕轮廓清晰，数值较准确，但效率不如洛氏硬度试验方法高，所以不宜用于成批零件的常规检验。

（四）各种硬度之间的经验换算

布氏、洛氏、维氏3种硬度值没有直接的换算公式，但在一定的条件下，根据试验结果可进行经验换算，如金属材料的硬度值为 200 ～ 600 HBW 时，HRC ≈ 1/10 HBW；当金属材料的硬度值小于 450 HBW 时，1 HBW ≈ 1 HV。

四、冲击韧性

许多机械零件在工作中往往要受到冲击载荷的作用，如活塞销、锤杆、冲模、锻模等零件。制造这些零件的材料不能单纯用静载荷衡量，必须考虑材料抵抗冲击载荷的能力。

冲击载荷是指加载速度很快而作用时间很短的突发性载荷。金属抵抗冲击载荷的能力称为冲击韧度。目前常用一次摆锤冲击弯曲试验来测定金属材料的韧度，其试验方法如图 1-2-7 所示。

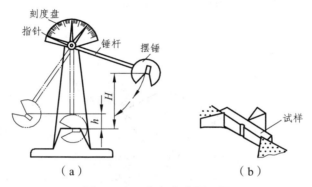

图 1-2-7　冲击试验原理图

（一）冲击吸收能量

冲击吸收能量可通过一次摆锤冲击试验来测量。按 GB/T 229—2007《金属材料夏比摆锤冲击试验方法》规定，冲击试样的横截面尺寸为 10 mm × 10 mm，长度为 55 mm，试样的中部开有 V 形或 U 形缺口。试验时，把按规定制作的标准冲击试样的缺口（脆性材料不开缺口）背向摆锤方向放在冲击试验机上，如图 1-2-7（a）所示，将摆锤（质量为 m）扬起到规定高度 H，然后自由落下，将试样冲断。由于惯性，摆锤冲断试样后会继续上升到某一高度 h。根据功能原理可知，摆锤冲断试样所消耗的功为冲击吸收能量，计算公式为

$$KV_2(KV_8) = mg(H-h)$$
$$KU_2(KU_8) = mg(H-h)$$

（1-2-10）

式中　KV_2、KV_8——V 形缺口试样在 2 mm 或 8 mm 摆锤刀刃下的冲击吸收能量，J；

　　　KU_2、KU_8——U 形缺口试样在 2 mm 或 8 mm 摆锤刀刃下的冲击吸收能量，J。

（二）冲击韧度

冲击韧度是指冲击试样缺口底部单位横截面面积上的冲击吸收能量，用 α_K 表示。$KV(KU)$ 可从冲击试验机上直接读出，计算公式为

$$\alpha_{K} = \frac{KV(KU)}{S_0}$$

（1-2-11）

式中　α_K——冲击韧度，J/cm^2；

　　　KV（KU）——冲击吸收能量，J；

　　　S_0——试样缺口底部横截面面积，cm^2。

α_K 值越大，材料的冲击韧度越高，断口处就会发生较大的塑性变形，断口呈灰色纤维状；α_K 值越小，材料的冲击韧度越低，断口处无明显的塑性变形，断口具有金属光泽且较为平整。

一般来说，强度、塑性两者均好的材料，α_K 值也高。材料的冲击韧度除了取决于其化学成分和显微组织外，还与加载速度、温度、试样的表面质量（如缺口、表面粗糙度等）、材料的冶金质量等有关。加载速度越快，温度越低，表面及冶金质量越差，则 α_K 值越低。

（三）小能量多次冲击的概念

在一次冲断条件下测得的冲击韧度值 α_K，对于判别材料抵抗大能量冲击能力，有一定的意义。而绝大多数机件在工作中所承受的多是小能量多次冲击，机件在使用过程中承受这种冲击有上万次或数万次。对于材料承受多次冲击的问题，如果冲击能量低、冲击次数较多时，材料的冲击韧度主要取决于材料的强度，材料的强度高则冲击韧度较高；如果冲击能量高时，则主要取决于材料的塑性，材料的塑性越高则冲击韧度较高。因此，冲击韧度值一般只作设计和选材的参考。

五、疲劳极限

（一）疲劳现象

有许多机械零件（如齿轮、弹簧等）是在大小和方向随时间发生周期性变化的交变应力作用下工作的，零件工作时所承受的应力通常都低于材料的屈服强度。机件在这种交变载荷作用下经过长时间工作也会发生破坏，通常将这种破坏现象称为金属的疲劳现象。疲劳破坏是机械零件失效的主要原因之一，机械零件的失效有 60%～70%属于疲劳破坏。

（二）疲劳断裂的原因

由于零件中存在缺陷，如裂纹、夹杂、刀痕等疲劳源，在循环应力作用下，疲劳源处产生疲劳裂纹，这种裂纹不断发展，减小了零件的有效承截面面积，当截面减小至不能承受外力时，零件即发生突然断裂。

（三）疲劳强度

金属的疲劳是在交变载荷作用下，经过一定的循环周次之后出现的，金属材料抵抗交变载荷作用而不产生破坏的能力称为疲劳强度，用 S 来表示。

如图 1-2-8 所示为某材料的疲劳曲线。横坐标表示循环周次 N，纵坐标表示交变应力 σ。从该曲线可以看出，材料承受的交变应力越大，疲劳破坏前能循环工作的周次越少。当循环交变应力减少到某一数值时，曲线接近水平，即表示当应力低于此值时，材料可经受无数次应力循环而不产生破坏，此应力值称为疲劳强度，用 S 来表示。通常，对于钢材来说，当循环次数 N 达到 10^7 周次时，曲线便出现水平线，把经受 10^7 周次或更多周次而不产生破坏的最大应力定为疲劳强度。对于有色金属，一般则需规定应力循环次数在 10^8 或更多周次时，才能确定其疲劳强度。

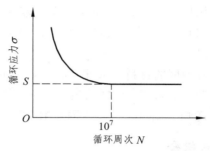

图 1-2-8　金属疲劳曲线示意图

（四）影响疲劳强度的因素

影响疲劳强度的因素很多，其中主要影响因素是应力、温度、材料的化学成分及显微组织、表面质量和残余应力等。

应该注意，上述力学性能指标都是用小尺寸的光滑试样或标准试样在规定性质的载荷作用下测得的。实践证明，它们不能直接代表材料制成零件后的性能。因为实际零件尺寸往往很大，尺寸增大后，材料出现缺陷（如孔洞、夹杂物、表面损伤等）的可能性也越大，而且，零件在实际工作中所受的载荷往往很复杂，零件的形状、表面粗糙度值等也与试样差异很大。

思考与练习

1. 什么是金属的力学性能？根据载荷形式的不同，力学性能主要包括哪些指标？

2. 什么是强度？什么是塑性？衡量这两种性能的指标有哪些？各用什么符号表示？

3. 低碳钢做成的 $d_0 = 10\ \text{mm}$ 的圆形短试样经拉伸试验，得到如下数据：

$F_{\text{eL}} = 21\ 000\ \text{N}$，$F_{\text{m}} = 35\ 000\ \text{N}$，$L_{\text{u}} = 65\ \text{mm}$，$d_{\text{u}} = 6\ \text{mm}$，试求低碳钢的 R_{eL}、R_{m}、A、Z。

4. 选择下列材料的硬度测试方法：

（1）调质钢；（2）手用钢锯条；（3）硬质合金刀片；（4）灰铸铁件。

5. 什么是冲击韧度？KV_2、KV_8、KU_2、KU_8 和 α_{K} 各代表什么？

6. 什么是疲劳现象？什么是疲劳强度？

工作任务三　铁碳合金

不同的金属材料具有不同的力学性能，即使是同一种金属材料在不同的条件下，其力学性能也是不同的，金属力学性能的这种差异是由其化学成分和组织结构决定的。

任务目标

了解金属晶体结构；掌握体心立方晶格、面心立方晶格和密排六方晶格的性能；掌握铁碳合金中铁素体、奥氏体、渗碳体、珠光体、莱氏体 5 种基本组织和性能；掌握铁碳合金的分类；掌握 Fe-Fe₃C 相图在工业中的应用。

必备知识

一、金属晶体结构

（一）晶体与非晶体

在自然界中，除了少数固体物质（如松香、沥青、玻璃等）属于非晶体外，大多数固态无机物质都属于晶体。常见的固态金属一般都是晶体，其内部的原子排列具有规律性。

晶体与非晶体的区别：非晶体没有规则的外形，没有固定的熔点，在各方向上的原子聚集密度大致相同，因此表现出各向同性或等向性；而晶体物质有规则的外形，有固定的熔点（如铁的熔点为 1 538 ℃），在不同方向上具有不同的性能，表现出各向异性。

（二）晶格与晶胞

为描述晶体内部原子排列的规律，可以把原子假想成刚性小球，晶体则是由许多小球堆积而成的物质，如图 1-3-1（a）所示。如果把原子看成点，并假想用线条把原子连接起来构成一个几何构架，这种用以描述原子在晶体中排列方式的几何构架称为晶格，如图 1-3-1（b）所示。由于晶格中原子的排列具有周期性变化的特点，通常从晶格中取出一个能够反映晶格特征的最小的几何单元来研究晶体中原子排列的规律，这个最小的几何单元称为晶胞，如图 1-3-1（c）所示。显然，晶格就是由若干个晶胞重复堆积而成的。

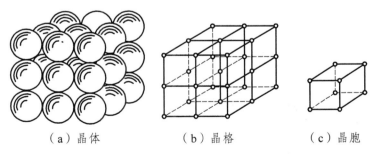

（a）晶体　　　　　　　（b）晶格　　　　　　　（c）晶胞

图 1-3-1　晶体中原子的排列与晶格示意图

二、常见金属的晶体结构

晶格描述了金属晶体内部原子的排列规律，金属晶体结构的主要差别就在于晶格形式及晶格常数不同。在已知的金属元素中，除少数具有复杂的晶体结构外，大多数金属具有简单的晶体结构，其中常见的晶体结构有以下 3 种：

（一）体心立方晶格

体心立方晶格的晶胞是一个立方体，如图 1-3-2（a）所示，在晶胞中心和 8 个顶角各有一个原子，因每个顶角上的原子为周围 8 个晶胞所共有，所以每个体心立方晶胞的原子数为 $8×1/8+1=2$。属于这类晶格的金属有铁（912 ℃以下）、铬、钨、钒等，这类金属的塑性较好。

（二）面心立方晶格

面心立方晶格的晶胞是一个立方体，如图 1-3-2（b）所示，即在立方晶格的晶胞的 8 个顶角和 6 个面的中心各有一个原子。因每个面中心的原子同属于两个晶胞所共有，故每个面心立方晶胞的原子数为 $8×1/8+6×1/2=4$。属于这类晶格的金属有铝、铜、金、镍、铁（912～1 394 ℃）等。这类金属的塑性优于体心立方晶格的金属。

（三）密排六方晶格

密排六方晶格的晶胞是六棱柱体，如图 1-3-2（c）所示。原子位于 4 个底面的中心处和12 个顶点上，棱柱内部包含着 3 个原子，其晶胞的实际原子数为 $12×1/6+2×1/2+3=6$。属于这类晶格的金属有镁、锌等，这类金属通常塑性差，较脆。

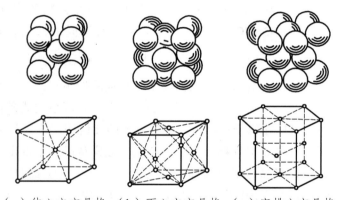

（a）体心立方晶格 （b）面心立方晶格 （c）密排六方晶格

图 1-3-2 常见晶格结构

金属的晶格类型不同，其性能必然存在差异。即使晶格类型相同的金属，由于各元素的原子直径和原子间距不同，其性能也不相同。

三、铁碳合金的组织结构与性能

纯金属具有良好的导电性、导热性、塑性和金属光泽，在工业上具有一定的应用价值。但由于其强度、硬度一般较低，远远不能满足生产实际的需要，而且冶炼困难，价格成本较高，故其使用受到很大限制。因此，在实际生产中大量使用的金属材料主要是合金。

（一）合金的概念

合金是指由两种或更多种化学元素（其中至少有一种是金属元素）所组成的具有金属特性的物质，如黄铜是由铜与锌组成的合金、钢和铸铁是铁与碳组成的合金等。

（二）合金的相

合金系统中具有相同的化学成分、相同的晶体结构、相同的物理和化学性能，并与该系统的其他部分以界面分开的组成部分称为相，如铁碳合金中，碳原子溶于α-Fe中形成了新的铁素体相，碳原子与铁原子相互化合形成了新的渗碳体相。

用金相分析的方法，观察到的金属及合金内部组成相的数量、大小、方向、形态、分布及相互间的结合状态等，称为合金的组织。能用肉眼和放大镜观察到的组织称为宏观组织；需要在显微镜下观察的组织称为显微组织。若合金是由成分、结构都相同的一种晶粒组成的，称为单相组织；若合金是由成分、结构互不相同的几种晶粒构成的，称为多相组织。合金的性能由组织决定，而组织由相组成，根据构成合金各组元之间相互作用的不同，固态合金的相可分为固溶体和金属化合物两大类。

1. 固溶体

合金在固态下因组元间相互溶解而形成的相称为固溶体，即在某一组元的晶格中溶入了其他组元的原子。在各组元中，晶格类型与固溶体相同的组元称为溶剂，其他组元称为溶质。固溶体是合金的一种基本相结构。

（1）固溶体的类型。

当溶质原子在溶剂晶格中不占据格点位置而是嵌于格点之间的空隙时，形成间隙固溶体，如图 1-3-3 左上角所示。间隙固溶体中的溶质元素多是原子半径较小的非金属元素，如碳、硼、氮等。因溶剂晶格的间隙有限，间隙固溶体只能是有限固溶体。当溶质原子代替溶剂原子占据溶剂晶格的格点位置时，形成置换固溶体，如图 1-3-3 右下角所示。

（2）固溶体的性能。

溶质原子溶入溶剂晶格，将使晶格发生畸变，如图 1-3-4 所示。晶格畸变对金属的性能有重大的影响，将使合金的强度、硬度提高。这种现象称为固溶强化，它是提高金属材料力学性能的重要途径之一。

实践证明，在一般情况下，如果溶质的浓度适当，对固溶体的塑性影响较小，即固溶体不但强度、硬度比纯金属高，而且塑性、韧性仍然良好。因此，实际使用的金属材料大多数是单相固溶体合金或以固溶体为基体的多相合金。

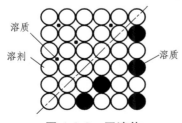

图 1-3-3　固溶体

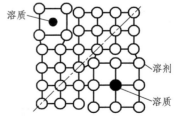

图 1-3-4　固溶强化

2. 金属化合物

金属化合物是金属与金属或金属与非金属之间形成的具有金属特性的化合物相，是很多合金的另一种基本相结构。金属化合物通常具有不同于组元的复杂晶格结构，例如，在铁碳合金中，碳的含量超过铁的溶解能力时，多余的碳与铁相互作用形成金属化合物 Fe_3C，其晶格结构如图 1-3-5 所示，它既不同于铁的晶格，也不同于碳的晶格，是复杂的斜方晶格。

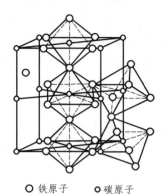

○ 铁原子　　○ 碳原子

图 1-3-5　Fe_3C 的晶格结构

金属化合物的熔点高，硬度高，脆性大，塑性、韧性几乎为零，很少单独使用。

当合金中含有金属化合物时，将使合金的强度、硬度和耐磨性提高，而塑性降低。因此，金属化合物是许多合金材料的重要强化相，与固溶体适当配合，可提高合金的综合力学性能。

（三）铁碳合金的组织

1. 铁素体（F）

铁素体是碳溶于 α-Fe 中形成的间隙固溶体，用符号 F 表示。铁素体的显微组织如图 1-3-6 所示，其晶粒在显微镜下呈现均匀明亮、边界平缓的多边形特征。

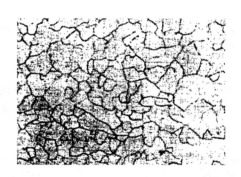

图 1-3-6　铁素体组织

由于 α-Fe 具有体心立方晶格，原子间隙较小，溶碳能力较小。在温度为 727 ℃ 时，w_C = 0.021 8%，溶碳最多；而在室温下 w_C 约为 0.000 8%。铁素体的性能与铁相近，强度、硬度较低（R_m = 180 ~ 280 MPa，50 ~ 80 HBW），而塑性、韧性较好（A = 30% ~ 50%，KU = 128 ~ 160 J）。以铁素体为基体的铁碳合金适用于塑变成形加工。

2. 奥氏体（A）

奥氏体是碳溶于 γ-Fe 中形成的间隙固溶体，用符号 A 表示，其显微组织为边界比较平直的多边形晶粒。

γ-Fe 的溶碳能力较强，在温度为 727 ℃ 时，碳的溶解度可达 $w_C = 0.77\%$，随着温度的升高，溶解度增加，到 1 148 ℃ 时达到最大，即 $w_C = 2.11\%$。奥氏体的强度、硬度较高（$R_m \approx 400$ MPa、160～200 HBW），塑性、韧性也较好（$A = 40\% \sim 50\%$）。在生产中，因奥氏体的塑性好，便于成形，所以大多数钢材要加热至高温奥氏体状态进行压力加工。

3. 渗碳体（Fe₃C）

渗碳体是铁与碳形成的金属化合物，用符号 Fe₃C 表示。渗碳体的含碳量 $w_C = 6.69\%$，它是具有复杂结构的化合物。渗碳体硬度很高（800 HBW），脆性很大，几乎没有塑性，不能单独使用。渗碳体通常以片状、粒状、网状、带状等形态分布于铁碳合金中，对铁碳合金的性能影响大。通常把铁碳合金中的渗碳体分为一次渗碳体 Fe₃C$_I$（由液体中直接结晶出来）、二次渗碳体 Fe₃C$_{II}$（由奥氏体中析出）、三次渗碳体 Fe₃C$_{III}$（由铁素体中析出）、共晶渗碳体 Fe₃C$_{共晶}$（共晶转变形成）、共析渗碳体 Fe₃C$_{共析}$（共析转变形成）。尽管其来源和形态不同，但本质并无区别，其含碳量、晶体结构和本身性质完全相同。

4. 珠光体（P）

珠光体是由铁素体和渗碳体组成的机械混合物，用符号 P 表示。其显微组织为铁素体与渗碳体层片相间，如图 1-3-7 所示。

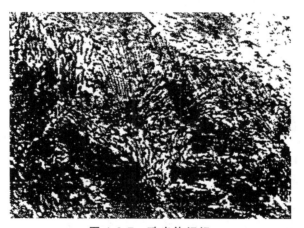

图 1-3-7　珠光体组织

珠光体的平均含碳量 $w_C = 0.77\%$，力学性能介于渗碳体与铁素体之间，其强度、硬度较高（$R_m \approx 770$ MPa，180 HBW），具有一定的塑性和韧性（$A = 20\% \sim 35\%$，$KV = 24 \sim 32$ J），是一种综合力学性能较好的组织。

5. 莱氏体（L_d）

莱氏体是铁碳合金中的共晶混合物，其平均含碳量 $w_C = 4.3\%$。当 $w_C > 2.11\%$ 的铁碳合金从液态缓冷至 1 148 ℃ 时，将同时从液体中结晶出奥氏体和渗碳体的机械混合物，称之为莱氏体，也称为高温莱氏体，用符号 L_d 表示。高温莱氏体缓慢冷却至 727 ℃ 时，其中的奥氏体将转变为珠光体，形成珠光体与渗碳体的机械混合物，称之为低温莱氏体，用符号 L'_d 表示，低温莱氏体组织如图 1-3-8 所示。莱氏体的性能与渗碳体相似，硬度很高，塑性、韧性极差。

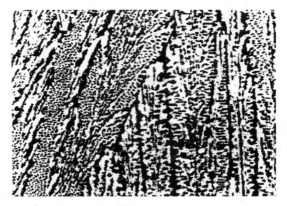

图 1-3-8 低温莱氏体组织

在铁碳合金的 5 种基本组织中，铁素体、奥氏体和渗碳体是铁碳合金的基本组成相，是单相组织；珠光体、莱氏体则是由基本相组成的多相混合物组织。

（四）铁碳合金的分类

在铁碳合金相图中，按含碳量和室温组织的不同，一般将铁碳合金分为以下三类：

（1）工业纯铁：$w_C < 0.0218\%$，其显微组织为单相铁素体。

（2）钢：$w_C = 0.021\,8\% \sim 2.11\%$，为高温固态组织，具有良好塑性的奥氏体，因而适宜于锻造、轧制，工业上应用极其广泛。

根据含碳量和室温组织的不同，钢可分为以下三类：

① 亚共析钢：$w_C < 0.77\%$，室温组织为铁素体 + 珠光体。

② 共析钢：$w_C = 0.77\%$，室温组织为珠光体。

③ 过共析钢：$w_C > 0.77\%$，室温组织为珠光体 + 渗碳体。

（3）白口铸铁：$w_C = 2.11\% \sim 6.69\%$，其特点是液态结晶时都有共晶转变，因而有较好的铸造性能。根据含碳量和室温组织的不同，白口铸铁又分为以下三类：

① 亚共晶白口铸铁：$w_C = 2.11\% \sim 4.3\%$，显微组织为珠光体 + 渗碳体 + 莱氏体。

② 共晶白口铸铁：$w_C = 4.3\%$，显微组织为莱氏体。

③ 过共晶白口铸铁：$w_C = 4.3\% \sim 6.69\%$，显微组织为莱氏体 + 一次渗碳体。

（五）Fe-Fe₃C 相图的应用

1. 含碳量对铁碳合金平衡组织和性能的影响

随着含碳量的增加，合金的室温组织中不仅渗碳体的数量增加，其形态分布也有变化，因此，合金的力学性能也相应发生变化。铁碳合金的成分、组织、相组成物、组织组分、力学性能等变化规律如图 1-3-9 所示。

亚共析钢的组织是由铁素体和珠光体组成的，随着含碳量的增加，其组织中珠光体的数量随之增加，因而强度、硬度逐渐升高，塑性、韧性不断下降。过共析钢的组织是由珠光体和网状二次渗碳体组成的，随着含碳量的增加，其组织中珠光体的数量不断减少，而网状二次渗碳体的数量相对增加，因而强度、硬度上升，塑性、韧性值不断下降。

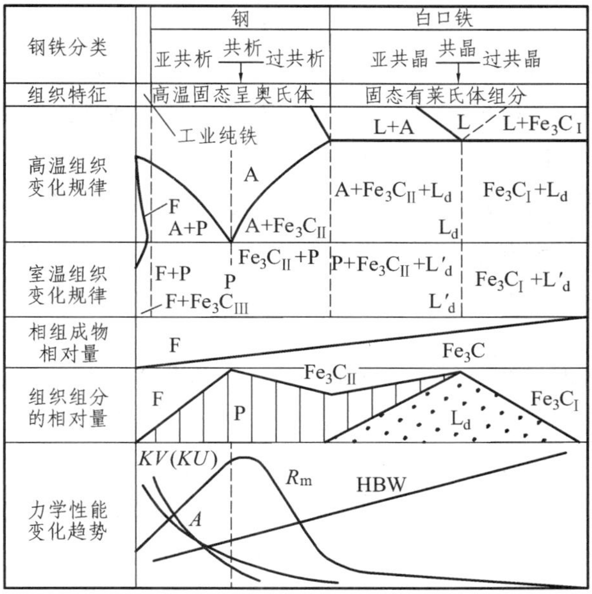

钢
白口铁
钢铁分类
亚共析
共析
过共析
亚共晶
共晶
过共晶
组织特征
高温固态呈奥氏体
固态有莱氏体组分
工业纯铁
L+A
L
L+Fe_3C_I
高温组织
变化规律
A
$A+Fe_3C_{II}+L_d$
$Fe_3C_I+L_d$
F
A+P
$A+Fe_3C_{II}$
L_d
$Fe_3C_{II}+P$
$P+Fe_3C_{II}+L'_d$
室温组织
变化规律
F+P
P
$Fe_3C_I+L'_d$
$F+Fe_3C_{III}$
L'_d
相组成物
相对量
F
Fe_3C
Fe_3C_{II}
组织组分
的相对量
F
P
Fe_3C_I
L_d
KV(KU)
R_m
HBW
力学性能
变化趋势
A

图 1-3-9　铁碳合金的成分-性能等变化规律

在实际生产中，为了保证碳钢具有足够的强度、一定的塑性和韧性，w_C 一般不应超过 1.3%～1.4%，而 w_C>2.11%的铁碳合金基本上都已成了硬脆的渗碳体，强度很高，塑性和韧性随渗碳体相对量的增加呈迅速下降趋势。

2. Fe-Fe_3C 相图在工业中的应用

Fe-Fe_3C 相图反映了钢铁材料的组织随成分和温度变化的规律，因此在工程上为选材、用材及制订铸、锻、焊、热处理等热加工工艺提供了重要的理论依据，如图 1-3-10 所示。

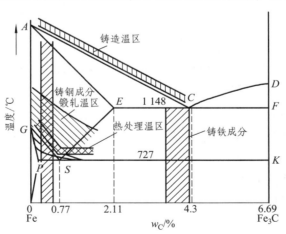

A
铸造温区
D
铸钢成分
锻轧温区
E
1 148
C
F
温度/℃
G
热处理温区
铸铁成分
727
K
P
S
0
Fe
0.77
2.11
4.3
6.69
Fe_3C
w_C/%

图 1-3-10　Fe-Fe_3C 相图与热加工工艺

（1）选材：如桥梁、船舶、车辆及各种建筑材料需要塑性、韧性好的材料时，可选用低碳的亚共析钢（w_C = 0.1%～0.25%）；对承受冲击载荷和要求强度、韧性都比较好的零件，可选用中碳的亚共析钢（w_C = 0.25%～0.6%）；需要高的硬度、耐磨性制造各种切削工具、模具及量具时，可选用高碳的共析、过共析钢（$w_C = 0.77\% \sim 1.4\%$）；对于形状复杂的箱体、机器底座等可选用熔点低、流动性好的铸铁材料。

（2）铸造：由 Fe-Fe$_3$C 相图可以确定钢铁的浇铸温度，通常浇铸温度在液相线以上 50 ~ 60 ℃ 为宜。在所有成分的合金中，以共晶成分的白口铁和纯铁铸造工艺性能最好，结晶温度区间最小（为零），故其流动性好，分散缩孔少，可使缩孔集中在冒口内，得到质量较好的致密铸件，因此，在接近共晶成分的铸铁得到了较为广泛的应用。此外，一些形状复杂、强度和韧性要求较高的零件可选用铸钢，其含碳量 $w_C = 0.2\% \sim 0.6\%$，但熔点高，结晶温度区间较大，故铸造工艺性能比铸铁差，常需经过热处理（退火或正火）后才能使用。

（3）锻压：钢在室温时的组织为两相混合物，塑性较差，变形困难，只有将其加热到单相奥氏体状态时，才具有较低的强度、较好的塑性和较小的变形抗力，易于锻压成形，因此，在进行锻压或热轧加工时，要把坯料加热到奥氏体状态。加热温度不宜过高，以免钢材氧化烧损严重。但变形的终止温度也不宜过低，过低的温度除了增加能量的消耗和设备的负担外，还会因塑性的降低而导致开裂。所以，各种碳钢较合适的锻轧加热温度范围是变形开始温度为 1 150 ~ 1 200 ℃，变形终止温度为 750 ~ 850 ℃。

（4）焊接：焊接时由于局部区域（焊缝）被快速加热，故从焊缝到母材各处的温度是不同的。根据 Fe-Fe$_3$C 相图可知，温度不同，冷却后的组织必然就不同，为了获得均匀一致的组织性能，就需要通过焊后热处理来调整和改善。

（5）热处理：从 Fe-Fe$_3$C 相图可知，铁碳合金在固态加热或冷却过程中均有相的变化，所以钢和铸铁可以进行有相变的退火、正火、淬火和回火等热处理。此外，奥氏体有溶解碳及其他合金元素的能力，而且溶解度随温度的提高而增加，这就是钢可以进行渗碳和其他化学热处理的缘故。

思考与练习

1. 比较铁、铜、镁 3 种金属材料的力学性能与晶格结构，分析金属的力学性能与金属的微观结构有什么关系？

2. 试述细晶强化和固溶强化的原理，并说明它们的区别。

3. 合金的结构和纯金属的结构有什么不同？合金的力学性能为什么优于纯金属？

4. 分析 Fe$_3$C$_I$、Fe$_3$C$_{II}$、Fe$_3$C$_{III}$ 的异同之处。

5. 把碳钢和白口铸铁都加热到高温（1 000 ~ 1 200 ℃）时，能否进行锻造？为什么？

6. 随着含碳量的增加，钢的力学性能有何变化？为什么？

工作任务四　钢的热处理

钢的热处理是指将固态钢材采用适当的方式进行加热、保温和冷却以获得所需组织结构与性能的工艺。热处理是改善钢材性能的重要工艺措施。它不仅可用于强化钢材，提高机械零件的使用性能，还可用于改善钢材的工艺性能。因此，热处理在机械制造中的应用极为广泛。

■任务情境

汽车连杆、拉力螺栓等大截面并在动载荷下工作的零件，其整个截面上都要求具有较高的力学性能，应选用淬透性较高的钢材。对于要求表面耐磨、工作时能承受冲击的汽车齿轮零件，应选用淬透性较低的钢材，这是为什么？

■任务目标

掌握热处理的基本原理、常用的热处理工艺方法及其应用。

■必备知识

一、钢的加热状态

由铁碳合金状态图可知，钢在平衡条件下的固态相变点分别为 A_1、A_3 和 A_{cm}。实际加热和冷却条件下，钢发生固态相变时都有不同程度的过热度或过冷度。为了与平衡条件下的相变点相区别，通常将在加热时实际的相变点分别称为 Ac_1、Ac_3、Ac_{cm}，在冷却时实际的相变点分别称为 Ar_1、Ar_3、Ar_{cm}，如图 1-4-1 所示。

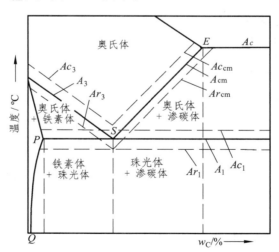

图 1-4-1 钢在加热和冷却时的相变点

加热是热处理的第一道工序，其目的是使钢奥氏体化。下面以共析钢为例，研究钢在加热时的组织转变规律。

常温下共析钢的组织是珠光体。当珠光体被加热到 Ac_1 时，就转变成含碳量为 0.77% 的奥氏体。这时，在珠光体的铁素体和渗碳体中，一方面，铁原子要重新排列成面心立方晶格，另一方面，渗碳体中多余的碳原子向铁素体那里扩散。由于铁原子的移动和碳原子的扩散都有一定阻力，所以，由珠光体变成奥氏体不可能在一瞬间完成，而是有一个转变过程，这个过程称为奥氏体的形成过程。实验表明，奥氏体的形成过程也遵循金属结晶的一般规律，即通过形核的长大过程完成。其转变过程可归纳为 4 个阶段，如图 1-4-2 所示。

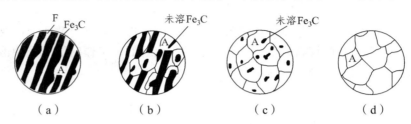

图 1-4-2　共析钢奥氏体的形成过程

（一）奥氏体的形核

当钢加热到 Ac_1 及以上温度时，珠光体处于不稳定状态，在铁素体和渗碳体两相界处形成奥氏体晶核（A 晶核）。这是由于相界面处的成分不均匀，原子排列比较紊乱，为奥氏体晶核的形成提供了结构与浓度条件，使奥氏体晶核优先在铁素体和渗碳体相界面上形成。

（二）奥氏体晶核的长大

当 A 晶核附近的铁原子陆续成为面心立方晶格时，F 向 A 转变，而碳原子则从高浓度处向低浓度处扩散，使 Fe_3C 溶于 A 中，使 A 晶核逐渐长大成为含碳量为 0.77% 的 A。

（三）残余 Fe_3C 的溶解

奥氏体转变结束时，渗碳体并未完全溶解，需要保温一段时间，使残余 Fe_3C 继续不断地溶入奥氏体，直至完全消失。

（四）奥氏体成分的均匀化

当残余 Fe_3C 全部溶解后，刚转变成的奥氏体晶粒含碳量是不均匀的，因此还需要一定时间，使碳原子继续扩散，最后成为含碳均匀的奥氏体晶粒。当钢的含碳量增加时，铁素体和渗碳体总的相界面增大，从而加速奥氏体的形成。但过共析钢相界面较共析钢少，因而奥氏体化所需时间增多，故具有共析钢成分的碳钢，奥氏体形成速度快。

二、钢的冷却状态

冷却方式直接影响着钢的相变。需要热处理的零件，加热以后的冷却方式有以下两种。

1. 等温冷却

把加热到奥氏体的钢先以较快的冷却速度过冷到 A_1 线以下的一定温度，这时的奥氏体尚未转变，称为过冷奥氏体。然后保持此温度，使奥氏体在恒温下进行转变，转变结束后，再继续冷却到室温，称为等温冷却，用等温冷却方式研究钢在冷却时的组织转变较为方便。

2．连续冷却

把加热到奥氏体的钢，以某种速度连续冷却下来，使奥氏体在 A_1 线以下的连续冷却过程中发生组织转变，称为连续冷却。钢在水、油液中进行的冷却都属于连续冷却，连续冷却在生产中应用普遍。

（一）奥氏体等温转变曲线的建立

以共析钢为例，把一些试样都加热到奥氏体状态，然后分别快速冷却到 A_1 线以下的不同温度，如 700 ℃、600 ℃、500 ℃、400 ℃、300 ℃、200 ℃ 等，并在恒温条件下，测出奥氏体在不同温度下开始转变和转变结束的时间以及转变的产物和性能，描绘在以温度、时间为坐标的图上，并把开始转变点和转变结束点连成线，就成为共析钢的过冷奥氏体等温转变曲线，如图 1-4-3 所示。过冷奥氏体等温转变曲线的形状似字母 "C"，习惯上称为 C 曲线。从 C 曲线上可以了解钢在不同温度下转变的产物，供制订热处理工艺时参考。

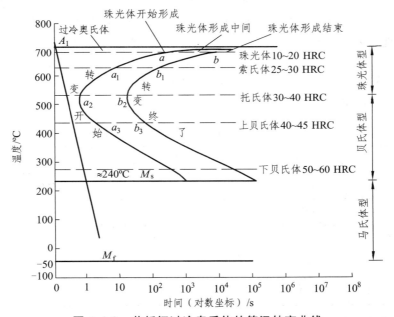

图 1-4-3　共析钢过冷奥氏体的等温转变曲线

（二）共析钢过冷奥氏体等温转变的产物

从 C 曲线上可以看出，在不同温度下奥氏体的转变产物和性能均不同。根据转变产物的组织、特征，可将奥氏体转变的产物分为 3 种类型，即高温、中温和低温转变产物。

1．高温转变产物

高温转变产物是共析钢奥氏体过冷到 727 ~ 550 ℃ 进行等温转变得到的最终产物，其显微组织属于珠光体类型，是由铁素体和渗碳体的层片状组织构成的机械混合物。其过冷度越大，层片就越细，强度和硬度就越高。

过冷到 727 ~ 650 ℃ 得到的产物属于正常珠光体（P）。过冷到 650 ~ 600 ℃ 得到的产物属于细珠光体，称为索氏体（S），其层片状组织较珠光体细，故强度和硬度较高。过冷到 600 ~

550 ℃ 得到的产物属于极细珠光体，称为托氏体（T），转变后得到的层片状组织更细，在一般金相显微镜下分辨不出层片形态，要用电子显微镜才能看清，其强度、硬度也有所提高。

珠光体、索氏体和托氏体都是由渗碳体和铁素体组成的机械混合物，区别仅在于层片组织的粗细不同而已，所以统称为珠光体类型。

2. 中温转变产物

中温转变产物是共析钢奥氏体过冷到 550～230 ℃ 进行等温转变得到的最终产物，属于贝氏体型组织。其由含碳过饱和的铁素体和微小的渗碳体混合而成，较珠光体型组织有更高的硬度。

根据转变产物的形态及转变温度，可将贝氏体型组织分为上贝氏体和下贝氏体两种。在 550～350 ℃ 转变得到的产物称为上贝氏体（$B_上$），其组织特征为一排排由晶界向晶内生长的铁素体条，在铁素体条之间断续地分布着渗碳体。这种组织在显微镜下呈羽毛状，其强度和硬度比珠光体型组织高，但塑性和韧度较差。在 350～230 ℃ 转变得到的产物称为下贝氏体（$B_下$），由含碳过饱和度更大的铁素体构成，铁素体呈黑色针叶状形态，碳化物呈非常细小的质点，有规律地排列在铁素体里面。下贝氏体既有较高的强度和硬度，又有较高的塑性和韧度。从性能上讲，上贝氏体脆性大，基本上无实用价值，而下贝氏体则具有较高的硬度、强度、塑性和韧度相配合的综合力学性能。因此，生产中常采用等温淬火来得到下贝氏体组织。高温、中温转变产物的组织和性能如表 1-4-1 所示。

表 1-4-1　高温、中温转变产物的组织和性能

组织名称	符号	转变温度/℃	组织形态	层间距/μm	分辨所需放大倍数	硬度/HRC
珠光体	P	727～650	粗层状	约 0.3	<500	<25
索氏体	S	650～600	细层状	0.1～0.3	1 000～1 500	25～35
托氏体	T	600～550	极细层状	约 0.1	10 000～100 000	35～40
上贝氏体	$B_上$	550～350	羽毛状	—	>400	40～45
下贝氏体	$B_下$	350～230	黑色针叶状	—	>400	45～55

3. 低温转变产物

共析钢奥氏体过冷到 230 ℃（M_s）以下时就转变为马氏体。此时，温度已低至使碳原子无法进行扩散，铁原子可在原子间进行小间距活动。当 γ-Fe 转变成 α-Fe 后，碳原子只能保留在 α-Fe 晶格中间，所以，马氏体实际上就是碳在 α-Fe 中的过饱和固溶体，是非扩散型的组织，这是马氏体转变的第 1 个特征。

马氏体转变的第 2 个特征是当奥氏体冷却到马氏体开始转变的温度 M_s 时，立即形成一定量的马氏体。若在 M_s 温度下保持恒温就不会有新的马氏体形成；只有继续冷却才会产生新的马氏体，而原有的马氏体并不长大。马氏体转变量与其转变温度有关，平衡后与时间无关。

马氏体转变的第 3 个特征是在 M_s 点温度以下，每一个不同温度都有相应的马氏体量。温度越低，马氏体量越多，至 M_f 点时，奥氏体转变为马氏体的过程才停止。

马氏体转变的第 4 个特征是具有不完全性。共析钢奥氏体冷却到室温时，还有 3%～6% 的奥氏体不能转变为马氏体，这部分奥氏体称为残余奥氏体。残余奥氏体可使钢的强度和硬度降低，但能减小淬火钢的变形。为了消除残余奥氏体，可将淬火钢件放到 0 °C 以下的介质中继续冷却，使残余奥氏体继续转变为马氏体。这种冷处理的温度取决于马氏体转变终了时的温度 M_f，一般冷处理温度为 $-80\sim-50$ °C。

马氏体是碳在 α-Fe 中的过饱和固溶体，硬度和比容（即每个晶胞所占的体积）较大。奥氏体比容最小，马氏体比容最大，珠光体和贝氏体的比容介于两者之间，这种比容的差异引起了马氏体形成时的应力，使淬火工件产生脆性和变形。

马氏体的组织形态分两类：板条状马氏体和针片状马氏体。板条状马氏体又称为块状马氏体，其显微组织为一束束细长、板条状组织，一般在含碳量较低的淬火钢中出现。针片状马氏体又称为针状马氏体，其显微组织呈交叉的针叶状，一般在含碳量较高的淬火钢中出现。马氏体的片状大小对钢的硬度没有影响，但粗大的马氏体针叶会降低钢的韧度。奥氏体的晶粒越细，淬火后所得到的马氏体针叶越小，钢的韧度也就越高。马氏体的硬度和强度主要取决于马氏体中的含碳量，而马氏体中的含碳量与原来奥氏体中的含碳量相同。当奥氏体中的含碳量超过 0.5% 时，随着含碳量的增加，淬火后钢中残余奥氏体的量增多，硬度也有所下降。

针片状马氏体硬度高、脆性大；板条状马氏体不仅硬度、强度较高，且韧度较高，塑性也较好。近年来，在生产中日益广泛地采用低碳马氏体。马氏体的电阻率比奥氏体和珠光体高，另外马氏体还具有强磁性和高矫顽力，所以，永久磁铁材料多采用马氏体组织。

（三）亚共析钢和过共析钢的等温转变曲线

亚共析钢和过共析钢的过冷奥氏体在转变为珠光体之前，要分别析出先析铁素体和先析渗碳体。因此，与共析钢相比，亚共析钢和过共析钢的等温转变曲线均多了一条先析相的析出线，如图 1-4-4 所示。同时 C 曲线位置也相对左移，说明亚共析钢和过共析钢的过冷奥氏体的稳定性比共析钢差。

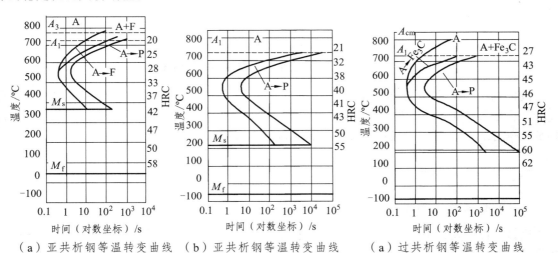

（a）亚共析钢等温转变曲线　（b）亚共析钢等温转变曲线　（a）过共析钢等温转变曲线

图 1-4-4　亚共析钢、共析钢和过共析钢等温转变曲线比较

（四）奥氏体等温转变曲线的应用

在生产中，一般连续冷却的热处理常以等温转变 C 曲线作为依据来分析连续冷却的过程，如图 1-4-5 所示。冷却速度 v_1 相当于随炉冷却（退火）的速度，从与 C 曲线相交点的温度（727 ～ 650 ℃）可以估计出转变组织为珠光体。冷却速度 v_2 相当于空冷（正火）的速度，根据和 C 曲线相交交点的温度可估计出转变组织为索氏体。v_3 相当于油冷的速度，只与珠光体开始转变曲线相交，故只有一部分奥氏体转变为托氏体，而剩余的部分奥氏体随后在更低的温度下转变为马氏体，结果得到托氏体与马氏体的混合组织。v_4 相当于水冷的速度，它与 C 曲线不相交，奥氏体一直过冷到 M_s 以下时，转变为马氏体和少量残余奥氏体。v_K 恰恰与 C 曲线鼻尖相切，它表示奥氏体在连续冷却过程中不分解为珠光体型组织，而转变为马氏体和少量残余奥氏体的最小冷却速度 v_K 称为临界冷却速度。用奥氏体等温转变 C 曲线来分析连续冷却转变过程，只能近似地反映奥氏体转变的过程。

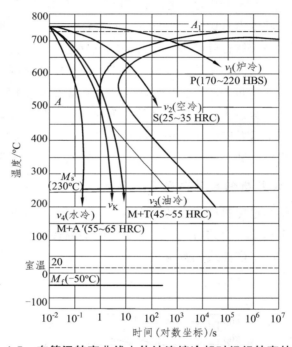

图 1-4-5　在等温转变曲线上估计连续冷却时组织转变的情况

v_K 的大小与 C 曲线的位置有关。除 Co 外，大多数合金元素能使 C 曲线位置右移而降低 v_K。当钢的含碳量低于 0.77%时，含碳量越低，钢的 C 曲线位置越向左移，v_K 就越大。所以，45 钢必须水冷才能获得马氏体，而低碳钢则因 v_K 过高，工艺上无法实现而难以淬硬。

三、热处理工艺

（一）钢的退火与正火

机械零件经过铸造、锻压、焊接等工艺后，会存在内应力、组织粗大、不均匀、偏析等缺陷。但经过适当的退火或正火处理，上述缺陷可以得到改善。因此，退火和正火常被用作预先热处理，以便为后面的加工或热处理做好准备。若对工件性能没有其他要求，如一些箱体、焊接容器等，退火或正火就可作为最终热处理工艺。

1. 退　火

退火是将工件加热到一定温度并保温，然后再缓慢冷却的一种热处理工艺。根据不同的目的，应采用不同的退火方法。常用的退火方法有普通退火、球化退火、再结晶退火、低温退火和扩散退火等。

（1）普通退火（完全退火）：主要用于亚共析钢。先将钢加热到 Ac_3 以上 30～50 ℃，保温一定时间，得到成分均匀、晶粒细小的奥氏体，然后随炉或在石灰、沙子中缓慢冷却到室温，也可缓冷到 500～600 ℃ 时取出空冷。普通退火的目的是细化晶粒、均匀组织、降低硬度、消除内应力。退火后得到接近平衡的组织，即铁素体＋珠光体，但不能用于过共析钢。

（2）球化退火（不完全退火）：主要用于共析钢与过共析钢，但亚共析钢不能用。球化退火是将钢加热到 Ac_1 以上 20～30 ℃，保温一定时间后缓慢冷却到室温的一种热处理工艺。其目的是消除内应力、降低硬度、提高韧性，使珠光体中的渗碳体球化，以便切削加工，也为以后热处理加热时易于奥氏体化提供条件。不完全退火用于过共析钢得到颗粒状渗碳体＋铁素体，即球化珠光体，其硬度低，可切削性好，淬火时不易变形和开裂，是制造刀具、模具、量具过程中不可缺少的预先热处理工序。

（3）再结晶退火：其工艺是将冷塑性加工后的钢件加热到再结晶温度以上（一般为 650～700 ℃），保温后缓慢冷却。其目的是消除加工硬化，恢复塑性。再结晶退火主要用于经冷塑性加工，如冷轧、冷冲、冷拔而发生加工硬化的钢件。

（4）低温退火（去应力退火）：其工艺是将零件毛坯缓慢加热到 500～650 ℃，经一定时间保温，然后缓慢冷却至室温或缓冷到 300～200 ℃ 后取出空冷。其主要用于消除铸件、焊件中的内应力，稳定零件尺寸。由于这种工艺的加热温度不超过 Ac_1，所以钢中组织不发生相变，而内应力却在加热和冷却过程中消除。

（5）均匀化退火（扩散退火）：其工艺是将钢加热到 1 050～1 150 ℃，保温 10～20 h，然后缓慢冷却。其目的是消除钢的偏析，提高钢的质量。均匀化退火主要用于合金钢铸件。

2. 正　火

正火是将钢件加热到 Ac_3 或 Ac_{cm} 以上 30～50 ℃，保温一定时间后，从炉中取出在空气中冷却，从而得到索氏体组织的一种热处理工艺。

正火和普通退火属于同一类型的热处理工艺，都是将钢加热到奥氏体状态。所不同的是，正火是在空气中冷却，而退火是随炉冷却。由于空冷比随炉冷却快，所以亚共析钢正火后得到索氏体＋铁素体组织，且铁素体量较少；过共析钢可得到索氏体组织，且消除了网状渗碳体。故正火钢的强度和硬度比退火钢高。但正火操作简单，生产周期短，可提高钢的力学性能，在生产中得到广泛应用，主要用于以下几方面。

① 作为对力学性能要求不高零件的最终热处理。

② 改善低碳钢的可切削性。低碳钢硬度低、韧度高，切削时不易断屑，容易产生"黏刀"，表面粗糙。正火后硬度增加，韧度下降，切削时易于断屑，工件表面粗糙度降低。

③ 作为中碳钢的预备热处理。中碳钢正火后，组织均匀，晶粒细小，可改善切削性能，

减小淬火时的变形、开裂倾向。用普通退火虽然也能达到这种目的，但效率较低。

退火和正火工艺的加热温度范围与工艺曲线如图 1-4-6 所示。

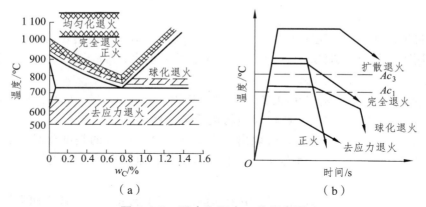

图 1-4-6　退火和正火工艺示意图

（二）钢的淬火与回火

1. 淬　火

（1）淬火工艺。淬火是将工件加热到相变温度以上，保温后进行迅速冷却，冷却速度应不低于钢的临界冷却速度，以使奥氏体在冷却过程中不发生分解，而到 M_s 以下转变为马氏体的一种热处理工艺。其目的是获得均匀细小的马氏体组织，再经过随后的回火处理，提高钢的力学性能。淬火工艺是最常用的一种热处理方法，是决定产品质量的关键。操作时必须正确地确定加热温度、保温时间，选择加热和冷却介质。

① 加热：为了在淬火后能获得细小均匀的马氏体，必须在加热时得到细小、均匀的奥氏体。若加热温度过高形成粗大的奥氏体晶粒，淬火后得到脆性很大的粗针状马氏体组织，粗大马氏体组织会使工件内应力增加，微裂纹增多，引起工件变形或开裂。若加热温度不够，则工件不能淬硬。碳钢的淬火加热温度主要根据钢的临界点来确定，如图 1-4-7 所示。

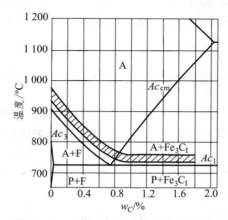

图 1-4-7　碳钢淬火的加热温度范围

亚共析钢的加热温度一般为 Ac_3 温度以上 30～50 ℃，淬火后获得均匀的马氏体。过共析钢的加热温度一般为 Ac_1 温度以上 30～50 ℃，淬火后获得马氏体和颗粒状的二次渗碳体，这种渗碳体会增加钢的耐磨性。

② 加热介质和保温时间：淬火加热通常在电炉、燃料炉、盐浴炉和铅浴炉中进行。工件在浴炉中加热，与工件接触的介质是溶盐或溶铅，其表面氧化、脱碳较少，淬火后质量较高。工件在电炉或燃料炉中加热，与工件接触的介质是空气或燃气，其表面氧化、脱碳较严重，但操作方便。电炉的温度易于控制，适用于大件的淬火。

保温时间也是影响淬火质量的因素，如保温时间太短，则奥氏体成分不均匀，甚至工件芯部未热透，淬火后出现软点或淬不硬。如保温时间太长，则将助长氧化、脱碳和晶粒粗化。保温时间的长短与加热介质、钢的成分、工件尺寸和形状、装炉量等有关。

③ 常用的淬火冷却介质：常用的淬火冷却介质是水和油，但水在高温区冷却能力强，在 $300 \sim 200\ ℃$ 冷却能力仍很强，因而易造成较大的内应力，会引起工件变形和开裂。目前，广泛采用盐水作为淬火介质，即在水中加入 10% 的 $NaCl$。油的冷却能力比水弱，主要用于形状复杂的中小型合金钢零件的淬火。

（2）淬火方法。

① 单液淬火法：将加热到奥氏体化的钢，直接浸入水或油中，一直冷却到室温后取出。这种淬火方法操作简单，易于掌握，但对形状复杂的零件容易造成变形和开裂，只适用于形状简单的零件。

② 双液淬火法：为防止形状复杂的零件在低温范围内马氏体转变时发生裂纹，可先在水中将钢件冷却到 $400 \sim 300\ ℃$，然后再浸入油中继续冷却，可防止零件开裂。

③ 分级淬火法：将加热到奥氏体化的钢浸入温度在 M_s 点附近的硝盐浴或碱浴中，保持一段时间，使工件的内外温度达到均匀状态，然后取出放在空气中冷却，使之发生马氏体转变，这样可大大减小应力、变形和开裂。但热浴的冷却能力比水和油都小，只适用于截面较小且形状复杂的零件。

④ 等温淬火法：等温淬火法与分级淬火法类似，只是在 M_s 点以上等温的时间更长一点，使过冷奥氏体等温转变为下贝氏体组织，然后取出空冷。该方法可使工件具有较高的硬度和韧度，通常不再进行回火。但等温时间长，生产率低，适用于截面较小、形状复杂的零件。

⑤ 冷处理：把淬火后冷却到室温的钢继续冷却到 $0\ ℃$ 以下，如 $-70 \sim -80\ ℃$，称为冷处理工艺。冷处理可使过冷奥氏体向马氏体的转变更加完全，减少残余奥氏体的数量，从而便于提高钢的硬度和耐磨性，并使尺寸稳定。冷处理的实质是淬火钢在 $0\ ℃$ 以下的淬火，适用于 M_f 温度位于 $0\ ℃$ 以下的高碳钢和合金钢。

（3）钢的淬透性。钢的淬透性即钢在淬火后得到淬硬层深度的能力。所谓淬硬层深度，一般指由钢的表面到有 50% 马氏体组织处的深度。

淬火时，同一工件表面和芯部的冷却速度是不相同的。钢的淬透性主要取决于其化学成分。除钴以外，所有溶入奥氏体中的合金元素都能提高钢的淬透性，如锰、铬、镍、钛、硅等，而硼的作用最大。

在汽车零件中，钢的淬透性极为重要。如用两种淬透性不同的钢材制成直径相同的传动轴，经淬火和高温回火处理，则淬透性高的零件，其力学性能沿截面是均匀分布的；而淬透性低的传动轴，芯部的力学性能较低，这对大截面的传动轴影响更为突出。

在铸、锻、焊等热加工过程中，钢材的淬透性也是必须考虑的。如高淬透性的钢铸件，在浇铸时铸模需预热；否则，不仅易产生裂纹，而且这种铸件硬度过高，不易进行切削加工。对于高淬透性的锻、焊件，必须控制其冷却速度，如埋入砂中冷却，否则，也易产生裂纹和硬度过高，从而使切削加工困难。

需要指出，不要把钢的淬透性和淬硬性混淆起来。淬硬性是指正常淬火后马氏体获得的硬度的高低，它与钢中的含碳量有关。钢中含碳量越高，淬硬性越好。

2. 回　火

回火是指将淬火后获得马氏体组织的钢重新加热到 Ac_1 以下的某一温度，经保温后缓慢冷却到室温的热处理工艺。

淬火钢不经回火一般不能直接使用。因为淬火钢的组织不稳定，马氏体又极脆，而且淬火时存在很大的内应力，如不及时回火，工件将发生变形、开裂。而且通过淬火和回火相配合，可调整和改善钢的性能，满足不同的要求。

（1）淬火钢的回火转变。以共析钢为例，淬火后钢的组织由马氏体和残余奥氏体组成，随着回火温度的升高，淬火钢的组织的变化为马氏体的分解→残余奥氏体的分解→回火托氏体的形成→渗碳体的聚集长大和α相再结晶。

（2）回火转变产物的组织与性能。淬火钢回火后的组织有如下几种。

① 回火马氏体。在 250 ℃ 以下的回火，可获得保持原有马氏体形态的过饱和α固溶体和极细碳化物构成的组织，具有高的硬度和耐磨性，但塑性较差、韧度较低。

② 回火托氏体。在 350～500 ℃ 回火，碳原子几乎完全从马氏体晶格中析出，使组织成为铁素体和细颗粒状渗碳体的机械混合物，具有高的屈服极限和弹性。

③ 回火索氏体。在 500～650 ℃ 回火，因温度高，原子扩散能力强，使渗碳体颗粒也增大，成为铁素体和较粗大粒状渗碳体的机械混合物，具有较高的综合力学性能。

图 1-4-8 所示为 40 钢力学性能与回火温度的关系。

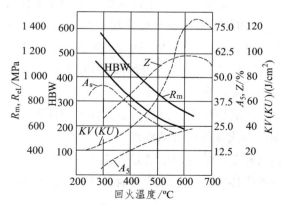

图 1-4-8　40 钢力学性能与回火温度的关系

（3）回火的分类和应用。根据回火温度的不同，钢的回火可分为以下三类。

① 低温回火（150～250 ℃）。可获得保持原有马氏体形态的过饱和α固溶体和极细碳化物构成的组织，硬度可达 56～65 HRC，常用于要求高硬度及耐磨的各类高碳钢的工具、模具、滚动轴承及其他渗碳淬火和表面淬火的零件，但塑性较差、韧度较低。

② 中温回火（350～500 ℃）。碳原子几乎完全从马氏体晶格中析出，其组织为铁素体和细颗粒状渗碳体的机械混合物，硬度为 40～50 HRC，常用于强度、屈服极限和弹性要求高的零件，如轴套、刀杆以及各种弹簧等。

③ 高温回火（500～650 ℃）。因温度高，原子扩散能力强，使渗碳体颗粒增大，成为铁素体和较粗大粒状渗碳体的机械混合物，硬度为 25～40 HRC，具有适当的强度、塑性和韧度高的综合力学性能。所以，淬火后的高温回火亦称调质处理，常用于受力复杂，要求具有较高综合力学性能的重要零件，如连杆、轴类、齿轮、螺栓等。

四、钢的表面热处理

有些零件，如齿轮、曲轴、离合器等，既要求有高的硬度以耐磨损，又要求有高的韧性以承受冲击。但整体淬火的硬度与韧性不能同时提高，例如，中碳钢或高碳钢经淬火＋低温回火得到的硬度和耐磨性好，但韧性差。若用低碳钢淬火＋低温回火，虽然低碳马氏体韧性较好，但耐磨性又很差。而采用表面热处理，则能获得硬度高的表面和芯部韧性好的零件。

（一）表面淬火

表面淬火工艺快速加热，使工件要求淬硬的表面迅速升至淬火温度，而芯部仍保持在 Ac_1 以下温度，再迅速冷却，结果工件表面层被淬硬为马氏体组织，芯部仍是原来的组织，保持了良好的韧性。再经过适当的低温回火，就能获得要求的性能。按加热方法的不同，表面淬火分为火焰加热表面淬火、感应加热表面淬火和激光加热表面淬火。

1. 火焰加热表面淬火法

利用氧-乙炔焰直接加热工件。氧-乙炔焰的温度可达 3 000 ℃，工件表面快速加热到淬火温度后，立即喷水淬火，再进行必要的低温回火。其淬硬层深度一般为 2～6 mm。该方法适宜表面淬火的钢有 45 钢、40 Cr 等中碳钢或中碳合金钢。

2. 感应加热表面淬火法

感应加热是一个能量转化的过程，如工件中感应电流足够大，则产生的热量可使工件加热至相变温度以上。

由于金属导体的集肤效应和工件本身的电阻，加上电压后工件表面迅速加热，而芯部几乎未被加热。而交变电流频率越高，集肤效应就越显著，加热层也就越薄，因此，可选用不同的频率控制加热层厚度，从而控制不同的淬透层深度。感应加热表面淬火法包括以下 3 种。

① 高频感应加热：电流频率为 100～500 kHz，淬硬层深度为 0.5～2 mm，主要用于淬硬层较浅的中小型零件加热，如汽车中小型轴、小模数齿轮等。为提高高频淬火质量，零件的原始组织应力求均匀细小，因此，在高频淬火前应进行预备热处理，即正火或调质处理。

汽车齿轮高频淬火的工艺路线如下：

锻造→正火或退火→粗加工→调质→半精加工→高频淬火→低温回火→磨削。

高频感应加热速度极快，只有几十秒。由于加热速度快、时间短、加热温度高，因此，钢的表面奥氏体化淬火温度应为 $Ac_1 + (80 \sim 150)$ ℃。虽然加热温度较高，但得到的奥氏体晶粒反而更均匀细小，因此，淬火后得到的马氏体硬度比普通淬火达到的硬度高 2～3 HRC。淬火后为消除应力，应进行 100～150 ℃ 的低温回火。

② 中频感应加热：常用频率为 2 500～8 000 Hz，淬硬层深度可达 2～10 mm，主要用于尺寸较大的曲轴等要求表面淬硬层较深的零件。

③ 工频感应加热：电流频率为 50 Hz，淬硬层深度可达 10～15 mm，主要用于要求淬硬层深的大直径零件，如轧辊、火车车轮等。

感应加热表面淬火在生产中应用很广，其主要优点是加热快，操作迅速，生产率高，晶粒细小，不易产生变形、氧化、脱碳，适用于成批生产，但它不适用于形状复杂的零件和单件生产。

3. 激光加热表面淬火法

用激光扫描工件表面，用红外线将工件表面温度迅速加热到钢的临界点以上，随着激光束的离开，工件表面的热量迅速向周围散开，可自行冷却淬火，属表面强化技术。

激光淬火的淬硬层深度一般为 0.3～0.5mm，可得到极细的马氏体组织。该方法适用于其他表面淬火方法难以做到的复杂形状，如拐角、盲孔、深孔等工件的淬火。

（二）化学热处理

经过表面淬火的工件，表面硬度并不很高，一般为 52～54 HRC，芯部韧性也有限。若同时要求工件表面硬度和芯部韧性都很高，则应采用化学热处理。此外，若机器零件还有各种物理、化学性能方面的特殊要求，也可用化学热处理。

化学热处理是把工件放在特定介质中加热和保温，使一种或几种元素渗入工件表面以改变表层的成分和组织，使工件表层与芯部具有不同的力学性能或特殊的物理、化学性能。化学热处理有渗碳、渗氮和渗其他元素等几种方法，其工艺过程由 3 个阶段组成。

第一阶段，介质在一定温度下发生分解，产生能渗入工件表面的某种元素的活性原子。

第二阶段，活性原子被工件表面吸收。吸收方式有两种，即活性原子由钢的表面进入铁的晶格而形成同溶体或与钢中的某种元素形成化合物。

第三阶段，活性原子由工件表面向内部扩散，形成一定厚度的渗层。加热温度越高，原子扩散就越快，渗层也就越厚。在温度确定后，渗层厚度主要由保温来控制。

1. 渗 碳

渗碳是指钢的表面吸收碳原子的过程，其目的是使零件表面获得高硬度（58～64 HRC），芯部获得较高的强度和韧度。零件渗碳层深度一般为 0.5～2.0 mm。渗碳件采用低碳钢，通过渗碳，表面含碳量要求控制在 0.85%～1.1%。渗层深度指由工件表面向内至含碳量为规定值处（一般为含碳量 0.4%）的垂直距离。渗碳后的零件必须进行淬火与回火处理。

汽车渗碳齿轮的工艺路线如下：

锻造→正火→粗加工→半精加工→渗碳→淬火＋低温回火→磨削。

渗碳可以在气态、固态、液态的含碳介质中进行，含碳的介质称为渗碳剂。

① 气体渗碳法。气体渗碳主要是用甲烷、煤气、甲苯等渗碳剂。

② 固体渗碳法。固体渗碳剂主要是木炭，其次是少量碳酸盐，如 $BaCO_3$、Na_2CO_3 等。

③ 液体渗碳法。因为有毒性气体产生，所以应用不广泛。

2. 氮 化

氮化是使工件表面渗入氮原子。氮原子先溶入铁原子中，饱和后则形成各种氮化物，使工件表面具有很高的硬度和耐磨性，并有良好的耐腐蚀性和疲劳强度。

目前，应用较广的是气体氮化法，把工件放在专门氮化的炉子里加热到 500～600 ℃，同时通入氨气（NH_3），氮化层厚度达到 0.4～0.5 mm，然后随炉冷到 200 ℃ 以下出炉空冷。工件氮化后表面硬度可达 850～1 100 HV（相当于 67～72 HRC），不需要淬火就具有良好的硬度，即使在 600～650 ℃ 仍保持较高的硬度，还具有较高的化学稳定性和耐腐蚀能力。氮化处理时间长，一般要用合金钢，如 38CrMoAlA、18CrNiW 等专用氮化钢，因此成本高，故只用于汽车、机床中高速传动的精密齿轮、高精度机床的螺杆和磨床的主轴等。

一般汽车氮化零件的工艺路线如下：

锻造→退火→粗加工→调质→半精加工→去应力退火→磨削→氮化→精磨。

3. 碳氮共渗

把碳和氮同时渗入零件表层的过程称为碳氮共渗，也称为氰化。根据处理的温度不同，氰化可分为高温、中温及低温氰化。高温氰化时，碳的浓度比氮的浓度高，以渗碳为主；低温氰化时，氮的浓度比碳的浓度高，以渗氮为主。

对负荷较重的零件采用高温氰化，深度为 0.5～2.0 mm。对工作负荷中等的零件采用中温氰化，深度为 0.2～0.5 mm，经中温氰化后应进行淬火和低温回火，硬度可达 60～65 HRC，耐磨性高，但脆性大。低温氰化主要用于提高各种高速钢刀具及高铬钢模具的耐磨性，延长其使用寿命，深度为 0.03～0.05 mm，硬度可达 68～72 HRC，使用寿命可提高 1.5～2 倍。

4. 其他化学热处理方法

（1）渗铝：钢的表面渗入 0.5～1.0 mm 的渗铝层。

（2）渗铬：钢的表面渗入铬，可增加零件的耐蚀性。碳钢渗铬后得到高的硬度和耐磨性。

其他化学热处理方法还有渗硅、渗硼、渗硫等。渗硅可增加钢的耐蚀性，渗硼可增加钢的耐热性，渗硫可增加钢的耐磨性。

思考与练习

1. 热处理加热时的奥氏体晶粒大小与哪些因素有关？为什么说奥氏体晶粒大小直接影响钢材热处理冷却后的组织和性能？

2. 过冷奥氏体在不同温度等温转变时可获得哪些转变产物？试列表比较其组织和性能。

3. 什么是 v_K？它在热处理生产中有何意义？其主要影响因素有哪些？

4. 正火与退火相比有何异同？什么条件下正火可代替退火？

5. 为什么通常情况下亚共析钢锻件采用完全退火，而过共析钢锻件采用球化退火？

6. 下面的几种说法是否正确？为什么？

（1）过冷奥氏体的冷却速度越快，钢冷却后的硬度越高。

（2）钢中合金元素越多，则淬火后硬度就越高。

（3）本质细晶粒钢加热后的实际晶粒一定比本质粗晶粒钢细。

（4）淬火钢回火后的性能主要取决于回火时的冷却速度。

（5）为了改善碳素工具钢的切削加工性，其预先热处理应采用完全退火。

（6）淬透性好的钢，其淬硬性也一定好。

7. 同一钢材经调质和正火后硬度相同，两者在组织和性能上是否相同？为什么？

8. 确定下列工件的热处理方法：

（1）用 60 钢丝热成形的弹簧。

（2）用 45 钢制造的轴，芯部要求有良好的综合力学性能，轴颈处要求硬而耐磨。

（3）用 T12 钢制造的锉刀，要求硬度为 60 ~ 65 HRC。

9. 45 钢经调质处理后，硬度为 240 HBW，若再进行 180 °C 回火，能否使其硬度提高？为什么？45 钢经淬火、低温回火后，若再进行 560 °C 高温回火，能否使其硬度降低？为什么？

10. 现有一批螺钉，原定由 35 钢制成，要求其头部热处理后硬度为 35 ~ 40 HRC。现材料中混入了 T10 钢和 10 钢。试问由 T10 钢和 10 钢制成的螺钉，若仍按 35 钢热处理（淬火、回火）时，能否达到要求？为什么？

11. 为什么机床主轴、齿轮等中碳钢零件常采用感应加热表面淬火，而汽车变速轴、变速齿轮等低碳钢或低碳合金钢零件常采用渗碳淬火作为最终热处理？

工作任务五　钢铁材料

钢铁材料又称黑色金属材料，是以铁和碳为主要元素组成的铁碳合金。

■任务目标

掌握碳素钢、合金钢、灰铸铁、可锻铸铁、球墨铸铁的种类、牌号、性能特点及应用；了解我国合金工具钢、低合金钢、工程铸铁及常用特殊性能钢的牌号、性能特点及应用。

■■ 必备知识

一、铁的分类及牌号

（一）钢的分类

钢是碳的质量分数不大于 2.11%，并可能含有其他元素的铁碳合金（在个别钢中，如高铬钢，其 w_C 可超过 2.11%）。钢的种类很多，常用的分类方法如下：

1. 传统分类

钢按化学成分分为碳素钢（简称碳钢）、合金钢。

按品质分为普通钢、优质钢、高级优质钢、特级优质钢。

按用途分为结构钢、工具钢、特殊性能钢、专业用钢。

按冶炼方法及炉型进一步分为平炉钢、转炉钢、电炉钢。

按脱氧程度和浇铸方法分为沸腾钢、镇静钢和半镇静钢。

按金相组织分为退火状态钢、正火状态钢、无相变或部分发生相变的钢。

2. 按国标分类

按国家标准钢分类为两部分：第一部分按化学组成分类（GB/T 13304.1—2008），分为非合金钢、低合金钢和合金钢；第二部分按主要质量等级、主要性能或使用特性分类（GB/T 13304.2—2008）。

（二）铸铁的分类

1. 按碳存在的形式分类

（1）灰铸铁：碳全部或大部分以游离状态石墨的形式存在，断口呈黑灰色。

（2）白口铸铁：少量碳溶入铁素体，其余的碳以渗碳体的形式存在，断口呈亮白色。

（3）麻口铸铁：碳以石墨和渗碳体的混合形式存在，断口呈黑白相间的麻点。

2. 按石墨的形态分类

按石墨的形态分，铸铁可分为普通灰铸铁（石墨呈片状）、蠕墨铸铁（石墨呈蠕虫状）、可锻铸铁（石墨呈棉絮状）、球墨铸铁（石墨呈球状）。

3. 按化学成分分类

（1）普通铸铁：如普通灰铸铁、蠕墨铸铁、可锻铸铁、球墨铸铁。

（2）合金铸铁（又称为特殊性能铸铁）：如耐磨铸铁、耐热铸铁、耐蚀铸铁等。

二、钢铁中的元素及其作用

钢铁成分中的主要组成元素是铁和碳，但在冶炼过程中，还会带入一定量的 Si、Mn、P、S、非金属夹杂物及氧、氮、氢等气体，这些非有意加入或保留的元素称为杂质。

（一）常存杂质元素对钢性能的影响

1. Si、Mn 对钢性能的影响

Si 可改善钢质，还可溶入铁素体，可显著提高钢的强度和硬度，但含量较高时，会使钢的塑性和韧性下降；Mn 可防止形成 FeO，减轻 S 的有害作用，强化铁素体，增加珠光体相对量，使组织细化，以提高钢的强度。Si 和 Mn 在一定含量范围内是有益元素，但是，作为少量杂质存在时对钢的力学性能的影响并不显著。

2. S、P 对钢性能的影响

在固态下，S 在钢中主要以 FeS 的形态存在，使钢在 1 100 °C 左右的高温下进行变形加工时沿着晶界开裂（称为热裂）；P 在固态下可溶入铁素体中，使钢的强度、硬度提高，并提高铁液的流动性，但在室温下使钢的塑性、韧性显著下降，在低温时更为严重（称为冷脆），P 的存在也使焊接性能变坏。S 和 P 的含量必须严格控制，它是衡量钢质量等级的指标之一。

（二）合金元素在钢中的作用

为了改善钢铁的力学性能或使之获得某些特殊性能，有目的地加入一定量的一种或几种元素，称这些元素为合金元素。

1. 合金元素在钢中存在的形式

以溶质的形式溶入铁素体、奥氏体和马氏体中，形成强化相，如形成合金渗碳体、特殊碳化物或金属间化合物等；形成非金属夹杂物，如氧化物、氮化物和硫化物等；以纯金属相存在，如 Pb、Cu 等既不溶于铁，也不形成化合物，而是在钢中以游离状态存在。

2. 形成碳化物

在钢中形成碳化物的元素，如 Fe、Mn、Cr、Mo、W、V、Nb、Zr、Ti 等（按照与碳的亲和力由弱到强依次排列），其中 V、Nb、Zr、Ti 为强碳化物形成元素；Cr、Mo、W、Fe、Mn 为弱碳化物形成元素；Ni、Co、Si、Al、N 为非碳化物形成元素。对不能形成碳化物的元素，主要是以溶入 α-Fe 或 γ-Fe 中的形式存在。

3. 合金元素对钢热处理工艺的性能影响

（1）在钢加热过程中的作用。

① 细化奥氏体晶粒：在钢的奥氏体化过程中，合金元素（除 Mn、P 外）均阻止奥氏体晶粒长大。其中 V、Ti、Nb、Zr 等强碳化物形成元素强烈阻止奥氏体晶粒长大，起细化晶粒的作用；W、Mo、Cr 等作用次之；非碳化物形成元素如 Ni、Si、Cu、Co 等作用较弱。

因此，除锰钢外，合金钢在加热时不易过热，有利于在淬火后获得细马氏体，有利于增加淬透性及钢的力学性能，也有利于减小淬火时的变形与开裂倾向。

② 减缓奥氏体化速度：为了得到比较均匀的、含有足够数量合金元素的奥氏体，充分发挥合金元素的有益作用，合金钢在热处理时需要提高加热温度和延长保温时间。

（2）在钢冷却过程中的作用。

① 提高淬透性：加入的合金元素只有完全溶于奥氏体中时才能提高淬透性。如果未完全溶解，就会成为奥氏体分解时新相的结晶核心，使分解速度加快，反而会降低钢的淬透性。

② 残余奥氏体的转化：M_s 和 M_f 点的下降，使合金钢淬火后残余奥氏体较非合金钢多，可进行冷处理（冷至 M_f 点以下）或进行多次回火，使残余奥氏体转变为马氏体或贝氏体。

（3）在淬火钢回火时的作用。

提高回火稳定性，产生二次硬化，防止第二类回火脆性（对于某些合金钢，采用含有一定量的 W 或 Mo 的合金钢，在回火后缓冷，不产生回火脆性）。

4. 合金元素使钢获得特殊性能

合金元素在钢中形成单相稳定组织和致密氧化膜、金属间化合物。如图 1-5-1 所示为合金元素对奥氏体相区的影响。

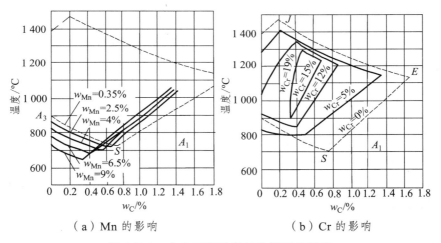

（a）Mn 的影响　　　　　（b）Cr 的影响

图 1-5-1　合金元素对奥氏体相区的影响

三、碳素钢

碳素钢（即非合金钢）工艺性能良好，价格低廉，炼制过程简单，并具有较高的塑性和焊接性能，力学性能可满足一般的使用要求，因此大量应用于制造普通零件。

（一）碳素结构钢

1. 牌　号

碳素结构钢（GB/T 700—2006）的牌号由四部分组成，即由"Q + 数字-字母 + 字母"组成。"Q"为屈服强度中"屈"字的汉语拼音首字母；数字为一定厚度下材料的最低抗拉强度值（MPa）；第一组字母 A、B、C、D 表示钢的质量等级；第二组字母 F、b、Z、TZ 分别表示沸腾钢、半镇静钢、镇静钢和特殊镇静钢。如 Q235-AF，表示碳素结构钢中屈服点 $R_{eL} \geqslant$ 235 MPa、质量等级为 A 级的沸腾钢。

2. 性能及用途

碳素结构钢中含 S、P（$w_S \leqslant 0.050\%$、$w_P \leqslant 0.045\%$）杂质较多，强度较低，工艺性好，能满足一般工程结构和普通零件的使用要求，且价廉，易于炼制，大都在热轧状态下直接使用，加工成形后一般不进行热处理，通常轧制成圆钢、钢管、钢板、角钢、槽钢、钢筋等型材供应。碳素结构钢在汽车上的应用如表 1-5-1 所示。

表 1-5-1 碳素结构钢在汽车上的应用

型　号	应用举例
Q235-A	传动轴中间轴承支架、发动机支架、后视镜支架、油底壳加强板等
Q235-AF	机油滤清器法兰、发电机连接板、前钢板弹簧夹箍、后视镜支架等
Q235-B	同步器锥盘、差速器螺栓锁片、驻车制动器操作杆、棘爪和齿板等
Q235-BF	消声器后支架、放水龙头手柄夹持架、百叶窗叶片等

（二）优质碳素结构钢

优质碳素结构钢中有害杂质及非金属夹杂物的含量较少，塑性、韧性较好，热处理后机械性能较好，用于制造较重要的零件。

1. 牌　号

优质碳素结构钢（GB/T 699—1999）的牌号由两位数字组成。数字是以平均万分数表示的碳的质量分数，如 40 钢表示 $w_C \approx 0.4\%$ 的优质碳素结构钢。高级优质钢在数字后加"A"，特级优质钢在数字后加"E"，沸腾钢在数字后加"F"，半镇静钢在数字后加"b"。钢中 Mn 的质量分数较高（$w_{Mn} = 0.7\% \sim 1.20\%$）时，在数字后附以符号 Mn，如 65Mn 表示 $w_C \approx 0.65\%$，并含有较多锰（$w_{Mn} = 0.9\% \sim 1.20\%$）的优质碳素结构钢。

2. 性能及用途

优质碳素结构钢的 S、P（$w_S \leqslant 0.030\%$、$w_P \leqslant 0.035\%$）含量较低，非金属夹杂物较少，塑性及韧性较高，可进行热处理强化，主要用于制造较重要的零件。

低碳钢为含碳量低于 0.25% 的碳素钢，其强度和硬度不高，但塑性、韧性和焊接性能较好，常用于制造各种冲压件、焊接件和强度要求不高的零件，如发动机油底壳、油箱、车身外壳、离合器盖、变速叉、轮胎螺栓和螺母等。

中碳钢为含碳量 0.25% ~ 0.60% 的碳素钢，具有较高的强度和硬度，切削性能良好，经过热处理后具有良好的综合机械性能，常用于制造受力较大的零件，如曲轴正时齿轮、飞轮齿圈、万向节叉、离合器从动盘、连杆等。

高碳钢为含碳量大于 0.60% 的碳素钢，能淬硬和回火，具有高的强度、硬度和弹性，常用于制造钻头、丝攻、铰刀等切削工具和弹性件、耐磨件，如气门弹簧、离合器压盘弹簧、活塞销卡簧、空气压缩机阀片、弹簧垫圈等。常用优质碳钢在汽车上的应用如表 1-5-2 所示。

表 1-5-2 常用优质碳素结构钢在汽车上的应用

牌 号	应用举例
08	驾驶室外壳、油底壳、油箱、离合器盖等
15	轮胎螺栓和螺母、发动机气门室罩、离合器调整螺栓、曲轴箱螺栓等
20	离合器分离杠杆、风扇叶片、驻车制动杆等
35	曲轴正时齿轮、半轴螺栓锥形套、机油泵齿轮、连杆螺母、气缸盖定位销等
45	气门推杆、同步器锁销、变速杆、凸轮轴、曲轴、离合器踏板轴及分离叉等
50	离合器从动盘等
65Mn	气门弹簧、转向纵拉杆弹簧、离合器压盘弹簧、活塞销卡簧、拖曳钩弹簧等

（三）碳素工具钢

1. 牌 号

碳素工具钢的牌号由"T + 数字"组成。"T"是"碳"字汉语拼音首字母，数字是以名义千分数表示的碳的质量分数。若为高级优质碳素工具钢，则在数字后标出"A"，如 T12A 表示的是碳的平均质量分数为 1.2% 的高级优质碳素工具钢。

2. 性能及用途

碳素工具钢碳的平均质量分数比较高（$w_C = 0.65\% \sim 1.35\%$），S、P 含量较低，经淬火、低温回火后具有较高的硬度和耐磨性，但塑性较低，主要用于制造低速、手动工具及常温下使用的工具、模具、量具等。

（四）铸造碳钢

1. 牌 号

按 GB/T 5613—2014 规定，铸造碳钢牌号表示方法有两种：一是以强度表示的铸钢牌号，由"ZG + 数字-数字"组成，"ZG"是"铸钢"二字的汉语拼音首字母，第一组数字代表最低屈服点数值，第二组数字代表最低抗拉强度值，如 ZG200-400 表示 R_{eL}（$R_{r0.2}$）不小于 200 MPa、R_m 不小于 400 MPa 的铸造碳钢；二是用化学成分表示的铸钢牌号，由"ZG + 数字 + 元素符号 + 数字"组成，第一组数字是以平均万分数表示碳的质量分数（平均 $w_C > 1\%$ 时不标出，平均 $w_C < 1\%$ 时，第一组数字为"0"），元素符号后的数字是以名义百分数表示该元素的质量分数，如 ZG15Cr1Mo1V 钢表示 $w_C \approx 0.15\%$、$w_{Cr} \approx 1\%$、$w_{Mo} \approx 1\%$、$w_V < 0.9\%$（平均 $w_V < 0.9\%$ 时不标数字）的铸钢。

2. 性能及用途

铸造碳钢主要用以制造形状复杂，难以用锻压成形，用铸铁又不能满足性能要求的铸件。铸钢在汽车上的应用如表 1-5-3 所示。

表 1-5-3　铸钢在汽车上的应用

牌　号	应用举例
ZG270-500	机油管法兰、化油器活接头、车门限制器的限制块等
ZG310-570	进排气歧管压板、风扇过渡法兰、前减振器下支架、变速叉、起动爪等
ZG340-640	齿轮、棘轮等

四、低合金钢

低合金钢是可焊接的低碳低合金工程结构用钢，钢中合金元素总质量分数不超过 5%（一般不超过 3%）。常用的有低合金高强度结构钢、低合金耐候钢、低合金专用钢等。汽车上一些受力复杂的重要零件，如变速器齿轮、半轴和活塞销等采用低合金钢。

（一）低合金高强度结构钢

低合金高强度结构钢是主要加入锰，并结合我国资源优势发展起来的优良低合金钢之一。

1. 用　途

它广泛用于建筑、桥梁、船舶、车辆、铁道、高压容器及大型军事工程等方面。其中，Q345（16Mn）使用最多，载货汽车大梁采用 Q345，其载重比由 1.05 提高到 1.25。

2. 牌　号

该牌号由四部分组成，前缀符号 + 强度值（N/mm^2 或 MPa），其中通用结构钢前缀符号代表屈服强度的拼音的首字母"Q"，专用结构钢的前缀符号见国标（GB/T 1591—2008），但大多数是由"Q + 数字 + 质量等级符号"三部分组成，或用两位阿拉伯数字表示平均含碳量（以万分之几计），加规定的元素符号和必要时加入的其他部分，质量等级符号用字母 A～E 表示。

3. 成　分

低碳钢韧性、焊接性和冷成形好。低合金钢以锰为主加元素，硅的质量分数高于普通碳素钢，Mn、Si 固溶强化铁素体，Mn 既能提高强度，还能改善塑性、韧性；辅加 Ti、V、Nb 等形成细碳化物或碳氮化合物，有利于获得细小的铁素体晶粒和提高钢的强度和韧性（细晶强化）；加入少量铜和磷等可提高抗腐蚀性能；加入少量钼（Mo）或少量稀土元素，可脱硫、去气，使钢材净化，并改善夹杂物的形状和分布，减弱冷脆性，改善韧性和工艺性能。

4. 性　能

高强度，高韧性，焊接性、冷成形和耐蚀性均良好。

5. 热处理

使用状态下的显微组织一般为 F + P，也可在淬火 + 回火状态下使用。

低合金结构钢在汽车上常用于制造车架纵、横梁和前保险杠等结构件。常用低合金结构钢在汽车上的应用如表 1-5-4 所示。

表 1-5-4　常用低合金结构钢在汽车上的应用

牌　号	应用举例
Q295	水箱固定架底板、风扇叶片、车架横梁等
Q345	车架纵梁、车架横梁、油箱托架、车架角撑、蓄电池固定框后板等
Q390	车架前横梁、车架中横梁、前保险杠、车架角撑等

（二）低合金耐候钢

耐候钢即耐大气腐蚀钢，在低碳钢的基础上加入少量的 Cu、Cr 以及 Ni、Mo 等合金元素，使其在钢的表面形成保护膜，从而提高钢材的耐大气腐蚀性。

焊接结构用耐候钢适用于桥梁、建筑及其他要求耐候性的结构件，高耐候性钢适用于制作汽车车辆、建筑、塔架等结构，还可制成螺栓连接、铆接和焊接的结构件。

五、合金钢

在非合金钢的基础上有目的地加入一定量的一种或几种元素而获得的钢就称为合金钢。常用的合金钢如下：

（一）机械结构用合金钢

机械结构用合金钢主要用于制造各种机械零件，大多需经热处理后才能使用。

1. 分类和牌号

（1）分类。

机械结构用合金钢按用途和热处理可分为渗碳钢、调质钢与非调质钢、弹簧钢、滚动轴承钢、超高强度钢、易切削钢等；按冶金质量可分为优质钢、高级优质钢和特级优质钢。

（2）牌号。

合金渗碳钢、合金调质钢及合金弹簧钢的牌号由"数字（两位）+元素符号+数字"组成。滚动轴承钢中的高碳铬轴承钢的牌号由"G + Cr + 数字"组成。

2. 合金渗碳钢

合金渗碳钢通常指经渗碳、淬火、低温回火后使用的低碳合金结构钢。

（1）工作条件：许多机械零件如汽车、拖拉机上的变速齿轮与内燃机上的凸轮轴、活塞销等工作时表面受到强烈摩擦、磨损，同时又承受较大的交变载荷，特别是承受冲击载荷的作用。

（2）性能要求：要求零件表面具有优异的耐磨性和高的疲劳强度，芯部具有较高强度和足够的韧性及良好的热处理工艺性能。

（3）化学成分：低碳（$w_C = 0.1\% \sim 0.25\%$）以保证淬火后零件芯部有足够的塑性和韧性；加入可强化铁素体和提高淬透性的合金元素 Cr、Ni、Mn、B 等；加入可形成细小难溶的碳化物，阻止晶粒长大的合金元素 V、Ti、W、Mo，有利于防止渗碳层剥落及提高芯部性能，并使零件渗碳后能直接淬火，简化热处理工序，特殊碳化物还可增加渗层的耐磨性。

（4）热处理工艺：预先热处理为低、中淬透性的渗碳钢，锻造后正火；高淬透性的渗碳钢锻压后空冷淬火，650 ℃ 左右高温回火，以改善渗碳钢毛坯的切削加工性。最终热处理为渗碳后淬火和低温回火（180 ~ 200 ℃）。

如汽车半轴齿轮 20CrMnTi 的热处理工艺：锻造→热处理→机加工→渗碳→淬火→低温回火→磨削。

淬火回火后，合金钢渗碳件表层组织是高碳回火马氏体和合金渗碳体或碳化物及少量的残留奥氏体，硬度可达 60 ~ 62 HRC。芯部组织与钢的淬透性及零件截面尺寸有关，若芯部淬透，则回火组织是低碳回火马氏体，硬度为 40 ~ 48 HRC；若未淬透，则为托氏体加少量低碳回火马氏体及铁素体混合组织，硬度为 25 ~ 40 HRC。高碳马氏体保证了表面的高硬度和耐磨性，芯部的混合组织则具有足够的强度和韧性。

（5）常用的合金渗碳钢。

① 低淬透性渗碳钢：如 20Cr、20MnV 等钢淬透性低，水淬临界淬透直径为 20 ~ 35 mm；芯部强度不高，渗碳时晶粒易长大（特别是锰钢）。

② 中淬透性渗碳钢：如 20CrMnTi、20MnVB 等钢，油淬临界淬透直径为 25 ~ 60 mm，渗碳过渡层比较均匀，奥氏体晶粒长大倾向小，可自渗碳温度预冷到 870 ℃ 左右直接淬火。

③ 高淬透性渗碳钢：如 20Cr2Ni4、18Cr2Ni4WA 钢，油淬临界淬透直径为 100 mm 以上，甚至空冷也能淬成马氏体。

汽车上的某些零件是在高速、重载、强烈冲击和剧烈摩擦的状态下工作的，如变速箱齿轮、万向节十字轴（见图 1-5-2）和活塞销（见图 1-5-3）等零件的表面要求具有高硬度、高耐磨性，而芯部则要求具有高的强度和韧性，这就需要采用合金渗碳钢制造，经热处理后使用。常用合金渗碳钢在汽车上的应用如表 1-5-5 所示。

图 1-5-2　合金渗碳钢制造的万向节十字轴

图 1-5-3　合金渗碳钢制造的活塞销

表 1-5-5　常用合金渗碳钢在汽车上的应用

牌　号	应用举例
15Cr	活塞销、挺杆、气门弹簧座等
20CrMnTi	变速器齿轮、变速器啮合套、变速器轴、半轴齿轮、万向节和差速器十字轴等
15MnVB	变速器轴、变速器啮合套、变速器齿轮、钢板弹簧中心螺栓等
20MnVB	减速器齿轮、万向节十字轴、差速器十字轴等

3. 合金调质钢与非调质钢

（1）合金调质钢。

合金调质钢是经调质处理后使用的合金钢。

① 工作条件：承受重载荷和冲击载荷作用的重要零件。

② 性能要求：要求高强度与高韧性相结合，具有良好的综合力学性能及良好的淬透性。

汽车半轴、连杆、转向节等要承受较大的冲击载荷，要求强度高，塑性和韧性良好，具有良好的综合机械性能,而合金钢经过热处理后就能满足这些要求,如图 1-5-4 和图 1-5-5 所示。

图 1-5-4 汽车半轴

图 1-5-5 连杆

③ 化学成分：一般 $w_C = 0.25\% \sim 0.5\%$，以 0.4%居多。

④ 热处理工艺：预先热处理是锻造成形后的热处理。低淬透性调质钢常采用正火；中淬透性调质钢常采用退火；高淬透性调质钢则用正火（得到马氏体）后高温回火。最终热处理是粗加工后调质处理（淬火后高温回火）。

调质钢的汽车变速箱轴，其热处理工艺：锻造→热处理→粗加工→调质→精加工→热处理→磨削。

⑤ 常用合金调质钢。

低淬透性调质钢，如汽车连杆等用的 40Cr，$w_{Me} < 2.5\%$，油淬临界直径为 20 ~ 40 mm，调质后强度比非合金钢高；中淬透性调质钢，如 35CrMo 钢等，合金元素较多，油淬临界淬透直径为 40 ~ 60 mm，调质后强度很高；高淬透性调质钢，如 25Cr2Ni4WA 钢等，油淬临界淬透直径≥60 ~ 100 mm，调质后强度高，韧性也很好。常用合金调质钢在汽车上的应用如表 1-5-6 所示。

表 1-5-6 常用合金调质钢在汽车上的应用

牌 号	应用举例
40 Cr	发动机支架固定螺栓、水泵轴、连杆、连杆盖、气缸盖螺栓等
40MnB	半轴、水泵轴、变速器轴、转向节、转向节臂、万向节叉等
40Mn2	进气门、半轴套管、钢板弹簧 U 形螺栓等
50Mn2	离合器从动盘、减振盘等

（2）非调质钢。

非调质钢是在中碳钢中添加微量合金元素（V、Ti、Nb、N 等），然后加热使这些元素固溶于奥氏体中，再通过控温轧制（锻制）、控温冷却，使钢在轧制（或锻制）后获得与碳素结构钢或合金结构钢经调质处理后所达到的同样力学性能的钢种。使用时，可不用再调质处理。

切削加工用非调质结构钢，牌号以 YF 为首，如 YF35MnV 钢，可制作汽车发动机连杆，其力学及工艺性能超过 55 钢。热锻用非调质结构钢，牌号以 F 为首，如 F40MnV 钢。

4. 合金弹簧钢

弹簧是汽车上常用的元件，要求具有较高的疲劳强度和抗拉强度，有良好的工艺性和足够的韧性和塑性。

合金弹簧钢主要用于制造各种机械和仪表中的弹簧，如汽车气门弹簧、离合器弹簧、转向纵拉杆弹簧。活塞销卡簧常采用合金弹簧钢 65Mn，钢板弹簧等大截面弹簧常采用合金弹簧钢 55Si2Mn、60Si2Mn，因此，汽车、拖拉机、机车车辆的减振弹簧和螺旋弹簧等采用合金弹簧钢制造。

（1）工作条件：弹簧一般都是在交变应力作用下工作，常产生疲劳破坏，也可能因弹性极限较低、过量变形或永久变形而失去弹性。

（2）性能要求：高的弹性极限、屈服点及高的屈强比；高的疲劳强度；足够的塑性和韧性；良好的耐热性、耐蚀性和较高的表面质量；良好的淬透性、耐蚀性及不易脱碳。

（3）化学成分：一般碳素弹簧钢（$w_C = 0.6\% \sim 0.9\%$）要保证得到高的疲劳强度和屈服点。而合金弹簧钢由于合金元素使 S 点左移，所以，一般碳的质量分数 $w_C = 0.45\% \sim 0.7\%$。

5. 滚动轴承钢

滚动轴承钢主要用来制造各种滚动轴承元件，如轴承内外圈、滚动体等。

（1）工作条件：工作中受到周期性交变载荷和冲击载荷的作用，产生强烈的摩擦，接触应力很大，同时还受到大气和润滑介质的腐蚀。

（2）性能要求：高而均匀的硬度和耐磨性；高的弹性极限和一定的冲击韧度；足够的淬透性和耐蚀能力及高的接触疲劳强度和抗压强度。

（3）化学成分：目前常用的高碳高铬轴承钢，含碳 $w_C = 0.95\% \sim 1.15\%$，以获得高强度、高硬度及高的耐磨性；含铬 $w_{Cr} = 0.4\% \sim 1.65\%$，以提高淬透性，形成细小均匀分布的合金渗碳体(Fe、Cr)$_3$C，提高接触疲劳强度和耐磨性。轴承钢还要严格限制 P、S 的质量分数。

（4）热处理工艺：预备热处理是球化退火，最终热处理是淬火后低温回火，为了保证使用过程中的尺寸稳定性，淬火后还应该进行冷处理，使残余奥氏体转变，然后再进行低温回火，磨削加工后，再在 $120 \sim 130 \, ^{\circ}\text{C}$ 下时效 $5 \sim 10 \, \text{h}$，去除应力，以保证工作中的尺寸稳定性。

（5）常用的滚动轴承钢：高碳铬轴承钢、渗碳轴承钢、高碳铬不锈轴承钢、高温轴承钢、无磁轴承钢等，汽车上常用的滚动轴承钢有 GCr9、GCr15、GCr15SiMn 和 GSiMnV 等。

（二）合金工具钢和高速工具钢

工具钢是指制造各种加工工具的钢，按化学成分可分为非合金工具钢、合金工具钢和高速工具钢，按用途可分为刃具钢、模具钢及量具钢，按碳的质量分数和合金元素总的质量分数的不同，可分为中碳（$w_C = 0.3\% \sim 0.65\%$）、高碳（$w_C = 0.7\% \sim 1.35\%$）和超高碳（$w_C > 1.4\%$）工具钢，或低合金（$w_{Me} < 5\%$）、中合金（$w_{Me} = 5\% \sim 10\%$）和高合金（$w_{Me} > 10\%$）工具钢。

1. 分类和牌号

（1）合金工模具钢的分类和牌号。

① 分类：按标准（GB/T 1299—2014）将合金工模具钢按用途分为量具刃具钢、耐冲击

工具钢、冷作模具钢、热作模具钢、无磁工具钢和塑料模具钢。

② 牌号：表示方法与合金结构钢相似，只是碳的质量分数的表示方法不同。

（2）高速工模具钢的分类和牌号。

① 分类：常用高速钢可分为通用型高速钢（钨系高速钢和钼系高速钢）和高性能高速钢（高碳高速钢、钴高速钢、铝高速钢等）。

② 牌号：高速工模具钢牌号的表示方法与合金工具钢相似，只是高速工具钢不论碳的质量分数是多少，牌号中均不标出，合金元素的表示方法与合金结构钢相同。

2. 合金工模具钢

（1）量具钢：主要用于制造各种测量工具，如卡尺、千分尺、块规、样板等。

① 工作条件及性能要求：工作时主要受摩擦、磨损，承受外力很小，但有时也会受到碰撞。因而要求量具用钢必须具有高的硬度（60～65 HRC）、耐磨性和足够的韧性，高的尺寸精度与稳定性，一定的淬透性，较小的淬火变形和良好的耐蚀性，良好的磨削加工性等。

② 化学成分：含碳 $w_C = 0.9\% \sim 1.5\%$，以保证高硬度和高耐磨性，加入 Cr、W、Mn 等合金元素，以提高淬透性。

③ 热处理工艺：量具钢热处理的关键在于保证量具的精度和尺寸稳定性。

（2）低合金刃具钢。

① 工作条件及性能要求：刃具钢主要用于制造各种金属切削刀具，如钻头、车刀、铣刀等。工作时不仅要承受压力、弯曲、振动与冲击，还要受到工件和切屑强烈的摩擦作用。由于切削发热，刃部温度可达 500～600 ℃。因此，刃具钢除要求具有足够的强度和韧性外，还要求高硬度（＞60 HRC）、高耐磨性和高的热硬性。

② 化学成分：含碳 $w_C = 0.75\% \sim 1.5\%$，以保证有高的淬硬性和形成足够的合金碳化物，获得高硬度（≥62 HRC）和高的耐磨性。加入合金元素 W、Mn、Cr、V、Si 等（一般 $w_{Me} < 5\%$），以提高淬透性和回火稳定性，形成碳化物，细化晶粒，提高热硬性，降低过热敏感性。

③ 热处理工艺：预先热处理一般采用球化退火，最终热处理为淬火后低温回火。

（3）合金模具钢。

模具钢是用来制造各种成形工具的钢种，包括冷作模具钢、热作模具钢和塑料模具钢。

① 冷作模具钢：按性能有低淬透性、低变形、高耐磨微变形、高强度高耐磨、抗冲击、高强韧性、高耐磨高韧性和特殊用途的冷作模具钢，常用的冷作模具钢有 Cr12、GCr15、CrWMn、W6Mo5Cr4V2 等，属高碳、高铬类型莱氏体钢，具有较好的淬透性和良好的耐磨性。冷作模具钢用于制造受冲击载荷较小，且要求高耐磨性的冷冲模和冲头，还可用于制造剪切硬且薄的金属的冷切剪刀、钻套、量规、拉丝模、压印模、搓丝板、拉延模和螺丝滚模等。

7CrSiMnMoV 冷作模具钢具有较高的强韧性和良好的耐磨性；淬透性良好，空冷即可淬硬，硬度可达 62～64 HRC，强度高而且韧性优良；碳化物偏析小，塑性变形抗力低，锻造性能好；焊接工艺性好，能满足冲模的焊补要求；用于制造各类冷作模具，如薄板冲孔模、整形模、切边模、冷挤压模等；还应用于多孔位的冲模或复杂型腔零部件、刃口等。

② 热作模具钢：常用的有 5CrMnMo 和 5CrNiMo。其强韧化处理工艺有高温淬火、复合强韧化处理（双重淬火法）、复合等温处理等。

③ 塑料模具钢：按塑料制品的成形方法可将塑料成形模具分为压铸模具、挤塑模具、

注射模具、挤出成形模具、泡沫塑料模具及吹塑模具。工作时，模具持续受热、受压，并受到一定程度的摩擦和有害气体的腐蚀。因此，要求塑料模具钢在 200 ℃ 时具有足够的强度和韧性，较高的耐磨性和耐蚀性，并具有良好的加工性、抛光性、焊接性及热处理工艺性能。

3. 高速工模具钢

① 化学成分：含碳 $w_C = 0.7\% \sim 1.65\%$，以保证形成强硬的马氏体基体和合金碳化物，提高钢的硬度、耐磨性以及热硬性。

② 热处理工艺：高速钢 W18Cr4V 的铸态组织中有粗大鱼骨状的合金碳化物，使钢的脆性增大，由锻造来打碎。预备热处理是锻造后球化退火，最终热处理是淬火后回火。

（三）特殊性能钢

特殊性能钢具有特殊的物理或化学性能，用来制造除要求有一定的力学性能外，还要具有一定特殊性能的零件。工程中常用的特殊性能钢有不锈钢、耐热钢、耐磨钢等。

1. 不锈钢

不锈钢是不锈钢和耐酸钢的总称。所谓"不锈钢"是指能抵抗大气、蒸气和水等弱腐蚀介质的钢，而"耐酸钢"是指在酸、碱、盐等强腐蚀介质中耐蚀的钢。一般来说，不锈钢不一定耐酸，但耐酸钢大都有良好的耐蚀性能。

（1）牌号：不锈钢的牌号由"数字 + 合金元素符号 + 数字"组成。前一组数字是以名义千分数表示的碳的质量分数，合金元素的表示方法与其他合金钢相同。

（2）化学成分：碳的质量分数较低；加入铬，铬是不锈钢中获得耐蚀性的最基本元素；加入镍，镍可提高韧性、机械强度以及焊接性能；加入钛或铌，可减少钢中碳的有害作用，提高铬的耐蚀作用，在奥氏体不锈钢中，可提高抗晶间腐蚀的能力；加入硅和铝，与铬的作用相似，可在钢表面生成氧化膜；在非氧化性介质中加入镍、钼、钴等元素，可使钢表面钝化，提高不锈钢在非氧化性介质中的耐蚀性。

（3）常用的不锈钢：按化学成分可分为铬不锈钢、镍铬不锈钢、锰铬不锈钢等；按金相组织可分为马氏体不锈钢、铁素体不锈钢、奥氏体不锈钢及奥氏体-铁素体不锈钢 4 种类型。不锈钢在汽车上可用于制造化油器针阀、空气压缩机阀片等。

2. 耐热钢

耐热钢是指在高温下具有高的热稳定性和热强性的特殊性能钢，包括抗氧化钢和热强钢。抗氧化性主要是材料中加入一定量的 Cr、Al、Si 等元素形成致密的、连续的氧化膜，如 Cr_2O_3、Al_2O_3、SiO_2 等保护钢不继续腐蚀，可提高钢的抗氧化能力。

汽车发动机的排气门在高温下工作，要求具有良好的耐热性，常采用耐热钢 4Cr9Si2、4Cr10Si2Mo 等制造。

3. 耐磨钢

耐磨钢通常指在冲击载荷下发生冲击硬化的高锰钢。其主要成分是含碳 1.0% ~ 1.4% 和含锰 11% ~ 14%，常用的耐磨钢有 ZGMn13。耐磨钢机械加工较困难，基本上采用铸造成型。

六、工程铸铁

（一）铸铁的石墨化

1. 概　述

铸铁广泛应用于机械制造中。按质量计，汽车中铸铁零件占 50%～70%，汽车发动机气缸体、气缸盖、变速器壳和后桥壳等大多采用铸铁。

铸铁是碳的质量分数 $w_C > 2.11\%$ 的铁碳合金，以 Fe、C、Si 为主要组成元素，比钢含有较高的 S 和 P 等杂质。碳在铸铁中主要以石墨的形式存在。

铸铁中碳以石墨的形式析出的过程称为石墨化。石墨化可在冷却过程中从液体和奥氏体中直接析出石墨，或由亚稳定性的 Fe_3C 分解出铁素体和稳定的石墨。

实践证明，铸铁在冷却时，冷速越缓，析出石墨的可能性越大，用 Fe-G 相图说明；冷速越快，则析出渗碳体的可能性越大，用 Fe-Fe_3C 相图说明。为便于比较和应用，习惯上把这两个相图合画在一起，称为铁-碳合金双相图，如图 1-5-6 所示。其中，虚线表示稳定态（Fe-G）相图，实线表示亚稳定态（Fe-Fe_3C）相图，虚线与实线重合的线用实线画出。石墨化以哪一种方式进行，主要取决于铸铁的成分与保温冷却条件。

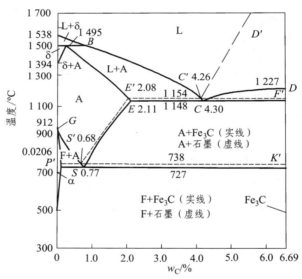

图 1-5-6　Fe-G 与 Fe-Fe_3C 双重相图

2. 石墨化过程

按照 Fe-G 相图，铸铁的石墨化过程分为 3 个阶段。

第一阶段：对于过共晶成分的合金，铸铁液相冷至 $C'D'$ 线时结晶出一次石墨；各成分铸铁在 1 154 ℃（$E'C'F'$ 线）通过共晶反应形成共晶石墨，即

$$L_C \xrightarrow{\ 1\ 154\ ℃\ } A_{E'} + G_{共晶}$$

第二阶段：在 1 154～738 ℃ 时，奥氏体沿 $E'S'$ 线析出二次石墨，即 G_{II}。

第三阶段：在 738 ℃（$P'S'K'$ 线）通过共析转变析出共析石墨，即

$$A_S \xrightarrow{738\,^{\circ}C} F_{P'} + G_{共析}$$

3. 影响石墨化的主要因素

（1）化学成分：按对石墨化的作用，可分为促进石墨化的元素 C、Si、Al、Cu、Ni、Co、P 等和阻碍石墨化的元素 Cr、W、Mo、V、Mn、S 等两大类。

（2）石墨化温度：石墨化过程需要碳、铁原子的扩散，石墨化温度越低，原子扩散越困难，因而石墨化进程越慢，甚至停止，尤其是第三阶段石墨化的温度较低，常常石墨化不充分。

（3）冷却速度：一定成分的铸铁，石墨化程度取决于冷却速度。冷却速度越慢，越利于碳原子的扩散，促使石墨化进行。冷却速度越快，析出渗碳体的可能性就越大。这是由于渗碳体的 w_C（6.69%）比石墨（100%）更接近合金的 w_C（2.5%～4.0%）。

影响冷却的因素主要有浇铸温度、铸件壁厚、铸型材料等。当其他条件相同时，提高浇铸温度，可使铸型温度升高，冷速减慢；铸件壁厚越大，冷速越慢；铸型材料导热性越差，冷却速度越慢。

（二）铸铁的组织与性能

1. 铸铁的组织

通常铸铁可认为是由钢的基体与不同形状、数量、大小及分布状态的石墨组成的。石墨化程度不同，所得到的铸铁类型和组织也不同，如表 1-5-7 所示。

表 1-5-7　铸铁经不同程度石墨化后所得到的组织

名　称	石墨化程度			显微组织
	第一阶段	第二阶段	第三阶段	
灰铸铁	充分进行	充分进行	充分进行	F＋G
	充分进行	充分进行	部分进行	F＋P＋G
	充分进行	充分进行	不进行	P＋G
麻口铸铁	部分进行	部分进行	不进行	Le'＋P＋G
白口铸铁	不进行	不进行	不进行	Le'＋P＋Fe₃C

2. 铸铁的性能

铸铁基体组织的类型和石墨的数量、形状、大小及分布状态决定其性能。

（1）石墨的影响。

石墨是碳的一种结晶形态，其碳的质量分数 $w_C \approx 100\%$，具有简单六方晶格。石墨的硬度为 3～5 HBS，R_m 约为 20 MPa，塑性和韧性极低，伸长率 A 接近于零，从而导致铸铁的力学性能如抗拉强度、塑性、韧性等均不如钢。另外石墨数量越多，尺寸越大，分布越不均匀，对力学性能的削弱就越严重。但石墨的存在，使铸铁具有优异的切削加工性能、良好的铸造性能和润滑作用、很好的耐磨性能和抗振性能，大量石墨的割裂作用，使铸铁对缺口不敏感。

（2）基体组织的影响。

对于同一类铸铁来说，在其他条件相同的情况下，铁素体相的数量越多，塑性越好；珠光体的数量越多，则抗拉强度和硬度越高。由于片状石墨对基体的强烈作用，所以只有当石墨为团絮状、蠕虫状或球状时，改变铸铁基体组织才能显示出对性能的影响。

（三）常用铸铁材料

1. 普通灰铸铁

普通灰铸铁俗称灰铸铁，灰铸铁生产工艺简单，铸造性能优良，价格低廉，如气缸体、气缸盖和变速器壳等一些形状复杂、强度要求不高的零件，均可采用灰铸铁铸造。因此，灰铸铁在汽车制造中得到广泛的应用，约占铸铁总量的80%。

（1）灰铸铁的成分、组织和性能。

一般铸铁含 $w_C = 2.7\% \sim 3.6\%$、$w_{Si} = 1.0 \sim 2.2\%$、$w_{Mn} = 0.5\% \sim 1.3\%$、$w_S < 0.15\%$、$w_P < 0.3\%$。其组织有铁素体灰铸铁（在铁素体基体上分布着片状的石墨）、珠光体 + 铁素体灰铸铁（在珠光体 + 铁素体基体上分布着片状的石墨）、珠光体灰铸铁（在珠光体基体上分布着片状的石墨），如图1-5-7所示。

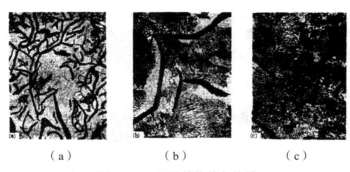

（a）　　　　　　　　（b）　　　　　　　　（c）

图 1-5-7　三种基体的灰铸铁

灰铸铁组织分布着片状石墨，其基体的强度和硬度不低于相应的钢。石墨的强度、塑性、韧性极低，在铸铁中相当于裂缝和孔洞，破坏了基体金属的连续性，同时很容易造成应力集中。因此，灰铸铁的抗拉强度、塑性及韧性都明显低于碳钢。但石墨的存在，使灰铸铁的铸造性能、减摩性、减振性和切削加工性都高于碳钢，缺口敏感性也较低。灰铸铁的硬度和抗压强度主要取决于基体组织，而与石墨的存在基本无关。因此，灰铸铁的抗压强度为抗拉强度的3~4倍。

（2）灰铸铁的牌号及用途。

灰铸铁的牌号由"HT + 数字"组成。其中"HT"是"灰铁"二字的汉语拼音首字母，数字表示ϕ30 mm试棒的最低抗拉强度值（MPa）。灰铸铁在汽车上的应用如表1-5-8所示。

表 1-5-8　灰铸铁在汽车上的应用

牌　号	应用举例
HT150	进排气歧管、变速器壳体、水泵叶轮等
HT200	凸轮轴正时齿轮、飞轮壳、气缸体、气缸盖、气门导管、制动蹄片等
HT250	气缸体、飞轮、曲轴带轮等

（3）灰铸铁的孕育处理。

浇铸时向铁液中加入少量孕育剂（如硅铁、硅钙合金等），改变铁液的结晶条件，得到细小、均匀分布的片状石墨和细小的珠光体组织的方法，称为孕育处理。HT250、HT300、HT350常用于制造力学性能要求较高，截面尺寸变化较大的大型铸件，如气缸、曲轴、凸轮、机床床身等。

（4）灰铸铁的热处理。

由于热处理仅能改变灰铸铁的基本组织，改变不了石墨形态，因此，用热处理来提高灰铸铁的力学性能的效果不大。灰铸铁的热处理常用于消除铸件的内应力和稳定尺寸，消除铸件的白口组织，改善切削加工性，提高铸件表面的硬度及耐磨性。

① 时效处理。

时效处理一般有自然时效和人工时效。自然时效是将铸件长期放置在室温下以消除其内应力的方法；人工时效是将铸件重新加热到 530 ~ 620 ℃，经长时间保温（2 ~ 6 h）后在炉内缓慢冷却至 200 ℃ 以下出炉空冷的方法。经时效退火后可消除 90% 以上的内应力。时效温度越高，铸件残余应力消除越显著，铸件尺寸稳定性越好。但随着时效温度的提高，时效后铸件的力学性能会有所下降。振动时效是目前生产中用来消除内应力的另一种方法，广泛用于铸件、焊件和机加工件，特别是汽车变速箱等的时效处理，被誉为理想无成本时效技术。

② 石墨化退火。

一般将铸件以 70 ~ 100 ℃/h 的速度加热至 850 ~ 900 ℃，保温 2 ~ 5 h（取决于铸件壁厚），然后炉冷至 400 ~ 500 ℃ 后空冷。目的是消除灰铸铁件表层和薄壁处在浇铸时产生的白口组织。

③ 表面热处理。

有些铸件，如机床导轨、缸体内壁等，表面需要高的硬度和耐磨性，可进行表面淬火处理，如高频表面淬火、火焰表面淬火和激光加热表面淬火等。淬火前铸件需进行正火处理，以保证获得大于 65% 以上的珠光体组织，淬火后表面硬度可达 50 ~ 55 HRC。

2. 球墨铸铁

球墨铸铁是石墨呈球状的灰铸铁，是在浇铸前向砂灰铸铁液中加入球化剂和孕育剂，而获得具有球状石墨的铸铁。球化剂是使石墨结晶成球状的物质，常用的球化剂有镁、稀土和稀土镁合金。孕育剂是硅铁合金。孕育处理的目的是促进石墨化，改善石墨的结晶条件，使石墨球径变小，数量增多，形状圆整，分布均匀，显著改善其力学性能。

（1）成分、组织和性能。

在球墨铸铁的成分中，C、Si 的质量分数较高，Mn 的质量分数较低，S、P 的质量分数限制很严，同时含有一定量的 Mg 和稀土元素。球墨铸铁常见的基体组织有铁素体、铁素体 + 珠光体和珠光体 3 种。通过合金化和热处理后，还可获得下贝氏体、马氏体、托氏体、索氏体和奥氏体等基体组织的球墨铸铁。

球墨铸铁的金属基体强度的利用率可以高达 70% ~ 90%，而普通灰铸铁仅为 30% ~ 50%。同其他铸铁相比，球墨铸铁强度、塑性、韧性高，屈服强度也很高。屈强比可达 0.7 ~ 0.8，比钢约高一倍，疲劳强度可接近一般中碳钢，耐磨性优于非合金钢，铸造性能优于铸钢，加工性能几乎可与灰铸铁媲美。因此，球墨铸铁在工农业生产中得到越来越广泛的应用。

（2）牌号及用途。

球墨铸铁的牌号由"QT + 数字-数字"组成。其中"QT"是"球铁"二字的汉语拼音首字母，其后的第一组数字表示最低抗拉强度（MPa），第二组数字表示最小断后伸长率（%）。

由于球墨铸铁的某些性能与钢相近，价格比钢低，又具有灰铸铁的优点，因此在汽车制造中应用广泛（见表 1-5-9），常用来制造曲轴、轮毂等汽车机件，如图 1-5-8 所示。

图 1-5-8　球墨铸铁曲轴

表 1-5-9　常用球墨铸铁在汽车上的应用

牌　号	应用举例
QT450-10	轮毂、转向器壳、制动蹄片、牵引钩前支承座、辅助钢板弹簧支架等
QT600-03	曲轴、发动机气门摇臂、牵引钩支承座等

（3）球墨铸铁的热处理。

因球状石墨对基体的割裂作用小，所以球墨铸铁的力学性能主要取决于基体组织，因此，通过热处理可显著改善球墨铸铁的力学性能。

① 退火。

a. 去应力退火：球墨铸铁的铸造内应力比灰铸铁大，对不再进行其他热处理的球墨铸铁铸件都要进行去应力退火。

b. 石墨化退火：其目的是为了使铸态组织中的自由渗碳体和珠光体中的共析渗碳体分解，获得高塑性的铁素体基体的球墨铸铁，消除铸造应力，改善其加工性。

当铸态组织为 F + P + Fe$_3$C + G 时，则进行高温退火，其工艺和组织变化如图 1-5-9 所示。另外，也可采用高温石墨化两段退火工艺，如图 1-5-10 所示。当铸态组织为 F + P + G 时，则进行低温退火，其工艺如图 1-5-11 所示。

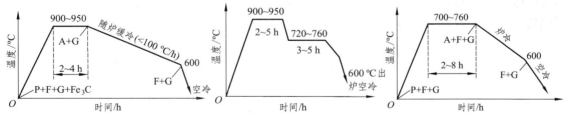

图 1-5-9　高温石墨化退火　　图 1-5-10　高温石墨化两段退火　　图 1-5-11　低温石墨化退火

② 正火。

正火是为了得到以珠光体为主的基体组织，细化晶粒，提高球墨铸铁的强度、硬度和耐磨性。正火可分为高温正火和低温正火两种。高温正火工艺如图 1-5-12 和图 1-5-13 所示。

对于厚壁铸件，应采用风冷，甚至喷雾冷却，以保证获得珠光体球墨铸铁。低温正火是将铸件加热至 840～860 ℃，保温 1～4 h，出炉空冷，获得珠光体 + 铁素体基体的球墨铸铁。

球墨铸铁的导热性较差，正火后铸件内应力较大，因此，正火后应进行一次消除应力退火。

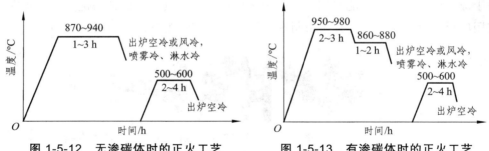

图 1-5-12 无渗碳体时的正火工艺　　图 1-5-13 有渗碳体时的正火工艺

③ 等温淬火。

当铸件形状复杂，又需要高的强度和较好的塑性、韧性时，需采用等温淬火。等温淬火是将铸件加热至 860 ~ 920 ℃（奥氏体区），适当保温（热透）后，迅速放入 250 ~ 350 ℃ 的盐浴炉中进行 0.5 ~ 1.5 h 的等温处理，然后取出空冷，使过冷奥氏体转变为下贝氏体。等温淬火可防止变形和开裂，提高铸件的综合力学性能，适用于形状复杂、易变形、截面尺寸不大、受力复杂、要求综合力学性能好的球墨铸铁铸件，如汽车齿轮、曲轴、滚动轴承套圈、凸轮轴等。

④ 调质处理。

调质处理是将铸件加热到 860 ~ 920 ℃，保温后油冷，然后在 550 ~ 620 ℃ 高温回火 2 ~ 6 h，获得回火索氏体和球状石墨组织的热处理方法。调质处理可获得高的强度和韧性，适用于受力复杂、截面尺寸较大、综合力学性能要求高的铸件，如柴油机曲轴、连杆等重要零件。

3. 可锻铸铁

可锻铸铁指由一定化学成分的白口铸铁坯件经退火得到的具有团絮状石墨的铸铁。其退火工艺是先浇铸成白口铸铁，然后通过高温石墨化退火（也叫可锻化退火），使渗碳体分解得到团絮状石墨。

可锻铸铁的成分为 $w_C = 2.2\% ~ 2.8\%$、$w_{Si} = 1.2\% ~ 2.0\%$、$w_{Mn} = 0.4\% ~ 1.2\%$、$w_S < 0.1\%$、$w_P < 0.2\%$。可锻铸铁分为铁素体基体的可锻铸铁（又称为黑心可锻铸铁）和珠光体基体的可锻铸铁，可通过对白口铸件采取不同的退火工艺而获得，如图 1-5-14 所示。

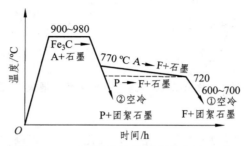

图 1-5-14 可锻铸铁的石墨化退火工艺

可锻铸铁因其较高的强度、塑性和冲击韧度而得名，实际上并不能锻造，主要用来制造一些形状复杂而强度和韧性要求较高的薄壁零件。可锻铸铁在汽车上的应用如表 1-5-10 所示。

表 1-5-10 常用可锻铸铁在汽车上的应用

牌　号	应用举例
KTH350-10	后桥壳、差速器壳、减速器壳、轮毂、钢板弹簧吊架、制动蹄片等
KTZ450-06	曲轴、凸轮轴、连杆、齿轮、活塞环、发动机气门摇臂等

4. 蠕墨铸铁

蠕黑铸铁指在一定成分的铁液中加入适量的蠕化剂和孕育剂所获得的石墨形似蠕虫状的铸铁，生产方法与程序和球墨铸铁基本相同。在汽车上主要用来制造气缸体、气缸盖、进排气管、制动盘和制动鼓等。

5. 合金铸铁

合金铸铁就是在铸铁熔炼时有意加入一些合金元素，从而改善其物理、化学和力学性能或获得某些特殊性能的铸铁，如耐热、耐磨、耐蚀铸铁等。

耐热铸铁是在球墨铸铁中加入铝、硅、铅等合金元素而形成的，主要用于制造在高温下工作的发动机进、排气门及排气管密封环等。

耐磨铸铁是在灰口铸铁中加入铬、铂、铜、钛、磷等合金元素而形成的，主要用于制造气缸盖、活塞环等。

耐蚀铸铁是在灰口铸铁中加入硅、铝、铬、镍等合金元素而形成的，主要用来制造汽车中的各种在腐蚀介质环境下工作的零件。

思考与练习

一、名词解释

碳素钢、合金钢、低碳钢、中碳钢、高碳钢、不锈钢、工具钢、合金调质钢、滚动轴承钢、灰铸铁、球墨铸铁、可锻铸铁、调质处理、自然时效、石墨化退火

二、判断题

1. 对奥氏体不锈钢进行固溶处理的目的是为了提高其强度。（　　　）

2. 弹簧钢的最终热处理应是淬火 + 低温回火。（　　　）

3. 碳钢淬火后回火时一般不会出现高温回火脆性。（　　　）

4. 对灰铸铁不能进行强化热处理。（　　　）

5. 高速钢淬火后经回火可进一步提高其硬度。（　　　）

6. 等温淬火的目的是为了获得下贝氏体组织。（　　　）

7. 对普通低合金钢件进行淬火强化效果不显著。（　　　）

8. 高锰钢的性能特点是硬度高、脆性大。（　　　）

9. 奥氏体的塑性比铁素体高。（　　　）

10. 所谓白口铸铁是指碳全部以石墨形式存在的铸铁。（　　　）

三、综合题

1. 从 Q345、GCr15、20CrMnTi、60Si2Mn、45 钢中选择制造汽车齿轮、机床主轴、汽车板簧、滚动轴承套筒零件的材料。

2. 比较 20 钢和 T10 钢的退火、正火、淬火组织的异同。

工作任务六　非铁金属材料

非铁金属材料是指除钢铁材料以外的其他金属及合金的总称（俗称有色金属）。非铁金属材料种类繁多，应用较广的是 Al、Cu、Ti 及其合金以及滑动轴承合金。

■任务情境

由于现代汽车要求提高行驶速度、节约能源、减少污染和降低噪声等，需要减轻自重，实现轻量化，而铝合金的比强度较高，铸造性能良好，可获得各种近乎最终使用形状和尺寸的毛坯铸件。尽管其塑性较低，不能承受压力加工，但铝合金在汽车工业中的应用十分广泛。

■任务目标

掌握变形铝合金和铸造铝合金的性能、分类、代号及牌号，黄铜和青铜的性能、代号、牌号及用途；了解滑动轴承合金的性能。

■必备知识

一、铝及铝合金

（一）工业纯铝

工业纯铝一般定为纯度为 99.0%～99.9%的铝，国内为 98.8%～99.7%的铝。纯铝牌号有 1080、1080A、1070、107000A（L1）、1370、1060（L2）、1050、1050A（L3）、1A50（LB2）、1350、1145、1035（L4）、1A30（L4-1）、1100（L6-1）、1200（L-5）、1235 等，铁和硅是其主要杂质，并按牌号数字增加而递增。工业纯铝用途非常广泛，可作电工铝，如母线、电线、电缆、电子零件；也可作换热器、冷却器、化工设备等。

（二）铝合金

铝合金是向铝中加入适量的 Si、Cu、Mg、Mn 等合金元素，进行固溶强化和第二相强化得到的。合金化可提高纯铝的强度并保持纯铝的特性。一些铝合金还可经冷变形强化或热处理，进一步提高强度。

1. 铝合金的分类

二元铝合金一般形成固态下局部互溶的共晶相图。根据铝合金的成分和工艺特点可把铝合金分为变形铝合金和铸造铝合金。

（1）变形铝合金：加热时能形成单相固溶体组织，具有良好的塑性，适用于压力加工。

（2）铸造铝合金：具有共晶组织，塑性较差，但熔点低，流动性好，适用于铸造。

2. 变形铝合金

变形铝合金根据其性能特点和用途可分为防锈铝合金（LF）、硬铝合金（LY）、超硬铝合金（LC）及锻铝合金（LD），其代号后的数字为顺序号，如 LF5、LY12、LC4、LD5 等牌号。

防锈铝合金是指在大气、水和油等介质中具有良好的抗腐蚀性能的铝合金，也称防锈铝。其主要合金元素是 Mn 和 Mg。锻造退火后是单相固溶体，塑性好，但不能通过热处理来强化，主要用于载荷不大的压延、焊接或耐蚀结构件，如油箱、导管、线材、轻载荷骨架以及各种生活器具等。

3. 铸造铝合金

随着科学技术的发展，铝合金不仅用于制造活塞、气缸体、气缸盖、连杆和进气歧管等发动机零件，还用于制造轮毂、离合器壳、变速器壳、转向器壳和变速器拨叉等底盘零件，甚至车身、车架也可采用铝合金制造。铸造铝合金一般用于制作质轻、耐蚀、形状复杂并有一定机械性能的零件，因此，在汽车上应用的铝合金大多为铸造铝合金。

（1）铸造铝合金的分类、代号及牌号。

按主加合金元素的不同，铸造铝合金可分为 Al-Si 系、Al-Cu 系、Al-Mg 系、Al-Zn 系。

其代号由"ZL + 三位数字"组成。"ZL"是"铸铝"二字的汉语拼音首字母，其后第一位数字表示合金系列，如 1、2、3、4 分别表示铝硅、铝铜、铝镁、铝锌系列合金；第二、三位数字表示顺序号，如 ZL102 表示铝硅系 02 号铸造铝合金。若为优质合金，在其代号后加"A"，压铸合金在牌号前面冠以字母"YZ"。

牌号是由"Z + 基体金属的化学元素符号 + 合金元素符号 + 数字"组成。其中"Z"是"铸"字的汉语拼音首字母，合金元素符号后的数字是以名义百分数表示的该元素的质量分数。例如，ZAlSi12 表示 $w_{si} \approx 12\%$ 的铸造铝合金。

（2）常用的铸造铝合金。

铝硅合金（Al-Si 系）：其密度小，有优良的铸造性能（如流动性好，收缩及热裂倾向小），一定的强度和良好的耐蚀性，但塑性较差。在生产中采用变质处理，可显著改善其塑性和强度。

ZAlSi12（ZL102）：铸造后（组织是硅溶于铝中形成的 α 固溶体和硅晶体组成的共晶体——α + Si，且硅本身较脆，又呈粗大针状分布在组织中）合金力学性能很低，需采用变质处理（变质处理后，合金为亚共晶组织，硅晶体变为细小粒状均布在铝基体上，并生成塑性好的初晶 α 固溶体），以提高合金的力学性能（强度和塑性都有所提高）。ZL102 的致密性较差，且不能热处理强化。如图 1-6-1 为铝合金气缸体、图 1-6-2 为铝合金轮毂，表 1-6-1 为常用铝合金在汽车上的应用。

表 1-6-1　常用铝合金在汽车上的应用

代　号	应用举例
LF5、LF11、LF21	车身、汽油箱、油管、防锈蒙皮、铆钉和装饰件等
ZL103	发动机风扇、离合器壳体、前盖及主动板等
ZL104	气缸盖罩、挺杆室盖板、机油滤清器底座、转子及外罩等
ZL108	发动机活塞等

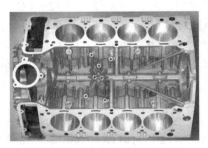

图 1-6-1　铝合金气缸体

图 1-6-2　铝合金轮毂

二、铜及铜合金

铜在自然界中既可以以矿石的形式存在，又可以纯金属的形式存在，是我国历史上使用较早、用途较广的一种非铁金属材料。

（一）工业纯铜

工业纯铜指含铜量大于 99.50%的铜，因呈红色，又称赤铜、红铜、紫铜。由于纯铜常含有氧、硫、铅、砷、铋、磷等杂质，因此，纯铜可用来配制铜合金和作合金元素。纯铜具有优良的导电性、导热性、适中的机械性能，广泛用作导电、导热材料。

紫铜分为普通紫铜（T1、T2、T3、T4）、无氧铜（TU1、TU2 和高纯、真空无氧铜）、脱氧铜（TUP、TUMn）、添加少量合金元素的特种铜（砷铜、碲铜、银铜合金）四类。

紫铜的电导率和热导率仅次于银，广泛用于制作导电、导热器材。紫铜有良好的耐蚀性，用于化学工业。紫铜有良好的焊接性，可经冷、热塑性加工制成各种半成品和成品。

纯铜在汽车上的主要应用有两个方面：一是利用其导电性，制造电线、电缆和电路接头等电气元件；二是利用其导热性，制造散热器等导热元件。另外，纯铜还可用于制作气缸垫，进、排气管垫，轴承衬垫和各种管接头等。

（二）铜合金

工业纯铜的强度低，尽管通过冷变形强化可使其强度提高，但塑性却急剧下降，因此不适合作结构材料。工业上常对纯铜作合金化处理，加入一些 Zn、Al、Sn、Mn、Ni 等合金元素，获得强度和韧性都满足要求的铜合金。

1. 铜合金的分类

按化学成分不同，铜合金分为黄铜、白铜和青铜；按生产方式不同，铜合金分为加工铜合金和铸造铜合金。

黄铜是以 Zn 为主加元素的铜合金，白铜是 Cu、Ni 合金，青铜是除黄铜和白铜以外的所有铜合金。工业上应用较多的是黄铜和青铜。

2. 黄　铜

（1）普通黄铜（铜锌二元合金）。

普通黄铜中的加工黄铜，其代号由"H + 数字"组成。其中"H"是"黄"字的汉语拼音首字母，数字是以名义百分数表示的 Cu 的质量分数。普通黄铜在汽车上主要用来制造散热器管、油管接头、气缸水套和黄油嘴等。

（2）特殊黄铜。

特殊黄铜是在铜锌的基础上加入 Pb、A1、Sn、Mn、Si 等元素后形成的铜合金，并相应称之为铅黄铜、铝黄铜、锡黄铜等。特殊黄铜具有比普通黄铜更高的强度、硬度、耐蚀性和良好的铸造性能。特殊黄铜在汽车上主要用来制造转向节衬套、钢板销衬套或制造化油器零件、管接头和垫圈等零件。

3. 青　铜

除黄铜和白铜（铜-镍合金）以外的其他铜合金称为青铜，其中含锡元素的称为普通青铜（锡青铜），不含锡元素的称为特殊青铜（无锡青铜）；按生产方式分，青铜还可分为加工青铜和铸造青铜。

（1）青铜的代号、牌号及用途。

加工青铜的代号由"Q + 第一个主加元素符号 + 数字-数字"组成。其中"Q"是"青"字的汉语拼音首字母，第一组数字是以名义百分数表示的第一个主加元素的质量分数，第二组数字是以名义百分数表示的其他合金元素的质量分数。如 QSn4-3 表示平均 $w_{Sn} \approx 4\%$、$w_{Zn} \approx 3\%$，其余为 Cu 的加工锡青铜。

铸造青铜的牌号表示方法有两种：旧牌号表示法与加工锡青铜相似，只是在其代号前加"Z"，如 ZQSn10-1；新牌号表示法是由"Z + Cu + 合金元素符号 + 数字"组成，其中"Z"是"铸"字的汉语拼音首字母，合金元素符号后的数字是以名义百分数表示的该元素的质量分数。例如，ZQSn10-1 还可以写成 ZCuSn10Zn1，表示平均 $w_{Sn} \approx 10\%$、$w_{Zn} \approx 1\%$，其余为 Cu 的铸造锡青铜。

（2）普通青铜（锡青铜）。

锡青铜在大气、海水、淡水以及蒸气中的耐蚀性比纯铜和黄铜好，但在盐酸、硫酸和氨水中的耐蚀性较差，具有良好的减摩性，无磁性、无冷脆现象。锡青铜中加入少量 Pb，可提高耐磨性和切削加工性能；加入 P 可提高弹性极限、疲劳强度及耐磨性；加入 Zn 可缩小结晶温度范围，以改善铸造性能。

锡青铜在汽车上主要用来制造发动机气门摇臂衬套、连杆衬套等。加工锡青铜适于制造汽车仪表上要求耐磨、耐蚀的零件及弹性零件、滑动轴承、轴套和抗磁零件等；铸造锡青铜适宜制造形状复杂、外形尺寸要求严格、致密性要求不高的耐磨、耐蚀件，如汽车缸体轴瓦、轴套、齿轮、蜗轮、蒸气管等。

（3）特殊青铜（无锡青铜）。

① 铝青铜：以 Al 为主要添加元素的铜合金，应用最广泛。其耐蚀性、耐磨性高于锡青铜与黄铜，并有较高的耐热性、硬度、韧性和强度。

特殊青铜常用来制造汽车重载荷的轴瓦。加工铝青铜主要用来制造各种要求耐腐蚀的弹性元件及高强度零件；铸造铝青铜用于制造要求有较高强度和耐磨性的摩擦零件。

② 铍青铜：以 Be 为基本合金元素的铜合金（$w_{Be} = 1.7\% \sim 2.5\%$）。在淬火状态下塑性好，可进行冷变形和切削加工，制成零件，经人工时效处理后，获得很高的强度和硬度。铍青铜的弹性极限、疲劳强度都很高，耐磨性和耐蚀性也很优异，具有良好的导电性和导热性，并且抗磁、耐寒、受冲击时不产生火花，但价格较贵。

铍青铜主要用来制作精密仪器的重要弹性元件，如钟表齿轮，高速、高压或汽车重载下工作的轴承、衬套以及电焊机电极等重要机件。表 1-6-2 为常用铜合金在汽车上的应用。

表 1-6-2　常用铜合金在汽车上的应用

牌　号	应用举例
H62	水箱进、出水管，水箱盖，水箱加水口座及支承，散热器进、出水管等
H68	水箱储水室、水箱夹片、水箱本体主片、散热器主片等
H90	排气管热密封圈外壳、水箱本体、散热器散热管及冷却管等
HPb59-1	化油器零件、制动阀阀座、储气筒放水阀本体及安全阀阀座等
HSn90-1	转向节衬套、行星齿轮及半轴齿轮支承垫圈等
QSn4-4-2.5	活塞销衬套、发动机气门摇臂衬套等
QSn3-1	水箱出水阀弹簧、空气压缩机卸压阀阀门、车门铰链衬套等
ZCuSn5Pb5Zn5	机油滤清器上、下轴承等
ZCuPb30	曲轴轴瓦、曲轴止推垫圈等

三、滑动轴承合金

轴承起减摩作用，轴承分滚动轴承和滑动轴承两类。其中，滑动轴承具有承压面积大、工作平稳、无噪声及检修方便等优点，所以占有相当重要的地位。

汽车发动机的曲轴轴承、连杆轴承、凸轮轴轴承等广泛采用滑动轴承。在滑动轴承中，制造轴瓦及内衬的合金称为轴承合金。汽车上常用的滑动轴承合金有锡基轴承合金、铅基轴承合金、铜基轴承合金、铝基轴承合金。

锡基轴承合金的牌号为"ZCh"加基本元素与主加元素的化学符号，并标明主加元素与辅加元素的含量（用%表示）。如 ZChSnSb11-6 表示锡基轴承合金，基本元素为 Sn，主加元素为 Sb，其含量为 11%，辅加元素为 Cu，其含量为 6%，其余为 Sn 的含量。

锡基轴承合金的摩擦系数和膨胀系数小，具有良好的导热性、塑性和耐蚀性，适用于制造高速重负荷零件。锡基轴承合金在汽车上主要用于制造发动机的曲轴轴瓦和连杆轴瓦等。

铅基轴承合金常用牌号为 ZChPbSb16-16-2，含 16% 的 Sb、16% 的 Sn、2% 的 Cu，其余为 Pb 的含量。铅基轴承合金的硬度、强度和韧性比锡基轴承合金低，常用于低速、低负载的轴承合金。铅基轴承合金在汽车上主要用来制作中等负载的轴瓦。

铜基轴承合金有铅青铜、锡青铜等，常用牌号有 ZCuPb30、ZCuSn10P1。铜基轴承合金具有高的疲劳强度和承载能力，优良的耐磨性、导热性和低的摩擦系数。因此，铜基轴承合金在汽车上常用作制造承受高载荷、在高速度及高温下工作的轴承。

铝基轴承合金是以铝为基体加入锑、锡等合金元素所组成的合金，密度小，导热性和耐蚀性好，疲劳强度高，原料丰富，价格低廉，广泛应用于制作汽车上的曲轴轴瓦和连杆轴瓦。

思考与练习

一、判断题

1. 青铜是以锡为主要添加元素的铜合金。（　　　）

2. 铝合金的种类按成分和工艺特点不同，分为变形铝合金和铸造铝合金两类。（　　　）

3. 变形铝合金中，强度最高的是超硬铝，主要用于飞机大梁、桁架、起落架等高强度零件。（　　　）

4. 锡基轴承合金是以锡为基础，加入锑、铜等元素组成的合金。（　　　）

5. 普通黄铜是铜、锌二元合金，在普通黄铜中再加入其他元素时称为特殊黄铜。（　　　）

6. 黄铜呈黄色，白铜呈白色，青铜呈青色。（　　　）

7. 滑动轴承材料应具有的理想组织是软基体上分布硬质点，或硬基体上分布软质点的两相组织。（　　　）

8. 变形铝合金中一般合金元素含量较低，并且具有良好的塑性，适宜于塑性加工。（　　　）

二、单选题

1. 下列材料中，（　　　）属于锡青铜。

A. ZSnSb11Cu6　　　　B. HPb59 I　　　　C. QA17　　　　D. QSn4-3

2. 下列牌号中，（　　　）属于普通黄铜。

A. ZCuZn16Si4　　　　B. HPb59 I　　　　C. H62　　　　D. ZCuSn10Zn2

三、简答题

1. 简述常用铜合金在汽车上的应用。

2. 轴承合金应具有什么样的性能？

工作任务七　非金属材料和复合材料

非金属材料是指除金属材料和复合材料以外的其他材料，包括高分子材料和陶瓷材料。它们具有许多金属材料所不及的性能，如高分子材料的耐蚀性、电绝缘性、减振性、质轻以及陶瓷材料的高硬度、耐高温、耐蚀性和特殊的物理性能等。因此，非金属材料在各行各业，尤其是汽车制造业得到越来越广泛的应用，并成为当代科学技术革命的重要标志之一。

复合材料是两种或两种以上不同化学成分或不同组织结构的物质，通过一定的工艺方法人工合成的多相固体材料。其最大特点是材料间可以优势互补，具有十分广阔的发展前景。

▰ 任务情境

汽车常见的灯罩、仪表板壳、转向盘、坐垫、风窗玻璃、轮胎、传动带、连接软管等是由哪些材料制成的呢？毫无疑问，在汽车制造中使用最多的是金属材料，那么非金属材料应用在哪些方面呢？

▰ 任务目标

掌握汽车常用工程塑料、橡胶的种类、特性及应用；掌握粉末冶金的应用；掌握硬质合金的编号、性能与应用；了解复合材料、汽车涂料、填料和其他非金属材料。

▰ 必备知识

一、常用高分子材料

高分子材料按照其力学性能及使用状态可分为塑料、橡胶、合成纤维及胶黏剂等。

（一）工程塑料

塑料是以树脂为主要成分，在一定温度和压力下塑造成一定形状，并在常温下能保持既定形状的高分子有机材料。

1. 塑料的组成

塑料是以树脂（天然的或合成的）为主要成分，并加入一些用来改善其使用性能和工艺性能的添加剂而制成的。

（1）树脂。

树脂是塑料最基本的也是最重要的成分，在塑料中起黏接其他成分并成型的作用。树脂的种类、性能、数量决定了塑料的类型和主要性能，因此，绝大多数塑料就是以所用树脂命名的。

树脂分为天然树脂和合成树脂两类。天然树脂是指由植物或动物分泌的有机物质，如松香、虫胶等。其共同特点是无显著的熔点，受热可逐渐软化，能溶于某些有机溶剂之中，但不溶于水。合成树脂的性能与天然树脂相似。树脂也可以直接用作塑料，如聚乙烯、聚苯乙烯、聚碳酸酯等。

（2）添加剂。

① 填料（填充剂）：为改善塑料的某些性能或降低成本，而加入的一些物质。例如，加

入石棉粉可以提高塑料的热硬性、加入云母可以提高塑料的电绝缘性、加入铝粉可提高光反射能力和防老化、加入二硫化钼可提高润滑性等。

② 增塑剂：用以提高树脂可塑性和柔软性的添加剂。

③ 固化剂：加入固化剂可使树脂成型时由线形转变成体形网状结构，成为较坚硬和稳定的塑料制品。

添加剂还包括稳定剂（防老剂）、润滑剂（防黏模具）、发泡剂、催化剂、阻燃剂、抗静电剂等。

2. 塑料的分类

塑料品种繁多，而每一品种又有多种牌号。常用的塑料分类有两种：一种是按树脂的性质分类；另一种是按塑料的使用范围分类。

（1）按树脂的性质分类。

① 热塑性塑料：在特定温度范围内能反复加热软化和冷却硬化的塑料。

② 热固性塑料：在一定温度和压力条件下，保持一定时间而固化，固化后再加热将不再软化，也不溶于溶剂，只能塑制一次的塑料。

（2）按塑料的使用范围分类。

① 通用塑料：主要包括聚乙烯（PE）、聚丙烯（PP）、聚氯乙烯（PVC）、聚苯乙烯（PS）、ABS（丙烯酸-丁二烯-苯乙烯）、聚甲基苯烯酸甲酯和氨基塑料等，其性能优异，品种众多，广泛应用于农业、轻工业、纺织、电子电器、机械、建材、包装及交通运输等各个领域。

② 工程塑料：可作结构材料的塑料，能代替金属作为机械零件和工程结构件使用，主要包括 ABS 塑料、有机玻璃、尼龙、聚碳酸酯、聚四氟乙烯、聚甲醛、聚砜等。

③ 特种塑料：具有特种性能和特种用途的塑料，如医用塑料、耐高温塑料、耐腐蚀塑料等。耐热塑料常见的有聚四氟乙烯、聚三氟氯乙烯、有机硅树脂、环氧树脂等。

3. 塑料的性能

塑料密度小、比强度高、耐蚀性好、电性能优良、减摩性好、耐磨性好、自润滑性好、消音吸振、强度低、刚性差、耐热性低、易老化、具有可塑性和熔融流动特性等。

4. 工程塑料的用途及发展

工程塑料并不是金属的代用品，而是一类具有独特性能的新型高分子材料。工程塑料用作齿轮、轴承、泵叶、汽车零部件、仪器仪表元件等时，宜选用聚酰胺、聚碳酸酯和聚砜；用作汽车传动万向节轴承时，以聚甲醛最能胜任；用作高度防腐蚀部件、容器或衬里时，选聚四氟乙烯或聚氯醚为宜；用作电子、电器等复杂形状的部件时，要用 ABS；要求耐磨并具有一定的自润滑性时，首推聚酰胺、聚甲醛和聚四氟乙烯；要求耐高温或低温且冲击性好，能作成透明片材使用时，非聚碳酸酯莫属。

应用于前照灯面、保险杠、发动机罩、行李箱盖、顶盖、翼子板、车门内护板和某些车身骨架构件等的塑料也越来越多。目前，国外已研制成功具有合金钢般高强度的塑料，可以用来制造汽车轴承、机器齿轮和打字机零件等许多耐磨损零部件。汽车常用塑料的种类、特性及应用如表 1-7-1 所示。

表 1-7-1　汽车常用塑料的种类、特性及应用

名　称		主要特性	应用举例
一般结构零件	酚醛塑料	有优良的耐热、耐磨、电绝缘、化学稳定性、尺寸稳定性和抗蠕变性，但较脆、抗冲击能力差	分电器盖、分火头、水泵密封垫片、制动摩擦片、离合器摩擦片等
	聚苯乙烯	有优良的耐蚀、电绝缘、着色及成型性，透光度较好，但耐热、抗冲击能力差	各种仪表外壳、汽车灯罩、电器零件等
	低压聚乙烯	强度较高，耐高温、耐磨、耐蚀，电绝缘性好	汽油箱、挡泥板、手柄、风窗嵌条、内锁按钮、轿车保险杠等
	ABS	有较高的抗冲击性能，良好的强度、耐磨性、化学稳定性、耐寒性、吸水性小	方向盘、仪表板总成、挡泥板、行李箱、小轿车车身等
	有机玻璃	高透明度，耐蚀、电绝缘性能好，有一定的力学强度，但耐磨性差	油标尺、油杯、遮阳板、后灯灯罩等耐磨减摩零件
耐磨减摩零件	聚酰胺（尼龙）	有韧性、耐磨、耐疲劳、耐水等综合性能，但吸水性大、尺寸稳定性差	车窗升降摇把、风扇叶片、里程表齿轮、输油管、球头碗、衬套等
	聚甲醛	有优良的综合力学性能，尺寸稳定性好，耐油、耐磨，电绝缘性好，吸水性小	万向节轴承、半轴和行星齿轮垫片、汽油泵碗、转向节衬套等
	聚四氟乙烯	有极强的耐蚀性，良好的化学稳定性、耐高低温性、电绝缘性，摩擦因数小	汽车各种密封圈、垫片等
耐高温零件	聚苯醚	具有很宽的使用温度范围（－127～121 ℃），良好的耐磨、抗冲击及电绝缘性能	小型齿轮、轴承、水泵零件等
	聚酰亚胺	有良好的力学性能，耐磨、耐高温，自润滑性能好，化学性能稳定	活塞裙、正时齿轮、水泵、液压系统密封圈、冷却系统密封垫等
隔热减振零件	聚氨酯泡沫塑料	相对密度小，质轻、强度高、热导率小、耐油、耐寒、防振和隔音	汽车内饰材料、坐垫、仪表板、扶手、头枕等
	聚氯乙烯泡沫塑料	相对密度小、热导率小、隔热防振等	各种内装饰覆盖件、密封条、垫条、驾驶室地垫等

（二）橡　胶

汽车上的风扇传动带、缓冲垫、油封、制动皮碗等许多零件是用橡胶制造的，仅汽车轮胎一项，在汽车运输成本中就占了10%左右。

1．橡胶的组成

（1）生胶：未加配合剂的天然或合成橡胶。生胶是橡胶制品的主要成分，在橡胶制备过程中不仅起着黏接其他配合剂的作用，而且决定了橡胶制品的性能。

（2）配合剂：用以改善和提高橡胶制品的性能而加入的物质，其种类很多。

在橡胶中加入硫化剂（常用硫黄）和其他配料后，加热、加压就会使线形结构分子相互交联为网状结构，这个过程就叫作硫化。硫化处理后可提高橡胶的弹性、耐磨性、耐蚀性和抗老化能力，并使之具有不溶、不融的特性。还有硫化促进剂、增塑剂、填充剂、防老剂、增强材料、着色剂、发泡剂、电磁性调节剂等配合剂。

2. 天然橡胶

天然橡胶由橡胶树采集胶乳制成，是异戊二烯的聚合物，具有很好的耐磨性和很高的弹性、扯断强度及伸长率。在空气中易老化，遇热变黏，在矿物油或汽油中易膨胀和溶解，耐碱但不耐强酸。其优点是弹性好，耐酸碱；缺点是不耐候，不耐油（可耐植物油），是制作胶带、胶管、胶鞋的原料，适用于制作减振零件等制品。

全世界生产的橡胶中约80%用于制造轮胎，橡胶还广泛用于制造各种胶带、胶管、减振配件以及耐油配件等。汽车常用橡胶的种类、特性及应用如表1-7-2所示。

表 1-7-2　汽车常用橡胶的种类、特性及应用

种　类	主要特性	应用举例
天然橡胶	有良好的耐磨性、抗撕裂性，加工性能好，但耐高温、耐油、耐臭氧性较差，易老化	轮胎、胶带、胶管及通用橡胶制品等
丁苯橡胶	有优良的耐磨性、耐老化性，力学性能与天然橡胶相近，但加工性能，特别是黏着性较天然橡胶差	轮胎、制动摩擦片、离合器摩擦片、胶带、胶管及通用橡胶制品等
丁基橡胶	有良好的耐气候、耐臭氧、耐酸碱及耐无机溶剂性能，气密性好，吸振能力强	轮胎内胎、电线、电缆、胶管、减振配件等
氯丁橡胶	有良好的物理、力学性能，耐臭氧、耐腐蚀、耐油、黏着性好，但密度大，电绝缘性差，加工时易黏辊、黏模	胶带、胶管、橡胶胶黏剂、模压制品、汽车门窗嵌条等
丁腈橡胶	优良的耐油、耐老化、耐磨性能，耐热性、气密性好，但耐寒性、加工性较差	油封、皮碗、O形密封圈、油管等耐油配件

二、陶瓷材料

陶瓷材料是指以天然硅酸盐（黏土、石英、长石等）或人工合成化合物（氮化物、氧化物、碳化物等）为原料，经过制粉、配料、成型、高温烧结而成的无机非金属材料。

（一）陶瓷的分类

按用途分类：日用陶瓷、艺术（工艺）陶瓷、工业陶瓷等。

按所用原料及坯体的致密程度分类：粗陶、细陶、炻器、半瓷器和瓷器等，原料从粗到精，坯体从疏松多孔逐步到达致密，烧结、烧成温度也是逐渐从低到高。

（二）陶瓷的（力学）性能

（1）硬度：陶瓷的硬度在各类材料中最高，作为超硬耐磨材料，性能特别优良。

（2）强度：由于陶瓷中存在大量相当于裂纹源的气孔，在拉应力的作用下会迅速扩展而导致脆断，因此陶瓷的抗拉强度低。但陶瓷具有较高的抗压强度，可以用于承受压缩载荷的场合。

（3）塑性和韧性：多数陶瓷弹性模量高于金属，在外力作用下只产生弹性变形，伸长率和断面收缩率几乎为零，完全是脆性断裂，故冲击韧性和断裂韧度很低。

（三）常用陶瓷材料

1. 普通陶瓷

普通陶瓷也称传统陶瓷或黏土陶瓷，是以黏土、长石、石英等天然硅酸盐矿物为主要原料配制、烧结而成的。

2. 特种陶瓷

特种陶瓷即现代陶瓷、精细陶瓷或高性能陶瓷。其原料是由人工提炼的纯度较高的金属氧化物、碳化物、氮化物、硅化物等化合物，具有一些独特的性能，可以满足工程结构的特殊需要。

（1）氧化物陶瓷：氧化铝（刚玉）陶瓷、氧化铍陶瓷。

（2）碳化物陶瓷：碳化硅陶瓷、碳化硼陶瓷。

（3）氮化物陶瓷：氮化硅陶瓷、氮化硼陶瓷（氮化硼有六方氮化硼和立方氮化硼）。

（四）金属陶瓷

金属陶瓷是以金属氧化物（如 Al_2O_3、ZrO_2 等）或金属碳化物（如 TiC、WC、TaC、NbC 等）为主要成分，再加入适量的金属粉末（如 Co、Cr、Ni、Mo 等及其合金），通过粉末冶金方法制成的，具有金属的某些性质，属于颗粒增强型的复合材料。硬质合金也是一种金属陶瓷，广泛用于制作金属切削刀具、模具和耐磨零件的重要材料。

伴随着各种新型材料的异军突起，快离子陶瓷、压电陶瓷、导电陶瓷、光学陶瓷、敏感陶瓷（如光敏、气敏、热敏、湿敏等）、激光陶瓷、超导陶瓷等性能各异的功能陶瓷也在不断涌现，在各个领域发挥着巨大的作用。

1. 粉末冶金方法及其应用

金属材料容易熔炼、铸造，但高熔点的金属及其化合物难以通过熔炼或铸造的方法制备，可通过粉末冶金方法制备。

（1）粉末冶金法。

粉末冶金工艺：粉末制备→压制成型→烧结成零件或毛坯。

① 粉末制备：包括粉末制取、配料、粉料混合等过程。粉末越细、越均匀，纯度越高，陶瓷的性能越好，因此，粉末的纯度、粒度、混合的均匀程度等对粉末冶金制品的质量有重要影响。

② 压制成型：多采用冷压法，即将粉料装入模具型腔内，在压力机下压制成致密的具有一定强度的坯体，为改善粉末的可塑性和成型性，通常在粉料中加入一定比例的增塑剂，如汽油橡胶溶液、石蜡等。

③ 烧结：将压制成型的坯体放入通过保护气氛的高温炉或真空炉中进行烧结，在保持至少一种组元仍处于固态的烧结温度下，长时间保温，通过扩散、再结晶、化学反应等过程，获得与一般合金相似的组织，并存在一些微小的孔隙的粉末冶金制品。

烧结分为固相烧结和液相烧结。固相烧结：在烧结时不形成液相，无偏析高速钢、烧结铝（$Al-Al_2O_3$）、烧结钨、青铜-石墨、铁-石墨等。液相烧结：在烧结时形成部分液相的液-固共存状态。

④ 后处理加工：为改善或得到某些性能，有些粉末冶金制品在烧结后还要进行后处理加工。如齿轮、球面轴承等在烧结后再进行冷挤压，以提高密度、尺寸精度等；铁基粉末冶金零件进行淬火处理，以提高硬度等。

（2）粉末冶金的应用。

① 减摩材料、含油轴承：利用粉末冶金材料的多孔性，将材料浸在润滑油中，在毛细力作用下，可吸附大量润滑油（一般含油率达 12%~30%），从而减摩。常用的含油轴承材料有铁基（Fe + 石墨、Fe + S + 石墨）和铜基（Cu + Sb + Pb + Zn + 石墨）。

② 结构材料：用碳钢或合金钢的粉末为原料，采用粉末冶金方法制造结构零件。这种零件的精度较高、表面光洁，无须或少许切削加工即为成品零件。

③ 高熔点金属材料：W、Mo、WC、TiC 等金属及金属化合物熔点高（> 2 000 ℃），用熔炼和铸造方法生产较难，且不易保证其纯度和冶金质量，但可通过粉末冶金生产，如各种金属陶瓷、钨丝及 Mo、Ta、Nb 等难熔金属和高温合金。

④ 特殊电磁性能材料：如硬磁材料、软磁材料、多孔过滤材料、假合金材料。

2. 硬质合金

硬质合金是以金属碳化物（WC、TiC、TaC 等）为基体，再加入适量的金属粉末（如 Co、Ni、Mo 等）作为黏接剂制成的，具有金属性质的粉末冶金材料。

（1）硬质合金的性能。

① 高硬度、高热硬性、耐磨性好。以碳化物为骨架，常温下硬度为 69~81 HRC，热硬性达 900~1 000 ℃，作为切削刀具，其耐磨性、寿命和切削速度比高速钢显著提高。

② 力学性能：抗压强度高（6 000 MPa），抗弯强度低（只有钢的 1/3~1/2），弹性模量高（为高速钢的 2~3 倍），韧性差（为淬火钢的 30%~50%）。

③ 耐蚀性、抗氧化性好，热胀系数比钢低。

④ 因抗弯强度低、脆性大、导热性差，故在加工与工作过程中要避免冲击和温度急剧变化；其硬度高，无法进行切削加工，可采用电加工（电火花、线切割）和专门砂轮磨削加工。

（2）硬质合金的分类、编号和应用。

① 分类与编号：常用硬质合金分为钨钴类硬质合金、钨钴钛类硬质合金、通用硬质合金。

钨钴类硬质合金：由 WC 和 Co 组成，代号为 YG×，YG 表示“硬、钴”，× 表示钴的含量，如 YG6 表示 w_{Co} = 6%，余量为 WC 的钨钴类硬质合金。

钨钴钛类硬质合金：由 WC、TiC 和 Co 组成，代号为 YT×，YT 表示“硬、钛”，× 表示 TiC 含量，如 YT15 表示 w_{TiC} = 15%，余量为 WC 和 Co 的钨钴钛类硬质合金。

在硬质合金中，WC 越多，Co 越少，则硬度、热硬性及耐磨性越高，但强度及韧性越低。当 Co 含量相同时，含 TiC 的硬质合金硬度、耐磨性高，且因合金表面有一层 TiO 薄膜，切削时不易黏刀，热硬性高；但强度和韧性比钨钴类硬质合金低。

通用硬质合金：添加 TaC 或 NbC 取代部分 TiC，代号为 YW×，YW 表示“硬、万”，× 表示顺号，热硬性高（>1 000 ℃），其他性能介于钨钴类硬质合金和钨钴钛类硬质合金二者之间。通用合金既可加工钢材，又能加工铸铁和有色金属，故称通用或万能硬质合金。

② 应用：主要用于制造切削刀具、冷作模具、量具和耐磨零件。钨钴类硬质合金刀具主要用来切削加工脆性材料，如铸铁、有色金属、胶木及其他非金属材料；钨钴钛类硬质合金

主要用来切削加工韧性材料，如各种钢。含 Co 量多的硬质合金韧性好，适宜粗加工；含 Co 量少的硬质合金适于精加工。通用硬质合金既可切削脆性材料，亦可加工韧性材料。

③ 钢结硬质合金：以一种或几种碳化物（WC、TiC）为硬化相，以合金钢（高速钢、铬钼钢）粉末为黏接剂，经配料、压形、烧结而成的一种新型硬质合金。与普通硬质合金相比，钢结硬质合金可锻造、焊接、热处理，并可切削加工。经锻造退火后的硬度为 40～45 HRC。可用一般方法切削加工，加工成形后，经淬火 + 低温回火后，硬度达 69～73 HRC。使用寿命与钨钴类硬质合金相当，可用于制造麻花钻、铣刀及较高温度下工作的模具和耐磨零件等。

三、复合材料

复合材料是由两种或两种以上，物理、化学性质不同的物质组合而成的多相固体材料，并具有复合效应。各种材料在性能上互相取长补短，产生协同效应，使复合材料的综合性能优于原组成材料，是单一材料所无法比拟的，且满足各种不同的要求。如玻璃和树脂的强韧性都不高，但组成的复合材料（玻璃钢）却有很高的强度和韧性，而且质量很轻；用缠绕法制造的火箭发动机壳主应力方向上的强度是单一树脂的 20 多倍；温度膨胀系数不同的黄铜片和铁片复合实现自动控温，用于制作自动控温开关；导电铜片两边加上隔热、隔电塑料，实现一定方向导电，另外方向绝缘及隔热的双重功能。

（一）复合材料的组成及分类

1. 组 成

一类是基体相，属连续相，可由金属、树脂、陶瓷等构成，可保持材料的基本特性，如硬度、耐磨性、耐热性等。其主要作用是起黏接、保护，将增强相固结成一个整体，传递外加载荷和均衡应力的作用。另一类为增强相，属分散相，主要起承受载荷、提高强度和韧性的作用或显示功能。一般，复合材料具有很高的力学性能（强度、弹性模量）及特殊的功能性，增强相的形态有细粒状、短纤维、连续纤维、晶须、片状等。

纤维增强聚合物复合材料：天然木材——纤维素纤维 + 木质素，钢筋混凝土——砂、石、钢筋 + 水泥，玻璃钢——玻璃纤维 + 热固性树脂，C/C 复合材料——石墨碳纤维 + 热解碳或树脂碳。

2. 分 类

① 按基体分类：分为非金属基体和金属基体。树脂基：聚酯、环氧、聚碳酸酯、聚酰亚胺等；金属基：Al、Ti、Ni、Mg、Zn、Co 及其合金；陶瓷基：Al_2O_3、ZrO_2 及非氧化物。常用的有纤维增强金属管、纤维增强塑料、钢筋混凝土等。

② 按增强相种类和形状分类：分为颗粒、晶须、层状及纤维增强复合材料。常用的有金属陶瓷、热双金属片簧、玻璃纤维复合材料（玻璃钢）等。

③ 按性能分类：分为结构复合材料和功能复合材料两类。

④ 按应用分类：分为树脂基<250 ℃、金属基< 600 ℃、陶瓷基<1 500 ℃、碳/碳复合材料< 3 000 ℃、水泥基等。

3. 性　能

① 硬度：陶瓷基>金属基>树脂基。

② 耐热性：树脂基为 60 ~ 250 ℃；金属基为 400 ~ 600 ℃；陶瓷基为 1 000 ~ 1 500 ℃。

③ 耐自然老化：陶瓷基>金属基>树脂基。

④ 导热导电性：金属基>陶瓷基>树脂基。

⑤ 耐蚀性：陶瓷基>树脂基>金属基。

⑥ 工艺性及生产成本：陶瓷基>金属基>树脂基。

4. 复合材料的命名

① 基体与增强材料并用：增强材料/基体材料"复合材料"，如碳纤维环氧树脂复合材料。

② 强调基体材料时以基体为主：如树脂基复合材料、金属基复合材料。

③ 强调增强材料时则以增强材料为主：如玻璃纤维增强复合材料、碳纤维增强复合材料等。

（二）常用的复合材料

1. 纤维增强复合材料

碳纤维的主要用途是与树脂、金属、陶瓷等基体复合制成结构材料。碳纤维增强环氧树脂复合材料的比强度、比模量综合指标在现有结构材料中最高。在密度、刚度、质量、疲劳特性等有严格要求的领域和要求高温、化学稳定性高的场合，碳纤维复合材料都颇具优势。

（1）玻璃纤维复合材料。

① 热固性玻璃钢：由玻璃纤维与热固性树脂（如酚醛树脂、环氧树脂、聚酯树脂和有机硅树脂等）复合的材料。

② 热塑性玻璃钢：由玻璃纤维与热塑性树脂（如尼龙、ABS、聚苯乙烯等）复合的材料。

（2）碳纤维复合材料。

① 碳纤维-树脂复合材料：分为热固性树脂基体和热塑性树脂基体，热固性树脂作结构件。

② 碳纤维-金属（合金）复合材料：分为碳纤维增强铝基复合材料、碳纤维增强铜基复合材料。

③ 碳纤维-陶瓷复合材料：用碳（石墨）纤维与陶瓷组成的复合材料。

（3）硼纤维复合材料：硼纤维增强铝基复合材料、硼纤维增强树脂复合材料。

（4）晶须增强复合材料。

2. 颗粒增强复合材料

（1）金属陶瓷：金属纤维、W、Mo、Ta、Nb、Cr、Fe、Ni、Co、不锈钢丝，如 Mo、Ta/Al_2O_3；W/TiC、TaC、HfC、ZrC、W、Mo/ZrO_2、ThO_2；W（涂 SiC）/Si_3N_4。陶瓷纤维：C、SiC（W）、B_4C（W）、BN、Al_2O_3（W）纤维或晶须，可与 Al_2O_3、ZrO_2、SiC、Si_3N_4 陶瓷复合。

C 和 BN 是最常用的涂层，还有 SiC、ZrO_2 和 SnO_2 涂层。涂层的厚度通常为 0.1 ~ 1 μm，涂层的选择取决于纤维、基体、加工和应用要求。纤维上的涂层除可以改变复合材料界面结合强度外，对纤维还可起到保护作用，避免在加工和处理过程中造成纤维的机械损坏。

（2）其他：包括弥散强化合金、表面复合材料。

3. 层状复合材料

它包括双层金属复合材料、塑料-金属多层复合材料。

四、汽车涂料

涂料（油漆）因在汽车上用量大、品种多、要求高及独特的施工性能等而成为一种专用涂料。

（一）汽车车身用底漆

1. 特　性

底漆是直接涂覆在经过表面处理的车身上的第一道漆，对车身的防锈蚀和整个涂层的经久耐用起着主要作用。底漆必须具备的特性：附着力强，除在车身表面上附着牢固外，并能与腻子或面漆黏附牢固；有良好的防锈能力、耐腐蚀性和耐水性（耐潮湿性）；底漆涂膜应具有较高的机械强度和适当的弹性，当车身蒙皮膨胀或收缩时，不致脆裂脱落，并且当面漆老化收缩时，也不致折裂卷皮，能满足面漆持久性要求；有良好的施工性，能适应汽车涂装工艺和大量流水生产的要求。

2. 种　类

车身用底漆品种甚多，按"汽车油漆涂层"可分为优质防腐蚀性涂层、高级装饰性填充底漆、中级装饰性保护性涂层、一般防锈蚀保护性涂层底漆；按底漆使用漆料的不同分为醇酸底漆（用醇酸涂料制成）、酚醛底漆、环氧底漆、铁红、锌黄醇酸底漆、环氧富锌底漆等。

（二）汽车车身用中间层涂料

1. 特　性

中间层涂料是指介于底漆层与面漆层之间的涂层。其主要功能是改善被涂工件表面和底涂层的平整度，为面漆层创造良好的基底，以提高整个涂层的装饰性。

对于表面平整度较好、装饰性要求又不太高的载重汽车车身和中级客车、轿车，在大量流水生产中无中间涂层。但对于装饰性要求高的客车、轿车可采用中间层涂料。

中间层涂料应具有与底漆、面漆层配套良好、结合力强、硬度适中、不被面漆溶剂咬起的特点；应具有填平性，能消除被涂漆表面划纹等微小缺陷；打磨性能好，打磨时不黏砂纸，在湿打磨后，能得到平整光滑的表面，并能高温烘干；耐潮湿性好，不应引起涂层起泡。

2. 种　类

中间层涂料种类多，主要有环氧树脂、氨基醇酸树脂和醇酸树脂涂料等几种。

（三）汽车车身用面漆

1. 具体要求

汽车车身面漆是多层涂层中的最后涂料，直接影响汽车的装饰性、耐候性、耐潮湿性和抗污性。在汽车车身生产中，轿车和高级客车对面漆的质量要求非常高，有外观装饰性、硬度高、抗崩裂性、耐候性、耐潮湿性、耐腐蚀性、耐药剂性、施工性能的要求。

2．种　类

汽车车身用面漆分为硝基漆、过氯乙烯漆、醇酸树脂漆、氨基醇酸烘漆、丙烯酸漆等。

五、填料和其他非金属材料

填料和其他非金属材料在汽车上主要起密封、保温、装饰等作用，常用的有纸板、石棉、玻璃、毛毡、木材、皮革等。

（一）纸板制品

纸板制品在汽车上主要用于制作各种衬垫，常用的有以下几种。

1．钢纸板

钢纸板分为软钢纸板和硬钢纸板两类。软钢纸板是指由纸类经甘油、蓖麻油及氧化锌处理而成的软性纤维纸板，具有强度高、韧性好、耐油、耐水、耐热及对金属无腐蚀作用等特点，主要用于制作汽车发动机和总成密封连接处的垫片，如机油泵盖衬垫等。硬钢纸板是指由纸类经氧化锌处理而成的硬性纤维纸板，具有抗张力强、绝缘性好等特点，可用于制作发电机、调节器等部件上的绝缘衬垫。

2．滤芯纸板

滤芯纸板是指具有过滤性能的纸板，有较强的抗张能力。滤芯纸板分为薄滤芯纸板和厚滤芯纸板两种。薄滤芯纸板适用于制作滤清器的内滤片，厚滤芯纸板则常用作内滤片的垫架。

3．防水纸板

防水纸板分为沥青防水纸板和普通防水纸板两类。防水纸板具有伸缩率小、吸水率低和韧性较好等特点，常用于车身包皮或与水接触部件的衬垫。

4．浸渍衬垫纸板

浸渍衬垫纸板是指在纸浆中加入胶料，制成成品后再经甘油水溶液浸渍而成的纸板。它具有弹性好、吸水和吸油性小等特点，一般用于制作汽车发动机、变速器与汽油、润滑油或水接触的衬垫。

5．软木纸

软木纸由颗粒状软木、骨胶和干酪素等物质黏合后压制而成。它具有质轻、柔软、弹性和一定的韧性等特点，主要用于制作各种密封衬垫，如气门室盖衬垫、水套孔盖板衬垫、水泵衬垫、油底壳衬垫等。

（二）石棉制品

石棉具有良好的柔软性、不自燃、较好的防腐性和吸附能力等特点，但导热、导电性差，在汽车上主要用于密封、隔热、保温、绝缘和制作摩擦材料等。

1. 石棉盘根

石棉盘根分为橡胶石棉盘根和浸油石棉盘根两种，可作为转轴、阀门杆的密封材料，在汽车上常用作发动机曲轴最后一道主轴承的密封件（油封）。

2. 石棉板

石棉板通常用于制作有高温要求的密封衬垫及垫片内衬，如气缸体、排气管接口垫圈内衬等。

3. 石棉摩擦片

石棉摩擦片由石棉、辅助材料和胶黏剂经混合加热后压制而成。它具有硬度高、摩擦因数大、耐高温、耐冲击和耐磨损等特点，主要用于汽车动力传递和制动系统，如制作离合器和制动器的摩擦片等。

（三）玻　璃

玻璃是构成汽车外形的重要材料之一，具有透明、隔音和保温的性能。常用的玻璃有钢化玻璃、区域钢化玻璃、夹层玻璃和热线反射玻璃。

1. 钢化玻璃

钢化玻璃由普通玻璃经一定的热处理制作而成。其抗弯强度要比普通玻璃大 5～6 倍，热稳定性好，冲击强度较高，且钢化玻璃破碎时会形成无锋锐的颗粒状碎片，对人体伤害小，主要用于制作汽车的挡风玻璃等。

2. 区域钢化玻璃

为弥补钢化玻璃的缺点，采用特殊的热处理技术控制玻璃碎片的大小和形状，以保证玻璃破碎后不影响视线，避免二次事故的发生。区域钢化玻璃在国外的一般汽车上应用很广。

3. 夹层玻璃

夹层玻璃由两块 2～3 mm 玻璃中间夹一层安全膜（聚乙烯醇缩丁醛）制成，抗冲击性能虽然不及钢化玻璃，但中间的安全膜有很好的弹性和吸振能力，破碎时碎片仍能黏附在安全膜上，因此具有很好的安全性。夹层玻璃价格昂贵，多用于高级轿车。

4. 热线反射玻璃

热线反射玻璃是具有反射红外线和紫外线能力的玻璃。热线反射玻璃用喷镀或其他方法使金属薄膜镀在玻璃表面，或把喷镀了金属薄膜的聚酯薄膜夹在夹层玻璃中间。其可通过70%的可见光，以保证驾驶员视线清晰，同时可反射 60%的红外线，阻挡 45%的紫外线。此外，在高级轿车上还装有天线夹层玻璃，主要用于电视、收音机及电话的信号接收；安装调光夹层玻璃，以提高舒适性、居住性；安装除霜玻璃，可自动加热除霜等。

（四）毛　毡

毛毡由羊毛或合成纤维加入胶黏剂制成，常用的有细毛毡、半粗毛毡、粗毛毡三类。毛毡具有储存润滑油、防止水和灰尘侵入、减轻冲击等作用，主要用于制作油封、衬垫及滤芯等。

（五）木　材

木材是工业用途广泛、消耗量很大的一种非金属材料。

1. 汽车用常用木材

木材曾是制造汽车车身的主要材料，在现代汽车的地板、装饰、密封、车厢上仍得到一定的应用。而载货汽车车厢用木材一般有针叶材（如落叶松、云杉、冷杉、红松等）、阔叶材（如柞木、水曲柳、大叶榆等）。木材还用于在车架纵梁与钢板车厢之间作垫木。如图 1-7-1 所示为劳斯莱斯幻影敞篷车的胡桃木内饰。

图 1-7-1　劳斯莱斯幻影敞篷车的胡桃木内饰

2. 汽车用胶合板

胶合板是一组单板按相邻层木纹方向相互垂直组坯胶合而成的板材，通常把其表面板和内层板对称地配置在中心层或板芯的两侧。在胶合板上附有一层酚醛树脂、三聚氰胺树脂等热固性塑料，有美丽的图案和明快的光泽，称为保利板的木制品，可以作为中、低档客车的内饰材料。

3. 汽车用纤维板

纤维板以植物纤维为原料，经成型、预压和热压而成，是木材综合利用和深加工方面的一大发展。纤维板在汽车中主要作内饰材料使用，如车门内板、遮阳板、车内护板等。

4. 竹材胶合板

竹材胶合板是用胶黏剂将竹片黏合并压制而成的板材，用于制造载货汽车车厢底。

（六）皮　革

皮革是用牛、羊等牲畜的皮经加工制成的熟皮，在汽车上常用以包覆座椅、车门内板及扶手等，是高档的内部装饰材料。豪华轿车用真皮是经过特殊加工的水牛皮，如图 1-7-2 所示为真皮座椅。

图 1-7-2　真皮座椅

（七）车　蜡

车蜡用于汽车车身漆面处理和保护用品。按其作用不同，车蜡一般可分为研磨蜡和保护蜡两大类。

（1）研磨蜡：为汽车车身漆面翻新处理时使用的车蜡，常用的有粗蜡、细蜡和抛光蜡等。

（2）保护蜡：对车身漆面起保护和增艳作用的车蜡，常见的有水彩蜡、油蜡和水晶蜡等。

（八）车　膜

车膜又称为汽车太阳膜或防爆膜，是粘贴在汽车玻璃上的一种薄膜。车膜具有良好的隔热性、透光性；能过滤阳光中的紫外线；具有防爆性，在车窗玻璃爆裂时，可以避免玻璃碎片飞溅伤人。

思考与练习

一、填空题

1. 非金属材料包括_____、陶瓷材料和复合材料。

2. 玻璃钢是玻璃纤维和_____组成的复合材料。

3. 聚合物的力学性能指标中，_____比金属材料要好。

4. 橡胶是优良的减振材料和耐磨、阻尼材料，因为它具有突出的_____。

5. 陶瓷材料的_____强度较低，而_____强度较高。

6. 聚合物的三种力学状态是_____、_____和_____，它们相应是塑料、橡胶和胶黏剂的使用状态。

7. YT30是钨钴类硬质合金，其成分由____、Ti 和____组成，可用于制作高速切削刀具。

8. 复合材料按基体材料分类可分为聚合物基、无机非多心基和_____复合材料等。

9. 复合材料是由两种或两种以上物理和化学性质不同物质组合起来而得到的一种_____材料。

10. 复合材料的性能特点为比强度、比模量高，_____好，减振性能好，耐热性能好，减摩耐磨和_____好，破损安全性好等。

11. C/C 复合材料是指用_____、纤维或石墨纤维或是它们的织物作为碳基体骨架，埋入碳基质中增强基质所制的复合材料。

12. 硬质合金是将某些难熔的_____粉末和金属黏接剂（如 Co、Ni 等）混合，加压成型，再烧结而制成的金属陶瓷。

二、选择题

1. 非金属材料包括（　　）。
A. 高分子材料+陶瓷材料　　　　　　　　B. 高分子材料+陶瓷材料+复合材料
C. 复合材料+高分子材料　　　　　　　　D. 复合材料+陶瓷材料

2. 高分子材料主要有（　　）。
A. 橡胶、塑料、合成纤维　　　　　　　　B. 陶瓷、塑料、无机玻璃
C. 陶瓷、合成纤维、无机玻璃　　　　　　D. 橡胶、塑料、无机玻璃、合成纤维、陶瓷

3. 工程非金属材料在船舶领域的应用有（　　）。
A. 制作船舶构件　　B. 防腐　　　　C. 制作船机零件　　　D. A+B+C

4. 塑料的主要组成材料是（　　）。
A. 合成纤维　　　　B. 合成橡胶　　C. 合成树脂　　　　D. A+B+C

5. 塑料是以（　　）为主要成分，再加入一些用来改善其使用性能和工艺的添加剂，在一定的温度、压力下加工塑制成型的材料。
A. 合成纤维　　　　B. 合成树脂　　C. 合成橡胶　　　　D. 合成乙烯

6. 环氧树脂在船舶领域的应用有（　　）。
A. 制作曲轴　　　　　　　　　　　　　　B. 制作机座垫块
C. 制作增压器叶片　　　　　　　　　　　D. 制作连杆

7. 水润滑艉轴常采用（　　）来防腐。
A. 环氧树脂　　　　B. 尼龙　　　　C. 合成橡胶　　　　D. 酚醛塑料

8. 水润滑艉轴承可采用（　　）来防腐。
A. 陶瓷　　　　　　B. 玻璃钢　　　C. 合成橡胶　　　　D. ABS 塑料

9. PVC 即（　　）。
A. 聚四氟乙烯　　　B. 聚乙烯　　　C. 聚氯乙烯　　　　D. 聚苯乙烯

10. 玻璃钢可用于生产（　　）。
A. 阀体　　　　　　B. 叶片泵　　　C. 螺旋桨　　　　　D. A+B+C

11. 合成橡胶的性能特点，不正确的是（　　）。
A. 耐磨性　　　　　B. 储能性小　　C. 高弹性　　　　　D. 弹性模量小

12. 常用的有机胶黏剂是（　　）。
A. 热塑性玻璃钢　　　　　　　　　　　　B. 复合材料
C. 合成纤维　　　　　　　　　　　　　　D. 合成材料

13. 桦木层板属于（　　）。
A. 合成材料　　　　　　　　　　　　　　B. 陶瓷材料
C. 高分子材料　　　　　　　　　　　　　D. 橡胶材料

14. 合成纤维的使用状态为（　　）。
A. 晶态　　　　　　B. 玻璃态　　　C. 黏流态　　　　　D. 高弹态

15. 汽车仪表盘通常用（　　）制造，电视机屏通常用（　　）制造，楼房窗户通常用（　　）制造。
A. 玻璃钢　　　　　B. 有机玻璃　　C. 无机玻璃

三、判断题

1. 凡是在室温下处于玻璃态的高聚物就称为塑料。（　　）

2. 聚合物由单体组成，聚合物的成分就是单体的成分。（   ）

3. 陶瓷材料的抗拉强度较低，而抗压强度较高。（   ）

4. 陶瓷材料可以制作刀具材料，也可以制作保温材料。（   ）

5. 聚合物的力学性能主要取决于其聚合度、结晶度和分子间力等。（   ）

6. 玻璃钢是玻璃和钢丝的复合材料。（   ）

7. 纤维增强复合材料中，纤维直径越小，纤维增强的效果就越大。（   ）

8. 复合材料为了获得高的强度，其纤维的弹性模量必须很高。（   ）

四、综合分析题

1. 简述作为工程材料的聚合物材料的优缺点（与金属材料比较）。

2. 简述汽车常用木材的情况。

学习项目二　工程力学

一、概　述

工程中承受载荷而起骨架作用的部分称为结构，结构由若干构件按一定方式组合而成，组成结构的各单独部分称为构件。

结构按其几何特征分为以下 3 种类型：

（1）杆系结构：由杆件组成，其几何特征是长度远远大于横截面的宽度和高度。

（2）薄壁结构：由薄板或薄壳组成，其几何特征是厚度远远小于另两个方向的尺寸。

（3）实体结构：由块体构成，其几何特征是 3 个方向的尺寸基本为同一数量级。

工程力学主要以杆系结构为研究对象。

二、研究内容

工程力学是研究结构的几何组成规律，以及在载荷作用下结构和构件的强度、刚度和稳定性问题。其目的是保证结构能正常工作和充分发挥材料的性能，使设计的结构既安全可靠又经济合理。

强度是指材料抵抗破坏的能力，满足强度要求就是要求结构或构件在正常工作时不发生破坏。刚度是指材料抵抗变形的能力，满足刚度要求就是要求结构或构件在正常工作时产生的变形不超过允许范围。稳定性是指结构或构件保持原有平衡状态的能力。满足稳定性就是要求结构的构件在正常工作时不突然改变原有的平衡状态，以免因变形过大而破坏。

三、刚体、变形固体及其基本假设

工程力学中将物体抽象化为两种计算模型：刚体和理想变形固体。

刚体是在外力作用下形状和尺寸都不改变的物体。实际上，任何物体受到力的作用后都会发生一定的变形，但在一些力学问题中，物体变形这一因素与所研究的问题无关或对其影响甚微，这时可将物体视为刚体，从而使问题得到简化。

理想变形固体是对实际变形固体的材料理想化，作以下假设：

（1）连续性假设。认为物体的材料结构是密实的，物体内材料是无空隙的连续分布。

（2）均匀性假设。认为材料的力学性质是均匀的，从物体上任取或大或小的一部分，材料的力学性质均相同。

（3）各向同性假设。认为材料的力学性质是各向同性的，材料沿不同方向具有相同的力学性质，而各方向力学性质不同的材料称为各向异性材料，在此，仅考虑各向同性材料。

按照上述假设理想化的一般变形固体称为理想变形固体。刚体和变形固体都是工程力学中必不可少的理想化的力学模型。

变形固体受载荷作用时将产生变形。当荷载撤去后，可完全消失的变形称为弹性变形；不能恢复的变形称为塑性变形或残余变形。在多数工程问题中，要求构件只发生弹性变形。在工程力学中，构件若在载荷的作用下产生的变形量与其原始尺寸相比很微小，称为小变形。小变形构件计算时，可采取变形前的原始尺寸，略去高阶无穷小量，可大大简化计算。

综上所述，工程力学把结构和构件看作是连续、均匀、各向同性的理想变形固体，在弹性范围内和小变形情况下考虑其承载能力。

工作任务一　静力学

静力学是研究物体平衡的科学。对作用在物体上的力系作简化和平衡。所谓平衡，在工程上是指物体相对于地球保持静止或匀速直线运动状态，是物体机械运动的一种特殊形式。

■任务情境

在静力学中，能承受外力作用，而大小和形状均保持不变的物体是刚体，而相对于惯性参考系（如地面）保持静止或做匀速直线运动的物体都处于平衡状态，那么刚体在平衡状态下的约束、约束性质及约束反力该如何分析与处理？满足什么样的定律？

■任务目标

理解静力学所涉及的基本概念、公理及几种典型的约束及其约束性质，约束反力；掌握物体受力分析，会画物体受力图。

■必备知识

一、力、刚体和平衡

力是人们在长期的生产劳动和生活实践中逐步形成，通过归纳、概括和科学抽象而建立的概念。在工程中，许多物体在力的作用下产生很微小的变形，且对平衡问题影响也很小，则视为刚体。

（一）刚　体

工程中的许多物体在力的作用下产生的变形一般很微小，对平衡问题影响也很小，为简化分析，把物体视为刚体。所谓刚体，是指在任何外力的作用下，物体的大小和形状始终保持不变的物体。静力学涉及的对象仅限于刚体，所以又称为刚体静力学。

（二）力的概念

力是物体之间相互的机械作用，这种作用使物体的机械运动状态发生改变，或使物体产生变形。力使物体的运动状态发生改变的效应称为外效应，而使物体发生变形的效应称为内效应。刚体只考虑外效应；变形固体还要研究内效应。经验表明，力对物体作用的效应完全取决于力的三要素。

（1）力的大小：指物体相互作用的强弱程度。在国际单位制中，力的单位用牛顿（N）或千牛顿（kN）来表示，$1 \text{ kN} = 10^3 \text{ N}$。

（2）力的方向：包含力的方位和指向两方面的含义。如重力的方向是"竖直向下"，"竖直"是力作用线的方位，"向下"是力的指向。

（3）力作用的位置：物体上承受力的部位。一般来说是一块面积或体积，称为分布力；而有些分布力分布的面积很小，可以近似地看作一个点，这样的力称为集中力。

如果改变了力的三要素中的任一要素，也就改变了力对物体的作用效应。

既然力是有大小和方向的量，所以力是矢量，可以用一带箭头的线段来表示，如图 2-1-1 所示，线段 **AB** 长度按一定的比例尺表示力 **F** 的大小，线段的方位和箭头指向表示力的方向。线段的起点 **A** 或终点 **B** 表示力的作用点。线段 **AB** 的延长线（图中虚线）表示力的作用线。

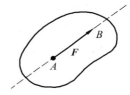

图 2-1-1　力的三要素

在此用黑体字母表示矢量，用对应字母表示矢量的大小。一般来说，作用在刚体上的力不止一个力而是一群力，称为力系。如果作用于物体上的某一力系可以用另一力系来代替，而不改变原有的状态，则这两个力系互称等效力系。如果一个力与一个力系等效，则称此力为该力系的合力，即力的合成；而力系中的各个力称此合力的分力，将合力代换成分力的过程称为力的分解。为便于显示各种力系对物体作用的总体效应，用一个简单的等效力系（或一个力）代替一个复杂力系的过程称为力系的简化。力系的简化是刚体静力学的基本问题之一。

二、静力学的基本公理

所谓公理就是经过人类长期反复实践的考验，不需要再加证明的真理。静力学公理是静力学全部理论的基础。

公理一　二力平衡公理

作用于同一刚体上的两个力使刚体平衡的必要与充分条件是，力的大小相等、方向相反、作用在同一直线上。其可以表示为 $F_1 = -F_2$ 或 $F_1 + F_2 = 0$。

此公理给出了作用于刚体上最简力系平衡时所必须满足的条件，是推证其他力系平衡条件的基础。在两个力作用下处于平衡的物体称为二力体，若物体是构件或杆件，也称二力构件或二力杆件，简称二力杆。

公理二　加减平衡力系公理

作用在刚体上的任意力系加上或减去平衡力系，并不改变原力系对刚体的作用效应。

推论一　力的可传性原理

作用于刚体上的力可以沿其作用线移至刚体内任意一点，而不改变该力对刚体的效应。

因此，作用于刚体上的力是滑移矢量，如图 2-1-2 所示。

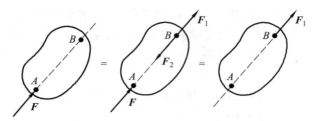

图 2-1-2　力的可传性原理

公理三　力的平行四边形法则

作用于物体上同一点的两个力可以合成为作用于该点的一个合力，其大小和方向由这两个力的矢量为邻边所构成的平行四边形的对角线来表示。如图 2-1-3（a）所示，以 R 表示力 F_1 和力 F_2 的合力，则 $R = F_1 + F_2$。即作用于物体上同一点两个力的合力等于这两个力的矢量合。

常用力的三角形法则求共点两个力的合力，如图 2-1-3（b）所示。从刚体外任选一点 a 作矢量 ab 代表力 F_1，然后从 b 作 bc 代表力 F_2，最后连接 ac，则 ac 就代表合力矢 R。分力矢与合力矢所构成的三角形 abc 称为力的三角形，其合成方法称为力的三角形法则。

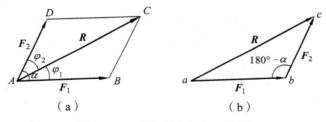

（a）　　　　　　　　　　　（b）

图 2-1-3　力的平行加边形法则

推论二　三力平衡汇交定理

刚体受同一平面内互不平行的 3 个力作用而平衡时，此三力的作用线必汇交于一点，如图 2-1-4 所示。

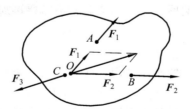

图 2-1-4　三力平衡汇交定理

公理四　作用与反作用公理

两个物体间相互的作用力与反作用力，总是同时存在，大小相等，指向相反，并沿同一直线分别作用在这两个物体上。物体间的作用力与反作用力总是同时出现，同时消失。可见，自然界中的力总是成对存在的，而且同时分别作用在相互作用的两个物体上。这个公理概括了任何两物体间的相互作用的关系，不论对刚体还是变形体，不管物体是静止的还是运动的都适用。应该注意，作用力与反作用力虽然等值、反向、共线，但不能平衡，因为二者分别作用在两个物体上，不可与二力平衡公理混淆起来。

公理五　刚化原理

变形体在已知力系作用下平衡时，则将此变形体视为刚体（刚化），其平衡状态不变。

此原理建立了刚体平衡与变形体平衡之间的关系，即关于刚体的平衡条件，对于变形体的平衡来说，也必须满足。但是满足了刚体的平衡条件，变形体不一定平衡。例如，一段软绳，在两个大小相等、方向相反的拉力作用下处于平衡，若将软绳变成刚杆，平衡保持不变。反过来，一段刚杆在两个大小相等、方向相反的压力作用下处于平衡，而绳索在此压力下则不能平衡。可见，刚体的平衡条件对于变形体的平衡来说只是必要条件而不是充分条件。

三、约束与约束反力

工程上所遇到的物体通常分为两种：可以在空间做任意运动的物体称为自由体，如飞机、火箭等；受到其他物体的限制，沿着某些方向不能运动的物体称为非自由体，如悬挂的重物，因为受到绳索的限制，使其在某些方向不能运动而成为非自由体，这种阻碍物体运动的限制称为约束。约束通常是通过物体间的直接接触形成的。

既然约束阻碍物体沿某些方向运动，那么当物体沿着约束所阻碍的运动方向运动或有运动趋势时，约束对其必然有力的作用，以限制其运动，这种力称为约束反力，简称反力。约束反力的方向总是与约束所能阻碍的物体的运动或运动趋势的方向相反，其作用点就在约束与被约束的物体的接触点，大小可以通过计算求得。

工程上通常把能使物体主动产生运动或运动趋势的力称为主动力，如重力、风力、水压力等。通常主动力是已知的，约束反力是未知的，它不仅与主动力的情况有关，同时也与约束类型有关。下面介绍工程实际中常见的几种约束类型及其约束反力的特性。

（一）柔性约束

绳索、链条、皮带等属于柔性约束。在理想化条件下，柔索绝对柔软、无质量、无粗细、不可伸长或缩短。由于柔索只能承受拉力，所以柔索的约束反力作用于接触点，方向沿柔索的中心线而背离物体，为拉力，如图 2-1-5 和图 2-1-6 所示。

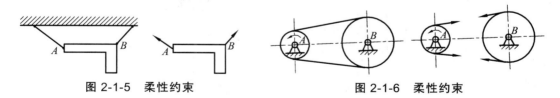

图 2-1-5　柔性约束　　　　　　图 2-1-6　柔性约束

（二）光滑接触面约束

当物体接触面上的摩擦力可以忽略不计时，即可看作是光滑接触面，这时两个物体可脱离，也可以沿光滑面相对滑动，但沿接触面法线且指向接触面的位移受到限制。所以，光滑接触面约束反力作用于接触点，沿接触面的公法线且指向物体，约束力为压力，如图 2-1-7 和图 2-1-8 所示。

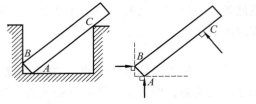

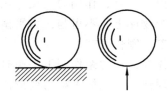

图 2-1-7　光滑接触面约束　　　　　　　图 2-1-8　光滑接触面约束

（三）光滑铰链约束

工程上常用销钉来连接构件或零件，两被连接件均可绕销轴转动，这类约束只限制相对移动不限制转动，且忽略销钉与构件间的摩擦，这种约束称为铰链约束，简称铰连接或中间铰链，如图 2-1-9（a）所示，图（b）、（c）为其计算简图。

铰链约束只能限制物体在垂直于销钉轴线的平面内相对移动，但不能限制物体绕销钉轴线相对转动。其约束反力作用在销钉与物体的接触点 A 上，沿接触面的公法线方向，使被约束物体受压力。因销钉与销钉孔壁接触点与被约束物体所受的主动力有关，一般不能预先确定，所以约束反力 F_A 的方向也不能确定。因此，其约束反力作用在垂直于销钉轴线的平面内，通过销钉中心，方向不定。为计算方便，铰链约束的约束反力常用过铰链中心两个大小未知的正交分力 F_{Ax}、F_{Ay} 来表示，如图 2-1-9（c）所示，两个分力的指向可以假设。如发动机中连杆与活塞、连杆与曲轴的连接就是中间铰链约束，如图 2-1-10 所示。

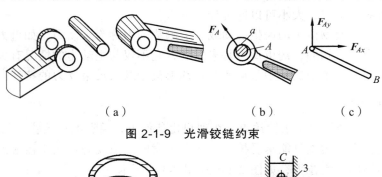

（a）　　　　　　　（b）　　　　　　　（c）

图 2-1-9　光滑铰链约束

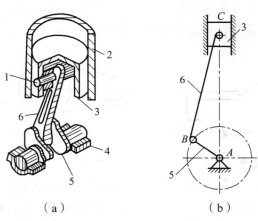

（a）　　　　　　　　　（b）

图 2-1-10　曲柄滑块机构

1—活塞销；2—气缸；3—活塞；4—轴承；5—曲轴；6—连杆

（四）固定铰支座

将结构或构件用销钉与地面或机座连接就构成了固定铰支座，如图 2-1-11（a）所示。固定铰支座的约束与铰链约束完全相同。其简化记号和约束反力如图 2-1-11（b）、（c）所示。

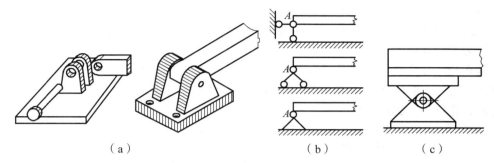

（a）　　　　　　　　　（b）　　　　　　　　　（c）

图 2-1-11　固定铰支座

（五）辊轴支座

在固定铰支座和支承面间装有辊轴，就构成了辊轴支座，又称为活动铰支座，如图 2-1-12（a）所示。这种约束只能限制物体沿支承面法线方向的运动，而不能限制物体沿支承面移动和相对于销钉轴线的转动。所以其约束反力垂直于支承面，过销钉中心，指向可假设。如图 2-1-12（b）、（c）所示。

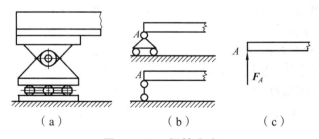

（a）　　　　　　　（b）　　　　　　　（c）

图 2-1-12　辊轴支座

（六）固定端约束

将构件的一端插入一固定物体（如墙）中，就构成了固定端约束。在连接处具有较大的刚性，被约束的物体在该处被完全固定，即不允许相对移动也不可转动。固定端的约束反力，一般用两个正交分力和一个约束反力来代替，如图 2-1-13 所示。

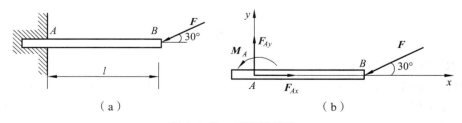

（a）　　　　　　　　　　　　　（b）

图 2-1-13　固定端约束

四、物体的受力分析与受力图

静力学问题大多是受一定约束的非自由刚体的平衡问题，解决此类问题的关键是找出主动力与约束反力之间的关系。因此，必须对物体的受力情况作全面的分析，即物体的受力分析是静力学计算的前提和关键。

物体的受力分析包含以下两个步骤：

一是把该物体从与它相联系的周围物体中分离出来，解除全部约束，单独画出该物体的图形，称为取分离体。

二是在分离体上画出全部主动力和约束反力，称为画受力图。

例 1 如图 2-1-14 所示的起吊架，由杆件 AB 和 CD 组成，起吊重物的重力为 G。不计杆件自重，作杆件 AB 的受力图。

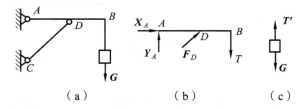

图 2-1-14 起吊架受力分析

解：取杆件 AB 为分离体，画受力分析图。杆件 AB 上没有载荷，只有约束反力。A 端为固定铰支座。约束反力用两个垂直分力 X_A 和 Y_A 表示，指向假定。D 点用铰链与 CD 连接，CD 为二力杆，作用线沿 C、D 两点连线，以 F_D 表示，指向假定。B 点与绳索连接，绳索作用给 B 点的约束反力 T 沿绳索背离杆件 AB。受力如图 2-1-14（b）所示。但力 T 不是起吊重物的重力 G，T 是绳索对杆件 AB 的作用力，这两个力的施力和受力体不同，其反作用力 T' 与重力 G 平衡，等值反向，如图 2-1-14（c）所示，T 与 T' 等值反向，T 与 G 大小相等。

例 2 水平梁 AB 用斜杆 CD 支撑，A、C、D 三处均为光滑铰链连接，如图 2-1-15（a）所示。梁上放置一重为 G_2 的电动机。已知梁重为 G_1，不计杆 CD 自重，试分别画出杆 CD 和梁 AB 的受力图。

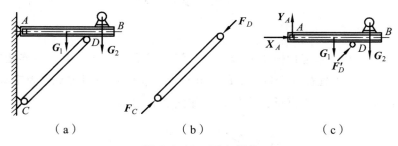

图 2-1-15 受力杆件

解：取 CD 为研究对象。由于斜杆 CD 自重不计，CD 杆为二力杆。根据公理一，F_C 和 F_D 大小相等，沿铰链中心连线 CD 方向且指向相反，受力如图 2-1-15（b）所示。

取梁 AB（包括电动机）为研究对象。根据作用与反作用公理，$F_D' = -F_D$；梁在 A 处受固定铰支座的约束反力，方向未知，可用正交分力 X_A 和 Y_A 表示，受力如图 2-1-15（c）所示。

例 3 简支梁两端分别为固定铰支座和可动铰支座，在 C 处作用一集中荷载 F_P，如图 2-1-16（a）所示，梁自重不计，试画梁 AB 的受力图。

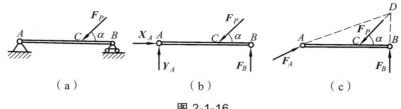

图 2-1-16

解： 取梁 AB 为研究对象，受力如图 2-1-16（b）所示。由于梁受 3 个力作用而平衡，故由三力平衡汇交定理确定 F_A 的方向。用点 D 表示力 F_P 和 F_B 的作用线交点。F_A 的作用线必过交点 D，如图 2-1-16（c）所示。

例 4 三铰拱桥由左右两拱铰接而成，如图 2-1-17（a）所示。设各拱自重不计，在拱 AC 上作用荷载 F，试分别画出拱 AC 和 CB 的受力图。

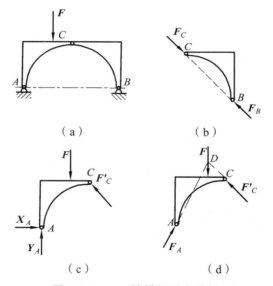

图 2-1-17　三铰拱桥受力分析

解： 取拱 CB 为研究对象。由于拱自重不计，而 B、C 处受到铰链约束，CB 为二力杆。在铰链中心 B、C 分别受到 F_B 和 F_C 的作用，$F_B = -F_C$，拱 CB 的受力如图 2-1-17（b）所示。

取拱 AC 连同销钉 C 为研究对象。由于自重不计，主动力只有荷载 F；点 C 受拱 CB 施加的约束力 F_C'，且 $F_C' = -F_C$；点 A 的约束反力为 X_A 和 Y_A，拱 AC 的受力如图 2-1-17（c）所示。拱 AC 在 F、F_C' 和 F_A 三力作用下平衡，根据三力平衡汇交定理，可确定出铰链 A 处约束反力 F_A 的方向。点 D 为力 F 与 F_C' 的交点，当拱 AC 平衡时，F_A 的作用线必通过点 D，如图 2-1-17（d）所示，F_A 的指向可先作假设，以后由平衡条件确定。

例 5 在图 2-1-18（a）所示的系统中，物体 F 的重力为 **P**，其他的构件自重不计。作① 整体的受力图；② AB 杆的受力图；③ BE 杆的受力图；④ 杆 CD、轮 C、绳及重物 F 所组成的受力图。

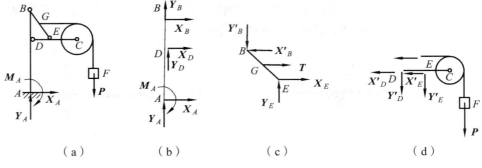

（a）　　　　（b）　　　　（c）　　　　（d）

图 2-1-18　受力分析

解：整体受力如图 2-1-18（a）所示。固定支座 A 有两个垂直反力和一个约束反力。铰 C、D、E 和 G 点这四处的约束反力对整体来说是内力，受力图上不应画出。

杆件 AB 的受力如图 2-1-18（b）所示，杆件 AB 的铰链 B、D 的反力是外力，应画出。杆件 BE 的受力如图 2-1-18（c）所示。BE 上 B 点的反力 X_B 和 Y_B 是 AB 上 X_B 和 Y_B 的反作用力，必须等值、反向画出。杆件 CD、轮 C、绳和重物 F 所组成的系统的受力如图 2-1-18（d）所示。其约束反力分别是图 2-1-18（b）、（c）上相应力的反作用力，指向分别与相应力的指向相反。如 X_E' 是图 2-1-18（c）上 X_E 的反作用力，力 X_E' 的指向应与力 X_E 的指向相反，不能随意假定。铰链 C 的反力为内力，不应画出。

画受力图时应注意以下问题：

① 明确研究对象并取出分离体。

② 要先画出全部的主动力。

③ 明确约束反力的个数。凡是研究对象与周围物体相接触处都一定有约束反力，不可随意增加或减少。

④ 要根据约束的类型画约束反力，即按约束的性质，确定约束反力的作用位置和方向，不能主观臆断。

⑤ 二力杆要优先分析。

⑥ 对物体系统进行分析时，注意同一力在不同受力图上的画法要完全一致；在分析两个相互作用的力时，应遵循作用和反作用关系，作用力方向一经确定，则反作用力必与之相反，不可再假设指向。

⑦ 内力不必画出。

思考与练习

1. 说明下列式子的意义和区别。

（1）$F_1 = F_2$ 和 $F_1 = -F_2$；（2）$F_R = F_1 + F_2$ 和 $F_R = F_1 - F_2$。

2. 力的可传性原理的适用条件是什么？如图 2-1-19 所示，能否根据力的可传性原理，将作用于杆 AC 上的力 F 沿其作用线移至杆 BC 上而成为力 F'？

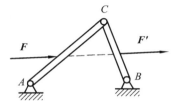

图 2-1-19　受力分析

3. 作用于刚体上大小相等、方向相同的两个力对刚体的作用是否等效？

4. 物体受汇交于一点的 3 个力作用而处于平衡，此三力是否一定共面？为什么？

5. 图 2-1-20 中力 **F** 作用在销钉 C 上，试问销钉 C 对 AC 的力与销钉 C 对 BC 的力是否等值、反向、共线？为什么？

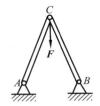

图 2-1-20　销钉受力分析

6. 图 2-1-21 中各物体的受力图是否正确？若有错误试改正。

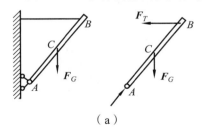
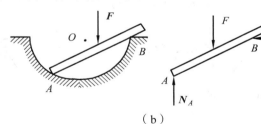

图 2-1-21　受力图

工作任务二　平面汇交力系

根据力系中各力作用线的位置，力系可分为平面力系和空间力系。各力的作用线都在同一平面内的力系称为平面力系。平面力系又可以分为平面汇交力系、平面平行力系、平面力偶系和平面一般力系。在平面力系中，各力作用线汇交于一点的力系称为平面汇交力系。

▰任务情境

作用在物体上的一组力称为力系，各力作用线相交于一点的为汇交力系；各力作用线相互平行的为平行力系；各力作用线既不相交于一点，又不相互平行的为任意力系。两个不同的力系，如果对同一物体产生相同的外效应，则该两力系互为等效力系。若一个力与一个力系等效，则这个力称为该力系的合力，反之为分解。在工程中，为什么多用解析法来求解力系的合成和分解？

任务目标

掌握平面汇交力系的合成与平衡；掌握平面汇交力系合成的几何法和解析法；理解力在直角坐标系的投影；能熟练计算力在直角坐标轴上的投影。

必备知识

一、平面汇交力系合成与平衡的几何法

（一）平面汇交力系合成的几何法

设在某刚体上作用有力 F_1、F_2、F_3、F_4 组成的平面汇交力系，其作用线交于点 A，如图 2-2-1（a）所示。由力的可传性将力的作用线移至汇交点 A；然后由力的合成三角形法则将各力依次合成，即从任意点 a 作矢量 ab 代表力矢 F_1，在其末端 b 作矢量 bc 代表力矢 F_2，则虚线 ac 表示力矢 F_1 和 F_2 的合力矢 F_{R1}；再从点 c 作矢量 cd 代表力矢 F_3，则 ad 表示 F_{R1} 和 F_3 的合力 F_{R2}；最后从点 d 作 de 代表力矢 F_4，则 ae 代表力矢 F_{R2} 与 F_4 的合力矢，亦即力 F_1、F_2、F_3、F_4 的合力矢 R，其大小和方向如图 2-2-1（b）所示，其作用线通过汇交点 A。

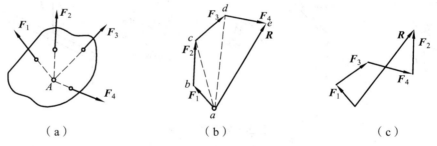

（a）　　　　　　　　（b）　　　　　　　　（c）

图 2-2-1　平面汇交力系合成的几何法

作图 2-2-1（b）时，虚线 ac 和 ad 不必画出，只需把各力矢首尾相连，得折线 $abcd$ 即可，则从第一个力矢 F_1 的起点 a 向最后一个力矢 F_4 的终点 e 作 ae，即得合力矢 R。各分力矢与合力矢构成的多边形称为力的多边形，这种求合力的方法称为力的多边形法则。各分力矢必须首尾相连，环绕力多边形周边的同一方向，而合力矢则封闭力多边形。

上述方法可以推广到由 n 个力 F_1、F_2、$\cdots$、F_n 组成的平面汇交力系，平面汇交力系合成的结果是一个合力，合力的作用线过力系的汇交点，合力等于原力系中所有各力的矢量和。可用矢量式表示为

$$R = F_1 + F_2 + \cdots + F_n = \sum F \tag{2-2-1}$$

例 1　同一平面的 3 根钢索边连接在一固定环上，如图 2-2-2 所示，已知 3 根钢索的拉力分别为 $F_1 = 500 \text{ N}$，$F_2 = 1\,000 \text{ N}$，$F_3 = 2\,000 \text{ N}$。试用几何作图法求 3 根钢索在环上作用的合力。

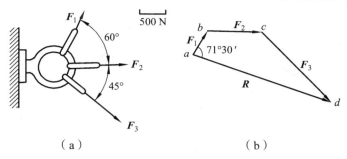

图 2-2-2　3 根钢索的拉力

解：先确定力的比例尺。作力多边形，先将各分力乘以比例尺得到各力的长度，然后作出力多边形图，如图 2-2-2（b）所示，量得代表合力矢 **R** 的长度，则实际值为 **R** = 2 700 N，**R** 的方向可由力的多边形图直接量出，**R** 与 F_1 的夹角为 71°30′。

（二）平面汇交力系平衡的几何条件

在图 2-2-3（a）中，平面汇交力系合成为一合力，即与原力系等效。若在该力系中再加一个与其等值、反向、共线的力，根据二力平衡公理，物体处于平衡状态，即为平衡力系。对该力系作力的多边形时，得出一个闭合的力的多边形，即最后一个力矢的末端与第一个力矢的始端相重合，亦即该力系的合力为零。因此，平面汇交力系平衡的充要条件是力的多边形自行封闭，或各力矢的矢量和等于零。

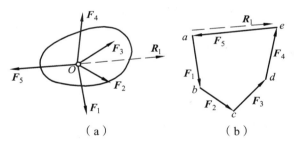

图 2-2-3　平面汇交力系平衡

用矢量表示为

$$R_1 = \sum F = 0 \tag{2-2-2}$$

例 2　如图 2-2-4（a）所示的支架，A、B 为铰链支座，C 为圆柱铰链。斜撑杆 BC 与水平杆 AC 的夹角为 30°，支架 C 处用绳吊装 G = 20 kN 的重物。不计杆自重，试求各杆所受的力。

解：杆 AC 和 BC 均为二力杆，其受力如图 2-2-4（b）所示。取销钉 C 为研究对象，其作用力有绳子的拉力 **T**（**T** = **G**），AC 杆和 BC 杆对销钉 C 的作用力为 S_{CA} 和 S_{CB}。这 3 个力为一平面汇交力系，销钉 C 的受力如图 2-2-4（c）所示。

根据平面汇交力系平衡的几何条件，**T**、S_{CA} 和 S_{CB} 应组成闭合的力三角形。选取比例尺，先画已知力 **T** = ab，过 a、b 两点分别作直线平行于 S_{CA} 和 S_{CB} 的交点 c，于是得力三角形 abc，顺着 abc 的方向标出箭头，使其首尾相连，则矢量 ca 和 bc 就分别表示力 S_{CA} 和 S_{CB} 的大小和方向。用同样的比例尺量得 S_{CA} = 34.6 kN、S_{CB} = 40 kN。

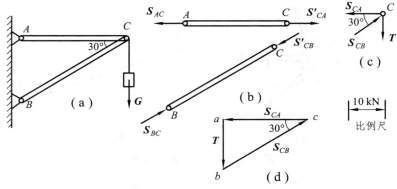

图 2-2-4　支架受力图

二、平面汇交力系合成与平衡的解析法

用几何法求解平面汇交力系具有直观简捷的优点，但作图的误差难以避免。因此，工程中多用解析法来求解力系的合成、分解和平衡问题。

（一）在坐标轴上的投影

如图 2-2-5 所示，设力 F 作用于刚体上的 A 点，在力作用的平面内建立坐标系 Oxy，由力 F 的起点和终点分别向 x 轴作垂线，得垂足 a_1 和 b_1，则线段 a_1b_1 冠以相应的正负号，称为力 F 在 x 轴上的投影，用 X 表示，即 $X = \pm a_1b_1$；同理，力 F 在 y 轴上的投影用 Y 表示，即 $Y = \pm a_2b_2$。力在坐标轴上的投影是代数量，正负号规定：力的投影由始端到末端与坐标轴正向一致，其投影取正号，反之取负号。投影与力的大小及方向有关，即

$$\left. \begin{array}{l} X = \pm a_1b_1 = F\cos\alpha \\ Y = \pm a_2b_2 = F\cos\beta \end{array} \right\} \tag{2-2-3}$$

式中　α、β 分别为 F 与 x、y 轴正向所夹的锐角。

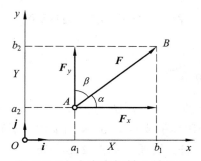

图 2-2-5　力在坐标轴上的投影

反之，若已知力 F 在坐标轴上的投影 X、Y，则该力的大小及方向余弦为

$$\left. \begin{array}{l} F = \sqrt{X^2 + Y^2} \\ \cos\alpha = \dfrac{X}{F} \end{array} \right\} \tag{2-2-4}$$

应当注意，力的投影和力的分量是两个不同的概念。投影是代数量，而分力是矢量；投影无所谓作用点，而分力的作用点必须作用在原力的作用点上。另外仅在直角坐标系中坐标上的投影的绝对值和力沿该轴的分量的大小相等。

（二）合力投影定理

设一平面汇交力系由 F_1、F_2、F_3 和 F_4 作用于刚体上，其力的多边形 $abcde$ 如图 2-2-6 所示，封闭边 ae 表示该力系的合力矢 R，在力的多边形所在平面内取一坐标系 Oxy，将所有的力矢都投影到 x 轴和 y 轴上，得

$$X = a_1e_1;\ X_1 = a_1b_1;\ X_2 = b_1c_1;\ X_3 = c_1d_1;\ X_4 = d_1e_1$$

由图 2-2-6 可知

$$a_1e_1 = a_1b_1 + b_1c_1 + c_1d_1 + d_1e_1$$

即　　　　　　　$X = X_1 + X_2 + X_3 + X_4$

同理　　　　　　$Y = Y_1 + Y_2 + Y_3 + Y_4$

将上述关系式推广到任意平面汇交力系的情形，得

$$\left.\begin{aligned} X &= X_1 + X_2 + \cdots + X_n = \sum X \\ Y &= Y_1 + Y_2 + \cdots + Y_n = \sum Y \end{aligned}\right\}　\text{（2-2-5）}$$

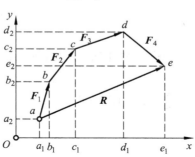

图 2-2-6　合力投影

即合力在任一轴上的投影，等于各分力在同一轴上投影的代数和，这就是合力投影定理。

（三）平面汇交力系合成的解析法

用解析法求平面汇交力系的合成时，首先在其所在的平面内选定坐标系 Oxy。求出力系中各力在 x 轴和 y 轴上的投影，由合力投影定理得

$$\left.\begin{aligned} R &= \sqrt{X^2 + Y^2} = \sqrt{\left(\sum X\right)^2 + \left(\sum Y\right)^2} \\ \cos\alpha &= \left|\frac{X}{R}\right| = \left|\frac{\sum X}{R}\right| \end{aligned}\right\}　\text{（2-2-6）}$$

其中，α 是合力 $\boldsymbol{R}$ 分别与 X、Y 轴正向所夹的锐角。

例3 如图 2-2-7 所示，固定圆环作用的 4 根绳索，其拉力分别为 $T_1 = 0.2\ \text{kN}$、$T_2 = 0.3\ \text{kN}$、$T_3 = 0.5\ \text{kN}$、$T_4 = 0.4\ \text{kN}$，它们与轴的夹角分别为 $\alpha_1 = 30°$、$\alpha_2 = 45°$、$\alpha_3 = 0$、$\alpha_4 = 60°$。试求它们的合力大小和方向。

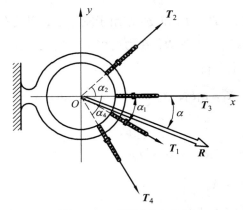

图 2-2-7　圆环受力分析

解：建立如图 2-2-7 所示的直角坐标系。根据合力投影定理，有

$$X = \sum X = X_1 + X_2 + X_3 + X_4 = T_1\cos\alpha_1 + T_2\cos\alpha_2 + T_3\cos\alpha_3 + T_4\cos\alpha_4 = 1.085\ \text{kN}$$

$$Y = \sum Y = Y_1 + Y_2 + Y_3 + Y_4 = T_1\sin\alpha_1 + T_2\sin\alpha_2 + T_3\sin\alpha_2 - T_4\sin\alpha_4 = -0.234\ \text{kN}$$

由 $\sum X$、$\sum Y$ 的代数值可知，X 沿 x 轴正向，Y 沿 y 轴负向。由式（2-2-6）得合力的大小：

$$R = \sqrt{\left(\sum X\right)^2 + \left(\sum Y\right)^2} = 1.11\ \text{kN}$$

方向为　$\cos\alpha = \left|\dfrac{\sum X}{R}\right| = 0.977$

解得　$\alpha = 12°12'$

（四）平面汇交力系平衡的解析条件

已经知道平面汇交力系平衡的必要与充分条件是其合力等于零，即 $\boldsymbol{R} = 0$。由式（2-2-6）可知，要使 $\boldsymbol{R} = 0$，需有

$$\sum X = 0;\quad \sum Y = 0 \tag{2-2-7}$$

式（2-2-7）表明，平面汇交力系平衡的必要与充分条件是力系中各力在力系所在平面内两个相交轴上投影的代数和同时为零。此式称为平面汇交力系的平衡方程。此式由两个独立的平衡方程组成，故平面汇交力系平衡方程只能求解两个未知量。

例 4　重力为 **G** 的重物，放置在倾角为 α 的光滑斜面上（见图 2-2-8），试求保持重物平衡时需沿斜面方向所加的力 **F** 和重物对斜面的压力 **N**。

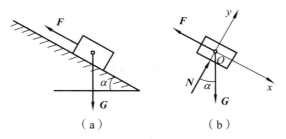

（a）　　　　　　　　（b）

图 2-2-8　重物受力分析

解：以重物为研究对象。重力 **G**、拉力 **F** 和斜面对重物的作用力 **N**，其受力如图 2-2-8（b）所示。取坐标系 Oxy，列平衡方程：

$$\begin{cases} \sum x = 0 & G\sin\alpha - F = 0 \\ \sum y = 0 & -G\cos\alpha + N = 0 \end{cases}$$

解得 $F = G\sin\alpha$、$N = G\cos\alpha$，则重物对斜面的压力 $N' = G\cos\alpha$，指向和 **N** 相反。

例 5　重力 $G = 20$ kN 的物体被绞车匀速吊起，绞车的绳子绕过光滑的定滑轮 A[见图 2-2-9（a）]，滑轮由不计质量的杆 AB、AC 支撑，A、B、C 三点均为光滑铰链。试求 AB、AC 所受的力。

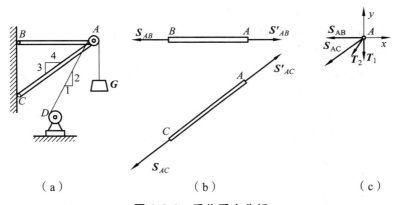

（a）　　　　　　　　（b）　　　　　　　　（c）

图 2-2-9　重物受力分析

解：杆 AB 和 AC 都是二力杆，其受力如图 2-2-9（b）所示。设两杆都受拉力，取滑轮连同销钉 A 为研究对象。重物 W 通过绳索直接加在滑轮一边，在其匀速上升时拉力 $T_1 = G$，而绳索又在滑轮的另一边施加同样大小的拉力，即 $T_1 = T_2$，受力如图 2-2-9（c）所示，取坐标系 Axy。

列平衡方程：

由 $\sum y = 0$　　　$-F_{AC}\dfrac{3}{\sqrt{4^2+3^2}} - T_2\dfrac{2}{\sqrt{1^2+2^2}} - T_1 = 0$

解得　　　$F_{AC} = -63.2$ kN

由 $\sum x = 0$ $\qquad -F_{AB} - F_{AC}\dfrac{4}{\sqrt{4^2+3^2}} - T_2\dfrac{1}{\sqrt{1^2+2^2}} = 0$

解得 $\qquad\qquad F_{AB} = 41.6 \text{ kN}$

力 $\boldsymbol{F}_{AC}$ 是负值，表示该力的假设方向与实际方向相反，因此杆 AC 是受压杆。

思考与练习

1. 如图 2-2-10 所示的平面汇交力系的各力多边形中，各代表什么意义？

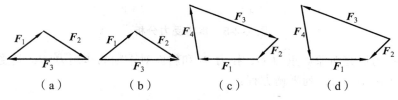

图 2-2-10 平面汇交力系

2. 如图 2-2-11 所示，已知力 $\boldsymbol{F}$ 的大小及与 x 轴正向的夹角 θ，试问能否求出此力在 x 轴上的投影？能否求出此力沿 x 轴方向的分力？

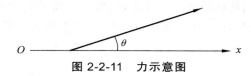

图 2-2-11 力示意图

3. 同一个力在两个互相平行的轴上的投影有何关系？如果两个力在同一轴上的投影相等，问这两个力的大小是否一定相等？

4. 平面汇交力系在任意两根轴上的投影的代数和分别等于零，则力系必平衡，对吗？为什么？

5. 若选择同一平面内的 3 个轴 x、y 和 z，其中 x 轴垂直于 y 轴，而 z 轴是任意的（见图 2-2-12），若作用在物体上的平面汇交力系满足下列方程式：

$$\sum x = 0$$

$$\sum y = 0$$

则能否说明该力系一定满足下列方程式：$\sum z = 0$，试说明理由。

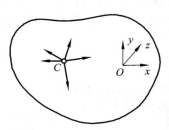

图 2-2-12 平面汇交力系

工作任务三　平面任意力系

各力作用线在同一平面内且任意分布的力系称为平面任意力系。在工程实际中经常遇到平面任意力系的问题，而有些结构所受的力系本不是平面任意力系，但可简化为平面任意力系来处理。事实上，工程中的多数问题都可简化为平面任意力系来解决。

在学习和研究平面任意力系之前，首先应研究力矩、力偶和平面力偶系的理论，这都是有关力转动效应的基本知识，在理论研究和工程实际应用中都有重要的意义。

任务情境

如图 2-3-1 所示的简支梁受到外载荷及支座反力的作用是不是平面任意力系？如图 2-3-2 所示的屋架可以忽略屋架之间的联系，单独分离出来，可视为平面结构，但屋架上的载荷及支座反力作用在屋架自身平面内，是不是也组成平面任意力系？

对如图 2-3-3 所示的水坝这样纵向尺寸较大的结构，在分析时常截取单位长度（如 l 的）坝段来考虑，能否将坝段所受的力简化为作用于中央平面内的平面任意力系来处理？

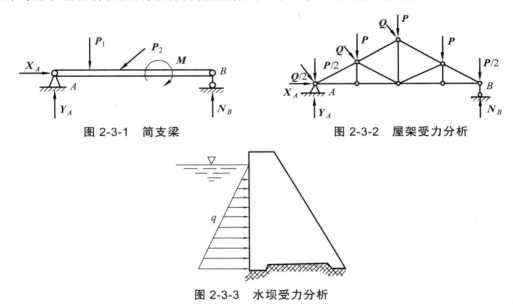

图 2-3-1　简支梁　　　　　　　　图 2-3-2　屋架受力分析

图 2-3-3　水坝受力分析

任务目标

（1）熟悉力和力矩的基本概念及其性质，能熟练计算平面问题中力对点之矩。

（2）掌握合力矩定理。

（3）掌握平面力偶系的合成和平衡条件。

（4）掌握平面任意力系的简化方法和简化结果，能计算平面力系的主矢和主矩。

（5）能熟练应用平面任意力系的平衡方程，求解单个物体的平衡问题。

（6）理解滑动摩擦的概念和摩擦力的特征；掌握摩擦角和自锁概念；能求解当考虑滑动摩擦时单个物体和简单物体系统的平衡问题。

必备知识

一、力 矩

（一）力矩的概念

力不仅可以改变物体的移动状态，还能改变物体的转动状态。力使物体绕某点转动的力学效应称为力对该点之矩。以扳手旋转螺母为例，如图 2-3-4 所示，设螺母能绕点 O 转动。由经验可知，螺母能否旋动，不仅取决于作用在扳手上力 F 的大小，还与点 O 到 F 的作用线的垂直距离 d 有关。因此，用 F 与 d 的乘积不作为力 F 使螺母绕点 O 转动效应的量度。其中距离 d 称为 F 对 O 点的力臂，点 O 称为矩心。由于转动有逆时针和顺时针两个转向，则力 F 对 O 点之矩定义为力的大小 F 与力臂 d 的乘积，并冠以适当的正负号，以符号 $M_O(F)$ 表示，记为

$$M_O(F) = \pm F \times h \tag{2-3-1}$$

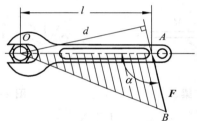

图 2-3-4 扳手旋转螺母

通常规定：力使物体绕矩心逆时针方向转动时，力矩为正，反之为负。

由图 2-3-4 可见，力 F 对 O 点之矩的大小，也可以用三角形 OAB 的面积的两倍来表示，即

$$M_O(F) = \pm 2\Delta ABC \tag{2-3-2}$$

在国际单位制中，力矩的单位是牛顿米（N·m）或千牛顿米（kN·m）。

由上述分析可得力矩的性质：

（1）力对点之矩取决于力的大小与矩心的位置，力矩随矩心的位置变化而变化。

（2）力对任一点之矩不因该力的作用点沿其作用线移动而改变，说明力是滑移矢量。

（3）力的大小等于零或其作用线通过矩心时，力矩等于零。

（二）合力矩定理

合力矩定理：平面汇交力系的合力对平面内任一点之矩等于所有各分力对同一点之矩的代数和。

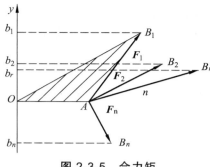

图 2-3-5　合力矩

由图 2-3-5 可得

$$\begin{cases} M_O(F_1) = Ob_1 \times OA = Y_1 \times OA \\ M_O(F_2) = Ob_2 \times OA = Y_2 \times OA \\ \qquad\qquad \vdots \\ M_O(F_n) = Ob_n \times OA = Y_n \times OA \\ M_O(R) = Ob_r \times OA = Y_R \times OA \end{cases} \qquad （2\text{-}3\text{-}3）$$

根据合力投影定理得 $\qquad R = Y_1 + Y_2 + \cdots + Y_n$

两端乘以 OA 得 $\qquad R \times OA = Y_1 \times OA + Y_2 \times OA + \cdots + Y_n \times OA$

$$M_O(R) = M_O(F_1) + M_O(F_2) + \cdots + M_O(F_n)$$

即 $\qquad\qquad\qquad M_O(R) = \sum M_O(F) \qquad\qquad （2\text{-}3\text{-}4）$

式（2-3-4）称为合力矩定理。合力矩定理建立了合力对点之矩与分力对同一点之矩的关系。这个定理也适用于有合力的其他力系。

例 1　试计算图 2-3-6 中力对 A 点之矩。

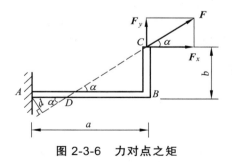

图 2-3-6　力对点之矩

解：本题有两种解法。

（1）由力矩的定义计算力 F 对 A 点之矩。

先求力臂 d，由图中几何关系有

$$d = AD\sin\alpha = (AB - DB)\sin\alpha = (AB - BC\cot\alpha)\sin\alpha = (a - b\cot\alpha)\sin\alpha = a\sin\alpha - b\cos\alpha$$

所以 $\qquad\qquad M_A(F) = F \cdot d = F(a\sin\alpha - b\cos\alpha)$

（2）根据合力矩定理计算力 $\boldsymbol{F}$ 对 A 点之矩。

将力 $\boldsymbol{F}$ 在 C 点分解为两个正交的分力和，由合力矩定理可得

$$M_A(F) = M_A(F_x) + M_A(F_y) = -F_x \cdot b + F_y \cdot a = -F(b\cos\alpha + a\sin\alpha) = F(a\sin\alpha - b\cos\alpha)$$

本例两种解法的计算结果是相同的，当力臂不易确定时，用后一种方法较为简便。

二、力　偶

（一）力偶与力偶矩

在日常生活和工程实际中经常见到物体受两个大小相等、方向相反，但不在同一直线上的两个平行力作用的情况。例如，司机驾驶汽车时两手作用在方向盘上的力[见图 2-3-7（a）]、工人用丝锥攻螺纹时两手加在扳手上的力[见图 2-3-7（b）]，以及用两个手指拧动水龙头[见图 2-3-7（c）]所加的力等。在力学中把这样一对等值、反向而不共线的平行力称为力偶，用符号（$\boldsymbol{F}$，$\boldsymbol{F}'$）表示，把两个力作用线之间的垂直距离称为力偶臂，把两个力作用线所决定的平面称为力偶的作用面。

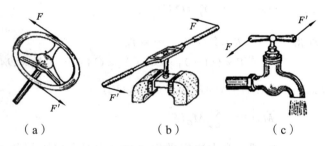

（a）　　　　　　　（b）　　　　　　　（c）

图 2-3-7　力偶

实验表明，力偶对物体只能产生转动效应，且当力越大或力偶臂越大时，力偶使刚体转动效应就越显著。因此，力偶对物体的转动效应取决于力偶中力的大小、力偶的转向以及力偶臂的大小。在平面问题中，将力偶中的一个力的大小和力偶臂的乘积冠以正负号，作为力偶对物体转动效应的量度，称为力偶矩，用 $M(F)$ 或 $M(F, F')$ 表示，如图 2-3-8 所示。

$$M(F) = F \cdot d = \pm 2\Delta ABC \qquad\qquad (2-3-5)$$

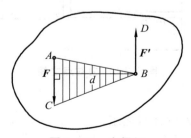

图 2-3-8　力偶矩

通常规定，力偶使物体逆时针方向转动时，力偶矩为正；反之为负。在国际单位制中，力矩的单位符号是 N·m 或 kN·m。

（二）力偶的性质

力和力偶是静力学中的两个基本要素。力偶与力具有不同的性质。

（1）力偶不能简化为一个力，即力偶不能用一个力等效替代，因此力偶不能与一个力平衡，力偶只能与力偶平衡。

设刚体 A 和 B 分别作用着大小不等、指向相反的平行力 F_1 和 F_2，若 $F_1 > F_2$。由同向平行力合成的内分反比关系求反向平行力的合力。如图 2-3-9（b）所示，将力 F_1 分解成两个同向平行力，使其中一个分力 F_2' 作用于点 B，且 $F_2' = -F_2$，设另一个分力为 R，其作用线与 AB 的延长线交于 C 点，因 F_2 和 F_2' 平衡，故力 R 为 F_1 和 F_2 的合力，即力 R 与 F_1 和 F_2 等效。

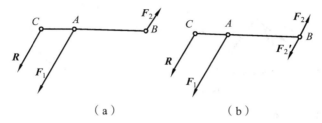

（a）　　　　　　　　（b）

图 2-3-9　力的分解

因为 $F_1 = F_2' + R = F_2 + R$，所以 $R = F_1 - F_2$。

由内分反比关系知：

$$\frac{CA}{AB} = \frac{F_2'}{R} = \frac{F_2}{R}, \quad CA = AB \times \frac{F_2}{R}$$

若 $F_1 = F_2$，则力 F_1 和 F_2 组成力偶，此时，$R = 0$，于是 $CA = \infty$，说明合力的作用点 C 不存在，力偶不能合成为一合力。即力偶不能用一个力代替或平衡，力偶只能用力偶来平衡。

（2）力偶对其作用在平面内任一点的力矩恒等于力偶矩，与矩心位置无关。

如图 2-3-10 所示，力偶（F，F'）的力偶矩 $M(F) = F \cdot d$ 在其作用面内任取一点 O 为矩心，因为力使物体转动效应用力对点之矩量度，因此力偶的转动效应可用力偶中的两个力对其作用面内任何一点的力矩的代数和来量度。设 O 到力 F' 的垂直距离为 x，则力偶（F，F'）对于点 O 的矩为 $M_O(F, F') = M_O(F) + M_O(F') = F(x + d) - F'x = F \cdot d$。

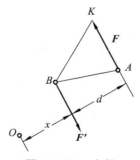

图 2-3-10　力偶

不论点 O 选在何处，其结果都不变，即力偶对其作用面内任一点的力矩总等于力偶矩，所以力偶对物体的转动效应总取决于力偶矩（包括大小和转向），而与矩心位置无关。在同一平面内的两个力偶，只要其代数值相等，则这两个力偶相等，这就是平面力偶的等效条件。

根据力偶的等效性，可得出下面两个推论：

推论一　力偶可在其作用面内任意移动和转动而不改变它对物体的效应。

推论二　只要保持力偶矩不变，可同时改变力偶中力的大小和力偶臂的长度而不会改变它对物体的作用效应。

由力偶的等效性可知，力偶对物体的作用完全取决于力偶矩的大小和转向。因此，力偶可以用一带箭头的弧线来表示（见图 2-3-11），箭头表示力偶的转向，M 表示力偶矩的大小。

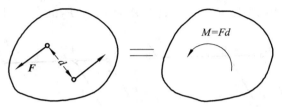

图 2-3-11　力与力偶

（三）平面力偶系的合成

作用在物体同一平面内的各力偶组成平面力偶系。如图 2-3-12（a）所示，作用在刚体上同一平面内的 3 个力偶（F_1，F_1'）、（F_2，F_2'）和（F_3，F_3'）。各力偶矩分别为 $M_1 = F_1 \cdot d_1$、$M_2 = F_2 \cdot d_2$、$M_3 = -F_3 \cdot d_3$。在力偶作用面内任取一线段 $AB = d$，按力偶等效条件，将这 3 个力偶都等效地改为 d 力偶臂的力偶（P_1，P_1'）、（P_2，P_2'）和（P_3，P_3'）。由等效条件可知，$P_1 \cdot d = F_1 \cdot d_1$、$P_2 \cdot d = F_2 \cdot d_2$、$-P_3 \cdot d = -F_3 \cdot d_3$，则等效变换后的 3 个力偶的力的大小可求出。

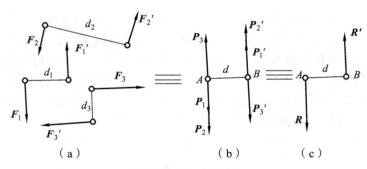

图 2-3-12　力偶系

然后移转各力偶，使其力偶臂都与 AB 重合，则原平面力偶系变换为作用于点 A、B 的两个共线力系，将这两个共线力系分别合成，得 $R = P_1 + P_2 - P_3$、$R' = P_1' + P_2' - P_3'$。可见力 R 与 R' 等值、反向作用线平行但不共线，构成一新的力偶（R，R'），如图 2-3-12（c）所示。新的力偶（R，R'）称为原来的 3 个力偶的合力偶，用 M 表示此合力偶矩，则

$$M = R \times d = (P_1 + P_2 - P_3) \times d = P_1 \cdot d + P_2 \cdot d - P_3 \cdot d = F_1 \cdot d_1 + F_2 \cdot d_2 - F_3 \cdot d_3$$

所以　$M = M_1 + M_2 + M_3$

若作用在同一平面内有 n 个力偶，则上式可以推广为 $M = M_1 + M_2 + \cdots + M_n = \sum M$。

因此，平面力偶系可以合成为一合力偶，此合力偶的力偶矩等于力偶系中各力偶的力偶矩的代数和。

（四）平面力偶系的平衡条件

平面力偶系中可以用其合力偶等效代替，因此，若合力偶矩等于零，则原力系必定平衡；反之若原力偶系平衡，则合力偶矩必等于零。由此可得到平面力偶系平衡的必要与充分条件是平面力偶系中所有各力偶的力偶矩的代数和等于零，即

$$\sum M = 0 \qquad\qquad （2\text{-}3\text{-}6）$$

平面力偶系有一个平衡方程，可以求解一个未知量。

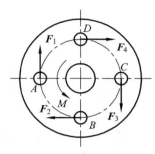

图 2-3-13　联轴器受力图

例 2　如图 2-3-13 所示，电动机轴通过联轴器与工作轴相连，联轴器上 4 个螺栓 A、B、C、D 的孔心均匀地分布在同一圆周上，此圆的直径 $d = 150$ mm，电机传给联轴器的力偶矩 $M = 2.5$ kN·m，试求每个螺栓所受的力。

解：取联轴器为研究对象，作用于联轴器上的力有电动机传给联轴器的力偶、每个螺栓的反力，受力如图 2-3-13 所示。设 4 个螺栓的受力均匀，即 $F_1 = F_2 = F_3 = F_4 = F$，则组成两个力偶，并与电动机传给联轴器的力偶平衡。

由 $\sum M = 0$ 得

$$M - F \times AC - F \times d = 0$$

解得　$F = \dfrac{M}{2d} = \dfrac{2.5}{2 \times 0.15} = 8.33 （kN）$

例 3　内燃机曲柄滑块机构如图 2-3-14（a）所示。设曲柄 OB 在水平位置时，机构平衡，滑块所受工作阻力为 **F**。已知 $AB = l$，$OB = r$，不计滑块和杆件的自重。试求作用于曲柄上的力偶矩 M 和支座 O 处的约束力。

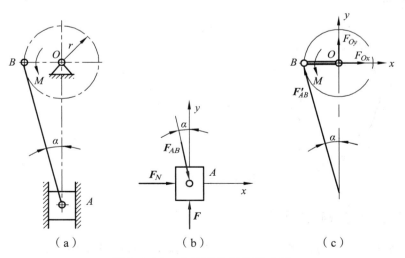

（a）　　　　　　（b）　　　　　　（c）

图 2-3-14　曲柄滑块机构受力图

解：（1）按照力的传递顺序画滑块、连杆、曲柄的受力图。

（2）取滑块 A 为研究对象，如图 2-3-14（b）所示，列平衡方程：

$$\sum F_y = 0 , \quad F - F_{AB}\cos\alpha = 0 , \quad 解得 \ F_{AB} = F/\cos\alpha$$

（3）以曲柄 OB 为研究对象，如图 2-3-14（c）所示，列平衡方程：

$$\sum F_x = 0, \quad F_{Ox} - F'_{AB}\sin\alpha = 0$$
$$\sum F_y = 0, \quad F_{Oy} + F'_{AB}\cos\alpha = 0$$
$$\sum M_O(F) = 0, \quad M - F'_{AB}\cdot\cos\alpha\cdot OB = 0$$

其中，$F'_{AB} = F_{AB}$，$\sin\alpha = r/l$，$\cos\alpha = \sqrt{l^2 - r^2}/l$

解得
$$F_{Ox} = F'_{AB}\cdot\sin\alpha = F\cdot r/\sqrt{l^2 - r^2} , \quad F_{Oy} = -F'_{AB}\cos\alpha = -F$$

$$M = F'_{AB}\cdot\cos\alpha\cdot OB = F\cdot r$$

三、力的平移定理

由力的可传性可知，力可以沿其作用线滑移到刚体上任意一点，而不改变力对刚体的作用效应。但当力平行于原来的作用线移动到刚体上任意一点时，力对刚体的作用效应便会改变，为了进行力系简化，将力等效地平行移动，给出如下定理：

力的平移定理：作用于刚体上的力可以平行移动到刚体上的任意一指定点，但必须同时在该力与指定点所决定的平面内附加一力偶，其力偶矩等于原力对指定点之矩。

把作用于 A 点的力 F 平行移动到任意一点 B，但同时附加了一个力偶，如图 2-3-15（c）所示，附加力偶的力偶矩为 $M = F\cdot d = M_B(F)$。力的平移定理表明，可以将一个力分解为一个力和一个力偶；反过来，也可以将同一平面内一个力和一个力偶合成为一个力。应该注意，力的平移定理只适用于刚体，而不适用于变形体，并且只能在同一刚体上平行移动。

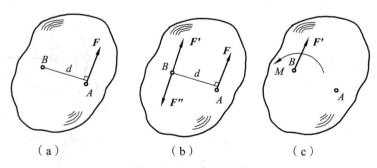

（a）　　　　　　　　（b）　　　　　　　　（c）

图 2-3-15　力的平移

四、平面任意力系向作用面内任意一点简化

设刚体受到平面任意力系 F_1、F_2、$\cdots$、F_n 的作用，如图 2-3-16（a）所示。在力系所在的平面内任取一点 O，称 O 点为简化中心。应用力的平移定理，将力系中的合力依次分别平移至 O 点，得到汇交于 O 点的平面汇交力系 F'_1、F'_2、$\cdots$、F'_n，此外还应附加相应的力偶，构成附加力偶系 M_{O1}、M_{O2}、$\cdots$、M_{On}，如图 2-3-16（b）所示。

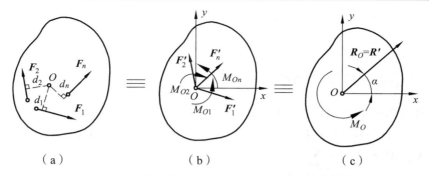

图 2-3-16 平面任意力系向作用面内任意一点简化

在平面汇交力系中，各力的大小和方向分别与原力系中对应的各力相同，即

$$F_1' = F_1, \quad F_2' = F_2, \quad \cdots, \quad F_n' = F_n$$

所得平面汇交力系可以合成为一个力 R_O，也作用于点 O，其力矢 R' 等于各力矢 F_1'、F_2'、$\cdots$、F_n' 的矢量和，即

$$R_O = F_1' + F_2' + \cdots + F_n' = F_1 + F_2 + \cdots + F_n = \sum F = R' \qquad (2\text{-}3\text{-}7)$$

R' 称为该力系的主矢，它等于原力系各力的矢量和，与简化中心的位置无关。

主矢 R' 的大小与方向可用解析法求得。如图 2-3-16（b）所选定的坐标系 Oxy，有

$$\begin{cases} R_x = X_1 + X_2 + \cdots + X_n = \sum X \\ R_y = Y_1 + Y_2 + \cdots + Y_n = \sum Y \end{cases}$$

主矢 R' 的大小及方向分别由下式确定：

$$\left. \begin{aligned} R' &= \sqrt{R_x'^2 + R_y'^2} = \sqrt{\left(\sum X\right)^2 + \left(\sum Y\right)^2} \\ \alpha &= \tan^{-1}\left|\frac{R_y'}{R_x'}\right| = \tan^{-1}\left|\frac{\sum Y}{\sum X}\right| \end{aligned} \right\} \qquad (2\text{-}3\text{-}8)$$

其中，α 为主矢 R' 与 x 轴正向所夹的锐角。

各附加力偶的力偶矩分别等于原力系中各力对简化中心 O 之矩，即

$$M_{O1} = M_O(F_1), \quad M_{O2} = M_O(F_2), \quad \cdots, \quad M_{On} = M_O(F_n)$$

所得附加力偶系可以合成为同一平面内的力偶，其力偶矩可用符号 M_O 表示，它等于各附加力偶矩 M_{O1}、M_{O2}、$\cdots$、M_{On} 的代数和，即

$$M_O = M_{O1} + M_{O2} + \cdots + M_{On} = M_O(F_1) + M_O(F_2) + \cdots + M_O(F_n) = \sum M_O(F) \qquad (2\text{-}3\text{-}9)$$

原力系中各力对简化中心之矩的代数和称为原力系对简化中心的主矩。

由式（2-3-9）可见，在选取不同的简化中心时，每个附加力偶的力偶臂一般都要发生变化，所以主矩一般都与简化中心的位置有关。

平面任意力系向作用面内任一点简化可得一个力和一个力偶，如图 2-3-16（c）所示。这

个力的作用线过简化中心，其力矢等于原力系的主矢，这个力偶的力矩等于原力系对简化中心的主矩。

五、简化结果分析及合力矩定理

平面任意力系向 O 点简化，一般得一个力和一个力偶，因此可能出现的情况有 4 种，即

（1）$R' \neq 0$，$M_O = 0$，原力系简化为一个力，力的作用线通过简化中心，此合力的矢量为原力系的主矢，即 $R_O = R' = \sum F$。

（2）$R' = 0$，$M_O \neq 0$，原力系简化为一个力偶。此时该力偶就是原力系的合力偶，其力偶矩等于原力系的主矩，此时原力系的主矩与简化中心的位置无关。

（3）$R' = 0$，$M_O = 0$，原力系平衡，下节将详细讨论。

（4）$R' \neq 0$，$M_O \neq 0$，由力的平移定理的逆过程可将力 R' 和力偶矩为 M_O 的力偶进一步合成为一合力 R，如图 2-3-17 所示。将力偶矩为 M_O 的力偶用两个力 R 与 R'' 表示，并使 $R' = R = R''$，R'' 作用在点 O，R 作用在点 O'，如图 2-3-17（b）所示。R' 与 R'' 组成一对平衡力，将其去掉后得到作用于 O' 点的力 R，与原力系等效。因此，这个力 R 就是原力系的合力。显然 $R' = R$，而合力作用线到简化中心的距离为

$$d = \frac{|M_O|}{R} = \frac{|M_O|}{R'}$$

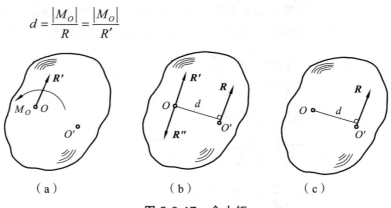

图 2-3-17　合力矩

当 $M_O > 0$ 时，顺着 R_O' 的方向看，合力 R 在 R_O' 的右边；当 $M_O < 0$ 时，合力 R 在 R_O' 的左边。由此可导出合力矩定理，由图 2-3-17（c）可知，合力对点之矩为 $M_O(R) = R \cdot d = M_O$，而 $M_O = \sum M_O(F)$。

则
$$M_O(R) = \sum M_O(F) \tag{2-3-10}$$

因为 O 点是任选的，所以式（2-3-10）有普遍意义。于是得到合力矩定理：平面任意力系的合力对其作用面内任一点之矩等于力系中各力对同一点之矩的代数和。

例 4　重力坝断面如图 2-3-18（a）所示，坝上游有泥沙淤积，已知水深 $H = 46$ m，泥沙厚度 $h = 6$ m，水的容重 $\gamma = 9.8$ kN/m³，泥沙的容重 $\gamma' = 8$ kN/m³，已知 1 m 长坝段所受重力 $W_1 = 4\,500$ kN，$W_2 = 14\,000$ kN。受力图如图 2-3-18（b）所示。试将此坝段所受的力向点 O 简化，并求简化的最后结果。

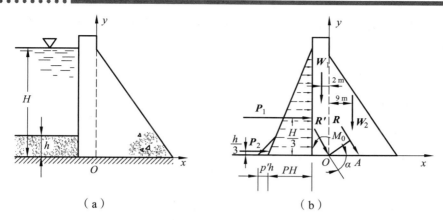

（a）　　　　　　　　　（b）

图 2-3-18　重力坝

解：已知水中任一点的相对压强与距水面的距离成正比，即在坐标为 y 处的水压强为 $p = \gamma(H - y)$（$0 \leqslant y \leqslant H$）。同理，泥沙压强为 $p' = \gamma'(h - y)$（$0 \leqslant y \leqslant h$）。所以上游坝面所受的分布载荷如图 2-3-18（b）所示。为方便计算，先将分布力合成为合力。将水压力与泥沙压力分开计算。水压力如图中大三角形所示，其合力设为 $\boldsymbol{P}_1$，则

$$P_1 = \frac{\gamma H^2}{2} = 10\,368 \text{ kN}$$

P_1 过三角形形心，其与坝底相距：$H / 3 = 15.33 \text{ m}$

泥沙压力如图中的小三角形所示，其合力设为 $\boldsymbol{P}_2$，则

$$P_2 = \gamma h^2 / 2 = 144 \text{ kN}$$

P_2 与坝底相距：$h / 3 = 2 \text{ m}$

现将 $\boldsymbol{P}_1$、$\boldsymbol{P}_2$、$\boldsymbol{W}_1$、$\boldsymbol{W}_2$ 四个力向 O 点简化，先求主矢。

$$R'_x = \sum X = P_1 + P_2 = 10\,510 \text{ kN}$$

$$R'_y = \sum Y = -W_1 - W_2 = -18\,500 \text{ kN}$$

$$R' = \sqrt{R'^2_x + R'^2_y} = 21\,300 \text{ kN}$$

$$\alpha = \tan^{-1} \left| \frac{R'_y}{R'_x} \right| = 60°24'$$

再求对 O 的主矩：$M_O = \Sigma M_O = -P_1 \times \dfrac{H}{3} - P_2 \times \dfrac{h}{3} + W_1 \times 2 - W_2 \times 9 = -276\,300 \text{ kN} \cdot \text{m}$

最后求合力 $R = R'$ 的作用线与 x 轴的交点：$x = \dfrac{|M_O| \csc \alpha}{R'} = 14.92 \text{ m}$

六、平面任意力系的平衡

当平面任意力系的主矢和主矩都等于零时，作用在简化中心的汇交力系是平衡力系，附

加的力偶系也是平衡力系，所以该平面任意力系一定是平衡力系。于是得到平面任意力系的充分与必要条件是力系的主矢和主矩同时为零，即

$$R' = 0, \quad M_O = 0 \tag{2-3-11}$$

用解析式表示可得

$$\left. \begin{array}{l} \sum X = 0 \\ \sum Y = 0 \\ \sum M_O = 0 \end{array} \right\} \tag{2-3-12}$$

式（2-3-12）为平面任意力系的平衡方程。平面任意力系平衡的充分与必要条件为力系中各力在其作用面内两相交轴上的投影的代数和分别等于零，同时力系中各力对其作用面内任一点的代数和也等于零。平面任意力系的平衡方程还有二矩式和三矩式。

二矩式平衡方程形式为

$$\left. \begin{array}{l} \sum X = 0 \\ \sum M_A = 0 \\ \sum M_B = 0 \end{array} \right\} \tag{2-3-13}$$

其中，矩心 A、B 两点的连线不能与 x 轴垂直。因为当满足条件时，力系不可能简化为一个力偶，或者是通过 A 点的一合力，或者平衡。如果力系同时又满足条件，则这个力系要么有一通过 A、B 两点连线的合力，要么平衡。如果力系又满足条件，其中 x 轴若与 A、B 连线垂直，力系仍有可能有通过这两个矩心的合力，而不一定平衡；若 x 轴不与 A、B 连线垂直，这就排除了力系有合力的可能性。由此断定，当式（2-3-13）中的 3 个方程同时满足，并附加条件矩心 A、B 两点的连线不能与 x 轴垂直时，力系一定是平衡力系。

三矩式平衡方程形式为

$$\left. \begin{array}{l} \sum M_A = 0 \\ \sum M_B = 0 \\ \sum M_C = 0 \end{array} \right\} \tag{2-3-14}$$

其中 A、B、C 三点不能共线。对于三矩式附加条件后，式（2-3-14）是平面任意力系平衡的必要与充分条件。平面任意力系有 3 种不同形式的平衡方程组，每种形式都只含有 3 个独立的方程式，都只能求解 3 个未知量。应用时可根据问题选择适当形式的平衡方程。平面平行力系是平面任意力系的一种特殊情况，当力系中各力的作用线在同一平面内且相互平行时，这样的力系称为平面平行力系，其平衡方程可由平面任意力系的平衡方程导出。

如图 2-3-19 所示，在平面平行力系的作用面内取直角坐标系 Oxy，令 y 轴与该力系各力的作用线平行，则不论力系平衡与否，各力在 x 轴上的投影恒为零。于是平面任意力系的后两个方程为平面平行力系的平衡方程。由式（2-3-12）得

$$\left. \begin{array}{l} \sum Y = 0 \\ \sum M_O = 0 \end{array} \right\} \tag{2-3-15}$$

由式（2-3-13）得

$$\left.\begin{array}{l} \sum M_A = 0 \\ \sum M_B = 0 \end{array}\right\} \qquad\qquad (2\text{-}3\text{-}16)$$

其中两个矩心 A、B 的连线不能与各力作用线平行。平面平行力系有两个独立的平衡方程，可以求解两个未知量。

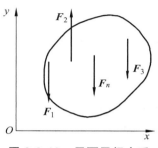

图 2-3-19 平面平行力系

例 5 图 2-3-20（a）所示为一悬臂吊车，横梁 AB 长 l = 2.5 m，自重 G_1 = 1.2 kN，拉杆 CD 的倾斜角 α = 30°，自重不计。电动葫芦连同重物共重 G_2 = 7.5 kN。当电动葫芦在图示位置时平衡，a = 2 m，试求拉杆的拉力和铰链 A 的约束力。

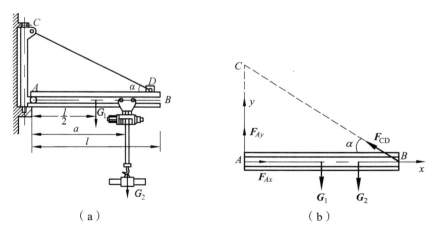

（a）　　　　　　　　　　　　　　（b）

图 2-3-20 悬臂吊车

解：（1）选取横梁 AB 为研究对象，画受力图，如图 2-3-20（b）所示。

（2）选取投影坐标轴 xAy 和矩心 A，列平衡方程：

$$\sum F_x = 0 \qquad F_{Ax} - F_{CD}\cos\alpha = 0$$

$$\sum F_y = 0 \qquad F_{Ay} - G_1 - G_2 + F_{CD}\sin\alpha = 0$$

$$\sum M_A(F) = 0 \qquad F_{CD}\,l\sin\alpha - G_1 \cdot \frac{l}{2} - G_2 \cdot a = 0$$

（3）解平衡方程，求得未知量。

$$F_{CD} = 13.2 \text{ kN（拉力）}, \quad F_{Ax} = 11.43 \text{ kN}, \quad F_{Ay} = 2.1 \text{ kN}$$

（4）校核、讨论。

校核：若取 B 点为矩心，列力矩方程：

$$\sum M_B(F) = 0, \quad -F_{Ay} \cdot l + G_1 \cdot \frac{l}{2} - G_2 \cdot a = 0$$

解得 $\quad F_{Ay} = 2.1 \text{ kN}$

取 C 点为矩心，列力矩方程：

$$\sum M_C(F) = 0, \quad -F_{Ax} \cdot l \cdot \tan\alpha - G_1 \cdot \frac{l}{2} - G_2 \cdot a = 0$$

解得 $F_{Ax} = 11.43 \text{ kN}$，说明以上计算结果正确。

例 6 一端固定的悬臂梁如图 2-3-21（a）所示。梁上作用均布载荷，载荷集度为 q，在梁的自由端还受一集中力 P 和一力偶矩为 M 的力偶的作用。试求固定端 A 处的约束反力。

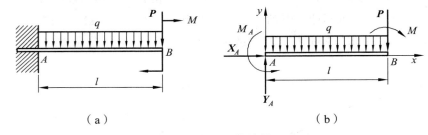

（a） （b）

图 2-3-21 悬臂梁

解 取梁 AB 为研究对象。受力图及坐标系的选取如图 2-3-21（b）所示。列平衡方程：

由 $\qquad \sum X = 0, \quad X_A = 0$

$\qquad\qquad \sum Y = 0, \quad Y_A - ql - P = 0$

解得 $\qquad Y_A = ql + P$

由 $\qquad \sum M = 0, \quad M_A - ql/2 - Pl - M = 0$

解得 $\qquad M_A = ql/2 + Pl + M$

例 7 塔式起重机如图 2-3-22 所示。机身重 $G = 220 \text{ kN}$，作用线过塔架的中心。已知最大起吊重力 $P = 50 \text{ kN}$，起重悬臂长为 12 m，轨道 A、B 的间距为 4 m，平衡锤重为 Q 且至机身中心线的距离为 6 m。试求：（1）确保起重机不至翻倒的平衡锤重 Q 的大小；（2）当 $Q = 30 \text{ kN}$，而起重机满载时，轨道对 A、B 的约束反力。

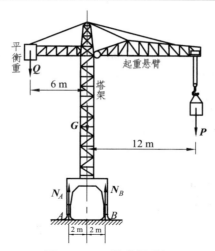

图 2-3-22 塔式起重机

解：取起重机整体为研究对象。其正常工作时受力如图 2-3-22 所示。

（1）求确保起重机不至翻倒的平衡锤重 **Q** 的大小。

起重机满载时有顺时针转向翻倒的可能，要保证机身满载时而不翻倒，则必须满足：

$$N_A \geqslant 0$$

$$\sum M_B = 0 , \quad Q(6+2) + 2G - 4N_A - P(12-2) = 0$$

解得 $\qquad Q = (5P - G)/4 = 7.5 \text{ kN}$

起重机空载时有逆时针转向翻倒的可能，要保证机身空载时平衡而不翻倒，则必须满足：

$$N_B \geqslant 0$$

$$\sum M_A = 0, \quad Q(5-2) + 4N_B - 2G = 0$$

解得 $\qquad Q \leqslant G/2 = 110 \text{ kN}$

因此平衡锤重 **Q** 的大小应满足：

$$7.5 \text{ kN} \leqslant Q \leqslant 110 \text{ kN}$$

当 $Q = 30 \text{ kN}$，求满载时的约束反力 N_A、N_B 的大小。

$$\sum M_B = 0 , \quad Q(6+2) + 2G - 4N_A - P(12-2) = 0$$

解得 $\qquad N_A = (4Q + G - 5P)/2 = 45 \text{ kN}$

由 $\qquad \sum Y = 0 , \quad N_A + N_B - Q - G - P = 0$

解得 $\qquad N_B = Q + G + P - N_A = 255 \text{ kN}$

七、考虑摩擦时物体的平衡

前面分析物体平衡问题时，物体间的接触面都假设是绝对光滑的，事实上这种情况是不存在的，两物体之间一般都有摩擦存在。只是有些摩擦不是主要因素，可以忽略不计。但在轮与摩擦轮的转动中，摩擦是决定性因素，必须加以考虑。按照接触物体之间的相对运动形式，摩擦可分为滑动摩擦和滚动摩擦。在此只考虑滑动摩擦，当物体之间仅出现相对滑动趋势而尚未发生运动时的摩擦称为静滑动摩擦，简称静摩擦；把已发生相对滑动的物体间的摩擦称为动滑动摩擦，简称动摩擦。

（一）滑动摩擦与滑动摩擦定律

当两物体接触面间有相对滑动或有相对滑动趋势时，沿接触点的公切面彼此作用着阻碍相对滑动的力，称为滑动摩擦力，简称摩擦力，用 F 表示。

如图 2-3-23 所示，一重为 G 的物体放在粗糙水平面上，受水平力 P 的作用，当拉力 P 由零逐渐增大时，只要不超过某一定值，物体仍处于平衡状态。这说明在接触面处除了有法向约束反力 N 外，必定还有一个阻碍重物沿水平方向滑动的摩擦力 F，这时的摩擦力称为静摩擦力。

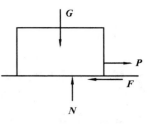

图 2-3-23　摩擦力

由平衡方程：$\sum X = 0$，$P - F = 0$，得 $F = P$。

可见，静摩擦力 F 随主动力 P 的变化而变化。但静摩擦力 F 并不是随主动力的增大而无限制地增大，当水平力达到一定限度时，如果再继续增大，物体的平衡状态将被破坏而产生滑动。将物体即将滑动而未滑动的平衡状态称为临界平衡状态。在临界平衡状态下，静摩擦力达到最大值，称为最大静摩擦力，用 F_m 表示。所以静摩擦力大小只能在零与最大静摩擦力 F_m 之间取值，即 $0 \leq F \leq F_m$，最大静摩擦力与许多因素有关。最大静摩擦力的大小与接触面之间的正压力（法向反力）成正比，即

$$F_m = fN \tag{2-3-17}$$

这就是库仑摩擦定律。式中 f 是无量纲的比例系数，称为静摩擦系数。其大小与接触的材料以及接触面状况（如粗糙度、湿度、温度等）有关，一般可查手册获取。式（2-3-17）能满足一般工程问题，但对于一些重要工程，则必须通过现场测量与试验。

物体间相对滑动的摩擦力称为动摩擦力，用 F' 表示。实验表明，动摩擦力的方向与接触物体间的相对运动方向相反，大小与两物体间的法向反力成正比，即

$$F' = f'N \tag{2-3-18}$$

这就是动滑动摩擦定律。式中 f' 为无量纲系数，称为动摩擦系数。它除与接触的材料和接触面状况有关外，还与两物体间的相对速度有关。

（二）摩擦角与自锁现象

如图 2-3-24 所示，当物体有相对运动趋势时，把支承面对物体的法向反力 N 和摩擦力 F

这两个力的合力 **R** 称为全约束反力。全约束反力 **R** 与接触面公法线的夹角为 φ，如图 2-3-24（a）所示。显然，它随摩擦力的变化而变化。当静摩擦力达到最大值 **F**$_m$ 时，夹角 φ 也达到最大值 φ_m，则称 φ_m 为摩擦角，如图 2-3-24（b）所示，可见：

$$\tan\varphi_m = F_m/N = fN/N = f \tag{2-3-19}$$

若过接触点在不同方向作出在临界平衡状态下的全约束反力的作用线，则这些直线将形成一个锥面，称为摩擦锥，如图 2-3-24（c）所示。

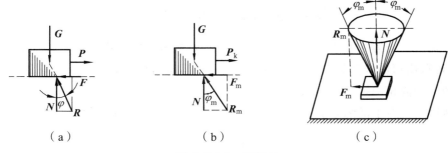

图 2-3-24　摩擦角

将作用在物体上的各主动力用合力 **Q** 表示，当物体处于平衡状态时，主动力合力 **Q** 与全约束反力 **R** 应共线、反向、等值，则有 $\alpha = \varphi$。

而物体平衡时，全约束反力作用线不可能超出摩擦锥，即 $\varphi \le \varphi_m$，由图 2-3-25 得

$$\alpha \le \varphi_m \tag{2-3-20}$$

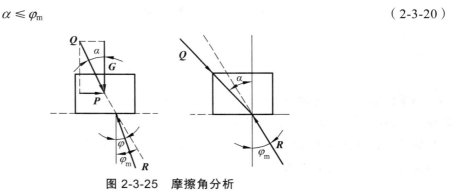

图 2-3-25　摩擦角分析

即作用于物体上的主动力的合力为 **Q**，不论其大小如何，只要其作用线与接触面公法线间的夹角 α 不大于摩擦角 φ_m，则物体必保持静止，这种现象称为自锁现象。自锁现象在工程中有重要的应用，如千斤顶、压榨机等就是利用自锁原理工作的。

（三）考虑摩擦时的平衡问题

求解有摩擦时物体的平衡问题，其解题方法和步骤与不考虑摩擦时的平衡问题基本相同。

例 8　物体重力 $G = 980$ N，放在一倾角 $\alpha = 30°$ 的斜面上。已知接触面间的静摩擦系数为 $f = 0.20$。有一大小为 $Q = 588$ N 的力沿斜面推物体，如图 2-3-26（a）所示，问物体在斜面上处于静止还是处于滑动状态？若静止，此时摩擦力多大？

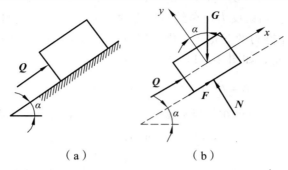

（a）   （b）

图 2-3-26 考虑摩擦时的平衡问题

解：可先假设物体处于静止状态，然后由平衡方程求出物体处于静止状态时所需的静摩擦力 F，并计算出可能产生的最大静摩擦力 F_m，将两者进行比较，确定力 F 是否满足 $F \leqslant F_m$，从而断定物体是静止的还是滑动的。

设物体沿斜面有下滑的趋势；受力图及坐标系如图 2-3-26（b）所示。

由 $\sum X = 0$， $Q - G\sin\alpha + F = 0$

解得 $F = G\sin\alpha - Q = -98 \text{ N}$

由 $\sum Y = 0$， $N - G\cos\alpha = 0$

解得 $N = G\cos\alpha = 848.7 \text{ N}$

根据静摩擦定律，可能产生的最大静摩擦力为

$$F_m = fN = 169.7 \text{ N}$$

$$|F| = 98 \text{ N} < 169.7 \text{ N} = F_m$$

结果说明物体在斜面上保持静止。而静摩擦力 F 为 -98 N，负号说明实际方向与假设方向相反，故物体沿斜面有上滑的趋势。

例 9 重 Q 的物体放在倾角 $\alpha < \varphi_m$ 的斜面上，如图 2-3-27（a）所示，求维持物体在斜面上静止时的水平推力 P 的大小。

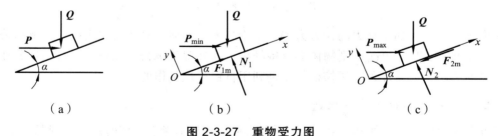

（a）   （b）   （c）

图 2-3-27 重物受力图

解：因 $\alpha > \varphi_m$，若力 P 过小，则物体下滑；若力 P 过大，又将使物体上滑；因此力 P 的数值必在某一范围内。先求刚好维持物体不至于下滑所需的力 P 的最小值 P_{min}。此时物体处于下滑的临界状态，其受力图及坐标系如图 2-3-27（b）所示。

$$\sum X = 0, \qquad P_{\text{min}}\cos\alpha - Q\sin\alpha + F_{1m} = 0 \qquad (2\text{-}3\text{-}21)$$

$$\sum Y = 0, \qquad N_1 - P_{\text{min}}\sin\alpha - Q\cos\alpha = 0 \qquad (2\text{-}3\text{-}22)$$

由式（2-3-22）有

$$N_1 = P_{\text{min}}\sin\alpha + Q\cos\alpha \qquad (2\text{-}3\text{-}23)$$

将 $F_{1m} = fN_1$、$f = \tan\varphi_m$ 和式（2-3-23）代入式（2-3-21），得

$$P_{\text{min}} = \frac{Q(\sin\alpha - f\cos\alpha)}{(\cos\alpha + f\sin\alpha)} = Q\tan(\alpha - \varphi_m) \qquad (2\text{-}3\text{-}24)$$

再求不致使物体向上滑动的力 **P** 的最大值 **P**$_{\text{max}}$。此时物体处于上滑的临界平衡状态，其受力图及坐标如图 2-3-27（c）所示。

$$\sum X = 0, \quad P_{\text{max}}\cos\alpha - F_{2m} - Q\sin\alpha = 0 \qquad (2\text{-}3\text{-}25)$$

$$\sum X = 0, \quad N_2 - P_{\text{max}}\sin\alpha - Q\cos\alpha = 0 \qquad (2\text{-}3\text{-}26)$$

由式（2-3-26）有

$$N_2 = P_{\text{max}}\sin\alpha + Q\cos\alpha \qquad (2\text{-}3\text{-}27)$$

将 $F_{2m} = fN_2$、$f = \tan\varphi_m$ 和式（2-3-27）代入（2-3-25），得

$$P_{\text{max}} = \frac{Q(\sin\alpha + f\cos\alpha)}{(\cos\alpha - f\sin\alpha)} = Q\tan(\alpha + \varphi_m) \qquad (2\text{-}3\text{-}28)$$

可见，要使物体在斜面上保持静止，力 **P** 必须满足下列条件。

$$Q\tan(\alpha - \varphi_m) \leqslant P \leqslant Q\tan(\alpha + \varphi_m)$$

思考与练习题

1. 将图 2-3-28 所示 A 点的力 **F** 沿作用线移至 B 点，是否改变该力对 O 点之矩？

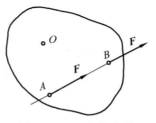

图 2-3-28　力的移动

2. 一矩形钢板放在水平地面上，其边长 $a = 3$ m，$b = 2$ m，如图 2-3-29 所示。按图示方向加力，转动钢板需要 $P = P' = 250$ N。试问如何加力才能使转动钢板所用的力最小，并求这个最小力的大小。

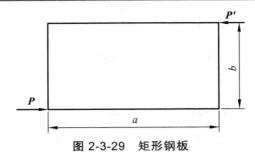

图 2-3-29　矩形钢板

3. 一力偶（F_1，F_1'）作用在 Oxy 平面内，另一力偶（F_2，F_2'）作用在 Oyz 平面内，力偶矩之绝对值相等，如图 2-3-30 所示，试问两力偶是否等效？为什么？

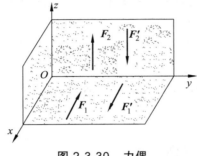

图 2-3-30　力偶

4. 如图 2-3-31 中 4 个力作用在某物体同一平面上 A、B、C、D 四点上（$ABCD$ 为一矩形），若 4 个力的力矢恰好首尾相接，试问这时物体平衡吗？为什么？

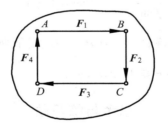

图 2-3-31　平面力系

5. 水渠的闸门有 3 种设计方案，如图 2-3-32 所示。试问哪种方案开关闸门时最省力。

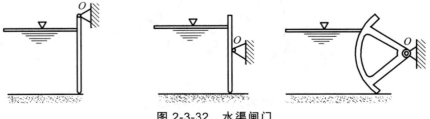

图 2-3-32　水渠闸门

6. 力偶不能与一力平衡，那么如何解释图 2-3-33 所示的平衡现象？

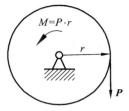

图 2-3-33 力和力偶

工作任务四 空间力系

作用在物体上各力的作用线不在同一平面内，称该力系为空间力系。按各力的作用在空间的位置关系，空间力系可分为空间汇交力系、空间平行力系和空间任意力系。前面介绍的各种力系都是空间力系的特例。

任务情境

重力是地球对物体的引力，如果把物体看成是由许多微小的部分组成，则每个微小的部分都受到地球的引力，这些引力汇交于地球的中心，形成一个空间汇交力系，但由于物体尺寸与地球的直径相比要小得多，因此可看成是空间平行力系，该力系的合力即为物体的重力。但无论物体如何放置，重力合力的作用线总是过一个确定点，这个点就是物体的重心。对于形状复杂的物体，如均质薄壳（或曲面）、均质细杆（或曲线）和组合图形的重心又在哪里呢？

任务目标

掌握空间力系的分解与合成；理解物体重心的概念；掌握重心、形心坐标公式，能计算简单形状物体的重心，能计算组合形状物体的重心。

必备知识

作用在物体上各力的作用线不在同一平面内，称该力系为空间力系。

按各力的作用在空间的位置关系，空间力系可分为空间汇交力系、空间平行力系和空间任意力系。前几章介绍的各种力系都是空间力系的特例。

一、空间力系的分解与合成

已知力 F 与 x 轴如图 2-4-1（a）所示，过力 F 的两端点 A、B 分别作垂直于 x 轴的平面 M 及 N，与 x 轴交于 a、b，则线段 ab（冠以正号或负号）称为力 F 在 x 轴上的投影，即

$$F_x = \pm ab$$

符号规定：若从 a 到 b 的方向与 x 轴的正向一致则取正号，反之则取负号。

已知力 $\boldsymbol{F}$ 与平面 Q，如图 2-4-1（b）所示。过力的两端点 A、B 分别作平面 Q 的垂直线 AA'、BB'，则矢量 $\overline{A'B'}$ 称为力 $\boldsymbol{F}$ 在平面 Q 上的投影。应注意的是力在平面上的投影是矢量，而力在轴上的投影是代数量。

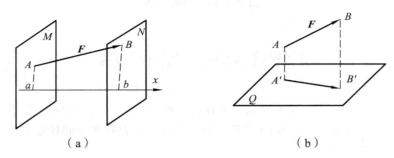

（a） （b）

图 2-4-1 力的投影

现在讨论力 $\boldsymbol{F}$ 在空间直角坐标系 Oxy 中的情况。如图 2-4-2（a）所示，过力 $\boldsymbol{F}$ 的端点 A、B 分别作 x、y、z 三轴的垂直平面，则由力在轴上的投影定义知，OA、OB、OC 就是力 $\boldsymbol{F}$ 在 x、y、z 轴上的投影。设力 $\boldsymbol{F}$ 与 x、y、z 轴所夹的角分别是 α、β、γ，则力 $\boldsymbol{F}$ 在空间直角坐标轴上的投影为

$$\left.\begin{aligned} F_x &= \pm F\cos\alpha \\ F_y &= \pm F\cos\beta \\ F_z &= \pm F\cos\gamma \end{aligned}\right\} \qquad (2\text{-}4\text{-}1)$$

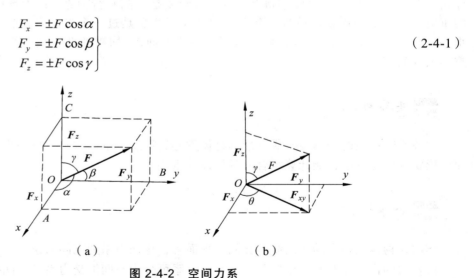

（a） （b）

图 2-4-2 空间力系

把用这种方法计算力在轴上的投影的方法称为直接投影法。

一般情况下，不易全部找到力与 3 个轴的夹角，设已知力 $\boldsymbol{F}$ 与 z 轴的夹角为 γ，可先将力投影到坐标平面 Oxy 上，然后再投影到坐标轴 x、y 上，如图 2-4-2（b）所示。设力 $\boldsymbol{F}$ 在 Oxy 平面上的投影为 $\boldsymbol{F}_{xy}$ 与 x 轴间的夹角为 θ，则

$$F_x = \pm F \sin\gamma\cos\theta \atop F_y = \pm F \sin\gamma\sin\theta \atop F_z = \pm F \cos\gamma \left.\right\} \qquad (2\text{-}4\text{-}2)$$

把用这种方法计算力在轴上的投影的方法称为二次投影法。若已知力 $\boldsymbol{F}$ 在坐标轴上的投影，则该力的大小及方向余弦为

$$F = \sqrt{X^2 + Y^2 + Z^2} \atop \cos\alpha = \dfrac{X}{F} ;\ \cos\beta = \dfrac{Y}{F};\ \cos\gamma = \dfrac{Z}{F} \left.\right\} \qquad (2\text{-}4\text{-}3)$$

如果把一个力沿空间直角坐标轴分解，则沿 3 个坐标轴分力的大小等于力在这 3 个坐标轴上投影的绝对值。

例 1 如图 2-4-3 所示，已知力 $F_1 = 2\ \text{kN}$、$F_2 = 1\ \text{kN}$、$F_3 = 3\ \text{kN}$，试分别计算这 3 个力在 x、y、z 轴上的投影。

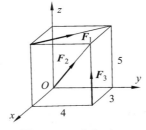

图 2-4-3 空间力系

解： $F_{1x} = -F_1 \times \dfrac{3}{5} = -1.2\ \text{kN}$、$F_{1y} = F_1 \times \dfrac{4}{5} = 1.6\ \text{kN}$、$F_{1z} = 0$

$F_{2x} = F_2 \times \dfrac{\sqrt{2}}{2} \times \dfrac{3}{5} = 0.424\ \text{kN}$、$F_{2y} = F_2 \times \dfrac{\sqrt{2}}{2} \times \dfrac{4}{5} = 0.566\ \text{kN}$、$F_{2z} = F_2 \times \dfrac{\sqrt{2}}{2} = 0.707\ \text{kN}$

$F_{3x} = 0$、$F_{3y} = 0$、$F_{3z} = F_3 = 3\ \text{kN}$

二、物体的重心

重心的位置与物体的平衡和运动都有很大关系。在工程上，设计挡土墙、重力坝等建筑时，重心位置直接关系到建筑物的抗倾稳定性及其内部受力的分布。机械的转动部分如偏心轮应使其重心离转动轴有一定距离，以便利用其偏心产生效果；而一般的高速转动物体又必须使其重心尽可能不偏离转动轴，以免产生不良影响。所以如何确定物体的重心位置，在实践中有着重要的意义。

（一）重心坐标公式

如图 2-4-4 所示，设一物体放置于坐标系 $Oxyz$ 中，将物体分成许多微小部分，所受重力各为 ΔP_i，作用点即微小部分的重心为 C_i，对应坐标分别为 x_i、y_i、z_i，所有 ΔP_i 的合力 $\boldsymbol{P}$ 就是

整个物体所受的重力，其大小即整个物体的重力 $P = \sum \Delta P$，其作用点即为物体的重心 C。

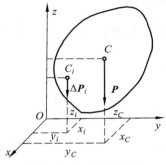

图 2-4-4　重心坐标

设重心 C 的坐标为 x_C、y_C、z_C，由合力矩定理，有

$$M_x(P) = \sum M_x(\Delta P) \ , \quad -P \cdot y_C = -\sum \Delta P_i \cdot y_i$$

$$M_y(P) = \sum M_y(\Delta P) \ , \quad P \cdot x_C = \sum \Delta P_i \cdot x_i$$

根据物体重心的性质，将物体与坐标系固连在一起绕 x 轴转过 90°，各力 $\Delta \boldsymbol{P}_i$ 及 $\boldsymbol{P}$ 分别绕其作用点也转过 90°，如图 2-4-4 虚线所示，再应用合力矩定理，有

$$M_x(P) = \sum M_x(\Delta P) \ , \quad P \cdot z_C = -\sum \Delta P_i \cdot z_i$$

由上述三式可得物体的重心坐标公式为

$$x_C = \frac{\Sigma \Delta P_i \cdot x_i}{P} \ , \quad y_C = \frac{\Sigma \Delta P_i \cdot y_i}{P} \ , \quad z_C = \frac{\Sigma \Delta P_i \cdot z_i}{P} \qquad (2\text{-}4\text{-}4)$$

若物体是均质的，其单位体积的质量为 γ，各微小部分的体积为 ΔV_i，整个物体的体积 $V = \sum \Delta V$，则 $\Delta P_i = \gamma \Delta V_i$，将 $P = \gamma V$ 代入式（2-4-4），得

$$x_C = \frac{\Sigma \Delta P_i \cdot x_i}{P} = \frac{\Sigma \gamma \Delta V_i \cdot x_i}{\gamma V} = \frac{\Sigma \Delta V_i \cdot x_i}{V} \ , \quad y_C = \frac{\Sigma \Delta V_i \cdot y_i}{V} \ , \quad z_C = \frac{\Sigma \Delta V_i \cdot z_i}{V} \qquad (2\text{-}4\text{-}5)$$

由式（2-4-5）可知，均质物体的重心与物体的质量无关，只取决于物体的几何形状和尺寸。这个由物体的几何形状和尺寸决定的物体的几何中心，称为物体的形心。只有均质物体的重心和形心才重合于同一点。

若物体是均质薄壳（或曲面），厚度为 δ，面积为 A，$V = A \cdot \delta$，$\Delta V_i = \Delta A_i \cdot \delta$，其重心（或形心）坐标公式为

$$x_C = \frac{\Sigma \Delta V_i \cdot x_i}{V} = \frac{\Sigma \delta \Delta A_i \cdot x_i}{\delta A} = \frac{\Sigma \Delta A_i \cdot x_i}{A} \ , \quad y_C = \frac{\Sigma \Delta A_i \cdot y_i}{A} \ , \quad z_C = \frac{\Sigma \Delta A_i \cdot z_i}{A} \qquad (2\text{-}4\text{-}6)$$

若物体是均质细杆（或曲线），其重心（或形心）坐标公式为：

$$x_C = \frac{\Sigma \Delta L_i \cdot x_i}{L}, \quad y_C = \frac{\Sigma \Delta L_i \cdot y_i}{L}, \quad z_C = \frac{\Sigma \Delta L_i \cdot z_i}{L}$$ （2-4-7）

（二）物体重心与形心的计算

根据物体具体形状的特征，可用不同的方法确定其重心及形心的位置。

对称法：由重心公式可知，具有对称轴、对称面或对称中心的均质物体，其形心必定在其对称轴、对称面或对称中心上。因此，有一根对称轴的平面图形，其形心在对称轴上；具有两根或两根以上对称轴的平面图形，其形心在对称轴的交点上；有对称中心的物体，其形心在对称中心上，如图 2-4-5 所示。

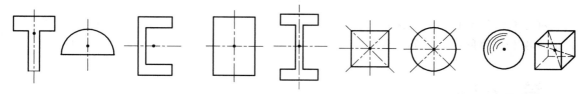

图 2-4-5　均质物质的形心位置

组合法：有些平面图形是由几个简单图形组成的，称为组合图形，可先把图形分成几个简单图形，每个简单图形的形心可查表求得，再应用形心坐标公式计算出组合图形的形心。

例 2　如图 2-4-6 所示为倒 T 形截面，求该截面的形心。

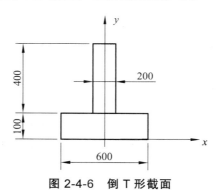

图 2-4-6　倒 T 形截面

解：因图 2-4-6 所示的图形有一对称轴，则图形形心必在该轴上，即 $x_C = 0$。将图形分成两部分 A_1、A_2，各分图形面积及坐标 y_i 如下：

$$A_1 = 200 \times 400 = 80\,000 \text{（mm}^2），\quad Y_1 = 400/2 + 100 = 300 \text{（mm）}$$

$$A_2 = 600 \times 100 = 60\,000 \text{（mm}^2），\quad Y_1 = 100/2 = 50 \text{（mm）}$$

则 $y_C = \dfrac{A_1 y_1 + A_2 y_2}{A_1 + A_2} = \dfrac{80\,000 \times 300 + 60\,000 \times 50}{80\,000 + 60\,000} = 192.9$（mm）

思考与练习

1. 已知一个力 F 的值及该力与 x 轴、y 轴的夹角为 α、β，能否算出该力在 z 轴的投影？

2. 物体的重心是否一定在物体的内部？

3. 当物体质量分布不均匀时，重心和几何中心还重合吗？为什么？

4. 计算一物体重心的位置时，如果选取的坐标轴不同，重心的坐标是否改变？重心在物体内的位置是否改变？

工作任务五　杆件的内力分析

▰ 任务情境

在进行结构分析时，为保证结构安全，要求各构件必须具有足够的强度和刚度。解决构件的强度和刚度问题，首先需要确定危险截面的内力，内力计算是结构设计的基础。

▰ 任务目标

能正确分析直杆在常见载荷作用下基本变形的受力和变形特点；能熟练分析杆件的内力，掌握求内力的基本方法——截面法，计算与绘制相应的内力图。

▰ 必备知识

一、杆件的外力与变形特点

在进行结构的受力分析时，只考虑力的运动效应，可以将结构看作刚体；但进行结构的内力分析时，要考虑力的变形效应，必须把结构作为变形固体处理。当杆件受到其他构件的作用时，统称为杆件的外力。外力包括载荷（主动力）以及载荷引起的约束反力（被动力）。广义地讲，对构件产生作用的外界因素除载荷以及载荷引起的约束反力之外，还有温度改变、支座移动、制造误差等。杆件在外力作用下的变形可分为 4 种基本变形及其组合变形。

（一）轴向拉伸与压缩

轴向拉伸与压缩是杆件受到与杆件轴线重合的外力的作用。其变形出现在杆件沿轴线方向的伸长或缩短。产生轴向拉伸与压缩变形的杆件称为拉压杆，如图 2-5-1（a）所示为轴向拉伸、图 2-5-1（b）为压缩变形。

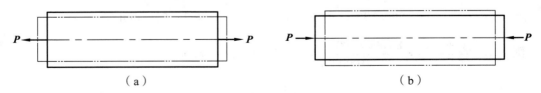

（a）　　　　　　　　　　　　　　　（b）

图 2-5-1　轴向拉伸与压缩

（二）剪　切

剪切是杆件受到垂直杆件轴线方向的一组等值、反向、作用线相距极近的平行力的作用，

图 2-5-2（a）所示。其变形是两力之间的横截面产生相对错动。产生剪切变形的杆件通常为拉压杆的连接件，如图 2-5-2（b）所示的螺栓连接即属于剪切。

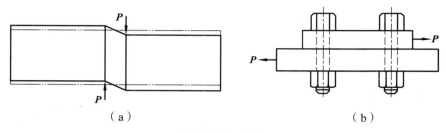

（a） （b）

图 2-5-2 剪切

（三）扭　转

扭转是杆件受到作用面垂直于杆轴线的力偶的作用，会在相邻横截面绕杆轴产生相对旋转变形，产生扭转变形的杆件很多，如图 2-5-3（a）所示的汽车传动轴、图 2-5-3（b）所示的丝攻等。

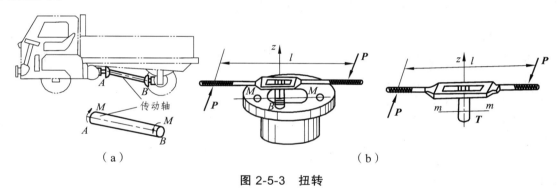

（a） （b）

图 2-5-3 扭转

（四）平面弯曲

平面弯曲是杆件受到垂直于杆件轴线方向的外力或在杆轴线所在平面内作用的外力偶的作用，杆件轴线由直线变成一条曲线。

各种以弯曲为主的变形杆件称为梁。工程中常见梁的横截面多有一根对称轴（见图 2-5-4），各截面对称轴形成一个纵向对称面，梁的轴线也在该平面内弯成一条曲线，这样的弯曲称为平面弯曲。平面弯曲是最简单的弯曲变形，是一种基本变形。

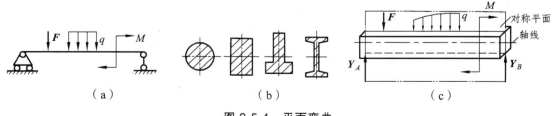

（a） （b） （c）

图 2-5-4 平面弯曲

单跨静定梁有 3 种基本形式，即悬臂梁、简支梁、外伸梁，如图 2-5-5 所示。

（a）悬臂梁　　　　　　　　（b）简支梁　　　　　　　（c）外伸梁

图 2-5-5　单跨静定梁的形式

二、内力及其截面法

（一）内力的概念

构件是由许多质点组成，不受外力作用时内部质点间保持一定的相互作用力，使构件具有固体形状。当构件受外力作用产生变形时，其内部质点之间的相互位置改变，原有的内力也发生变化。这种由外力作用而引起受力构件内部质点之间相互作用力的改变称为内力。内力随外力的变化而变化，外力增大，内力也增大，外力撤销后，内力也随着消失。显然，构件内力总是与变形同时产生，随着变形的增加而增大，但对于确定的材料，内力的增加有一定的限度，超过这一限度，构件将发生破坏。因此，内力与构件的强度和刚度都有密切的联系。在分析构件的强度、刚度等问题时，必须知道构件在外力作用下某截面上的内力值。

（二）截面法

确定构件任意截面上内力值的基本方法是截面法。如图 2-5-6（a）所示为任意受平衡力系作用的构件，为计算某一截面上的内力，可用一假想截面将构件一分为二，并弃去其中一部分，将弃去部分对保留部分的作用以力的形式表示，即该截面上的内力。根据变形固体均匀、连续的基本假设，截面上的内力是连续分布的。通常将截面上分布的内力用位于该截面形心处的合力（简化为主矢和主矩）来代替。尽管内力的合力是未知的，但总可以用其 6 个内力分量（空间任意力系）N_x、Q_y、Q_z 和 M_x、M_y、M_z 来表示，如图 2-5-6（b）所示，因为构件在外力作用下处于平衡状态，所以截开后的保留部分也应保持平衡。

根据空间力系的 6 个平衡方程：

$$\sum F_x = 0 \text{、} \sum F_y = 0 \text{、} \sum F_z = 0$$

$$\sum M_x = 0 \text{、} \sum M_y = 0 \text{、} \sum M_z = 0$$

可求出 N_x、Q_y、Q_z 和 M_x、M_y、M_z 等各内力分量，用截面法研究保留部分的平衡时，各内力分量相当于平衡体上的外力。

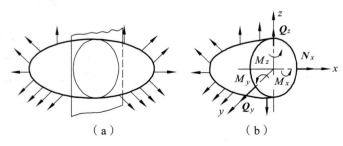

（a）　　　　　　　　　　　（b）

图 2-5-6　受平衡力系作用的构件

随着外力与变形形式的不同，截面上存在的内力分量也不同，并不一定都有 6 个，也可能只有一个或几个。如拉压杆截面上的内力，只有与外力平衡的轴向内力 N_x。

截面法求内力的步骤可归纳为以下 3 个步骤：

（1）截开：在欲求内力截面处，用假想截面将构件一分为二。

（2）代替：弃去任一部分，并将弃去部分对保留部分的作用以相应内力代替（即显示内力）。

（3）平衡：根据保留部分的平衡条件，确定截面内力值。

（三）轴向拉（压）杆件横截面上的内力

如图 2-5-7（a）所示为一受拉杆，用截面法求 m—m 截面上的内力，取左段[见图 2-5-7（b）]分析：由 $\sum x = 0$，$N - P = 0$；解得 $N = P$。

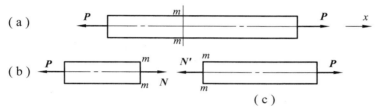

图 2-5-7　受拉杆

如图 2-5-7（c）所示，同样以右段为研究对象，由 $\sum x = 0$，$N' - P = 0$；解得 $N' = P$。

由上可知 N 与 N' 大小相等，方向相反，符合作用与反作用定律。由于内力的作用线与轴线重合，故称为轴力，实际上是横截面上分布内力的合力。无论取哪段均使求得的同一截面上的轴力 N 有相同的符号。

规定：轴力 N 方向与截面外法线方向相同为正，即为拉力；相反为负，即为压力。

例 1　一等直杆受 4 个轴向力作用，如图 2-5-8（a）所示，试求指定截面的轴力。

解：假设各截面轴力均为正，如图 2-5-8（b）所示。

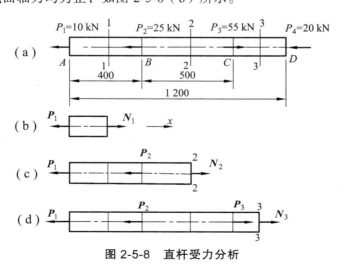

图 2-5-8　直杆受力分析

由 $\sum x = 0$，$N_1 - P = 0$；解得 $N_1 = P = 10\ kN$。

如图 2-5-8（c）所示，由 $\sum x = 0$，$N_2 - P_1 - P_2 = 0$；解得 $N_2 = P_1 + P_2 = 35\ kN$。

如图 2-5-8（d）所示，由 $\sum x = 0$，$N_3 - P_1 + P_3 - P_2 = 0$；解得 $N_3 = P_1 - P_3 + P_2 = -20\ kN$。

其结果为负值，说明 N_3 为压力。由此可得，任一截面上的轴力的数值等于对应截面一侧所有外力的代数和，且当外力的方向使截面受拉时为正，受压时为负，即 $N = \sum P$。

（四）受扭杆件横截面上的内力

如图 2-5-9（a）所示为受扭杆件，用截面法来求 n—n 截面上的内力，取左段，如图 2-5-9（b）所示，作用于其上的外力仅有力偶 M_A，因其平衡，则作用于 n—n 截面上的内力必合成为力偶。

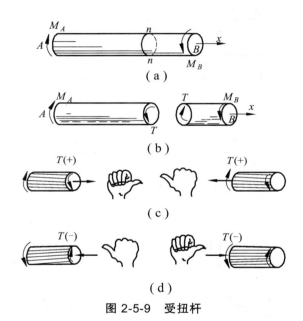

图 2-5-9　受扭杆

由 $\sum M_x = 0$，$T - M_A = 0$，解得 $T = M_A$。

T 称为 n—n 截面上的扭矩。杆件受到外力偶矩作用而发生扭转变形时，在杆的横截面上产生的内力称为扭矩（T），单位符号为 $N \cdot m$ 或 $kN \cdot m$。

符号规定：按右手螺旋法则将 T 表示为矢量，当矢量方向与截面外法线方向相同时为正，如图 2-5-9（c）所示；反之为负，如图 2-5-9（d）所示。

例 2　如图 2-5-10（a）所示的传动轴的转速 $n = 300\ r/min$，主动轮 A 的功率 $N_A = 400\ kW$，3 个从动轮输出功率分别为 $N_C = 120\ kW$，$N_B = 120\ kW$，$N_D = 160\ kW$，试求指定截面的扭矩。

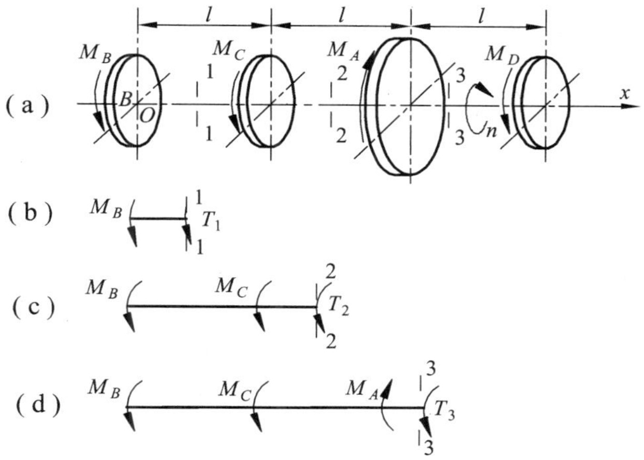

（a）

（b）

（c）

（d）

图 2-5-10 传动轴

解： 由 $M = 9\,550\dfrac{N}{n}$，得

$$M_A = 9\,550\frac{N_A}{n} = 12.73\,\text{kN}\cdot\text{m}, \quad M_B = M_C = 9\,550\frac{N_B}{n} = 3.82\,\text{kN}\cdot\text{m},$$

$$M_D = M_A - (M_B + M_C) = 5.09\,\text{kN}\cdot\text{m}$$

如图 2-5-10（b）所示，由 $\sum M_x = 0$，$T_1 + M_B = 0$；解得 $T_1 = -M_B = -3.82\,\text{kN}\cdot\text{m}$。

如图 2-5-10（c）所示，由 $\sum M_x = 0$，$T_2 + M_B + M_C = 0$；解得 $T_2 = -M_B - M_C = -7.64\,\text{kN}\cdot\text{m}$。

如图 2-5-10（d）所示，由 $\sum M_x = 0$，$T_3 - M_A + M_B + M_C = 0$；解得 $T_3 = M_A - M_B - M_C = 5.09\,\text{kN}\cdot\text{m}$。

由上述扭矩计算过程推得，任一截面上的扭矩值等于对应截面一侧所有外力偶矩的代数和，且外力偶矩应用右手螺旋定则，背离该截面时为正，反之为负。即 $T = \sum M$。

例 3 图 2-5-11 所示的传动轴有 4 个轮子，作用在轮上的外力偶矩分别为 $M_A = 3\,\text{kN}\cdot\text{m}$，$M_B = 7\,\text{kN}\cdot\text{m}$、$M_C = 2\,\text{kN}\cdot\text{m}$、$M_D = 2\,\text{kN}\cdot\text{m}$，试求指定截面的扭矩。

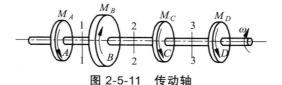

图 2-5-11 传动轴

解： 由 $T = \sum M$，得

取左段：$T_1 = -M_A = -3\,\text{kN}\cdot\text{m}$

取右段：$T_1 = -M_B + M_C + M_D = -3\,\text{kN}\cdot\text{m}$

取左段：$T_2 = -M_A + M_B = 4\,\text{kN}\cdot\text{m}$

取右段：$T_2 = M_C + M_D = 4\,\text{kN}\cdot\text{m}$

取左段：$T_3 = -M_A + M_B - M_C = 2\,\text{kN}\cdot\text{m}$

取右段：$T_3 = M_D = 2 \text{kN} \cdot \text{m}$

（五）梁横截面上的内力

如图 2-5-12（a）所示的简支梁，受集中载荷 P_1、P_2、P_3 的作用，求距 A 端 x 处横截面 $m—m$ 上的内力。

首先求出支座反力 R_A、R_B，然后用截面法沿截面 $m—m$ 假想地将梁一分为二，取如图 2-5-12（b）所示的左半部分为研究对象。因为作用于其上的各力在垂直于梁轴线方向的投影之和一般不为零，为使左段梁在垂直方向平衡，则在横截面上必然存在一个切于该横截面的合力 Q，称为剪力。剪力是与横截面相切的分布内力系的合力；同时左段梁上各力对截面形心 O 之矩的代数和一般不为零，为使该段梁不发生转动，在横截面上一定存在一个位于载荷平面内的内力偶，其力偶矩用 M 表示，称为弯矩。它是与横截面垂直分布内力偶系的合力偶的力偶矩。因此，梁弯曲时横截面上一般存在两种内力，如图 2-5-12（c）所示。

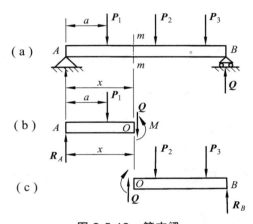

图 2-5-12　简支梁

由 $\sum Y = 0$，$R_A - P_1 - Q = 0$；解得 $Q = R_A - P_1$。

由 $\sum M_O = 0$，$-R_A x + P_1(x-a) + M = 0$；解得 $M = R_A x - P_1(x-a)$。

剪力与弯矩的符号规定：剪力符号，当截面上的剪力使分离体做顺时针方向转动时，为正；反之为负，如图 2-5-12（b）所示。弯矩符号，当截面上的弯矩使分离体上部受压、下部受拉时，为正；反之为负。如图 2-5-12（c）所示。

例 4　试求图 2-5-13（a）所示外伸梁指定截面的剪力和弯矩。

解：如图 2-5-13（b）所示，求梁的支座反力。

由 $\sum M_B = 0$，$-R_C a + P \times 2a + M_A = 0$；解得 $R_C = 3P$。

由 $\sum Y = 0$，$R_C + R_B - P = 0$；解得 $R_B = 2P$。

如图 2-5-14（c）所示。

由 $\sum Y = 0$，$-Q_1 - R_B = 0$；解得 $Q_1 = -2P$。

由 $\sum M_{O1} = 0$，$M_1 + R_B(1.3a - a) - m_A = 0$；解得 $M_1 = -R_B(1.3a - a) + M_A = 0.4Pa$。

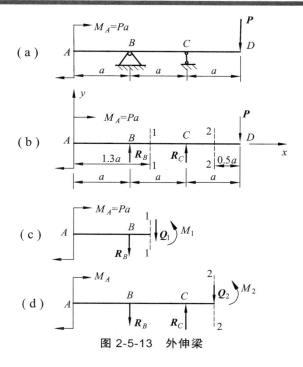

图 2-5-13　外伸梁

如图 2-5-13（d）所示。

由 $\sum Y = 0$，$R_C - Q_2 - R_B = 0$；解得 $Q_2 = P$。

由 $\sum M_{O2} = 0$，$M_2 + R_B(1.5a - a) - R_C \times 0.5a = 0$；

解得 $M_2 = -R_B(1.5a - a) + M_A + R_C \times 0.5a = 1.5\,Pa$。

由此可得，任何截面上剪力的数值等于对应截面一侧所有外力在垂直于梁轴线方向上的投影的代数和，且当外力对截面形心之矩为顺时针转向时外力的投影取正，反之取负；任何截面上弯矩的数值等于对应截面一侧所有外力对该截面形心的力矩的代数和，若取左侧，则当外力对截面形心之矩为顺时针转向时取正，反之取负；若取右侧，则当外力对截面形心之矩为逆时针转向时取正，反之取负，即

$$Q = \sum P, \quad M = \sum M$$

例 5　如图 2-5-14 所示的简支梁，在点 C 处作用集中力 $P = 10\ \text{kN}$，求截面 n—n 上的剪力和弯矩。

解：求梁的支座反力。

由 $\sum M_A = 0$，$4R_B - 1.5P = 0$；解得 $R_B = 3.75\ \text{kN}$。

由 $\sum Y = 0$，$R_A + R_B - P = 0$；解得 $R_A = 6.25\ \text{kN}$

取左段：$Q = R_A = 6.25\ \text{kN}$，$M = R_A \times 0.8 = 5\ \text{kN} \cdot \text{m}$。

取右段：$Q = P - R_B = 6.25\ \text{kN}$，$M = R_B(4 - 0.8) - P(1.5 - 0.8) = 5\ \text{kN} \cdot \text{m}$。

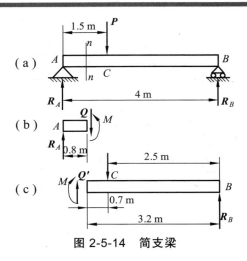

图 2-5-14　简支梁

三、内力方程及内力图

描述内力沿杆长度方向变化规律的函数称为内力方程。为了形象直观地反映内力沿杆长度方向的变化规律，以平行于杆轴线的坐标 x 表示横截面的位置，以垂直于杆轴线的坐标表示内力的大小，选取适当的比例尺，便可作出对应的内力图。利用内力方程作内力图，内力方程所提供的函数图形即为内力图。

例 6　阶梯形杆件的受力如图 2-5-15（a）所示，q 为沿轴线均匀分布的载荷，试作轴力图。

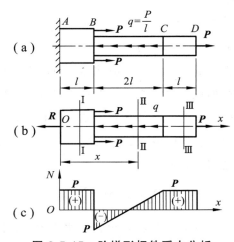

图 2-5-15　阶梯形杆件受力分析

解：如图 2-5-15（b）所示。

由 $\sum x = 0$，$P - 2ql + 2P - R = 0$；解得 $R = P$。

由于作用在杆件上的外力不是连续变化的，故应分段列出内力方程。

AB 段：$N(x) = P$，$N_A^+ = N_B^- = P$　　　　　　　　　　$(0 < x < l)$

$$N_A^+ = N_B^- = P$$

BC 段： $N(x) = R - 2P + q(x-l) = \dfrac{P}{l}x - 2P$ $\qquad\qquad$ $(l < x \leqslant 3l)$

$$N_B^- = P \text{、} \quad N_C^- = P$$

CD 段： $N(x) = P$ $\qquad\qquad\qquad\qquad\qquad\qquad$ $(3l \leqslant x < 4l)$

$$N_D^- = P \qquad\qquad\qquad\qquad\qquad\qquad\qquad (0 < x < l)$$

根据 N_A^+、N_B^-、N_C、N_D^- 的对应值便可作出图 2-5-15（c）所示的轴力图。N^+ 及 N^- 分别对应横截面右侧及左侧相邻横截面的轴力。由此可见，杆的不同截面上有不同的轴力，而对杆进行强度计算时，要以杆内最大的轴力为计算依据，所以必须知道各个截面上的轴力，以便确定出最大的轴力值，这就需要画轴力图来解决。

例 7 试作出图 2-5-16 中传动轴的扭矩图。

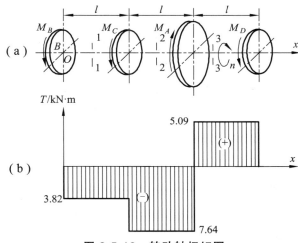

图 2-5-16 转动轴扭矩图

解：BC 段： $T(x) = -M_B = -3.82 \text{ kN} \cdot \text{m}$ $\qquad\qquad$ $(0 < x < l)$

$$T_B^+ = T_C^- = -3.82 \text{ kN} \cdot \text{m}$$

CA 段： $T(x) = -M_B - M_C = -7.64 \text{ kN} \cdot \text{m}$ $\qquad$ $(l < x < 2l)$

$$T_C^+ = T_A^- = -7.64 \text{ kN} \cdot \text{m}$$

AD 段： $T(x) = M_D = 5.09 \text{ kN} \cdot \text{m}$ $\qquad\qquad$ $(2l < x < 3l)$

$$T_A^+ = T_D^- = 5.09 \text{ kN} \cdot \text{m}$$

根据 T_B^+、T_C^-、T_C^+、T_A^-、T_A^+、T_D^- 的对应值便可作出图 2-5-16（b）所示的扭矩图。T^+ 及 T^- 分别对应横截面右侧及左侧相邻横截面的扭矩。由此可见，轴的不同截面上有不同的扭矩，而对轴进行强度计算时，要以轴内最大的扭矩为计算依据，所以必须知道各个截面上的扭矩，以便确定出最大的扭矩值，这就需要画扭矩图来解决。

例 8 试作出图 2-5-17（a）所示梁的剪力图和弯矩图。

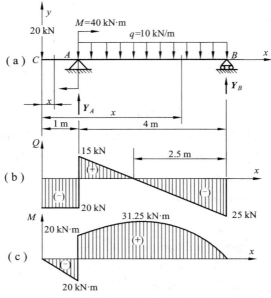

图 2-5-17　梁的剪力图和弯矩图

解：如图 2-5-17 所示，求梁支座的反力。

由 $\sum M_A = 0$ ，　$4Y_B - 4q \times 2 - M + 20 \times 1 = 0$ ；解得 $Y_B = 25\,\text{kN}$。

由 $\sum Y = 0$ ，　$Y_A + Y_B - 4q - 20 = 0$ ；解得 $Y_A = 35\,\text{kN}$。

CA 段：　$Q(x) = R_A = -20\,\text{kN}$ 　　　　　　　　　　　　　$(0 < x < 1)$

$\qquad\quad M(x) = -20x$ 　　　　　　　　　　　　　　　　　$(0 \leqslant x < 1)$

$\qquad\quad Q_C^+ = Q_A^- = -20\,\text{kN}, \quad M_C = 0, \quad M_A^- = -20\,\text{kN} \cdot \text{m}$

AB 段：　$Q(x) = q(5 - x) - Y_B = 25 - 10x$ 　　　　　　　$(1 < x < 5)$

$\qquad\quad Q_A^+ = 15\,\text{kN}, \quad Q_B^- = -25\,\text{kN}$

$\qquad\quad M(x) = Y_B(5 - x) - \dfrac{1}{2}q(5 - x)^2 = 25x - 5x^2$ 　　　$(1 < x \leqslant 5)$

根据 Q_B^-、Q_C^-、Q_A^-、Q_A^+ 的对应值便可作出图 2-5-17（b）所示的剪力图。根据 M_C、M_B、$M_{\max}$、M_A^-、M_A^+ 的对应值便可作出图 2-5-17（c）所示的弯矩图（将弯矩图画在梁受压侧）。

由上述内力图可知，集中力作用处的横截面，轴力图及剪力图均发生突变，突变的值等于集中力的数值；集中力偶作用的横截面，剪力图无变化，扭矩图与弯矩图均发生突变，突变的值等于集中力偶的力偶矩数值。

思考与练习

1. 设两根材料不同、截面面积也不同的拉杆，承受相同的轴向拉力，其内力是否相同？

2. 外力偶矩与扭矩的区别与联系是什么？

3. 列 $Q(x)$ 及 $M(x)$ 方程时，在何处需要分段？

4. 集中力及集中力偶作用的构件横截面上的轴力、扭矩、剪力、弯矩如何变化？

工作任务六　杆件的强度计算

任务情境

构件的实际受力很复杂，如何确定构件危险断面的位置及其内力值？对危险截面上应力的分布情况，如何计算出危险点处的应力？对危险点处的应力状态和构件材料的性质，又该如何选用强度条件来进行强度计算？

任务目标

（1）掌握正应力的概念；熟练计算出各种变形时横截面上的应力。
（2）掌握反映材料力学性质的各种数据，学会查阅材料机械性能的有关资料。
（3）掌握组合截面的面积矩和形心的计算、惯性矩和惯性极的计算、形心惯性轴和形心主惯性矩的计算。
（4）理解面积矩和形心、轴惯性矩、极惯性矩和惯性积、惯性矩和惯性积的平行移轴定理。
（5）了解惯性矩和惯性积的转轴公式以及惯性矩的近似计算方法。
（6）掌握各种基本变形和组合变形的强度计算。
（7）掌握剪切和挤压的实用计算。
（8）理解剪切的概念和实例。

必备知识

一、应力的概念

内力是构件横截面上分布内力系的合力，只求出内力，还不能解决构件的强度。如两根材料相同、粗细不同的直杆，在相同的拉力作用下，细杆首先被拉断，这说明杆件的强度不仅与内力有关，还与截面的尺寸有关。为了分析构件的强度，必须考虑内力在截面上的分布规律。为此引入应力的概念，内力在截面上某点处的分布集度称为该点的应力。

设在某一受力构件的 m—m 截面上，围绕 K 点取面积 ΔA，如图 2-6-1 所示，ΔA 上的内力的合力为 ΔF，这样，在 ΔA 上内力的平均集度定义为

$$p_{平均} = \frac{\Delta F}{\Delta A}$$

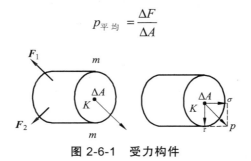

图 2-6-1　受力构件

一般情况下，$m—m$ 截面上的内力并不是均匀分布的，因此平均应力 $p_{平均}$ 随所取 ΔA 的大小而不同，当 $\Delta A \to 0$ 时，上式的极限值为

$$p = \lim_{\Delta A \to 0} \frac{\Delta F}{\Delta A} = \frac{\mathrm{d}F}{\mathrm{d}A} \qquad (2\text{-}6\text{-}1)$$

式（2-6-1）即为 K 点的分布内力集度，称为 K 点处的总应力。p 是一矢量，通常把应力 p 分解成垂直于截面的分量 σ 和相切于截面的分量 τ。

由图 2-6-1 中的关系可知：$\sigma = p\sin\alpha$、$\tau = p\cos\alpha$。

σ 为正应力，τ 为剪应力。应力的单位是帕斯卡，以 Pa（帕）表示，$1\,\mathrm{Pa} = 1\,\mathrm{N/m}^2$。工程中常用 kPa（千帕）、MPa（兆帕）、GPa（吉帕），即 $1\,\mathrm{kPa} = 10^3\,\mathrm{Pa}$、$1\,\mathrm{Mpa} = 10^6\,\mathrm{Pa}$、$1\,\mathrm{GPa} = 10^9\,\mathrm{Pa}$。

二、轴向拉（压）杆及梁弯曲的正应力

（一）杆件拉（压）时的正应力

1. 横截面上的正应力

为观察杆的拉伸变形现象，在杆表面上作出如图 2-6-2（a）所示的纵、横线。当杆端加上一对轴向拉力后，由图 2-6-2（a）可见，杆上所有纵向线伸长相等，横线与纵线保持垂直且仍为直线。由此作出变形的平面假设：杆件的横截面变形后仍为垂直于杆轴的平面。于是杆件任意两个横截面间的所有纤维变形后的伸长相等。又因材料连续均匀，所以杆件横截面上内力均布，且其方向垂直于横截面，如图 2-6-2（b）所示，即横截面上只有正应力 σ。

横截面上的正应力为

$$\sigma = \frac{N}{A} \qquad (2\text{-}6\text{-}2)$$

式中，A 为横截面面积；σ 的符号规定与轴力的符号一致，即拉应力 σ 为正，压应力 σ 为负。注意：由于加力点附近区域的应力分布比较复杂，式（2-6-2）不再适用，其影响的长度不大于杆的横向尺寸。

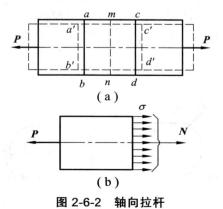

（a）

（b）

图 2-6-2　轴向拉杆

2. 斜截面上的正应力

如图 2-6-3（a）所示为一轴向拉杆，取左段，如图 2-6-3（b）所示，斜截面上的应力也是均布的，由平衡条件可知，斜截面上内力的合力 $N_\alpha = P = N$。设与横截面呈 α 角的斜截面的面积为 A_α，横截面面积为 A，则 $A_\alpha = A\sec\alpha$，于是

$$p_\alpha = N_\alpha / A_\alpha = N/(A\sec\alpha)$$

令 $p_\alpha = \tau_\alpha + \sigma_\alpha$，如图 2-6-3（c）所示，于是

$$\sigma_\alpha = p_\alpha \cos\alpha = \sigma\cos^2\alpha，\quad \tau_\alpha = p_\alpha \sin\alpha = \sigma\sin 2\alpha/2 \qquad （2\text{-}6\text{-}3）$$

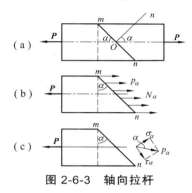

图 2-6-3　轴向拉杆

其中角 α 及剪应力 τ_α 符号规定：自轴 x 转向斜截面外法线 n 为逆时针方向时，α 角为正，反之为负。剪应力 τ_α 对所取杆段上任一点的力矩顺时针转向时，剪应力为正，反之为负。σ_α 及 α 符号规定相同。由式（2-6-3）可知，σ_α 及 τ_α 均是 α 角的函数，当 $\alpha = 0$ 时，即为横截面，$\sigma_{max} = \sigma$，$\tau_\alpha = 0$；当 $\alpha = 45°$ 时，$\sigma_\alpha = \sigma/2$，$\tau_{max} = \sigma/2$；当 $\alpha = 90°$ 时，即在平行与杆轴的纵向截面上无任何应力。

（二）梁弯曲时的正应力

在一般情况下，梁的横截面上既有弯矩，又有剪力，如图 2-6-4（a）所示的梁 AC 及 DB 段。此两段梁不仅有弯曲变形，还有剪切变形，这种平面弯曲称为横力弯曲或剪切弯曲。为使问题简化，先分析梁内仅有弯矩而无剪力的情况，如图 2-6-4（a）所示的梁 CD 段，这种弯曲称为纯弯曲。

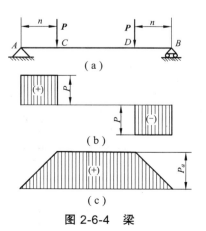

图 2-6-4　梁

1. 纯弯曲变形现象与假设

为观察纯弯曲梁变形现象，在梁表面上作出如图 2-6-5（a）所示的纵、横线，当梁端上加一力偶 M 后，由图 2-6-5（b）可见，横向线转过了一个角度，但仍为直线；位于凸边的纵向线伸长了，位于凹边的纵向线缩短了；纵向线变弯后仍与横向线垂直。由此作出纯弯曲变形的平面假设：梁变形后其横截面仍保持为平面，且仍与变形后的梁轴线垂直。同时，还假设梁的各纵向纤维之间无挤压，即所有与轴线平行的纵向纤维均是轴向拉、压。梁的下部纵向纤维伸长，而上部纵向纤维缩短，由变形的连续性可知，梁内有一层长度不变的纤维层，称为中性层，中性层与横截面的交线称为中性轴，由于载荷作用于梁的纵向对称面内，梁的变形沿纵向对称，则中性轴垂直于横截面的对称轴，如图 2-6-5（c）所示。梁弯曲变形时，其横截面绕中性轴旋转某一角度。

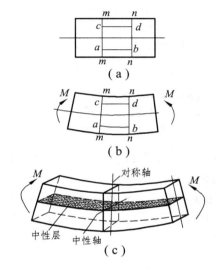

图 2-6-5　纯弯曲梁

2. 变形的几何关系

如图 2-6-6（a）所示，为从图 2-6-5（a）所示的梁中取出的长为 dx 的微段，变形后其两端相对转了 $d\varphi$ 角。距中性层为 y 处的各纵向纤维变形，由图得

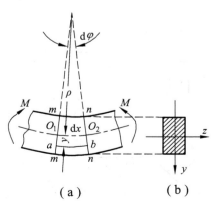

图 2-6-6　变形几何关系

$$\widehat{ab} = (\rho + y)\mathrm{d}\varphi$$

式中，ρ 为中性层上的纤维 $\widehat{O_1O_2}$ 的曲率半径。而 $\widehat{O_1O_2} = \rho\mathrm{d}\varphi = \mathrm{d}x$，则纤维 $\widehat{ab}$ 的应变为

$$\varepsilon = \frac{\widehat{ab} - \mathrm{d}x}{\mathrm{d}x} = \frac{(\rho + y)\mathrm{d}\varphi - \rho\mathrm{d}\varphi}{\rho\mathrm{d}\varphi} = \frac{y}{\rho} \qquad （2\text{-}6\text{-}4）$$

由式（2-6-4）可知，梁内任一层纵向纤维的线应变 ε 与其 y 的坐标成正比。

3. 物理关系

由于将纵向纤维假设为轴向拉压，当 $\sigma \leqslant \sigma_P$ 时，则有

$$\sigma = E\varepsilon = E\frac{y}{\rho} \qquad （2\text{-}6\text{-}5）$$

由式（2-6-5）可知，横截面上任一点的正应力与该纤维层的 y 坐标成正比，其分布规律如图 2-6-7 所示。

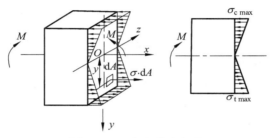

图 2-6-7　应力分布规律

4. 静力学关系

如图 2-6-7 所示，取截面的纵向对称轴为 y 轴，z 轴为中性轴，过轴 y、z 的交点沿纵向线取为 x 轴。横截面上坐标为（y、z）的微面积上的内力为 $\sigma \cdot \mathrm{d}A$。于是整个截面上所有内力组成一空间平行力系。

由 $\Sigma X = 0$，有 $\qquad\qquad \int \sigma \mathrm{d}A = 0 \qquad\qquad （2\text{-}6\text{-}6）$

将式（2-6-5）代入式（2-6-6）得 $\displaystyle\int_A E\frac{y}{\rho}\mathrm{d}A = \frac{E}{\rho}\int_A y\mathrm{d}A = 0$

式中，$\displaystyle\int_A y\mathrm{d}A = S_z$ 为横截面对中性轴的静矩，而 $\dfrac{E}{\rho} \neq 0$，则 $S_z = 0$。由 $S_z = A \cdot y_C$ 可知，中性轴 z 必过截面形心。

由 $\displaystyle\sum M_y = 0$，有 $\qquad\qquad \int \sigma \mathrm{d}A \cdot z = 0 \qquad\qquad （2\text{-}6\text{-}7）$

将式（2-6-5）代入式（2-6-7）得 $\dfrac{E}{\rho}\displaystyle\int_A yz\mathrm{d}A = 0$

式中，$\displaystyle\int_A yz\mathrm{d}A = I_{yz}$ 为横截面对轴 y、z 的惯性积，因 y 轴为对称轴，且 z 轴又过形心，则轴 y、

z 为横截面的形心主惯性轴，故 $I_{yz}=0$ 成立。

由 $\sum M_z = 0$，有

$$\int \sigma dA \cdot y = 0 \tag{2-6-8}$$

将式（2-6-5）代入式（2-6-8），得 $M = \dfrac{E}{\rho} \int_A y^2 dA = 0$

式中，$\int_A y^2 dA = I_z$ 为横截面对中性轴的惯性矩，则上式可写为

$$\frac{1}{\rho} = \frac{M}{EI_z} \tag{2-6-9}$$

其中，$1/\rho$ 为梁轴线变形后的曲率。式（2-6-9）表明，当弯矩不变时，EI_z 越大，曲率 $1/\rho$ 越小，故 EI_z 称为梁的抗弯刚度。将式（2-6-9）代入式（2-6-5），得

$$\sigma = \frac{My}{I_z} \tag{2-6-10}$$

式（2-6-10）为纯弯曲时横截面上正应力的计算公式。对于图 2-6-7 所示的坐标系中，当 $M>0$、$y>0$ 时，σ 为拉应力；当 $y<0$ 时，σ 为压应力。但此式并未涉及矩形的几何特征，只要载荷作用于梁的纵向对称面内时，此式就适用。虽然此式是在纯弯曲条件下推导的，但当梁较细长（$l/h>5$）时，该式同样适用于横力弯曲时的正应力计算。在横力弯曲时，弯矩随截面位置变化而变化。一般情况下，最大正应力 σ_{max} 发生在弯矩最大的横截面上距中性轴最远处。

由式（2-6-10）得 $\sigma_{max} = \dfrac{M_{max} y_{max}}{I_z}$，令 $I_z/y_{max} = W_z$，则此式可写为

$$\sigma_{max} = \frac{M_{max}}{W_z} \tag{2-6-11}$$

式中，W_z 仅与截面的几何形状及尺寸有关，称为截面对中性轴的抗弯截面模量。

若截面是高为 h、宽为 b 的矩形，则 $W_z = \dfrac{I_z}{h/2} = \dfrac{bh^3/12}{h/2} = \dfrac{bh^2}{6}$。

若截面是直径为 d 的圆形，则 $W_z = \dfrac{I_z}{d/2} = \dfrac{\pi d^4/64}{d/2} = \dfrac{\pi d^3}{32}$。

若截面是外径为 D、内径为 d 的空心圆形，则

$$W_z = \frac{I_z}{D/2} = \frac{\pi(D^4-d^4)/64}{D/2} = \frac{\pi D^3}{32}\left[1-\left(\frac{d}{D}\right)^4\right]$$

例 1 如图 2-6-8 所示的 T 形截面梁。已知 $P_1 = 8$ kN、$P_2 = 20$ kN、$a = 0.6$ m，横截面的惯性矩 $I_z = 5.33 \times 10^6$ mm^4，试求此梁的最大拉应力和最大压应力。

解：（1）求支座反力。

由 $\sum M_A = 0$，$R_B \times 2a - P_2 \times a + P_1 \times a = 0$；解得 $R_B = 6$ kN。

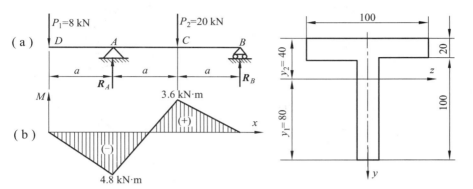

图 2-6-8　T 形截面梁

由 $\Sigma Y = 0$，$-R_B + P_2 + P_1 - R_A = 0$；解得 $R_A = 22$ kN。

（2）作弯矩图。

DA 段：$M_D = 0$，$M_A = -P \times a = -4.8 \, \text{kN} \cdot \text{m}$

AC 段：$M_C = R_B \times a = 3.6 \, \text{kN} \cdot \text{m}$

CB 段：$M_B = 0$

根据 M_D、M_A、M_C、M_B 的对应值便可作出图 2-6-8（b）所示的弯矩图。

（3）求最大拉压应力。

由弯矩图可知，截面 A 的上边缘及截面 C 的下边缘受拉；截面 A 的下边缘及截面 C 的上边缘受压。虽然 $|M_A| > |M_C|$，但 $|y_2| < |y_1|$，所以只有分别计算此两截面的拉应力，才能判断出最大拉应力所对应的截面，截面 A 下边缘的压应力最大。

截面 A 上边缘处：$\sigma_t = \dfrac{M_A y_2}{I_z} = \dfrac{4.8 \times 10^3 \times 40 \times 10^{-3}}{5.33 \times 10^6 \times 10^{-12}} = 36 \, (\text{MPa})$

截面 C 下边缘处：$\sigma_t = \dfrac{M_C y_1}{I_z} = \dfrac{3.6 \times 10^3 \times 80 \times 10^{-3}}{5.33 \times 10^6 \times 10^{-12}} = 54 \, (\text{MPa})$

因此，在截面 C 下边缘处产生最大拉应力，$\sigma_{t\max} = 54 \, (\text{MPa})$

截面 A 下边缘处：$\sigma_{c\max} = \dfrac{M_A y_1}{I_z} = \dfrac{4.8 \times 10^3 \times 80 \times 10^{-3}}{5.33 \times 10^6 \times 10^{-12}} = 72 \, (\text{MPa})$

三、杆件横截面上的切应力

（一）薄壁圆筒扭转

1. 薄壁圆筒扭转时的应力

为观察薄壁圆筒的扭转变形现象，先在圆筒表面上作出如图 2-6-9（a）所示的纵向线及圆周线，当圆筒两端加上一对力偶 M 后，由图 2-6-9（b）可见，各纵向线仍近似为直线，且其均倾斜了同一微小角度 γ，各圆周线的形状、大小及圆周线绕轴线转了不同角度。由此说明，圆筒横截面及含轴线的纵向截面上均没有正应力，则横截面上只有切于截面的切应力 τ。因为薄壁的厚度 δ 很小，所以可以认为切应力沿壁厚方向均匀分布，如图 2-6-9（e）所示。

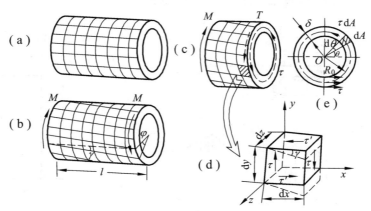

图 2-6-9　薄壁圆筒

由 $\sum M_x = 0$，$\int_0^{2\pi} \tau R_0^2 \delta \mathrm{d}\theta - m = 0$；解得 $\tau = \dfrac{M}{2\pi R_0^2 \delta}$。　　　　　　（2-6-12）

式中　　R_0——圆筒的平均半径。

扭转角 φ 与切应变 γ 的关系，由图 2-6-19（b）有 $R\varphi \approx l\gamma$，即

$$\gamma = R\frac{\varphi}{l} \qquad\qquad （2\text{-}6\text{-}13）$$

2. 切应力互等定理

用相邻两个横截面、两个径向截面及两个圆柱面的圆筒取出边长分别为 dx、dy、dz 的单元体，如图 2-6-9（d）所示。单元体左、右两侧面是横截面的一部分，在其上作用着等值、反向的切应力 τ，并组成一个力偶矩 $(\tau \mathrm{d}z\mathrm{d}y)\mathrm{d}x$，则单元体上、下面上的切应力 τ' 必组成一对等值、反向的力偶与其平衡。

由 $\sum M = 0$，$(\tau' z \mathrm{d}x)\mathrm{d}y - (\tau \mathrm{d}z\mathrm{d}y)\mathrm{d}x = 0$；解得 $\tau = \tau'$。

上式表明，在互相垂直的两个平面上，切应力总是成对存在，且数值相等；两者均垂直两个平面交线，方向则同时指向或同时背离这一交线。如图 2-6-9（d）所示的单元体的 4 个侧面上，只有切应力而没有正应力作用，这种情况称为纯剪切。

3. 剪切胡克定律

通过薄壁圆筒扭转试验，可得逐渐增加的外力偶矩 M 与扭转角 φ 的对应关系，然后由式（2-6-11）和（2-6-12）得到一系列 τ 与 γ 的对应值，便可作出图 2-6-10 所示的 τ-γ 曲线（由低碳钢材料得出，与其 σ-ε 曲线相似），在 τ-γ 曲线中 OA 为一直线，表明 $\tau \leqslant \tau_p$ 时，$\tau \propto \gamma$，这就是剪切胡克定律，即

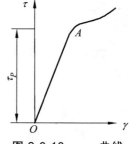

图 2-6-10　τ-γ 曲线

$$\tau = G\gamma \qquad\qquad\qquad（2-6-14）$$

式中，G 为比例系数，称为剪切弹性模量。

（二）圆轴扭转时的应力

1. 扭转变形现象及平面假设

由图 2-6-11 可知，圆轴与薄壁圆筒的扭转变形相同。由此作出圆轴扭转变形的平面假设：圆轴变形后其横截面仍保持为平面，其大小及相邻两横截面间的距离不变，且半径仍为直线。按照该假设，圆轴扭转变形时，其横截面就像刚性平面一样，绕轴线转了一个角度。

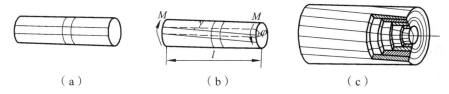

（a）　　　　　　　　（b）　　　　　　　　（c）

图 2-6-11　圆轴与薄壁圆筒扭转变形

2. 变形的几何关系

从圆轴中取出长为 dx 的微段，如图 2-6-12（a）所示，截面 n—n 相对于截面 m—m 绕轴转了 $d\varphi$ 角，半径 O_2C 转至 O_2C' 位置。若将圆周看成由无数薄壁圆筒组成，则在此微段中组成圆轴的所有圆筒的扭转角 $d\varphi$ 均相同。设任意圆筒的半径为 ρ，应变为 γ_ρ，如图 2-6-12（b）所示。

由式（2-6-10）有

$$\gamma_\rho = \rho\frac{d\varphi}{dx} = \rho\theta \qquad\qquad（2-6-15）$$

式中，θ 为沿轴线方向单位长度的扭转角，对于一个给定的截面，θ 为常数。显然 γ_ρ 发生在垂直于以 O_2H 为半径的平面内。

3. 物理关系

以 τ_ρ 表示横截面上距圆心为 ρ 处的切应力，由式（2-6-14），有

$$\tau_\rho = G\gamma_\rho \qquad\qquad（2-6-16）$$

将式（2-6-16）代入式（2-6-15），得

$$\tau_\rho = G\rho\frac{d\varphi}{dx} = G\rho\theta \qquad\qquad（2-6-17）$$

此式表明，横截面上任意点的切应力 τ_ρ 与该点到圆心的距离 ρ 成正比。因为 γ_ρ 发生在垂直于半径的平面内，所以 τ_ρ 也与半径垂直，切应力在纵、横截面上沿半径分布，如图 2-6-12（c）所示。

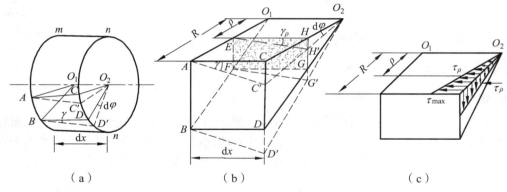

图 2-6-12　变形的几何关系

4. 静力学关系

在横截面上距圆心为 ρ 处取一微面积 $\mathrm{d}A$ ，如图 2-6-13 所示，其内力对 x 轴之矩为 $\rho\tau_\rho\mathrm{d}A$ ，所有内力矩的总和即为截面上的扭矩：

$$T = \int_A \rho\tau_\rho\mathrm{d}A \tag{2-6-18}$$

将式（2-6-16）代入式（2-6-18），得

$$T = G\theta\int_A \rho^2\mathrm{d}A = G\theta I_\rho \tag{2-6-19}$$

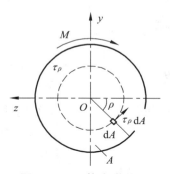

图 2-6-13　静力学关系

I_ρ 为横截面对点 O 的极惯性矩，由式（2-6-19）可得单位长度扭转为

$$\theta = \frac{T}{GI_\rho} \tag{2-6-20}$$

将式（2-6-19）代入式（2-6-17），得

$$\tau_\rho = \frac{T\rho}{I_\rho} \tag{2-6-21}$$

这就是圆轴扭转时横截面上任意点的切应力公式。

在圆截面边缘上，ρ 的最大值为 R ，则最大切应力为 $\tau_{\max} = \dfrac{TR}{I_{\rho}}$ 。

令 $W_{n} = \dfrac{I_{\rho}}{R}$ ，则

$$\tau_{\max} = \frac{T}{W_{n}} \qquad\qquad (2\text{-}6\text{-}22)$$

式中，W_{n} 仅与截面的几何尺寸有关，称为抗扭截面模量。若截面是直径为 d 的圆形，则 $W_{n} = \dfrac{I_{\rho}}{d/2} = \dfrac{\pi d^{3}}{16}$ ，若截面是外径为 D 、内径为 d 的空心圆形，则

$$W_{n} = \frac{I_{\rho}}{D/2} = \frac{\pi D^{3}}{16}\left[1 - \left(\frac{d}{D}\right)^{4}\right]$$

例 2　如图 2-6-14 所示的汽车传动轴，转速 $n = 360\ \text{r}/\text{min}$ ，传递的功率 $P = 15\ \text{kW}$ 。已知 $D = 30\ \text{mm}$ ，$d = 20\ \text{mm}$ 。试计算 AC 段横截面上的最大切应力；CD 段横截面上的最大和最小切应力。

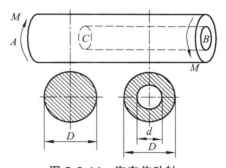

图 2-6-14　汽车传动轴

解：计算外力偶矩：$M = 9\,550\dfrac{P}{n} = 9\,550 \times \dfrac{15}{360} = 398\,(\text{N} \cdot \text{m})$

由此计算扭矩：$T = M = 398\ \text{N} \cdot \text{m}$

AC 段：$\tau_{\max} = \dfrac{T}{W_{n}}$ ，　$W_{n} = \dfrac{\pi}{16}D^{3}$

$$\tau_{\max} = \frac{398 \times 16}{3.14 \times 30^{3} \times 10^{-9}} = 75 \times 10^{6}\,(\text{Pa}) = 75\,(\text{MPa})$$

CB 段：$\tau_{\max} = \dfrac{T}{W_{n}}$ ，　$W_{n} = \dfrac{\pi D^{3}}{16}\left[1 - \left(\dfrac{d}{D}\right)^{4}\right]$

$$\tau_{max} = \frac{398 \times 16}{3.14 \times 30^3 \times 10^{-9} \times \left[1 - \left(\frac{2}{3}\right)^4\right]} = 93.6 \times 10^6 \, (\text{Pa}) = 93.6 \, (\text{MPa})$$

$$\tau_{min} = \frac{T\rho}{I_\rho}, \quad \rho = \frac{d}{2}, \quad I_\rho = \frac{\pi D^4}{32}\left[1 - \left(\frac{d}{D}\right)^4\right]$$

$$\tau_{min} = \frac{398 \times 10 \times 10^{-3} \times 32}{3.14 \times 30^4 \times 10^{-12} \times \left[1 - \left(\frac{2}{3}\right)^4\right]} = 62.4 \times 10^6 \, (\text{Pa}) = 62.4 \, (\text{MPa})$$

（三）梁横截面上的切应力

工程中的梁大多数并非发生纯弯曲，而是剪切弯曲。但绝大多数为细长梁，其强度取决于正应力强度，而无须考虑切应力强度。对梁的跨度较小或在支座附近有较大载荷作用时，铆接或焊接的组合截面钢梁（如工字形截面的腹板厚度与高度之比较一般型钢截面的对应比值小）、木梁等特殊情况，则必须考虑切应力强度。为此，简介常见梁截面的切应力分布规律。

1. 矩形截面梁

如图 2-6-15（a）所示。若 $h>b$，假设横断面上任意点处的切应力均与剪力同向，且距中性轴等远的各点处的切应力大小相等，则横截面上任意点处的切应力按下述公式计算：

$$\tau = \frac{QS_z^*}{I_z b} \tag{2-6-23}$$

式中，Q 为横截面上的剪力；S_z^* 为距中性轴为 y 的横线以外的部分横截面的面积[见图 2-6-15（a）中的阴影线面积]对中性轴的静矩；I_z 为横截面对中性轴的惯性矩；b 为矩形截面的宽度。

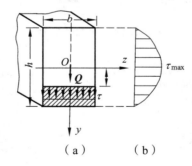

图 2-6-15 矩形截面梁

如图 2-6-15（a）所示，计算 S_z^*。

$$S_z^* = b\left(\frac{h}{2} - y\right)\left[y + \frac{1}{2}\left(\frac{h}{2} - y\right)\right] = \frac{b}{2}\left(\frac{h^2}{4} - y^2\right)$$

将 S_z^* 代入式（2-6-23）得

$$\tau = \frac{Q}{2I_z}\left(\frac{h^2}{4} - y^2\right)$$

由上式可知，矩形截面梁横截面上的切应力大小沿截面高度方向按二次抛物线规律变化，如图 2-6-15（b）所示，且在横截面的上、下边缘处（$y = \pm h/2$）的切应力为零，在中性轴上（$y = 0$）的切应力值最大，即

$$\tau_{\max} = \frac{Qh^2}{8I_z} = \frac{Qh^2}{8 \times bh^3/12} = \frac{3Q}{2bh} = \frac{3Q}{2A} \qquad （2\text{-}6\text{-}24）$$

式中，$A = bh$ 为矩形截面的面积。

2. 工字形截面梁

如图 2-6-16 所示，工字形截面梁由腹板和翼缘组成。横截面上的切应力主要分布于腹板上（如 18 号工字钢腹板上切应力的合力约为 $0.945Q$）；翼缘部分的切应力分布比较复杂，数值很小，可以忽略。由于腹板是狭长矩形，则腹板上任一点的切应力可由式（2-6-23）计算。其切应力沿腹板高度方向的变化规律仍为二次抛物线，如图 2-6-16 所示，中性轴上切应力值最大，其值为

$$\tau_{\max} = \frac{Q S_{z\max}^*}{I_z d} \qquad （2\text{-}6\text{-}25）$$

式中，d 为腹板的厚度；$S_{z\max}^*$ 为中性轴一侧的截面面积对中性轴的静矩；比值 $I_z / S_{z\max}^*$ 可直接由型钢表查出。

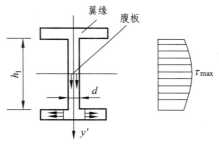

图 2-6-16 工字形截面梁

3. 圆形截面梁的最大切应力

如图 2-6-17 所示，圆形截面上应力分布比较复杂，但其最大切应力仍在中性轴上各点处，由切应力互等定理可知，该圆形截面左、右边缘上点的切应力方向不仅与其圆周相切，而且与剪力 Q 同向。若假设中性轴上各点切应力均布，便可借用式（2-6-23）来求 $\tau_{\max}$ 的值，此时，ab 为圆的直径 d，而 S_z^* 则为半圆面积对中性轴的静矩 $\left[S_z^* = \left(\frac{\pi d^2}{8}\right) \cdot \frac{2d}{3\pi}\right]$。将 S_z^* 和 d 代入式（2-6-25）便得

$$\tau_{max} = \frac{QS_z^*}{I_z b} = \frac{Q \cdot \left(\dfrac{\pi d^2}{8}\right) \cdot \dfrac{2d}{3\pi}}{\dfrac{\pi d^4}{64} \cdot d} = \frac{4Q}{3A} \qquad (2\text{-}6\text{-}26)$$

式中，$A = \dfrac{\pi}{4} d^2$ 为圆形截面的面积。

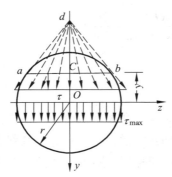

图 2-6-17　圆形截面上的应力分布

四、截面的几何性质

（一）面　矩

平面图形（见图 2-6-18），其面积为 A，在坐标（y, z）处，取微面积 dA，zdA 称为微面积 dA 对 y 轴的面积矩，简称面矩（或静矩）。则将 zdA 遍及整个图形面积 A 的积分，称为图形对 y 轴的面矩，用 S_y 表示，即

$$S_y = \int_A z dA$$

同理有
$$S_z = \int_A y dA \qquad (2\text{-}6\text{-}27)$$

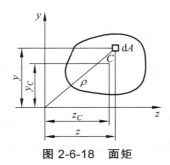

图 2-6-18　面矩

若平面图形为一等厚均质薄片，其形心坐标为

$$y_C = \frac{\sum y dA}{A} = \frac{\int_A y dA}{A}, \quad z_C = \frac{\sum z dA}{A} = \frac{\int_A z dA}{A}$$

由上式和式（2-6-27）得

$$S_y = A \cdot z_C , \quad S_z = A \cdot y_C \qquad (2\text{-}6\text{-}28)$$

由式（2-6-28）可知，图形对过其形心坐标轴的面矩为零；面矩不仅与图形面积有关，而且还与参考轴的位置有关。面矩可以是正值、负值或零，面矩的常用单位符号为 mm^3。

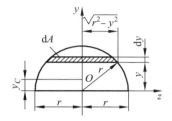

图 2-6-19　求面矩及形心坐标

例 3　求半径为 r 的半圆形对过其直径的轴 z 的面矩及其形心坐标 y_C，如图 2-6-19 所示。

解：过圆心 O 作与 z 轴垂直的 y 轴，并在任意 y 坐标取宽为 dy 的微面积 dA，其面积为

$$dA = 2\sqrt{r^2 - y^2} \cdot dy$$

由式（2-6-27）有 $S_z = \int_A y dA = \int_0^r 2y\sqrt{r^2 - y^2} dy = \dfrac{2}{3} r^3$

将 $S_z = \dfrac{2}{3} r^3$ 代入式（2-6-28），得

$$y_C = \frac{S_z}{A} = \frac{4r}{3\pi}$$

（二）惯性矩与极惯性矩

如图 2-6-18 所示，$z^2 dA$ 称为微面积 dA 对 y 轴的惯性矩。则将 $z^2 dA$ 遍及整个图形面积 A 的积分，称为图形对 y 轴的惯性矩，用 I_y 表示，即

$$I_y = \int_A z^2 dA$$

同理有 $\qquad I_z = \int_A y^2 dA \qquad\qquad\qquad\qquad (2\text{-}6\text{-}29)$

如图 2-6-18 所示，当采用极坐标系时，其面积为 A，在坐标 (y, z) 处，取微面积 $z dA$，$z dA$ 称为微面积 dA 对 y 轴的面积矩，$\rho^2 dA$ 称为微面积 dA 对坐标原点 O 的极惯性矩，则将 $\rho^2 dA$ 遍及整个图形面积 A 的积分，称为图形对坐标原点 O 的极惯性矩，用 I_ρ 表示，即

$$I_\rho = \int_A \rho^2 dA \qquad\qquad\qquad\qquad (2\text{-}6\text{-}30)$$

将 $\rho^2 = z^2 + y^2$ 代入式（2-6-30），得

$$I_\rho = \int_A \rho^2 dA = \int_A (z^2 + y^2) dA = \int_A z^2 dA + \int_A y^2 dA$$

$$I_\rho = I_y + I_z \qquad\qquad (2\text{-}6\text{-}31)$$

由式（2-6-31）可知，图形对其所在平面内任一点的极惯性矩 I_ρ，等于其对过此点的任一对正交轴 y、z 的惯性矩 I_y、I_z 之和。

由式（2-6-29）和（2-6-30）可知，惯性矩和极惯性矩总是正值。其常用单位符号为 mm^4。

例 4 试计算图 2-6-20 所示的矩形对其对称轴 y、z 的惯性矩。

解： 先求对 y 轴的惯性矩。取平行于 y 轴的狭长矩形作为微面积 dA，则

$$dA = bdz$$

$$I_y = \int_A z^2 dA = \int_{-\frac{h}{2}}^{\frac{h}{2}} bz^2 dz = \frac{bh^3}{12}$$

同样可求得 $I_z = \dfrac{hb^3}{12}$

例 5 试计算图 2-6-21 所示的圆形对过形心轴的惯性矩及对形心的极惯性矩。

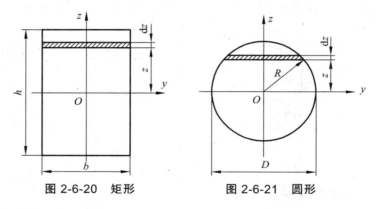

图 2-6-20 矩形　　　　　图 2-6-21 圆形

解： 取图中狭长矩形作为微面积 dA，则

$$dA = 2ydz = 2\sqrt{R^2 - z^2}\, dz$$

$$I_y = \int_A z^2 dA = 2\int_R^R z^2 \sqrt{R^2 - z^2}\, dz = \frac{\pi r R^4}{4} = \frac{\pi D^4}{64}$$

由对称性有 $I_z = I_y = \dfrac{\pi D^4}{64}$

由式（2-6-31）有

$$I_\rho = I_y + I_z = \frac{\pi D^3}{32}$$

例 6 试计算图 2-6-22 所示的空心圆形对过圆心的轴 y、z 的惯性矩及对圆心 O 的极惯性矩。

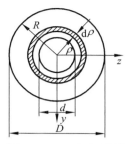

图 2-6-22 空心圆形

解： 首先求对圆心 O 的极惯性矩 I_ρ。取图中所示的环形微面积 $\mathrm{d}A$，则

$$\mathrm{d}A = 2\pi\rho\mathrm{d}\rho$$

$$I_P = \int_A \rho^2 \mathrm{d}A = 2\pi \int_{\frac{d}{2}}^{\frac{D}{2}} \rho^3 \mathrm{d}\rho = \frac{\pi r}{32}(D^4 - d^4)$$

因 $I_\rho = I_y + I_z$，且 $I_y = I_z$，则有 $I_y = I_z = \frac{1}{2}I_\rho = \frac{\pi r}{64}(D^4 - d^4)$

（三）惯性积与形心主惯性矩

如图 2-6-18 所示，$zy\mathrm{d}A$ 称为微面积 $\mathrm{d}A$ 对轴 y、z 的惯性积。则将 $zy\mathrm{d}A$ 及整个图形面积 A 的积分称为图形对轴 y、z 的惯性积，用 I_{zy} 表示，即

$$I_{yz} = \int_A zy\mathrm{d}A \tag{2-6-32}$$

由式（2-6-32）可知，惯性积可以是正值、负值或零；且轴惯性积中只要有一个为图形的对称轴，则图形对轴 y、z 的惯性积必等于零。

若图形对正交轴的惯性积等于零，则该坐标轴就称为主惯性轴，简称主轴。图形对主轴的惯性矩称为主惯性矩。过图形形心的主轴称为形心主惯性轴；图形对形心主惯性轴的惯性矩称为形心主惯性矩。

五、杆件的强度计算

由内力图可直观地判断出等直杆内力最大值所发生的截面，称之为危险截面，危险截面上应力值最大的点称为危险点。为了保证构件有足够的强度，其危险点的应力需满足对应的强度条件。

（一）正应力与切应力强度条件

轴向拉（压）杆中的任一点均处于单向应力状态。塑性及脆性材料的极限应力 σ_u 分别为屈服极限 σ_s（或 $\sigma_{0.2}$）和强度极限 σ_b，则材料在单向应力状态下的破坏条件为

$$\sigma = \sigma_u$$

材料的许用拉（压）应力 $[\sigma] = \dfrac{\sigma_u}{n}$，则单向应力状态下的正应力强度条件为

$$\sigma \leqslant [\sigma] \qquad\qquad (2\text{-}6\text{-}33)$$

同理可得，材料在纯剪切应力状态下的切应力强度条件：

$$\tau \leqslant [\tau] \qquad\qquad (2\text{-}6\text{-}34)$$

（二）正应力强度计算

由式（2-6-2）和（2-6-33）得，拉（压）杆的正应力强度条件为

$$\sigma_{\max} = \frac{N_{\max}}{A} \leqslant [\sigma] \qquad\qquad (2\text{-}6\text{-}35)$$

由式（2-6-2）和（2-6-33）得，梁弯曲的正应力强度条件为

$$\sigma_{\max} = \frac{M_{\max}}{W_z} \leqslant [\sigma] \qquad\qquad (2\text{-}6\text{-}36)$$

应用强度条件可进行强度校核、设计截面、确定许可载荷等三方面的强度计算。

例 7 如图 2-6-23 所示的托架，AB 为圆钢杆，$d = 32$ mm，BC 为正方形木杆，$a = 140$ mm。杆端均用铰链连接。在接点 B 作用一载荷 $P = 60$ kN。已知钢的许用应力$[\sigma]=140$ MPa。木材的许用拉、压应力分别为$[\sigma_t] = 8$ MPa，$[\sigma_c] = 3.5$ MPa，试求：

（1）校核托架能否正常工作。

（2）为保证托架安全工作，最大许可载荷为多大？

（3）如果要求载荷 $P = 60$ kN 不变，应如何修改钢杆和木杆的截面尺寸？

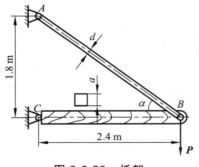

图 2-6-23　托架

解：（1）校核托架强度。

由 $\Sigma Y = 0$，$P_1 \sin\alpha - P = 0$

解得 　　　　　　$P_1 = P\csc\alpha = 100$ kN

由 $\Sigma X = 0$，$-P_1\cos\alpha + P_2 = 0$

解得 　　　　　　$P_2 = P_1\cos\alpha = 80$ kN

杆 AB、BC 的轴力分别为 $N_1 = P_1 = 100$ kN，$N_2 = -P_2 = -80$ kN，即杆 BC 受压、轴力负号不参与运算。

钢杆：$\sigma_1 = \dfrac{N_1}{A_1} = \dfrac{4N_1}{\pi d^2} = 124$ MPa<140 MPa$=[\sigma_t]$

木杆：$\sigma_2 = \dfrac{N_2}{A_2} = \dfrac{N_2}{a^2} = 4.08 \text{ MPa} > 3.5 \text{ MPa} = [\sigma_c]$

故木杆强度不够，托架不能安全承担所加载荷。

（2）求最大许可载荷。

由上述分析可知，托架不能安全工作的原因是木杆强度不足。则最大许可载荷[P]应根据木杆强度来确定。由强度条件有

$$N_2 \leqslant A_2[\sigma_c] = a^2[\sigma_c] = 68.6 \text{ kN}$$

而 $N_2 = P_2 = P \cot\alpha$ ，则有

$$P \cot\alpha \leqslant 68.6 \text{ kN}$$

故托架的最大许可载荷为

$$[P] = 68.6\tan\alpha = 51.45 \text{ kN}$$

（3）若 $P = 60 \text{ kN}$ 不变，求钢杆与杆截面尺寸，由强度条件有

$$A \geqslant \dfrac{N}{[\sigma]}$$

钢杆：$\dfrac{\pi}{4}d^2 \geqslant \dfrac{N_1}{[\sigma_t]} = 7.14 \text{ cm}^2$

解得　　　　　$d \geqslant 3.02 \text{ cm}$

木杆：$a^2 \geqslant \dfrac{N_2}{[\sigma_c]} = 228.6 \text{ cm}^2$

解得　　　　　$a \geqslant 15.1 \text{ cm}$

若取钢杆直径 $d = 30 \text{ mm}$，木杆边长 $a = 150 \text{ mm}$，此时钢杆与木杆的工作应力将比其许用应力分别大 1%和 1.6%。通常在工程上规定不超过 5%是允许的。

例 8　有一高度 $l = 24 \text{ m}$ 的方形截面等直块石柱，如图 2-6-24（a）所示，其顶部作用有轴向载荷 $P = 1\ 000 \text{ kN}$。已知材料容重 $\gamma = 23 \text{ kN/m}^3$，许用应力$[\sigma_c] = 1 \text{ MPa}$，试设计此块石柱所需的截面尺寸。若将该等直柱设计成等分三段的阶梯柱，如图 2-6-24（d）所示，试设计每段石柱所需的截面尺寸。

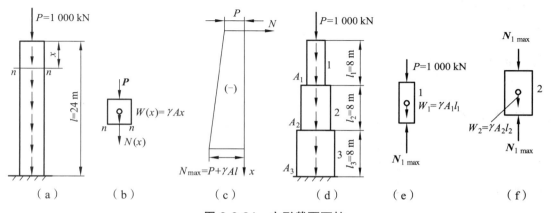

图 2-6-24　方形截面石柱

解：如图 2-6-24（b）所示。

由
$$\sum x = 0, \quad N(x) + W(x) + P = 0$$

解得
$$N(x) = -[P + W(x)] = -(P + \gamma A x)$$

石柱的轴力图如图 2-6-24（c）所示，最大轴力 N_{max} 出现在石柱的底面上，其值 $N_{max} = P + \gamma A l$。柱底截面上的应力需满足下述强度条件：

$$\sigma_{max} = \frac{N_{max}}{A} = \frac{P}{A} + \gamma l \leqslant [\sigma_c]$$

解得
$$A \geqslant \frac{P}{[\sigma_c] - \gamma l} = 2.23 \text{ m}^2$$

方形截面的边长为 $a = \sqrt{A} \geqslant \sqrt{2.23} = 1.49$（m）

取 $a = 1.5$ m

如图 2-6-24（d）为阶梯形柱。如图 2-6-24（e）所示，由 $A \geqslant \dfrac{P}{[\sigma_c] - \gamma l}$ 可求得第一段柱的横截面面积为

$$A_1 \geqslant \frac{P}{[\sigma_c] - \gamma l_1} = 1.23 \text{ m}^2$$

其对应的方形截面的边长为

$$a_1 = \sqrt{A_1} \geqslant \sqrt{1.23} = 1.11 \text{（m）}$$

取 $a_1 = 1.1$ m，则

$$A_1 = 1.21 \text{ m}^2$$

同理可求得第二段柱[见图 2-6-24（f）]的横截面面积为

$$A_2 \geqslant \frac{P + \gamma A_1 l_1}{[\sigma_c] - \gamma l_2} = 1.497 \text{ m}^2$$

其对应的方形截面的边长为

$$a_2 = \sqrt{A_2} \geqslant \sqrt{1.479} = 1.223 \text{（m）}$$

取 $a_2 = 1.25$ m，则

$$A_2 = 1.562 \text{ m}^2$$

第三段柱的横截面面积为

$$A_3 \geqslant \frac{P + \gamma A_1 l_1 + \gamma A_2 l_2}{[\sigma_c] - \gamma l_3} = 1.85 \text{ m}^2$$

其对应的方形截面的边长为

$$a_3 = \sqrt{A_3} \geqslant \sqrt{1.85} = 1.36 \text{（m）}$$

取 $a_3 = 1.4$ m，则

$$A_3 = 1.96 \text{ m}^2$$

等直柱的体积 $V_1 = Al = 53.5 \text{ m}^3$，阶梯柱的体积 $V_2 = (A_1 + A_2 + A_3)l/3 = 37.86 \text{ m}^3$，可见阶梯柱比等直柱节省了 15.64 m^3 的石块。

例 9　图 2-6-25（a）为一受均布载荷的梁，其跨度 $l = 200$ mm，梁截面直径 $d = 25$ mm，许用应力 $[\sigma] = 150$ MPa。试求沿梁每米长度上可能承受的最大载荷 q 为多少？

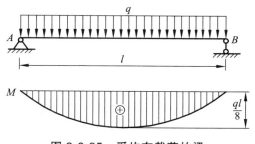

图 2-6-25　受均布载荷的梁

解：弯矩图如图 2-6-25 所示。

最大弯矩发生在梁的中点所在横截面上，$M_{\max} = ql^2/8 = 5 \times 10^{-3} q$（$\text{m}^2$）

由式（2-6-36）有

$$M_{\max} \leqslant W_z[\sigma] = \frac{\pi d^3}{32}[\sigma] = 234 \text{ N} \cdot \text{m}$$

于是 $5 \times 10^{-3} q \leqslant 234$

解得　　　　　　$q_{\max} = 46.8 \text{ kN/m}$

例 10　铸铁梁的载荷及截面尺寸如图 2-6-26（a）所示，点 C 为 T 形截面的形心，惯性矩 $I_z = 6\,013 \times 10^4 \text{ mm}^4$，材料的许用拉应力 $[\sigma_t] = 40$ MPa，材料的许用压应力 $[\sigma_c] = 160$ MPa，试校核该梁的强度。

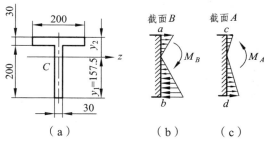

图 2-6-26　铸铁梁

解：梁弯矩图如图 2-6-26（b）所示。绝对值最大的弯矩为负弯矩，发生于 B 点左侧相邻横截面上，应力分布如图 2-6-26（c）所示。此截面最大拉应力发生于截面上边缘各点处。由式（2-6-36）有

$$\sigma_a = \frac{M_B y_2}{I_z} = 36.2 \text{ MPa} < 40 \text{ MPa} = [\sigma_t]$$

最大压应力发生于截面下边缘各点处。由式（2-6-36）有

$$\sigma_b = \frac{M_B y_1}{I_z} = 78.6 \text{ MPa} < 160 \text{ MPa} = [\sigma_c]$$

虽然 A 截面弯矩值 $M_A < |M_B|$，但 M_A 为正弯矩。最大拉应力发生于截面下边缘各点，此截面上最大拉应力大于最大压应力。因此，全梁最大拉应力究竟发生在哪个截面上，必须经计算才能确定。

A 截面最大拉应力为

$$\sigma_d = \frac{M_A y_1}{I_z} = 39.3 \text{ MPa} < 40 \text{ MPa} = [\sigma_t]$$

由上述计算结果可知，最大压应力发生于 B 点左侧相邻横截面下边缘处，最大拉应力发生于 A 截面下边缘处，均满足强度条件，因此是安全的。

（三）切应力强度计算

1. 圆轴扭转

由式（2-6-7）和（2-6-34）得，圆轴扭转时切应力强度条件为

$$\tau_{\max} = \frac{T}{W_n} \leqslant [\tau] \tag{2-6-37}$$

例 11 如图 2-6-27（a）所示的阶梯形圆轴，AB 段的直径 $d_1 = 40$ mm，BD 段的直径 $d_2 = 70$ mm，外力偶矩分别为 $M_A = 0.7$ kN·m，$M_C = 1.1$ kN·m，$M_D = 1.8$ kN·m。许用切应力 $[\tau] = 60$ MPa。试校核该轴的强度。

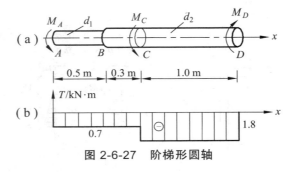

图 2-6-27 阶梯形圆轴

解： AC、CD 段的扭矩分别为 $T_1 = -0.7$ kN·m，$T_2 = -1.8$ kN·m。扭矩图如图 2-6-27（b）所示。虽然 CD 段的扭矩大于 AB 段的扭矩，但 CD 段的直径也大于 AB 段的直径，所以对这两段轴均应进行强度校核。

AB 段：$\tau_{\max} = \dfrac{T_1}{W_n} = 55.7$ MPa < 60 MPa $= [\tau]$

CD 段：$\tau_{max} = \dfrac{T_2}{W_n} = 26.7\,\text{MPa} < 60\,\text{MPa} = [\tau]$

故该轴满足强度条件。

2. 梁弯曲

由式（2-6-37）得，梁弯曲时切应力强度条件为

$$\tau_{max} = \frac{Q_{max} S_{z\,max}^*}{I_z b} \leqslant [\tau] \tag{2-6-38}$$

例 12 如图 2-6-28（a）所示，工字钢截面简支梁。已知 $l = 2$ m，$q = 10$ kN/m，$P = 200$ kN，$a = 0.2$ m。许用应力 $[\sigma] = 160$ MPa，$[\tau] = 100$ MPa。试选择工字钢型号。

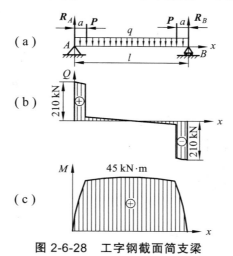

图 2-6-28 工字钢截面简支梁

解： 由结构及载荷分布的对称性得梁的支座反力为

$$R_A = R_B = (ql + 2p)/2 = 210\,\text{kN}$$

由图 2-6-28（b）、（c）所示的剪力图和弯矩图可知，$Q_{max} = 210$ kN，$M_{max} = 45$ kN · m。
由式（2-6-36）得

$$W_z = \frac{M_{max}}{[\sigma]} = \frac{45 \times 10^3}{160 \times 10^6} = 281 \times 10^{-6}\ (\text{m}^3) = 281\ (\text{cm}^3)$$

查型钢表，选取 22a 工字钢，其 $W_z = 309\,\text{cm}^3$，$I_z / S_z^* = 18.9$ cm，腹板厚度 $d = 0.75$ cm
由式（2-6-38）得

$$\tau_{max} = \frac{Q_{max} S_{z\,max}^*}{I_z b} = \frac{210 \times 10^3}{18.9 \times 10^{-2} \times 0.75 \times 10^{-2}} = 148(\text{MPa}) > 100(\text{MPa}) = [\tau]$$

由此选取 22a 工字钢其切应力强度不够，则需重新选择。
若选取 25b 工字钢，由查型钢表查出，$I_z / S_z^* = 21.3$ cm，$d = 1$ cm，由式（2-6-38）得

$$\tau_{max} = \frac{Q_{max}S_{z\,max}^*}{I_z b} = \frac{210 \times 10^3}{21.3 \times 10^{-2} \times 1 \times 10^{-2}} = 98.6\,(MPa) < 100\,(MPa) = [\tau]$$

因此，选取 25b 工字钢，同时满足梁的正应力和切应力强度条件。

（四）组合变形构件的强度计算

1. 弯曲与拉伸（或压缩）组合

如图 2-6-29（a）所示的矩形截面杆，作用于自由端的集中力 $\boldsymbol{P}$ 位于杆的纵向对称面 Oxy 内，并与杆的轴线 x 呈一夹角 φ。

令 $P=P_x+P_y$，则有 $P_x=P\cos\varphi$，$P_x=P\sin\varphi$。

在轴向分力 $\boldsymbol{P}_x$ 单独作用下，杆将产生轴向拉伸，杆横截面上各点的拉应力均布，如图 2-6-29（b）所示，其值为

$$\sigma' = \frac{N}{A} = \frac{P_x}{A}$$

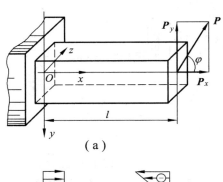

（a）

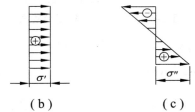

（b）　　　　　　（c）

图 2-6-29　矩形截面杆受力图

在横向分力 P_y 单独作用下，杆将在 Oxy 内发生平面弯曲，其弯矩方程为

$$M = P_y(l-x) = P(l-x)\sin\varphi \qquad\qquad (0 < x \leqslant l)$$

横截面上任一点的总应力沿其高度方向的变化规律如图 2-6-29（c）所示，其值为

$$\sigma'' = \frac{My}{I_z}$$

由叠加原理便得横截面上任一点的总应力沿其高度方向的变化规律，其值为

$$\sigma = \sigma' + \sigma'' = \frac{N}{A} + \frac{My}{I_z}$$

固定端右侧相邻横截面为危险截面，危险点位于其上边缘或下边缘处。上边缘或下边缘各点分别产生最大拉应力和最大压应力，其值分别为

$$\begin{cases} \sigma_{t\,max} = \dfrac{N}{A} + \dfrac{M_{max}}{W_z} \\[4mm] \sigma_{c\,max} = \dfrac{N}{A} - \dfrac{M_{max}}{W_z} \end{cases}$$

（2-6-39）

例 13　如图 2-6-30 所示的悬臂梁吊车的横梁用 25a 工字钢制成，已知 $l = 4\ m$，$\alpha = 30°$，$[\sigma] = 100\ MPa$，电动葫芦重 $Q_1 = 4\ kN$，起重力 $Q_2 = 20\ kN$。试校核横梁的强度。

解：（1）梁 AB 发生弯曲与压缩组合变形。

如图 2-6-30（b）所示，当载荷 $P = Q_1 + Q_2 = 24\ kN$ 移动至梁的中点时，可近似地认为梁处于危险状态，此时梁 AB 发生弯曲与压缩组合变形。

由　　　　$\sum M_A = 0$，$Y_B \times l - Pl/2 = 0$

解得　　　$Y_B = P/2 = 12\ kN$

而　　　　$X_B = Y_B \cot 30° = 20.8\ kN$

由　　　　$\sum Y = 0$，$Y_A - P + Y_B = 0$

解得　　　$Y_A = 12\ kN$

由　　　　$\sum X = 0$，$X_A - X_B = 0$

解得　　　$X_A = 20.8\ kN$

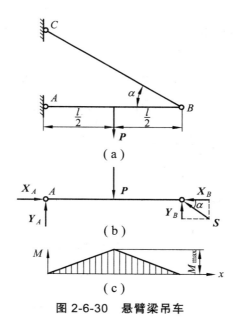

图 2-6-30　悬臂梁吊车

（2）内力和应力计算。

梁的弯矩图如图 2-6-30（c）所示。梁中点截面上的弯矩最大，其值为

$$M_{max} = Pl/4 = 24\ kN \cdot m$$

由型钢表查得 25a 工字钢的截面面积和抗弯截面模量分别为

$$A = 48.5 \text{ cm}^2 , \quad W_z = 402 \text{ cm}^3$$

最大弯曲应力为

$$\sigma_{\max} = \frac{M_{\max}}{W_z} = \frac{24 \times 10^3}{402 \times 10^{-6}} \approx 59.7 \times 10^6 (\text{Pa}) = 59.7 (\text{MPa})$$

梁 AB 所受的轴向压力为

$$N = -X_B = -20.8 \text{ kN}$$

其轴向压应力为

$$\sigma_c = -\frac{N}{A} = -4.29 \text{ MPa}$$

梁中点横截面上、下边缘处的总正应力分别为

$$\sigma_{c\max} = -\frac{N}{A} - \frac{M_{\max}}{W_z} = -64 \text{ MPa}$$

$$\sigma_{t\max} = -\frac{N}{A} + \frac{M_{\max}}{W_z} = 55.4 \text{ MPa}$$

（3）强度校核。

因为工字钢的抗拉、抗压能力相同，则 $|\sigma_{c\max}| = 64$ MPa<100 MPa $= [\sigma]$，此悬臂吊车的横梁安全。

例 14　如图 2-6-31 所示的钻床铸铁立柱，已知钻孔为 $P = 15$ kN，力 P 与立柱中心线的距离 $e = 300$mm。许用拉应力$[\sigma_t] = 32$ MPa，试设计立柱直径 d。

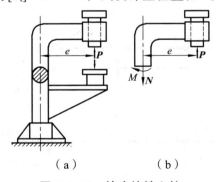

（a）　　　　（b）

图 2-6-31　钻床铸铁立柱

解：如图 2-6-31（b）所示，钻床立柱发生拉伸和弯曲的组合变形，其最大拉应力强度条件为

$$\sigma_{t\max} = \frac{4P}{\pi d^2} + \frac{32Pe}{\pi d^3} \leqslant [\sigma_t] \tag{a}$$

得　　$\dfrac{4 \times 15 \times 10^3}{\pi d^2} + \dfrac{32 \times 15 \times 10^3 \times 300}{\pi d^3} \leqslant 32$

解此三次方程便可求得立柱的直径 d 值，但求解麻烦费时。若 e（偏心距）值较大，首先按弯曲正应力强度条件求出直径 d 的近似值，然后取略大于此值为直径 d，再代入偏心拉伸的强度条件公式中进行校核，逐步增大直径 d 值至满足此强度条件。由 $\dfrac{M}{W_z} \leqslant [\sigma]$ 有

$$\frac{32 \times 15 \times 10^3 \times 300}{\pi d^3} \leqslant 32$$

解得 $d \geqslant 112.7$ mm，取 $d = 116$ mm，再代入式（a）得

$$\frac{4 \times 15 \times 10^3}{\pi 116^2} + \frac{32 \times 15 \times 10^3 \times 300}{\pi 116^3} = 30.78(\text{MPa}) \leqslant 32\,(\text{MPa}) = [\sigma_t]$$

满足强度条件，最后选用立柱直径 $d = 116$ mm。

2. 偏心压缩（拉伸）

根据偏心力作用点位置的不同，常见偏心压缩分为单向偏心压缩和双向偏心压缩两种情况，下面分别讨论其强度计算。

（1）单向偏心压缩。

当偏心压力 F 作用在截面上的某一对称轴（如 y 轴）上的 K 点时，杆件产生的偏心压缩称为单向偏心压缩，如图 2-6-32（a）所示，这种情况在工程实际中最常见。

① 外力分析。

将偏心压力 F 向截面形心简化，得到一个轴向压力 F 和一个力偶矩 $M = Fe$ 的力偶，如图 2-6-32（b）所示。

② 内力分析。

用截面法可求得任一横截面 m—m 上的内力为

$$N = -F \qquad M_z = M = Fe$$

由外力简化和内力计算结果可知，偏心压缩为轴向压缩和纯弯曲的变形组合。

③ 应力分析。

根据叠加原理，将轴力 N 对应的正应力 σ_N 与弯矩 M 对应的正应力 σ_M 迭加起来，即得单向偏心压缩时任意横截面上任一处正应力的计算式：

$$\sigma = \sigma_N + \sigma_M = \frac{N}{A} \pm \frac{My}{I_z} = -\frac{F}{A} \pm \frac{Fe}{I_z} y \tag{2-6-40}$$

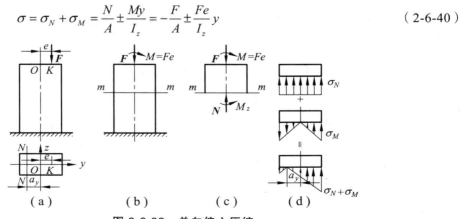

图 2-6-32　单向偏心压缩

应用式（2-6-40）计算应力时，式中各量均以绝对值代入，公式中第二项前的正负号通过观察弯曲变形确定，该点在受拉区为正，在受压区为负。

④ 最大应力。

若不计柱自重，则各截面内力相同。由应力分布图 2-6-32 可知，偏心压缩时的中性轴不再通过截面形心，最大正应力和最小正应力分别发生在横截面距中性轴 N—N 最远的左、右两边缘上，其计算公式为：

$$\begin{cases} \sigma_{max} = -\dfrac{F}{A} - \dfrac{Fe}{W_z} \\ \sigma_{min} = -\dfrac{F}{A} + \dfrac{Fe}{W_z} \end{cases} \tag{2-6-41}$$

（2）双向偏心压缩。

当外力 F 不作用在对称轴上，而是作用在横截面上任一位置 K 点处时，如图 2-6-33（a）所示，产生的偏心压缩称为双向偏心压缩。这是偏心压缩的一般情况，其计算方法和步骤与单向偏心压缩相同。

若用 e_y 和 e_z 分别表示偏心压力 F 作用点到 z、y 轴的距离，将外力向截面形心 O 简化得一轴向压力 F 和对 y 轴的力偶矩 $M_y = Fe_z$，对 z 轴的力偶矩 $M_z = Fe_y$，如图 2-6-33（b）所示。

由截面法可求得杆件任一截面上的内力有轴力 $N = -F$、弯矩 $M_y = Fe_z$ 和 $M_z = Fe_y$。因此，双向偏心压缩实质上是压缩与两个方向纯弯曲的组合，或压缩与斜弯曲的组合变形。

根据叠加原理，可得杆件横截面上任意一点 $C(y, z)$ 处正应力计算式为

$$\sigma = \sigma_N + \sigma_{My} + \sigma_{Mz} = \dfrac{N}{A} \pm \dfrac{M_z y}{I_z} \pm \dfrac{M_y z}{I_y} = -\dfrac{F}{A} + \dfrac{Fe_y}{I_z} y \pm \dfrac{Fe_z}{I_y} z \tag{2-6-42}$$

最大和最小正应力发生在截面距中性轴 N—N 最远的角点 E、F 处，如图 2-6-33（c）所示。

$$\begin{cases} \sigma_{max}^F = -\dfrac{F}{A} + \dfrac{M_z}{W_z} + \dfrac{M_y}{W_y} \\ \sigma_{min}^E = -\dfrac{F}{A} - \dfrac{M_z}{W_z} - \dfrac{M_y}{W_y} \end{cases} \tag{2-6-43}$$

上述各式同样适用于偏心拉伸，但须将公式中第一项前改为正号。

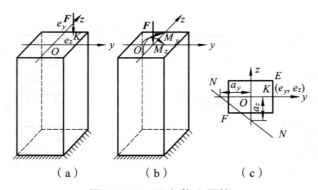

（a）　　　　　　（b）　　　　　　（c）

图 2-6-33　双向偏心压缩

（五）截面核心

有些脆性材料的抗拉强度远远小于抗压强度，所以在设计由这类材料制成的偏心受压构件时，要求横截面上不出现拉应力。由式（2-6-41）、式（2-6-42）可知，当偏心压力 F 和截面形状、尺寸确定后，应力的分布只与偏心距有关。偏心距越小，横截面上拉应力的数值也就越小。因此，总可以找到包含截面形心在内的一个特定区域，当偏心压力作用在该区域内时，截面上就不会出现拉应力，这个区域称为截面核心。如图 2-6-34 所示的矩形截面杆，在单向偏心压缩时，要使横截面上不出现拉应力，就应使

$$\sigma_{\max}^{+} = -\frac{F}{A} \pm \frac{Fe}{W_z} \leqslant 0$$

将 $A=bh$、$W_z=bh^2/6$ 代入上式可得

$$1-\frac{6e}{h} \geqslant 0$$

从而得 $e \leqslant h/6$，这说明当偏心压力作用在 y 轴上 $\pm h/6$ 范围以内时，截面上不会出现拉应力。同理，当偏心压力作用在 z 轴上 $\pm b/6$ 范围以内时，截面上不会出现拉应力。当偏心压力不作用在对称轴上时，可将图 2-6-34 中 1、2、3、4 点顺次用直线连接所得的菱形即为矩形截面核心。常见截面的截面核心如图 2-6-35 所示。

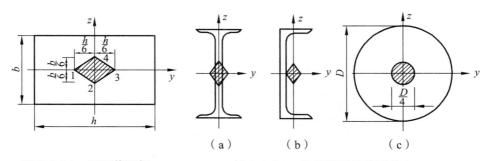

图 2-6-34　矩形截面杆　　　图 2-6-35　常见截面的截面核心

例 15　如图 2-6-36 所示为厂房的牛腿柱。设由屋架传来的压力 $F_1 = 100$ kN，由吊车梁传来的压力 $F_2 = 30$ kN，F_2 与柱子的轴线有一偏心距 $e = 0.2$ m。如果柱横截面宽度 $b = 180$ mm，试求当 h 为多少时，截面才不会出现拉应力。并求柱这时的最大压应力。

解：（1）外力计算：$F = F_1 + F_2 = 130$ kN；$M_z = F_2 e = 30 \times 0.2 = 6$（kN·m）

（2）内力计算。

用截面法可求得横截面上的内力为

$$N = -F = -130 \text{kN}; \quad M_z = F_2 e = 6 \text{ kN·m}$$

（3）应力计算：

$$\sigma_{\max}^{+} = -\frac{F}{A} + \frac{M_z}{W_z} = -\frac{130 \times 10^3}{0.18h} + \frac{6 \times 10^3}{0.18h^2/6} = 0$$

解得　　　　　　　　$h = 0.28$ m

此时柱的最大压应力发生在截面的右边缘各点处，其值为

$$\sigma_{\max}^{-} = \frac{F}{A} + \frac{M_z}{W_z} = \frac{130 \times 10^3}{0.18h} + \frac{6 \times 10^3}{0.18h^2/6} = 5.13 \text{ MPa}$$

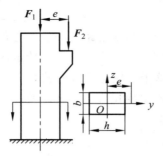

图 2-6-36　牛腿柱

六、剪切、挤压的实用计算

（一）剪切的实用计算

如图 2-6-37（a）为连接螺栓，用截面法求 m—m 截面上的内力，取下段，由 $\Sigma X = 0$，有

$$Q - P = 0$$

解得

$$Q = P$$

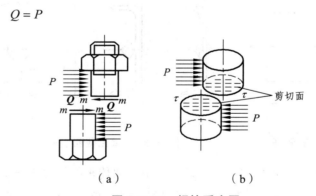

（a）　　　　　　　　　（b）

图 2-6-37　螺栓受力图

力 Q 切于剪切面 m—m，称为剪力。实用计算中，假设在剪切面上切应力是均匀分布，如图 2-6-37（b）所示，若以 A 表示剪切面面积，则构件剪切面上的平均切应力为

$$\tau = \frac{Q}{A} \tag{2-6-44}$$

剪切强度条件为

$$\tau = \frac{Q}{A} \leqslant [\tau] \tag{2-6-45}$$

剪切许用应力 $[\tau]$，可从有关设计手册中查得。

（二）挤压的实用计算

机械中的连接件，承受剪切作用的同时，在传力的接触面间互相挤压而产生局部变形的现象，称为挤压。图 2-6-38（a）就是螺栓孔被压成长圆孔的情况，当然，螺栓也可能被挤压成扁圆柱。

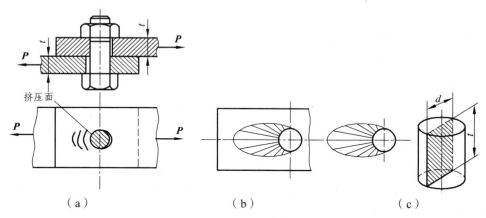

图 2-6-38　挤压

作用于接触面上的压力，称为挤压力，以 P_{bs} 表示。挤压面上的压强，称为挤压应力，以 σ_{bs} 表示。挤压应力分布一般比较复杂，如图 2-6-38（b）所示。实用计算中，假设在挤压面上挤压应力是均匀分布的。则构件挤压面上的平均挤压应力为：

$$\sigma_{bs} = \frac{P_{bs}}{A_{bs}} \qquad\qquad (2\text{-}6\text{-}46)$$

挤压强度条件为：

$$\sigma_{bs} = \frac{P_{bs}}{A_{bs}} \leqslant [\sigma_{bs}] \qquad\qquad (2\text{-}6\text{-}47)$$

式中，$[\sigma_{bs}]$ 为材料的许用挤压应力；A_{bs} 为挤压面积，当接触面为平面时，A_{bs} 就是接触面面积；当接触面为圆柱面时，以圆柱面的正投影作为 A_{bs}。如图 2-6-38 得，$A_{bs} = dt$。

例 16　电平车挂钩由插销连接，如图 2-6-39（a）所示。插销材料为 20 钢，$[\tau] = 30\ \text{MPa}$，$[\sigma_{bs}] = 100\ \text{MPa}$，直径 $d = 20\ \text{mm}$。挂钩及被连接的板件的厚度分别为 $t = 8\ \text{mm}$ 和 $1.5t = 12\ \text{mm}$。牵引力 $P = 15\ \text{kN}$。试校核插销的剪切和挤压强度。

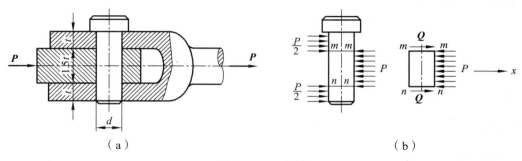

图 2-6-39　插销

解：插销受力如图 2-6-39（b）所示。插销中段相对于上、下两段，沿 m—m 和 n—n 两个面向左错动，所以有两个剪切面，称为双剪切。

由 $\qquad \sum X = 0$，$2Q - P = 0$

解得 $\qquad Q = P/2$

由式（2-6-45），有

$$\tau = \frac{Q}{A} = \frac{2P}{\pi d^2} = 23.9\,\text{MPa} < 30\,\text{MPa} = [\tau]$$

由式（2-6-47），有

$$\sigma_{bs} = \frac{P_{bs}}{A_{bs}} = \frac{P}{1.5td} = 62.5\,\text{MPa} < 100\,\text{MPa} = [\sigma_{bs}]$$

故满足剪切及挤压强度要求。

例 17 如图 2-6-40(a)所示的齿轮用平键与轴连接（齿轮未画出）。已知轴的直径 $d = 70\,\text{mm}$，键的尺寸 $b \times h \times l = 20\,\text{mm} \times 12\,\text{mm} \times 100\,\text{mm}$，传递的扭矩 $M = 2\,\text{kN} \cdot \text{m}$，键的许用应力 $[\tau] = 60\,\text{MPa}$，$[\sigma_{bs}] = 100\,\text{MPa}$，试校核键的强度。

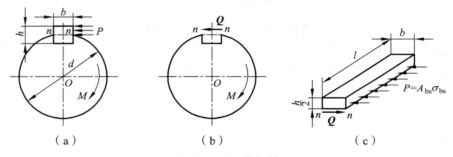

图 2-6-40 齿轮轴

解：如图 2-6-40 所示，n—n 剪切面上的剪力 Q 为

$$Q = A\tau = bl\tau$$

由 $\qquad \sum M_0 = 0$，$Qd/2 - M = 0$

解得 $\qquad \tau = \frac{2M}{bld} = \frac{2 \times 200}{20 \times 100 \times 70 \times 10^{-9}} = 28.6\,(\text{MPa}) < 60\,(\text{MPa}) = [\tau]$

此键满足剪切强度条件。

如图 2-6-40（c）所示，右侧面上的挤压力为

$$P = A_{bs}\sigma_{bs} = \frac{h}{2}l\sigma_{bs}$$

由 $\qquad \sum X = 0$，$Q - P = 0$

解得 $\quad \sigma_{bs} = \frac{2b\tau}{h} = \frac{2 \times 20 \times 28.6}{12} = 95.3\,(\text{MPa}) < 100\,(\text{MPa}) = [\sigma_{bs}]$

此键满足挤压强度条件。

思考与练习

1. 拉压杆斜截面上的应力公式是如何建立的？最大正应力与最大切应力各位于何截面，其值为多少？正应力、切应力与方位角的正负号是如何规定的？

2. 从强度方面考虑，空心圆截面轴何以比实心圆截面轴合理？

3. 矩形截面梁弯曲时，横截面上的弯曲切应力是如何分布的？如何计算最大弯曲切应力？

4. 如何判断构件的危险截面？其危险点如何确定？

5. 什么是材料的屈服极限和名义屈服极限？

6. 什么是极限应力和许用应力？安全系数的选择与哪些因素有关？

7. 什么是形心主惯性矩？

8. 数值 $\dfrac{\pi D^3}{16}$、$\dfrac{\pi D^3}{32}$、$\dfrac{\pi(D^4-d^4)}{16D}$、$\dfrac{bh^2}{6}$ 分别是什么截面图形的什么几何参数？

9. 对两种组合变形构件总述其计算危险点应力的解题一般步骤。

10. 什么叫截面核心？为什么工程中将偏心压力控制在受压杆件的截面核心范围内？

11. 挤压面和计算挤压面是否相同？举例说明。

12. 什么是挤压？挤压和压缩有什么区别？

学习项目三　机械设计基础

本项目介绍机械设计基础常用机构、通用零部件的工作原理、组成结构、运动特性及其设计方法。通过本项目的学习，使学生具备对机构进行分析、设计，利用技术资料进行零件计算、制图的能力；具备综合运用所学知识和实践的技能，设计简单机械和简单传动装置的能力；具备通过实验和观察去识别常用机构组成、工作特性和通用机械零件结构特点的能力。

工作任务一　机械概述

▃▃任务情境

机器是人类为减轻体力劳动和提高劳动生产率而创造出来的工具，机器种类繁多，如内燃机、汽车、机床、缝纫机、机器人、包装机等，其组成、功用、性能和运动特点各不相同，但其理论具有共性，因此，必须对机器进行概括、抽象和总结。

▃▃任务目标

（1）熟悉常用机构的组成、工作原理及其特点，掌握通用机构分析和设计的基本方法。

（2）熟悉通用机械零件的工作原理、结构及其特点，掌握通用机械零件选用和设计的基本方法。

（3）具备对机构分析设计和零件设计计算的能力，并具备运用机械设计手册、图册及标准等有关技术资料的能力。

（4）具备综合运用所学知识和实践的技能，设计简单机械和简单传动装置的能力。

▃▃必备知识

一、机械与机器

机构与机器统称为机械。机器是一种用来变换或传递能量、物料和信息，能执行机械运动的装置。机器的种类繁多，结构形式和用途各异，但一般具有3个共同特征：

（1）都是人为的实物组合。

（2）各部分具有确定的相对运动。

（3）能完成有用的机械功或实现能量转换。

同时具备上述 3 个特征的称为机器，仅具备前两个特征的称为机构。另外，用功能分析的观点看机器，还可以认为机器是由动力部分（如牛头刨床中的电动机）、传动部分（如图 3-1-1 所示的齿轮）、执行部分（如图 3-1-1 所示的导杆机构）和控制部分所组成。

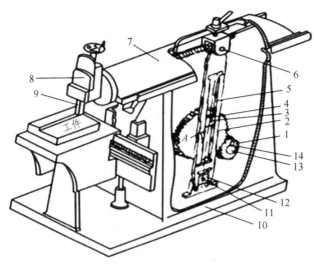

图 3-1-1　牛头刨床

1，2—齿轮；3，6，11—销钉；4—滑块；5—导杆；7—滑枕；8—刀架；9—刨刀

10—床身；12—摇块；13—轴；14—键

二、机构、部件、构件与零件

从运动的角度看，机器是由若干个运动的单元所组成的，这种运动单元称为构件。构件可以是一个零件（如图 3-1-1 中的导杆 5），也可以是若干个零件的刚性组合体（如图 3-1-1 中齿轮 1、轴 13、键 14 组合为一个构件）。各构件之间是靠运动副联系起来的。构件与构件直接接触所形成的可动连接称为运动副。用运动副将若干个构件连接起来以传递运动和力的系统称为机构，其中有一个相对静止的构件是机架。常用的机构有齿轮机构、连杆机构、凸轮机构等。从运动的观点看机器，可以认为一部机器就是若干个机构组合而成的，这就为机器的运动分析与设计带来了方便。

从制造的角度看，机器是由若干个零件装配而成的。零件是机器中不可拆卸的制造单元。可以将零件按其是否具有通用性分为两大类：一类是通用零件，另一类是专用零件。通用零件应用很广泛，几乎在任何一部机器中都能找到，如齿轮、轴、螺母、螺栓、垫圈、销钉等；专用零件仅用于某些机器中，常可表征该机器的特点，如牛头刨床的滑枕、起重机的吊钩等。有时为了装配方便，先将一组组协同工作的零件分别装配或制造成一个个相对独立的组合体，然后再装配成整机，这种组合体常称之为部件（或组件），如牛头刨床的刀架，车床的主轴箱、尾座、滚动轴承等。

将机器看成由零部件组成有利于机器的设计、运输、安装和维修等。机器按零部件的主要功用分为连接与紧固件、传动件、支承件等。在机器中零件不是孤立的，其通过连接、传动、支承等形式，按一定的原理和结构联系在一起，才能发挥整体功能。机器的种类很多，其构造、性能和用途各不相同。如图 3-1-2 所示的单缸冲程内燃机，由气缸体 1、活塞 2、进气阀 3、排气阀 4、连杆 5、曲轴 6、凸轮 7、顶杆 8、齿轮 9 和 10 等组成。活塞的往复运动通过连杆 5 转变为曲轴 6 的连续转动，凸轮和顶杆用来启闭进气阀 3 和排气阀 4，3 个齿轮保证进、排气阀和活塞之间形成一定节奏的动作。以上各部件的协同工作便能使燃气的热能转换为曲轴转动的机械能。因此，机器是执行机构的运动装置，能完成有用的机械功或实现能量转换。

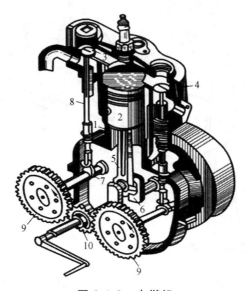

图 3-1-2　内燃机

1—气缸体；2—活塞；3—进气阀；4—排气阀；5—连杆；6—曲轴；7—凸轮；8—顶杆；9，10—齿轮

思考与练习

1. 比较机构、部件、构件与零件的区别与联系。
2. 分析如图 3-1-2 所示内燃机的构造。

工作任务二　平面机构

任务情境

　　机构中所有构件均平行于同一固定平面运动的机构为平面机构，否则为空间机构，工程中常用的机构大多数属于平面机构。该任务介绍了运动副及其类型、工程中常用的机构运动简图的画法及机构具有确定运动的条件。

任务目标

一、知识目标

（1）了解运动副的分类，熟悉各种平面运动副的一般表达方法。
（2）掌握各种平面机构的运动简图，能识别复合铰链、局部自由度和常见的虚约束。
（3）掌握自由度的计算方法。

二、能力目标

（1）能够正确判断和处理平面机构运动简图中的复合铰链、局部自由度和虚约束。
（2）能正确判断机构是否具有确定的相对运动，能绘制机构的运动简图。

必备知识

一、机构的组成

（一）运动副

机构是由许多构件组成的，每一个构件都以一定的方式与其他构件相互连接，在两个构件相互连接之后，构件仍需要保留某些相对运动，这种两个构件以一定的几何形状和尺寸的表面相互接触所形成的可动连接，称为运动副。两个构件上能构成运动副的接触表面称为运动副元素。构件通过运动副元素的接触实现动力和运动的传递。

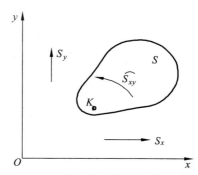

图 3-2-1　机构做平面运动的自由度

如图 3-2-1 所示，任意构件在与其他构件形成运动副之前都具有 2 个移动（S_x，S_y）和 1 个转动（$\widehat{S_{xy}}$），共 3 个独立的"自由度"。当两个构件形成运动副后，运动副间保持接触，限制了两个构件之间的相对自由度。运动副对两构件间的相对运动所施加的限制称为"约束"。两构件间的自由度由于约束的存在而减少，减少的数目等于该运动副所引入的约束的数目。又因为两构件构成运动副后，仍需保证能产生相对运动，故对于平面机构运动副引入的约束最多为 2 个，最少为 1 个。

（二）运动副的分类

按照引入的约束数目可以把平面运动副分为两类，分别是引入一个约束的Ⅰ级副和引入两个约束的Ⅱ级副。不过，通常根据运动副的接触方式分类，两个构件通过点或线接触而构成的运动副称为高副，如图 3-2-2 所示；两构件通过面接触而构成的运动副称为低副。还可根据构成运动副两构件间的相对运动进行分类。把两构件之间的相对运动为转动的运动副称为转动副，或者称为铰链，如图 3-2-3 所示；相对运动为移动的运动副称为移动副，如图 3-2-4 所示；相对运动为螺旋运动的运动副称为螺旋副，如图 3-2-5 所示；相对运动为球面的运动副称为球面副，如图 3-2-6 所示。

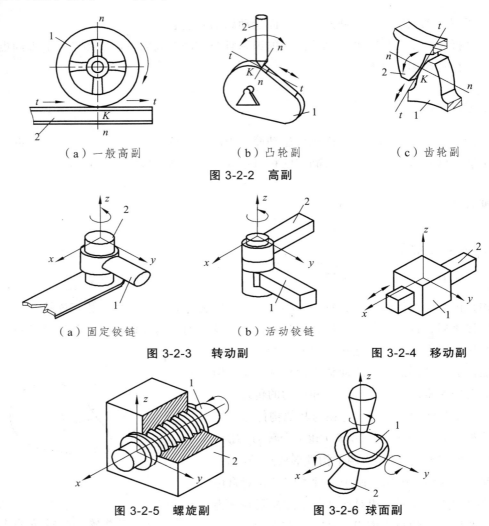

（a）一般高副　　　　　　（b）凸轮副　　　　　　（c）齿轮副

图 3-2-2　高副

（a）固定铰链　　　　　　（b）活动铰链

图 3-2-3　转动副　　　　　　图 3-2-4　移动副

图 3-2-5　螺旋副　　　　　　图 3-2-6　球面副

（三）运动链和机构

两个以上的构件通过运动副连接而成的系统称为运动链。如果运动链中各构件构成首尾相连的封闭环，则此运动链称为闭链，如图 3-2-7（a）所示；否则称为开链，如图 3-2-7（b）所示。

（a）闭链　　　　　　　　　　　　（b）开链

图 3-2-7　运动链

如果将运动链中的一个构件固定，使另一个（或几个）构件按给定的运动规律运动，其余的构件均能随之做确定的相对运动，则这种运动链就构成了机构。

构成机构的构件包括机架、主动件和从动件，如图 3-2-8 所示。

（1）机架：机构中固定不动的构件，它用来支承机构中的可动构件，通常在图中用加有斜线的构件表示机架。

（2）主动件：机构中运动规律已知的构件，也称为原动件。其运动由外界驱动，在机构中用来驱动其他构件运动。在机构运动简图中，通常用画有箭头的构件表示原动件，箭头的方向表示原动件的运动方向。

（3）从动件：机构中随主动件作确定的相对运动的构件。

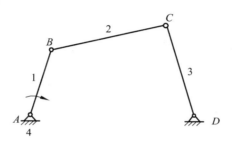

图 3-2-8　机构中构件的分类
1—主动件；2，3—从动件；4—机架

二、机构的运动简图及其自由度

（一）平面机构的运动简图

只要根据构件的尺寸，用运动副规定的简单符号和代表构件的简单线条，按照一定比例定出各运动副的位置，画出表示构件与构件间运动情况的简图，就可以清晰描述实际机构的运动情况，对机构进行运动分析，把这种描述机构运动情况的简单图形称为机构的运动简图。平面运动副、空间运动副及其他常用机构的表示方法如表 3-2-1 所示。

表 3-2-1　常用运动副的符号

名　称	符　号	名　称	符　号
固定构件		外啮合圆柱齿轮机构	
两副元素构件		内啮合圆柱齿轮机构	

名　称	符　号	名　称	符　号
三副元素构件	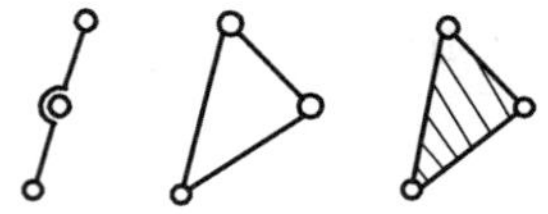	齿轮齿条机构	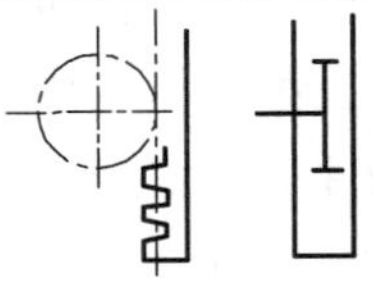
转动副	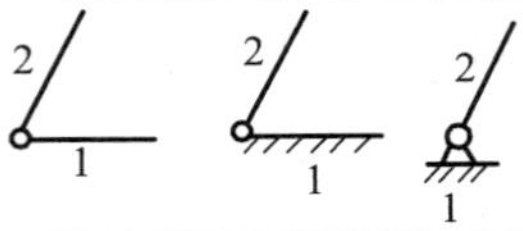	圆锥齿轮机构	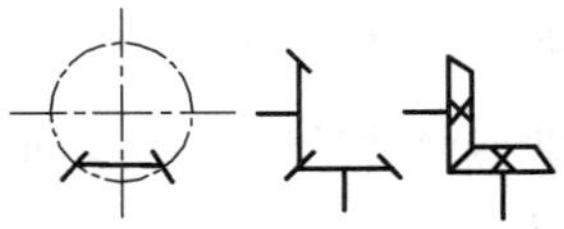
移动副	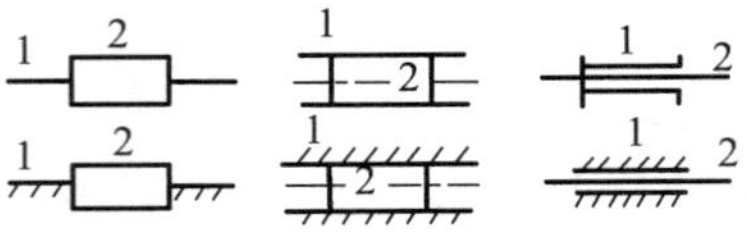	蜗轮蜗杆机构	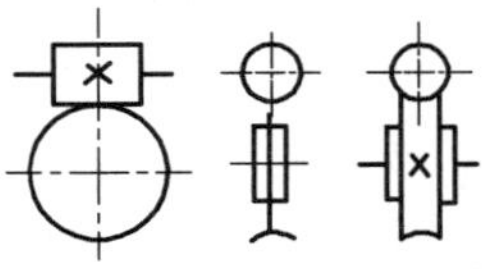
平面高副	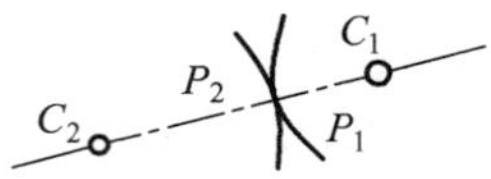	带传动	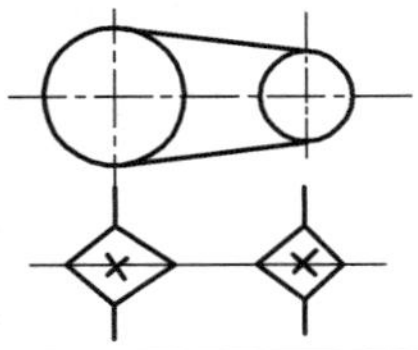 类型符号，标注在轮轴连心线上方 滚子链 # 齿形链 W
凸轮机构	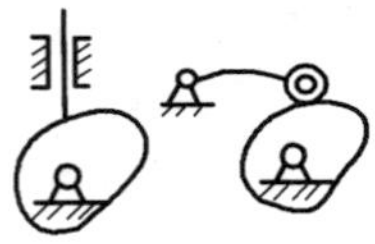	链传动	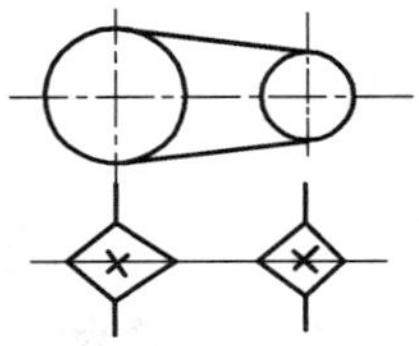 类型符号，标注在轮轴连心线上方 滚子链 # 齿形链 W
棘轮机构	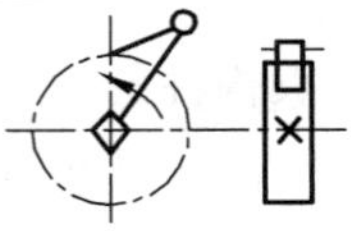		

在绘制运动简图时，必须清楚机械的实际构造和运动情况。因此，绘制机构运动简图需遵循以下步骤：

（1）分析机构的结构和运动传递情况，找出固定件（机架）、原动件和从动件。

（2）从原动件开始，按照传动路线分析各构件间的相对运动性质和接触情况，确定构件数目和运动副的类型及数目。

（3）选择视图平面，一般选择与构件运动平面相平行的平面作为视图平面。

（4）根据机构的实际尺寸和图纸大小确定适当的长度比例尺，μ_1 = 实际长度（m）/图示长度（mm）。

按照各运动副间的距离和相对位置，以规定的符号将各运动副表示出来。图中各运动副标以大写的英文字母，各构件标以阿拉伯数字，并将机构的原动件用箭头标明。

（5）用直线或曲线将同一构件上的运动副连接起来，即为所要画的机构运动简图。

例 1　如图 3-2-9（a）所示为牛头刨床的结构图，已知 L_h = 1 000 mm，L_{h1} = 540 mm，L_{AB} = 240 mm，试绘制该牛头刨床主机构的机构运动简图。

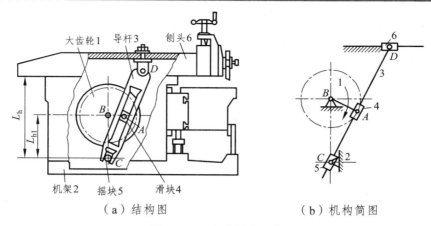

（a）结构图　　　　　　　　（b）机构简图

图 3-2-9　牛头刨床机构

解：牛头刨床主机构是指由大齿轮 1、机架 2、导杆 3、滑块 4、摇块 5、刨头 6 所组成的机构。

（1）此机构由 5 个活动构件和机架组成。大齿轮 1 为原动件，导杆 3、滑块 4、摇块 5、刨头 6 为从动件，床身 2 为固定件（机架）。

（2）大齿轮 1 与机架 2、滑块 4 分别组成转动副，这两个转动副的中心 A、B 的距离在运动中不变，可以看作一个定长的构件。导杆 3 与滑块 4、摇块 5 分别组成移动副，而与刨头 6 组成转动副。刨头 6 相当于一个滑块，与机架 2 组成移动副，摇块 5 与机架 2 组成转动副。

（3）选择与机构运动平面相平行的平面作为视图平面。

（4）取长度比例尺 $\mu_1 = 0.02$ m/mm，按已知实际长度求图示长度。

$$h = L_h/\mu_1 = 1/0.02 = 50（mm）$$

$$h_1 = L_{h1}/\mu_1 = 0.54/0.02 = 27（mm）$$

$$AB = L_{AB}/\mu_1 = 0.24/0.02 = 12（mm）$$

定出与机架 2 相连的转动副中心 B、C 以及导杆 3 的位置，选原动件的适当位置（使图面清晰，避免构件交叉）定出其他转动副中心。

（5）用简图符号画出各转动副、移动副和同一构件上的运动副用直线连接起来，各转动副中心标以大写英文字母 A、B、…，将各构件编号并用数字 1、2、…标明，原动件上用箭头表示已知其运动规律，图上注明比例尺，即得图 3-2-9（b）所示的机构运动简图。

例 2　如图 3-2-10（a）所示的冲压机构中，1 为偏心轮、2 为可绕转动中心 C 摆动的连杆、3 为冲头。试绘制该机构的机构示意图。

解：此机构由偏心轮 1、连杆 2、冲头 3 和机架 4 组成，共有 3 个活动构件，偏心轮 1 由其他机构带动绕回转中心 A 转动。由于偏心轮的回转中心 A 与几何中心 B 有一偏距，所以偏心轮每转一周，则通过活套在偏心轮上的连杆 2 带动冲头 3 做上下往复运动一次，进行冲压工作。偏心轮的几何中心 B 与回转中心 A 和连杆的摆动中心 C 之间的距离在运动中不变，故都可以看作定长的构件。

　　偏心轮 1 与机架 4、连杆 2 分别组成转动副，连杆 2 与冲头 3 组成转动副，冲头 3 相当于滑块，与机架 4 组成移动副，且导路的中心线通过 AC。选择适当的比例尺，画出原动件、各转动副、移动副及机架，同一构件的运动副用直线连接，标注字母、构件号和原动件箭头，图 3-2-10（b）即为该机构的机构示意图。

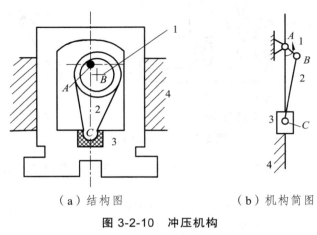

（a）结构图　　　　　　（b）机构简图

图 3-2-10　冲压机构

1—偏心轮；2—连杆；3—冲头；4—机架

（二）平面机构的自由度

为了使机构具有确定的相对运动，必须探讨机构的自由度和机构具有确定运动的条件。

1. 平面机构自由度的计算

每个做平面运动的构件，在自由状态时都具有 3 个自由度。低副引入两个约束条件，失去两个自由度；高副引入一个约束条件，失去一个自由度。所以，平面机构的自由度为全体活动构件在自由状态时，自由度的总数与全部运动副所引入的约束条件总数之差。设以 F 表示平面机构的自由度，n 表示机构的活动构件数，低副的个数为 P_L，高副的个数为 P_H，则平面机构自由度的计算式为

$$F = 3n - 2P_L - P_H \qquad\qquad (3-2-1)$$

由此可知，机构自由度数与活动构件的数目及各构件间运动副的类型和数目有关。

如图 3-2-9 所示的牛头刨床，机构活动构件 $n = 5$，低副 $P_L = 7$。没有高副，即 $P_H = 0$。故该机构的自由度为

$$F = 3n - 2P_L - P_H = 3 \times 5 - 2 \times 7 = 1$$

如图 3-2-10 所示的冲压机构，活动构件数 $n = 3$，低副数 $P_L = 4$，高副数 $P_H = 0$，其自由度为

$$F = 3n - 2P_L - P_H = 3 \times 3 - 2 \times 4 - 0 = 1$$

2. 机构具有确定运动的条件

机构是具有确定的相对运动的构件系统，但不是任何构件系统都具有确定的相对运动而构成机构，因此，可用是否具有确定的运动条件来判别。机构的自由度是机构具有的独立运

动数,如机构的自由度为 1,则表示机构只有 1 个独立运动。如果通过原动件给定 1 个运动规律,则该机构的运动就完全确定了。

由此可知,机构具有确定运动的条件是机构的原动件个数应与其自由度相等。

如图 3-2-11 所示的构件系统,$n = 3$,$P_L = 4$,$P_H = 0$,其自由度:

$$F = 3n - 2P_L - P_H = 3×3 - 2×4 - 0 = 1$$

当原动件 1 在任何瞬时位置时,从动件 2 和 3 都占有相应的确定位置,这说明从动件的运动是确定的,故该构件系统是机构。如给定两个原动件 1 和 3,势必将破坏该机构。

如图 3-2-12 所示的五构件系统,$n = 4$,$P_L = 5$,$P_H = 0$,其自由度:

$$F = 3n - 2P_L - P_H = 3×4 - 2×5 - 0 = 2$$

设构件 1 为原动件,当构件 1 在图示的位置时,则构件 2、3 和 4 可以占有 BC、CD、DE 位置,也可以占有 BC'、$C'D'$、$D'E$ 位置或其他位置。这说明从动件的运动不确定,故该构件系统不是机构。若构件 4 也是原动件,而该瞬时它在 DE 位置,则构件 2、3 的位置完全确定,此构件系统就成为机构,其运动确定。

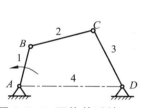

图 3-2-11 四构件系统

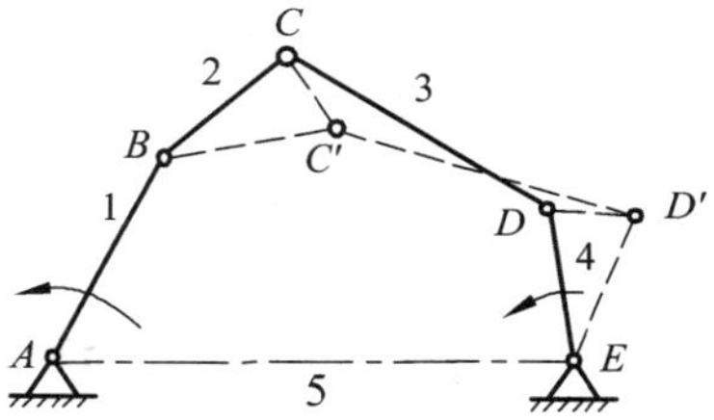

图 3-2-12 五构件系统

(三)计算平面机构自由度的注意事项

应用式(3-2-1)计算平面机构自由度时,必须注意下述几种特殊情况。

1. 复合铰链

在同一轴线上有两个以上的构件用转动副相连接构成复合铰链,如图 3-2-13 所示的 3 个构件汇交成的复合铰链,这 3 个构件共组成两个转动副。依此类推,k 个构件汇交成复合铰链,其转动副应具有 $k - 1$ 个,因此,在计算机构自由度时应注意复合铰链。

例 3 计算图 3-2-14 所示的振动式输送机的自由度。

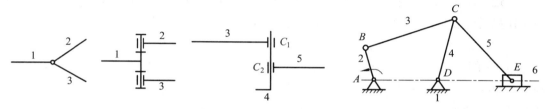

图 3-2-13 复合铰链

图 3-2-14 振动式输送机

解:在该机构中,原动件 2 绕 A 轴转动,通过相互铰接的活动构件 3、4、5 带动滑块 6

做往复移动。C 处为 3、4、5 三个构件汇交成复合铰链，包括两个轴线重合的转动副。此机构应有 6 个转动副，1 个移动副，即 $P_L = 7$，而 $P_H = 0$，$n = 5$，其自由度：

$$F = 3n - 2P_L - P_H = 3 \times 5 - 2 \times 7 - 0 = 1$$

F 与机构原动件数相等，当原动件 2 转动时，滑块 5 将沿直线 ADE 做往复移动。

2. 局部自由度

如图 3-2-15 所示的凸轮机构，为减少高副处的摩擦，常在从动件 3 上装一滚子 2。当原动凸轮 1 绕固定轴 A 转动时，从动件 3 在导路中做上下往复运动，但计算自由度时，如果按 $n = 3$，$P_L = 3$，$P_H = 1$，则

$$F = 3n - 2P_L - P_H = 3 \times 3 - 2 \times 3 - 1 = 2$$

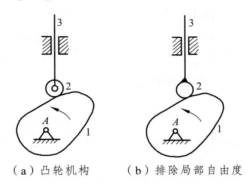

（a）凸轮机构　　　（b）排除局部自由度

图 3-2-15　凸轮机构的局部自由度

为减少高副处的摩擦设置了滚子 2，其转动与不转动都不影响整个机构的运动。这种与机构运动无关的构件的自由度称为局部自由度，在计算机构自由度时，这种构件应除去不计。于是 $n = 2$，$P_L = 2$，$P_H = 1$，该机构的自由度：

$$F = 3n - 2P_L - P_H = 3 \times 2 - 2 \times 2 - 1 = 1$$

局部自由度虽然不影响整个机构运动，但滚子可使高副接触处的滑动摩擦变成滚动摩擦，以减轻磨损，所以，实际机构中常有局部自由度出现。

3. 虚约束

在运动副引入的约束中，有些约束对机构自由度的影响是重复的。这些对机构运动不起限制作用的重复约束称为虚约束，在计算机构自由度时应当除去不计。

虚约束常出现的场合如下：

（1）两个构件之间组成多个轴线重合的转动副时，只有一个转动副起作用，其余都是虚约束。如图 3-2-16 所示的内燃机，固定于气缸 1 上的两个轴承都是限制曲轴 4 只能绕其轴线转动，从运动观点来看，去掉一个轴承并不影响曲轴的转动，故曲轴与气缸之间只能认为是一个转动副。

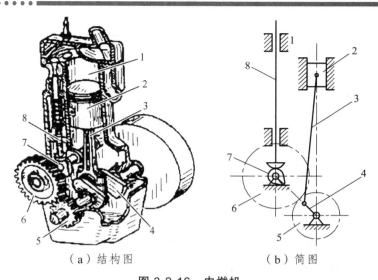

（a）结构图　　　　　　　　　（b）简图

图 3-2-16　内燃机

1—气缸；2—活塞；3—连杆；4—曲轴；5, 6—齿轮；7—凸轮；8—挺杆

（2）两个构件之间组成多个导路平行的移动副时，只有一个移动副起作用，其余都是虚约束。如图 3-2-16 中顶杆 8 与气缸 1 之间组成的两个移动副，其中之一为虚约束，去掉一个支承并不影响顶杆的移动。

（3）机构中对传递运动不起独立作用的对称部分存在虚约束。如图 3-2-17 所示的轮系中，轮 1 经过两个对称布置的轮 2 和 2′传动内齿轮 3，而轮 2 和 2′使机构增加了一个虚约束，计算自由度时应当除去不计。

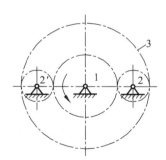

图 3-2-17　轮系机构

虚约束对运动虽不起作用，但可以增加构件的刚性，改善受力情况。

例 4　计算如图 3-2-18 所示的齿轮机构的自由度，并说明该机构有几个原动件。

解： 该机构中 3 个行星轮中有两个（如齿轮 2′和 2″）对传递运动不起独立作用，它们与内齿轮 3、中心轮 1 形成的约束是虚约束，故该机构的活动构件数 $n = 4$（构件 1、2、3、4），低副数 $P_L = 4$（转动副 A、B 及复合铰链 C），高副数 $P_H = 2$（齿轮副 D、E），得出 $F = 3n - 2P_L - P_H = 3 \times 4 - 2 \times 4 - 2 \times 1 = 2$，则该机构的自由度为 2，按机构具有确定运动的条件，故应有两个原动件，该机构的原动件为中心轮 1 和转臂（行星架）H。

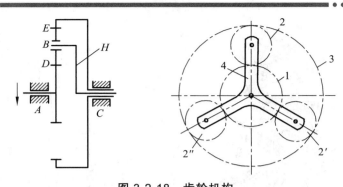

图 3-2-18　齿轮机构

1—中心轮；2，2′—行星轮；3—内齿轮

思考与练习

1. 运动副的作用是什么？试以牛头刨床为例判别其中的高副、低副、移动副、转动副。

2. 两构件组成平面运动副时，最多可以引入几个约束条件？最少可以引入几个约束条件？为什么？

3. 机构具有确定运动的条件是什么？不符合这个条件将会出现什么情况？

4. 如图 3-2-19 所示为流水线上阻挡工件前进的机构，要求气缸右端进气时，摆杆从实线摆到虚线所示位置；气缸左端进气时，摆杆摆回实线所示位置，问该机构运动简图能否实现上述预期运动？为什么？

5. 如图 3-2-20 所示为凸轮控制的直线往复运动机构，要求凸轮转动时冲杆做上下运动，问该机构运动简图能否实现预期运动？为什么？

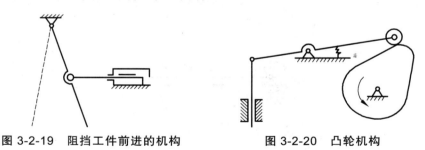

图 3-2-19　阻挡工件前进的机构　　　　**图 3-2-20　凸轮机构**

工作任务三　平面连杆机构

■任务情境

全部由低副（转动副和移动副）组成的平面机构称为平面连杆机构。平面连杆机构在各种机械和仪器中应用相当广泛，如牛头刨床、颚式起重机、活塞式机械、起重运输机、仪表机构和农业机械等。有些可将一种运动形式转换为另一种运动形式，有些可实现刚体的若干

给定位置或给定轨迹的要求。

任务目标

一、知识目标

（1）了解平面四杆机构的基本类型及其演化。

（2）熟悉平面四杆机构各构件的名称及曲柄存在的条件。

（3）掌握平面四杆机构的基本特性及四杆机构中的压力角、传动角、极位夹角及死点的概念。

二、能力目标

（1）能根据曲柄存在的条件判断出平面四杆机构的基本形式。

（2）能确定压力角、传动角、极位夹角的大小及死点的位置。

必备知识

一、平面四杆机构的基本形式及其演化

（一）平面四杆机构的基本形式

如图 3-3-1 所示的铰链四杆机构，AD 为机架，AB、CD 两构件与机架相连称为连架杆，BC 为连杆。而在连架杆中能做整周回转的称为曲柄；只能在一定范围内摆动的称为摇杆。通常按照两连架杆是曲柄还是摇杆，将铰链四杆机构分为 3 种基本形式：曲柄摇杆机构、双曲柄机构和双摇杆机构。

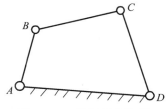

图 3-3-1 铰链四杆机构

1. 曲柄摇杆机构

铰链四杆机构的两个连架杆中，若其一为曲柄，另一为摇杆，则称其为曲柄摇杆机构。当曲柄为原动件时，曲柄摇杆机构可将曲柄的连续转动变为摇杆的往复摆动，其应用甚广，图 3-3-2 所示的雷达天线俯仰机即为一例。当摇杆为原动件时，可将摇杆的摆动转变为曲柄的整周转动，如图 3-3-3 所示的缝纫机踏板机构。当人用脚踏动踏板 1 时，通过连杆可将踏板 1 的摆动转变为飞轮 3 的整周转动。

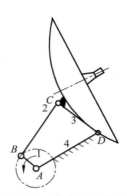

图 3-3-2　雷达天线俯仰机

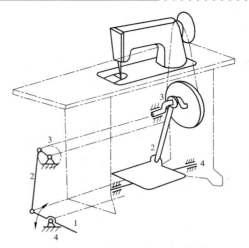

图 3-3-3　脚踏板缝纫机机构

2. 双曲柄机构

若铰链四杆机构中的两个连架杆均为曲柄，则称其为双曲柄机构。如图 3-3-4 所示的冲床机构，双曲柄机构 ABCD，当主动曲柄 AB 做匀速转动时，从动曲柄 CD 做变速转动，从而使滑块 F 在冲压行程时慢速前进，而在空回行程中快速返回，以利于冲压工作的进行。

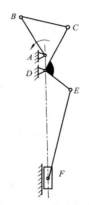

图 3-3-4　冲床机构

在双曲柄机构中，若相对的两杆平行且长度相等，则为平行四边形机构，如图 3-3-5 所示。它有两个显著特征：一是两曲柄以相同速度同向转动；另一个是连杆做平动。这两个特征在机械工程上获得广泛应用。如图 3-3-7 所示的机车车轮的联动机构就利用了第一个特征，而图 3-3-6 所示的摄影平台升降机则利用了第二个特征。

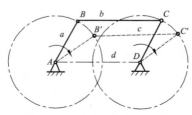

图 3-3-5　平行四边形机构

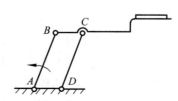

图 3-3-6　摄影工作台机构

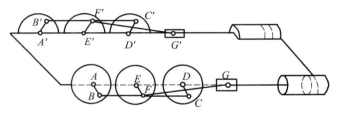

图 3-3-7　车轮联动机构

3. 双摇杆机构

若铰链四杆机构的两个连架杆都是摇杆，则为双摇杆机构。图 3-3-8 所示的铸造用大型造型机的翻箱机构，就应用了双摇杆机构 $ABCD$。它可将固定在连杆 BC 上的沙箱在 BC 位置进行造型振实后，翻转 $180°$，转到 $B'C'$ 位置，以便进行拔模。在双摇杆机构中，若两摇杆长度相等，则形成等腰梯形机构。图 3-3-9 所示的汽车、拖拉机前轮的转向机构，即为其应用实例。

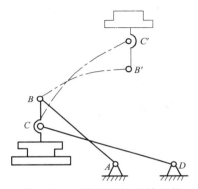

图 3-3-8　造型机的翻箱机构

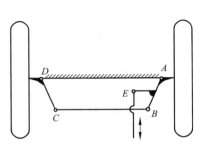

图 3-3-9　汽车转向机构

（二）平面四杆机构的演化

1. 曲柄滑块机构

在图 3-3-10（a）所示的铰链四杆机构中，铰链中心 C 的运动轨迹是以 D 为圆心、杆长 CD 为半径的圆弧，如果 CD 长度增至无穷大，则 C 点轨迹变成直线，摇杆 CD 就演化为做直线运动的滑块，转动副 D 就演化为移动副，则机构就演化为如图 3-3-10（b）、（c）所示的曲柄滑块机构。若 C 点的运动轨迹通过曲柄回转中心 A，则称为对心曲柄滑块机构，如图 3-3-10（c）所示；若 C 点的运动轨迹线的延长线与回转中心 A 之间有一偏距 e，则称为偏置曲柄滑块机构，如图 3-3-10（d）所示。曲柄滑块机构在活塞式内燃机、空气压缩机、冲床等机械中广泛应用。

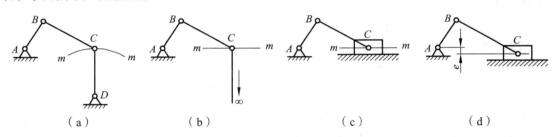

（a）　　　　　　　（b）　　　　　　　（c）　　　　　　　（d）

图 3-3-10　曲柄滑块机构

2. 导杆机构

改变曲柄滑块机构中的固定件可得到导杆机构，如图 3-3-11（a）所示的曲柄滑块机构，若改取杆 1 为固定件（机架），即演化为图 3-3-11（b）所示的导杆机构。杆 4 称为导杆，滑块 3 相对导杆滑动并一起绕 A 点转动。在导杆机构中，通常取杆 2 为原动件。当 $L_{AB} < L_{BC}$ 时，杆 2 和杆 4 均能做整周转动，故称为转动导杆机构，如图 3-3-11（b）所示。在导杆机构中，当 $L_{AB} > L_{BC}$ 时，杆 2 做整周转动，导杆 4 只能做往复摆动，故称为摆动导杆机构，如图 3-3-12 所示。此机构常用于牛头刨床和插床中。

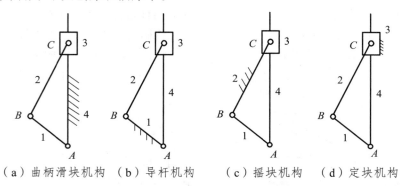

（a）曲柄滑块机构　（b）导杆机构　　（c）摇块机构　　（d）定块机构

图 3-3-11　曲柄滑块机构的演化

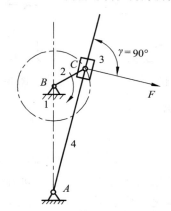

图 3-3-12　摆动导杆机构

3. 摇块机构和定块机构

如图 3-3-11（a）所示的曲柄滑块机构，若改取杆 2 为机架，即可得到如图 3-3-11（c）所示的摇块机构，其中杆 1 为曲柄，滑块 3 绕 C 点摆动。如图 3-3-13（a）所示的货车自动卸料机构即为摇块机构。其中摇块就是液压缸，它可相对机架摆动；活塞是导杆，当液压缸中压力油推动活塞运动时，车厢便绕回转副转动，当到达一定角度时，物料就自动卸下。

如图 3-3-11（a）所示的曲柄滑块机构，若改取滑块 3 为机架，即可得到图 3-3-11（d）所示的定块机构。图 3-3-13（b）所示的手动抽水机筒即为定块机构。当抽水机筒做往复摆动时，活塞便在缸体中做往复移动而将水抽出。其中活塞是导杆，缸体为固定的滑块。

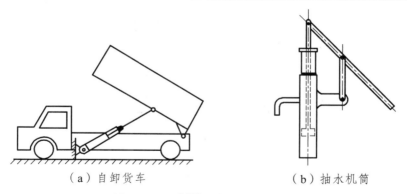

（a）自卸货车　　　　　　（b）抽水机筒

图 3-3-13　摇块机构与定块机构

4. 偏心轮机构

在图 3-3-14（a）所示的曲柄滑块机构中，当曲柄长度较短而曲柄销轴又需承受较大载荷时，通常将其改为如图 3-3-14（b）所示的偏心轮机构，偏心轮盘是几何中心 B 与回转中心 A 不重合，回转副 B 扩大到包括回转副 A 而演化得到的，A、B 之间的距离为偏心距，它等于曲柄长。偏心轮机构广泛应用于传力较大而行程较小的往复泵、剪床和冲床机械中。

（a）曲柄滑块机构　　　　　　（b）偏心轮机构

图 3-3-14　曲柄滑块机构演化为偏心轮机构

二、平面四杆机构的基本特性

（一）四杆机构曲柄存在的条件

通常驱动铰链四杆机构的原动机是电动机、内燃机等，因此，必须要有曲柄做整周转动，而是否存在曲柄与各杆的相对长度和机架的选择有关，在此，需要讨论铰链四杆机构曲柄存在的条件。

在图 3-3-15 所示的铰链四杆机构中，用 a、b、c、d 分别代表机构中各杆的长度，并设 AD 杆为机架，且 $a<d$。转动副 B 及 D 的中心连线的长度为 f，则根据几何关系，$\triangle BCD$ 各边长之间的关系为

$$b+c\geq f$$
$$b-c\leq f \quad （b>c）$$
$$c-b\leq f \quad （c>b）$$

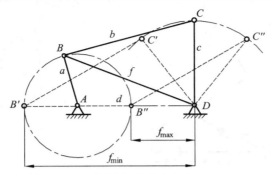

图 3-3-15　四杆机构有曲柄存在的条件

上式中 b、c 为定长，而 f 的长度随机构的位置而变。当机构在 $AB'C'D'$ 位置时，其值最大，即 $f_{max} = a + d$；当机构在 $AB''C''D$ 位置时，其值最小，即 $f_{min} = d - a$，显然，f 能在 f_{max} 与 f_{min} 之间变动，说明 AB 杆能转至任何位置，即 AB 杆能做整周回转。由此得

$$b + c \geqslant f_{max} = a + d \quad 即\ a + d \leqslant b + c \tag{3-3-1}$$

$$b - c \geqslant f_{min} = d - a \quad 即\ a + b \leqslant d + c \tag{3-3-2}$$

$$c - b \geqslant f_{min} = d - a \quad 即\ a + c \leqslant b + d \tag{3-3-3}$$

又由式（3-3-1）及式（3-3-2）可得

$$a \leqslant c \tag{3-3-4}$$

又由式（3-3-1）及式（3-3-3）可得

$$a \leqslant b \tag{3-3-5}$$

又由式（3-16-2）及式（3-3-3）可得

$$a \leqslant d \tag{3-3-6}$$

根据以上相同的分析，当设 $a > d$ 时，可得

$$d + a \leqslant b + c \tag{3-3-7}$$

$$d + b \leqslant a + c \tag{3-3-8}$$

$$d + c \leqslant b + a \tag{3-3-9}$$

$$d \leqslant c \tag{3-3-10}$$

$$d \leqslant b \tag{3-3-11}$$

$$d \leqslant a \tag{3-3-12}$$

分析以上各式，由式（3-3-4）～（3-3-6）及式（3-3-10）～（3-3-12）可见 a（或 d）为最短杆。而由式（3-3-1）～（3-3-3）及式（3-3-7）～（3-3-9）可见 a（或 d）与任一杆（包括最长杆）长度之和总小于或等于其他两杆长度之和。由此得出结论，即四杆机构有曲柄的条件包括以下两个方面：

（1）连架杆或机架中必有一个是最短杆。

（2）最短杆与最长杆长度之和小于或等于其余两杆长度之和。

由此可得出以下两个推论：

（1）若铰链四杆机构中最短杆与最长杆长度之和大于其余两杆长度之和，则不可能有曲柄存在，必为双摇杆机构。

（2）若铰链四杆机构中最短杆与最长杆长度之和小于或等于其余两杆长度之和，则当最短杆是连架杆时，为曲柄摇杆机构；当最短杆是机架时，为双曲柄机构；当最短杆是连杆时，为双摇杆机构。

（二）急回特性与行程速比系数

在图 3-3-16 所示的曲柄摇杆机构中，原动件驱动曲柄 AB 转动时，两次与连杆 BC 共线，即 B_1AC_1 和 AB_2C_2 共线。铰链中心 A 与 C 之间的最短距离为 AC_1，最长距离为 AC_2，所以 C_1D 和 C_2D 分别是从动件摇杆 CD 往复摇动的左、右两个极限位置。摇杆两极限位置间的夹角 ψ 称为摇杆的摆角，而与摇杆两极限位置对应的曲柄两位置 AB_1 和 AB_2 之间所夹的锐角 θ 为极位夹角。当曲柄以等角速度 ω 由 AB_1 顺时针转到 AB_2 时，转过的角度 $\varphi_1 = 180° + \theta$，所需的时间为 t_1，摇杆由 C_1D 摆到 C_2D，而 C 点的平均速度为 v_1；当曲柄继续转过角度 $\varphi_2 = 180° - \theta$ 时，摇杆自 C_2D 摆回到 C_1D，其所需的时间为 t_2，而 C 点的平均速度为 v_2。因 $\varphi_1 > \varphi_2$，而曲柄的角速度 ω 为常数，故 $t_1>t_2$，$v_2>v_1$。由此可见，当曲柄等速回转时，摇杆来回摆动的角速度不同，在摆回时具有较高的平均速度，或者说摇杆具有急回作用。在实际生产中，为缩短非生产时间，提高生产率，常取平均速度较高的为空回行程，取平均速度较低的为生产行程。机构的急回特性可用行程速比系数 K 表示，即

$$K = \frac{v_2}{v_1} = \frac{\overset{\frown}{C_1C_2}/t_2}{\overset{\frown}{C_1C_2}/t_1} = \frac{t_1}{t_2} = \frac{180° + \theta}{180° - \theta} \tag{3-3-13}$$

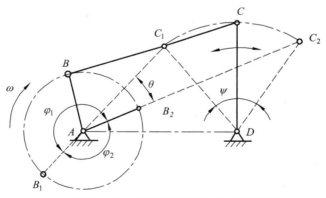

图 3-3-16　铰链四杆机构的急回作用

K 的大小表示机构的急回程度。由式（3-3-13）可知，K 的大小与极位夹角有关，即

$$\theta = 180° \times \frac{K-1}{K+1} \tag{3-3-14}$$

由此可知，连杆机构有无急回作用取决于该机构有无极位夹角 θ，θ 越大，急回特性越显著。不论是曲柄摇杆机构或是其他类型的连杆机构，只要机构在运动过程中具有极位夹角

θ，则该机构就具有急回作用。在设计具有急回特性的铰链四杆机构时，应先按急回要求确定 K 值，再按式（3-3-14）求出 θ 值，然后设计出各杆的尺寸。

（三）传动角与压力角

平面连杆机构不仅应能实现预定的运动规律，还应运转轻便，效率较高，具有良好的传力性能。在图 3-3-17 所示的曲柄摇杆机构中，曲柄 AB 为主动件，若不考虑各运动副中的摩擦力及构件所受重力和惯性力的影响，则连杆 BC 为二力杆，曲柄通过连杆给摇杆 CD 的力 F 一定沿 BC 方向。作用在摇杆上的作用力 F 与受力点 C 的速度 v_c 之间的锐角称为压力角，用 α 表示。力 F 在 v_c 方向的分力 $F_t = F\cos\alpha$ 是推动摇杆转动的有效分力；垂直于 v_c 方向的分力 $F_n = F\sin\alpha$，只能增大铰链中的摩擦和磨损，故为有害分力。显然，压力角 α 越小，有效分力越大，有害分力越小，传力性能越好，对提高机构效率越有利，因此，压力角是表示机构传力性能好坏的标志。

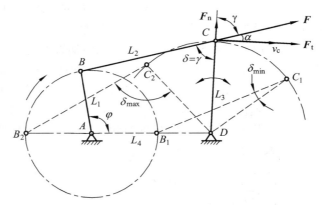

图 3-3-17　铰链四杆机构的压力角与传动角

机构在运动过程中，压力角 α 的大小是变化的。为了便于测量与观察，常用压力角 α 的余角 γ 来衡量传力性能，γ 为传动角。显然与压力角相反，γ 越大，机构传力性能越好。由图 3-3-17 分析可知，当连杆与摇杆的夹角 δ 为锐角时，则 $\gamma = \delta$；若 δ 为钝角时，则 $\gamma = 180° - \delta$。为了使机构正常工作，设计时通常应使最小传动角 $\gamma_{min} > 40°$，对于高速和大功率的传动机械，应使 $\gamma_{min} > 50°$。机构出现最小传动角 γ_{min} 的位置是机构传力效果最差的位置，也是检验其传力性能的位置，该位置可由图 3-3-17 来确定，由图 3-3-17 中的 $\triangle ABD$ 和 $\triangle BCD$ 可得

$$BD = L_1 + L_4 - 2L_1L_4\cos\varphi$$

$$BD = L_2 + L_3 - 2L_2L_3\cos\delta$$

联立解两式得

$$\cos\delta = \frac{L_2 + L_3 - L_1 - L_4 + 2L_1L_4\cos\varphi}{2L_2L_3} \qquad （3-3-15）$$

将 $\varphi = 0°$ 和 $\varphi = 180°$ 代入式（3-3-15）可求得 δ_{min} 和 δ_{max}，然后根据式 $\gamma = \delta$（δ 为锐角时）或式 $\gamma = 180° - \delta$（δ 为钝角时），求出两个传动角 γ，其中较小的即为该机构的最小传动角 γ_{min}。

（四）死　点

在图 3-16-18 所示的曲柄摇杆机构中，若以摇杆 3 为原动件，则当摇杆摆到极限位置（C_1D 和 C_2D），即连杆与从动曲柄共线时，连杆作用于曲柄的力正好通过曲柄的回转中心 A，对 A 点的力矩为零，不能使曲柄转动，此时曲柄上的传动角 $\gamma = 0°$（$\alpha = 90°$），机构在这个位置称为死点。

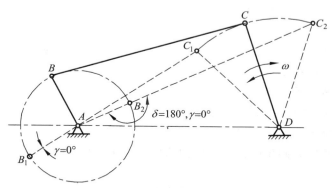

图 3-3-18　曲柄摇杆机构的死点位置

机构处于死点位置时，从动件会出现卡死或正反转运动不确定现象。如图 3-3-19 所示为缝纫机的脚踏板机构，踩动原动件踏板（摇杆），通过连杆使从动件曲轴（曲柄）转动，当出现踏板踩不动或倒车现象时，就是缝纫机踏板驱动机构处于死点位置。因此，对于传动机构，应设法避免死点位置时的停顿和运动不确定现象。若无法避免，则应采取措施使机构渡过死点。如缝纫机踏板驱动机构采用安装大带轮，加大惯性的办法来渡过死点。

在生产或日常生活中，也利用死点的性质来实现某些要求。如图 3-3-20 所示的机床夹具，用力 P 将手柄 2 按下，工件 5 被夹紧。机床工作时，反力 T 起作用，构件 1 成为原动件，由于此时连杆 2 与从动件 3 共线，机构处于死点位置，夹具处于稳定的夹紧状态。当需要取出工件时，必须向上扳动手柄 2，才能松开夹具。

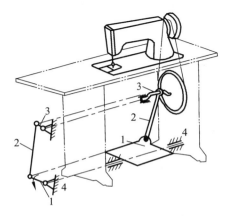

图 3-3-19　缝纫机脚踏板机构

1—踏板；2—连杆；3—曲轴；4—机架

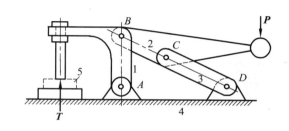

图 3-3-20　夹紧机构

1—原动件；2—手柄；3—从动件；4—机架；5—工件

<h2 style="text-align:center">思考与练习</h2>

1. 何谓平面连杆机构？连杆机构有哪些优缺点？

2. 何谓曲柄？何谓摇杆？铰链四杆机构的基本形式有几种？试述铰链四杆机构存在曲柄的条件。

3. 何谓行程速比系数 K？何谓极位夹角 θ？它们之间有何关系？

4. 何谓连杆机构的传动角和压力角？它们之间有何关系？压力角的大小对连杆机构的工作有何影响？

5. 如何求出曲柄摇杆机构和曲柄滑块机构的最大压力角 α_{max} 或最小传动角 γ_{min}？

6. 辨别以下概念叙述是否正确，若不正确，请予以纠正。

① 极位夹角就是从动件在两个极限位置的夹角。

② 压力角就是作用于构件的压力和速度的夹角。

③ 传动角就是连杆与从动件的夹角。

7. 何谓死点位置？试画出曲柄滑块机构的死点位置。曲柄滑块机构以哪个构件为原动件时才可能出现死点？

8. 平面四杆机构结构形式演化的特点是什么？

9. 连杆机构设计的办法有哪几种？它们的特点是什么？

10. 试根据图 3-3-21 中注明的尺寸判断各铰链四杆机构的类型。

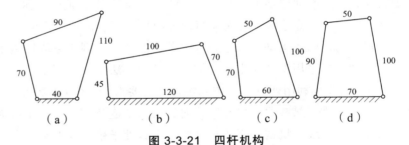

图 3-3-21　四杆机构

11. 验算图 3-3-22 所示的机构能否运动，如果能运动，看运动是否具有确定性，并给出具有确定运动的修改办法。

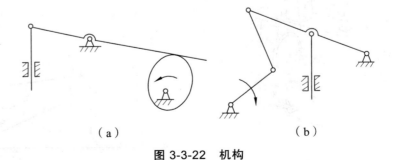

图 3-3-22　机构

12. 计算图 3-3-23 所示机构的自由度，并说明注意事项。

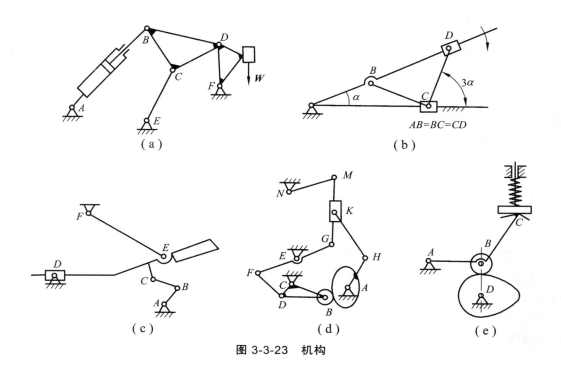

图 3-3-23　机构

工作任务四　凸轮机构

任务情境

在各种机器中，常采用凸轮机构实现连杆机构难以准确实现的运动规律，与连杆机构相比，凸轮机构较易实现所规定的运动规律，结构简单，设计方便。因此，凸轮机构在多种机械，尤其是在自动化机械中得到了广泛的应用。

任务目标

一、知识目标

（1）了解凸轮机构的类型、特点和应用。
（2）了解从动件常用运动规律的形式。

二、能力目标

能根据工作要求和使用场合选择凸轮机构的类型。

一、凸轮机构的分类

在设计机械时，为了完成指定的工作，必须选择适当的机构使从动件能依照预定的规律运动。对于复杂运动来说，设计人员通常在连杆机构和凸轮机构之间选择。如果对从动件的运动规律（位移、速度、加速度）有严格要求，尤其当原动件做连续运动而从动件必须做间歇运动时，采用凸轮机构最为简便。

凸轮机构是实现机械自动化和半自动化控制装置中广泛应用的一种简便机构。凸轮机构是由主动凸轮、从动件和机架组成的高副机构。凸轮是具有曲线或曲面轮廓的构件，当其运动时，迫使从动件实现预期规律的各种运动。凸轮机构的类型很多，通常按凸轮和从动件的几何形状及运动类型分类。

（一）按凸轮的形状分类

1. 盘形凸轮

仅具有径向轮廓尺寸变化的盘形零件称为盘形凸轮。如图 3-4-1 所示的内燃机配气机构，盘形凸轮 1 是主动件、气阀 2 为从动件、机架 3 为气阀上下运动的导路。当凸轮做连续等速回转时，迫使从动件 2 按一定的运动规律有节奏地启闭气门。盘形凸轮结构简单、应用广泛，但从动件行程不宜过大，否则凸轮径向尺寸变化太大，不利于工作。

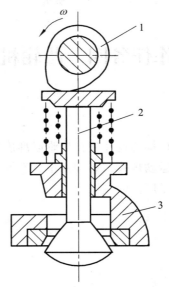

图 3-4-1　内燃机配气机构

1—盘形凸轮；2—气阀；3—机架

2. 圆柱凸轮

圆柱凸轮是具有曲线凹槽或凸缘的圆柱形构件，如图 3-4-2 所示的缝纫机拉线机构，圆柱凸轮 1 回转时，凹槽侧面推动从动件 2 绕固定轴 O 摆动，使 B 点跳动，从而拉紧缝线。圆柱凸轮可使从动件有较大的行程，但制造较困难。

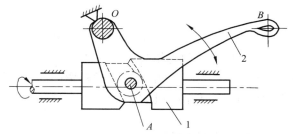

图 3-4-2　缝纫机拉线机构

1—圆柱凸轮；2—从动件

3. 移动凸轮

如图 3-4-3 所示为冲床送料机构。工作时，移动凸轮 1 在曲柄和连杆的带动下，做上下往复移动。凸轮上的沟槽通过滚子 3 推动从动件左右运动。当凸轮下移时，滚子沿斜槽带动从动件向左移动，把工件送到冲头下面的工作位置；当凸轮上移时，从动件从冲头下右移退出，滚子进入直槽部分时，从动件停止不动，冲头进行冲压。移动凸轮可视为回转轴线在无穷远处的盘形凸轮的一部分。由于圆柱凸轮可展开成移动凸轮，移动凸轮又是盘形凸轮的特例，因此，盘形凸轮是凸轮的最基本形式，也是工作任务重点。

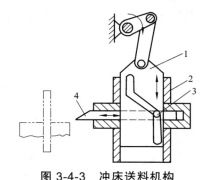

图 3-4-3　冲床送料机构

1—移动凸轮；2—缸体；3—滚子；4—冲头

（二）按从动件的形状分类

1. 尖顶从动件

如图 3-4-4（a）所示，这种从动件结构最简单，且能与任意复杂的凸轮轮廓相接触，因而可以实现复杂的运动规律，但因尖端易磨损，故只适用于传力不大的场合。

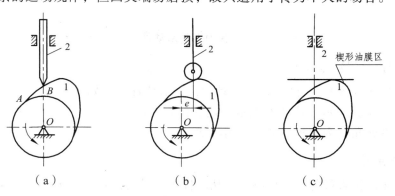

（a）　　　　　　（b）　　　　　　（c）

图 3-4-4　从动件端部的结构形式

1—凸轮；2—从动件

2. 滚子从动件

如图 3-4-4（b）所示，由于滚子与凸轮间为滚动摩擦，因而摩擦磨损小，可用来传递较大的动力，故应用广泛。

3. 平底从动件

如图 3-4-4（c）所示，从动件的平底与凸轮间形成楔形缝隙，易形成楔形油膜，可减少摩擦、磨损。另外，凸轮对从动件的作用力始终垂直于平底，故受力平稳、效率较高，所以，平底从动件多用于高速凸轮机构中，但不能用于有内凹轮廓的凸轮机构中。按从动件的运动形式又可分为移动从动件和摆动从动件两种形式，移动从动件又可分为对心式和偏心式。

二、凸轮机构的运动过程及运动规律

如图 3-4-5（a）所示为对心式尖顶直动从动件盘形凸轮机构，凸轮的轮廓由非圆曲线 BC、DE 和圆弧曲线 CD、EB 组成。以凸轮轮廓上最小半径 r_b 为半径所画的圆称为凸轮的基圆，r_b 为基圆半径。当从动件尖顶与凸轮轮廓曲线在 B 点接触时，从动件处于最低位置。

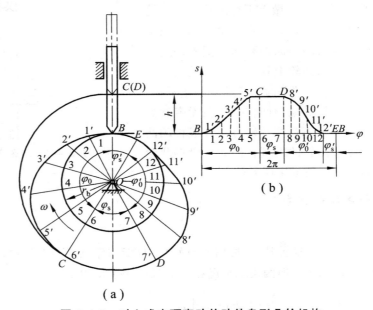

图 3-4-5　对心式尖顶直动从动件盘形凸轮机构

1. 推程和推程运动角 φ_0

当凸轮以等角速度顺时针转动时，从动件由最低位置 B 开始首先与凸轮廓线 BC 段接触，此时从动件由 B 被推至最高位置 C 的这一过程称为推程，它所上升的距离称为行程，用 h 表示。凸轮对应的转角称为推程运动角，用 φ_0 表示。

2. 远休止角 φ_s

当凸轮以 CD 圆弧段与尖顶接触时，从动件处于最高位置而静止不动，这一过程称为远休止，相应的凸轮转角 φ_s 称为远休止角。

3. 回程和回程运动角 φ_0'

当凸轮继续转动，从动件与凸轮于曲线 DE 段接触时，从动件由最高位置 D 回到最低位置 E 的过程为回程，凸轮相应的转角 φ_0' 称为回程运动角。

4. 近休止角 φ_s'

从动件与凸轮在曲线 EB 段接触时，从动件在最低位置静止不动，凸轮相应的转角 φ_s' 称为近休止角。当凸轮继续转动时，从动件重复上述升—停—回—停的循环运动。

从动件的位移 s，速度 v 和加速度 a 与凸轮转角 φ（或时间 t）的变化规律称为从动件的运动规律，它们的函数关系曲线：$s = s(\varphi)$、$v = v(\varphi)$，$a = a(\varphi)$ 分别称为从动件的位移、速度和加速度曲线。如图 3-4-5（b）所示为从动件位移曲线图，其纵坐标代表位移 s，横坐标代表转角 φ。凸轮轮廓曲线取决于从动件的运动规律，而从动件的运动规律又取决于工艺动作的要求。所以，在设计凸轮轮廓之前，首先要根据工艺要求确定运动规律，然后根据运动规律设计凸轮轮廓曲线。

在推程和回程中，一律规定以行程的最近位置作为位移 s 的度量基准，而凸轮转角 φ 则分别以各行程开始时凸轮的半径作为转角的度量基准。如图 3-4-5 所示，推程时 φ 由 OB 开始度量，回程时则由 OD 开始度量。

下面介绍三种常见的从动件运动规律。

（一）等速运动规律

凸轮以等角速度 ω 回转时，从动件上升或下降的速度 v 等于常数，这种运动规律称为等速运动规律。设凸轮转过推程运动角 φ_0 时，所用时间为 t_0，从动件升程为 h，则从动件的速度 $v = v_0 = h/t_0 = $ 常数。从动件位移 $s = v_0 t$，从动件的加速度 $a = \mathrm{d}v/\mathrm{d}t = 0$。

如图 3-4-6 所示为从动件等速运动规律的推程运动线图。由图可知，从动件位移曲线为一斜直线，在推程起点和终点处，速度由零突变到 v 或 v 突变到零，其加速度在理论上为无穷大。因而在理论上将产生无穷大的惯性力，由此产生的冲击称为刚性冲击。实际上，因为材料的弹性变形，惯性力不会达到无穷大，但也会产生很大的冲击，因此等速运动规律只能用于低速轻载的场合。为了避免刚性冲击，通常可对位移曲线进行修改。

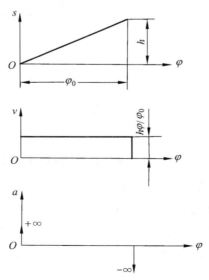

图 3-4-6　等速运动规律线图

（二）等加速等减速运动规律

这种运动规律通常是从动件在一个推程或者回程中，前半程（$h/2$）做等加速运动，后半程（$h/2$）做等减速运动，并取加速度和减速度绝对值相等。推程时，从动件等加速运动段，加速度为正值常数，$a = a_0 =$ 常数，等加速等减速运动规律如图 3-4-7 所示。由图 3-4-7 可知，在升程的起点、中点和终点，加速度仍存在有限突变，惯性力为有限值，由此而产生的冲击称为柔性冲击。因此，等加速等减速运动规律适用于中速轻载的场合。现以图 3-4-7（a）为例，当已知推程角 φ_0 和升程 h 时，位移曲线作法如下：

（1）选取横坐标轴代表凸轮转角 φ，纵坐标轴代表从动件位移 s。

（2）选择适当的角度比例尺 $\mu_\varphi[(°)/mm]$ 和长度比例尺 μ_l（m/mm），分别在 φ 轴上量取线段 $O3$ 代表 $\varphi_0/2$，在 s 轴上量取线段 $33'$ 代表 $h/2$。

（3）将 $\varphi_0/2$ 和 $h/2$ 对应等分为相同份数，得分点 1、2、3 和 1′、2′、3′（等分数视具体情况而定）。

（4）由原点 O 向 1′、2′、3′作射线，与过同名点 1、2、3 所作纵轴平行线相交，得交点 1″、2″、3″。将各交点与原点 O 用光滑曲线连接即得等加速位移曲线。

同法可得推程等减速段的位移曲线。

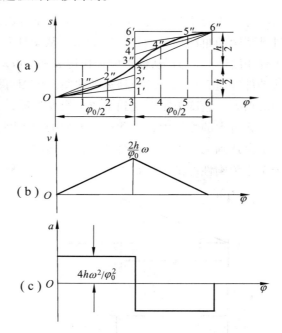

图 3-4-7　等加速等减速运动规律线图

（三）简谐（余弦加速度）运动规律

简谐运动指点在固定圆周上做匀速圆周运动时，该点在直径 h 上的投影所形成的运动。如图 3-4-8 所示，位移曲线是简谐运动曲线，而加速度曲线是余弦曲线，如图 3-4-8（c）所示，所以又称为余弦加速度运动规律。从图中可以看出，在推程的起点和终点处，因加速度为有限的突变而产生柔性冲击。

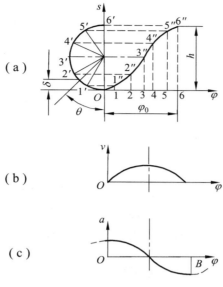

（a）

（b）

（c）

图 3-4-8 简谐运动规律线图

三、从动件运动规律的选择

实践中，从动件的运动规律一般是由凸轮机构的工作要求决定的。如图 3-4-9 所示的自动机床进刀机构，为使被加工零件有较好的表面粗糙度，希望进刀速度均匀，可选用等速运动规律。又如图 3-4-1 所示的内燃机配气机构，要求气门启闭迅速，而且运动的冲击和噪声小，可选等加速和等减速运动规律。

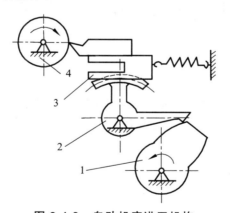

图 3-4-9 自动机床进刀机构

1—凸轮；2—扇形齿轮；3—刀架；4—工件

当从动件的运动规律无严格要求时，可根据工作要求和具体条件适当地选择运动规律。例如，图 3-4-3 所示的送料机构，只要求凸轮上下移动一次，从动件左右移动即可完成一次送料，至于采用什么规律没有严格要求，往往从便于设计和制造考虑。有时用单一运动规律无法满足要求时，可以对位移线图进行局部修改，或者将几种不同的运动规律组合起来使用。

四、凸轮加工的方法

凸轮轮廓的加工方法通常有两种。

（一）铣、锉削加工

对用于低速、轻载场合的凸轮，可以应用反转法原理，在未淬火凸轮轮坯上通过作图法绘制出轮廓曲线，采用铣床或手工锉削办法加工而成。必要时可进行淬火处理，用这种方法加工出来的凸轮其变形难以得到修正。

（二）数控加工

即采用数控线切割机床对淬火凸轮进行加工，此种加工方法是目前常用的一种凸轮加工方法。加工时应用解析法，求出凸轮轮廓曲线的极坐标值（ρ，θ），应用专用编程软件，切割而成。此方法加工出的凸轮精度高，适用于高速、重载的场合。

思考与练习

1. 凸轮的形式有哪几种？试比较尖端、滚子和平底从动件的优缺点，并说明它们的适用场合。

2. 什么是刚性冲击和柔性冲击？比较从动件 3 种常用运动规律的优缺点，并说明它们的应用场合。

3. 凸轮的加工方法有哪些？

工作任务五　带传动和链传动

■任务情境

在实际应用中，挠性传动是用于原动机和工作机之间的传动，调整工作部分与原动机部分之间的速度关系，实现减速、增速和变速的基本要求。

■任务目标

一、知识目标

（1）熟悉带传动的特点和类型，掌握 V 带的标准、受力分析。
（2）了解带传动的受力分析方法，了解弹性滑动与打滑现象。
（3）了解链传动的失效形式、布置形式及润滑。

二、能力目标

（1）基本具备选用带传动和链传动的应用能力。

（2）具备利用图表获取相关信息的能力。

必备知识

一、带传动

带传动是通过中间挠性件传递运动和动力的，适用于两轴中心距较大的场合。在这种场合下，与应用广泛的齿轮传动相比，带传动具有结构简单、成本低廉等优点，因此，带传动也是常用的传动。

（一）带传动的类型和工作原理

带传动通常是由主动轮 1、从动轮 2 和张紧在两轮上的环形带 3 所组成。当原动机驱动主动轮转动时，由于带和带轮间的摩擦（或啮合），便拖动从动轮一起转动，实现传动，如图 3-5-1、图 3-5-2 所示。

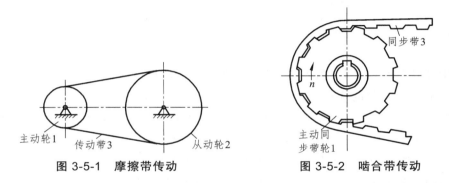

图 3-5-1　摩擦带传动　　　　图 3-5-2　啮合带传动

在带传动中，带按横截面形状可分为平带、V 带、多楔带、圆带和同步带，如图 3-5-3 所示。平带的横截面为扁平矩形，其工作面是与轮面相接触的内表面。带传动结构简单，带轮也容易制造，在传动中心距较大的情况下应用较多。

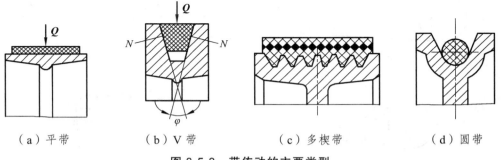

（a）平带　　　　　（b）V 带　　　　　（c）多楔带　　　　　（d）圆带

图 3-5-3　带传动的主要类型

在一般机械传动中，V 带传动应用最广。V 带的截面呈等腰梯形，带轮上也做出相应的轮槽。传动时，V 带只和轮槽的两个侧面接触，即以两侧面为工作面，如图 3-5-3（b）所示，V 带与轮槽底不接触。根据楔面摩擦的原理可知，在同样的张紧力作用下，V 带传动所产生的最大摩擦力约为平带传动的 3 倍，因而 V 带传递的功率较大，故应用广泛，在此着重介绍 V 带传动。V 带又分为普通 V 带、窄 V 带、大楔角 V 带、齿形 V 带、联组 V 带、接头 V 带、双面 V 带等，如图 3-5-4 所示。

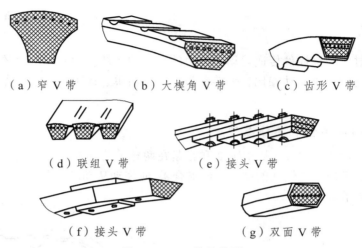

（a）窄 V 带　　　　（b）大楔角 V 带　　　　（c）齿形 V 带

（d）联组 V 带　　　　（e）接头 V 带

（f）接头 V 带　　　　（g）双面 V 带

图 3-5-4　V 带的类型

多楔带是以平带为基体、内表面具有等距纵向楔的环形传动带，其工作表面为楔的侧面。多楔带兼有平带和 V 带的优点：柔性好、摩擦力大、能传递的功率高，并解决了多根 V 带长短不一而使受力不均匀的问题，常用于传递动力大而又要求结构紧凑的场合。圆带的截面为圆形或近似为圆形，传递动力小，常用于仪器和家用电器中。

啮合形传动带，目前只有同步带，其横截面为矩形或近似为矩形，带面具有等距横向齿的环形带传动。两带轮的同步运动或动力是通过带齿与同步带轮的轮齿相啮合传递的。

带传动的常见形式有开口传动、交叉传动、半交叉传动、角度传动，如图 3-5-5 所示。其中，开口传动是应用最广的传动形式，V 带传动只采用开口的传动形式。

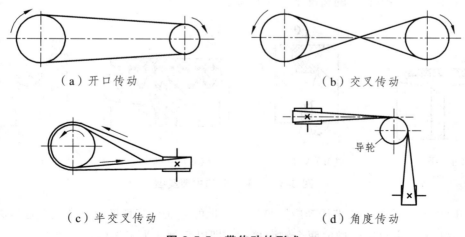

（a）开口传动　　　　　　　　　　（b）交叉传动

（c）半交叉传动　　　　　　　　　（d）角度传动

图 3-5-5　带传动的形式

（二）带传动的特点及应用

在此只介绍平带和普通 V 带传动的特点。带传动的主要优点如下：

① 传动带具有良好的弹性，有缓冲和吸振的作用，因而传动平稳、噪声小。

② 当过载时，带在带轮上打滑，可防止其他零件损坏，起安全保护作用。

③ 适用于中心距较大的场合。

④ 结构简单，拆装方便，成本较低。

带传动的主要缺点如下：

① 带在带轮上有相对滑动，传动比不恒定。

② 传动效率低，带的寿命较短。

③ 传动的外廓尺寸大。

④ 需要张紧，支承带轮的轴和轴承受力较大。

⑤ 不宜用于高温、易燃等场合。

带传动常用在原动机与工作机之间的传动。传动功率一般为 $P \leq 75\ \text{kW}$，带速一般为 5 ~ 25 m/s，传动效率 $\eta = 0.91 \sim 0.96$，传动比 $i \leq 7$，一般为 2 ~ 4。在多级传动系统中，带传动常被放在高速级。

（三）V 带的规格

普通 V 带为无接头的环形橡胶带，由伸张层（顶胶）、强力层（抗拉体）、压缩层（底胶）和包布层（胶帆布）组成，如图 3-5-6 所示。

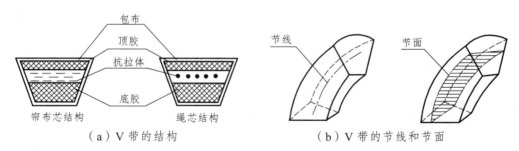

（a）V 带的结构　　　　　　　　（b）V 带的节线和节面

图 3-5-6　V 带

V 带按强力层材料的不同可分为帘布芯结构和绳芯结构两种，两者的强力层分别由几层胶帘布或一层胶线绳组成，用来承受基体拉力。帘布芯结构制造方便，抗拉强度高，型号齐全，应用较多。绳芯结构柔韧性好，抗弯强度高，适用于带轮直径较小、载荷不大、转速较高的场合。目前，国产绳芯结构的 V 带仅有 Z、A、B、C 四种型号。

普通 V 带（楔角 $\alpha = 40°$，相对高度 $h/b \approx 0.7$）是标准件，按截面尺寸由小到大分为 Y、Z、A、B、C、D、E 七种型号，如表 3-5-1 所示为带传动普通 V 带和窄 V 带尺寸（基准宽度制）。

表 3-5-1　带传动-普通 V 带和窄 V 带-尺寸（基准宽度制）（GB/T 11544—2012）

型　号	Y	Z	A	B	C	D	E
顶宽 b/mm	6.0	10.0	13.0	17.0	22.0	32.0	38.0
节宽 b_d/mm	5.3	8.5	11.0	14.0	19.0	27.0	32.0
高度 h/mm	4.0	6.0	8.0	11.0	14.0	19.0	23.0
楔角 φ	40°						
每米质量 q/(kg/m)	0.03	0.06	0.11	0.19	0.33	0.66	1.02

如图 3-5-6（b）所示，当带垂直其底边弯曲时，在带中保持原来长度不变的任意一条直线称为节线，由全部节线构成的平面称为节面。节面的宽度称为节宽 b_d，当带垂直其底边弯曲时，该宽度保持不变。

在 V 带轮上与所配用 V 带的节宽 b_d 相对应的带轮直径称为基准直径 d，V 带在规定的张紧力下，位于测量带轮基准直径上的周线长度称为基准长度 L_d，是 V 带传动几何尺寸计算中所用带长，为标准值。表 3-5-2 为普通和窄 V 带传动第 1 部分：基准宽度制。

表 3-5-2　普通和窄 V 带传动　第 1 部分：基准宽度制（GB/T 13575-1—2008）

截　型	Z	A	B	C	D	E
基准长度 L_d[①]	400～1 600	630～2 800	900～5 600	1800～10 000	2 800～14 000	4 500～16 000
特定长度 L_0	800	1 700	2 240	3 750	6 300	7 100
L_d 系列	400, 450, 500, 560, 630, 710, 800, 900, 1 000, 1 120, 1 250, 1 400, 1 600, 1 800, 2 000, 2 240, 2 500, 2 800, 3 150, 3 550, 4 000, 4 500, 5 000, 5 600, 6 300, 7 100, 8 000, 9 000, 10 000, 11 200, 12 500, 14 000, 16 000					

注：① 基准长度 L_d 为 V 带在规定的张紧力下，位于测量带轮基准直径（与所配用 V 带的节宽 b_d 相对应的带轮直径）上的周线长度（GB/T 6931-2—2008）。

表 3-5-3 为 V 带传动轮槽形尺寸（GB/T10412—2002）。

表 3-5-3　V 带传动轮槽形尺寸（GB/T 10412—2002）

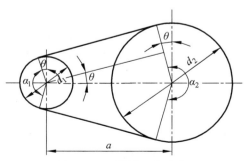

尺　寸		普通 V 带带型/mm						
		Y	Z	A	B	C	D	E
基准宽度 b_d		5.3	8.5	11	14	19	27	32
$h_{a\ min}$		1.6	2	2.75	3.5	4.8	8.1	9.6
$h_{f\ min}$		4.7	7 9	8.7 11	10.8 14	14.3 19	19.9	23.4
槽间距 e		8±0.3	12±0.3	15±0.3	19±0.4	25.5±0.5	37±0.6	44.5±0.7
f_{min}		6	7	9	11.5	16	23	28
δ_{min}		5	5.5	6	7.5	10	12	15
B		$B=（Z-1）e+2f$　　　Z——轮槽数						
d_a		$d_a=d+2h_a$						
φ	32°	对应的 d	≤60	—	—	—	—	—	—
	34°		—	≤80	≤118	≤190	≤315		
	36°		>60	—	—	—	—	≤417	≤600
	38°		—	>80	>118	>190	>315	>417	>600
	偏差		±1				±0.5		

（四）带传动的受力分析及运动特性

1. 带传动的主要几何参数

带传动的主要几何参数有中心距 a、带长 L（V 带为 L_d）、包角 α 和带轮基准直径 d 等，如图 3-5-7 所示。当带的张紧力为规定值时，两带轮轴线间的距离 a 称为中心距。带与带轮接触弧所对的中心角 α 称为包角，带轮直径 d_1、d_2 分别指小带轮和大带轮的直径，L 为带长。

图 3-5-7　带的几何参数

2. 带传动的受力分析

带以一定的初拉力张紧在两带轮上，使带与带轮接触面上产生正压力。带传动未工作时，带的两边都受到相同的初拉力 F_0，如图 3-5-8（a）所示。带传动工作时，主动轮对带的摩擦力 F_f 与带的运动方向一致；从动轮对带的摩擦力 F_f 与带的运动方向相反，如图 3-5-8（b）所示，这样，传动带两边的拉力就不相等。带绕上主动轮的一边被拉紧，拉力由 F_0 增加到 F_1，称为紧边；而另一边略为放松，拉力由 F_0 减少到 F_2，称为松边。设环形带的总长不变，则紧边拉力的增加量 $F_1 - F_0$ 应等于松边拉力的减少量 $F_0 - F_2$，即

$$F_0 = \frac{1}{2}(F_1 + F_2) \tag{3-5-1}$$

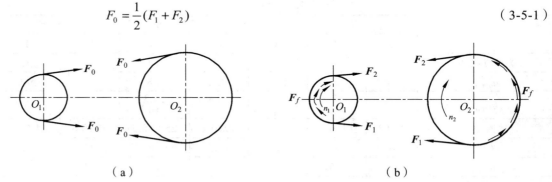

（a） （b）

图 3-5-8 带传动的受力情况

紧边、松边的拉力差等于接触面间的摩擦力总和 F_f，称为带传动的有效拉力，也就是带所传递的圆周力 F，即

$$F = F_1 - F_2 = F_f \tag{3-5-2}$$

将式（3-5-2）代入式（3-5-1）可得紧边拉力：$F_1 = F_0 + \dfrac{F}{2}$；松边拉力：

$$F_2 = F_0 - \frac{F}{2} \tag{3-5-3}$$

带传动的有效拉力 F、带传动所传递的功率 P 与带的速度 v 的关系为

$$F = \frac{1\,000P}{v}\ (\text{N})\ \text{或}\ P = \frac{Fv}{1\,000}\ (\text{kW}) \tag{3-5-4}$$

若带速不变，则带传动所传递的功率 P 取决于带与带轮间的摩擦力 F_f。在一定条件下，F_f 有最大值。当 F_f 达到最大摩擦力 $F_{\max}$ 时，带的紧边拉力 F_1 与松边拉力 F_2 的关系可用柔韧体摩擦的欧拉公式表示，即

$$F_1 / F_2 = \mathrm{e}^{f\alpha} \tag{3-5-5}$$

式中，e 为对数的底；f 为轮间的摩擦系数，对 V 带传动用当量摩擦系数 f'；α 为带轮的包角。

将式（3-5-3）和式（3-5-5）联立求解，可得

$$F_{\max} = F_1\left(1 - \frac{1}{\mathrm{e}^{f\alpha}}\right)$$　　　　　　（3-5-6）

带在正常传动情况下，必须使有效圆周力 $F < F_{\max}$ 才能正常地运动。如果所传递的圆周力超过这一最大值时，传动带将在带轮上打滑。由式（3-5-6）可知，$F_{\max}$ 与下列因素有关：

（1）初拉力 F_0：$F_{\max}$ 与 F_0 成正比，F_0 越大，带与带轮之间的正压力越大，传动时的摩擦力就越大。若 F_0 过小，则带的传动能力不能充分发挥，容易发生打滑。但 F_0 过大，带的寿命降低，轴和轴承受力大。

（2）包角 α：α 越大，则 $F_{\max}$ 越大。因为 α 增加，带与带轮接触弧上摩擦力的总和增加，从而提高传递载荷的能力。

（3）摩擦系数 f：f 越大，$F_{\max}$ 就越大。摩擦系数与带和带轮材料、表面状况、工作环境条件有关。

3. 带传动的应力分析

带传动工作时，带内将产生下列几种应力：

（1）拉应力。

紧边拉应力：$\sigma_1 = F_1 / A$　　　　　　　　　　　（3-5-7）

松边拉应力：$\sigma_2 = F_2 / A$　　　　　　　　　　　（3-5-8）

式中，A 为带的横剖面面积，mm^2。

（2）离心拉应力。

当带沿带轮轮缘做圆周运动时，带上每一质点都受离心力作用。离心力与带的离心拉力相平衡，如图 3-5-9 所示，则

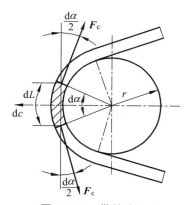

图 3-5-9　带的离心力

$$\sigma_c = \frac{F_c}{A} = \frac{qv^2}{A}$$　　　　　　（3-5-9）

式中，q 为传动带单位长度的质量，单位为 kg/m；v 为带速，单位为 m/s。

（3）弯曲应力。

即带绕在带轮上时，由于弯曲而产生的应力 σ_b。根据材料力学公式有

$$\sigma_b \approx E\frac{h}{d} \tag{3-5-10}$$

式中　E——带的弹性模量；

　　　d_d——带轮直径，mm；

　　　h——带的横截面高度，mm。

由式（3-5-10）可知，带轮基准直径越小，带越厚，带的弯曲应力越大。如普通 V 带传动，为防止过大的弯曲应力，对每种型号的 V 带都规定了相应的最小带轮基准直径 d_{min}。

带各个横剖面上的应力分布情况如图 3-5-10 所示。带中最大应力为

$$\sigma_{max} = \sigma_1 + \sigma_c + \sigma_{b1} \tag{3-5-11}$$

带中最大应力产生在带的紧边开始绕上小带轮处。

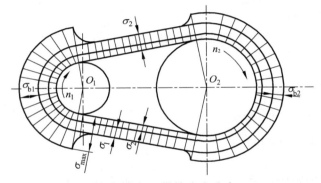

图 3-5-10　带的应力分布

4. 带传动的弹性滑动及传动比

带是弹性体，在受载时会产生弹性变形。由于带在紧边和松边上所受的拉力不相等，因而产生的弹性变形也不相同。如图 3-5-11 所示，当带在 a_1 点绕上主动轮到 c_1 点离开的过程中，带所受的拉力由 F_1 逐渐降到 F_2，拉力减小，使带向后收缩，在带轮接触面上出现局部微量的向后滑动，造成带的速度逐渐小于主动轮的圆周速度 v_1（即 $v_带 < v_1$）；当带在 a_2 点绕上从动轮到 c_2 点离开的过程中，带所受的拉力由 F_2 逐渐增加到 F_1，拉力增加，使带向前伸长，与带轮接触面上出现局部微量的向前滑动，造成带的速度逐渐大于从动轮的圆周速度 v_2（即 $v_带 > v_2$）。这种微量的滑动现象称为弹性滑动。弹性滑动的大小与带传动传递的载荷成正比。

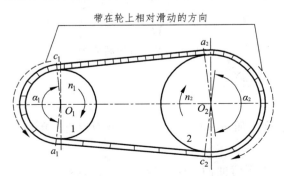

图 3-5-11　带的弹性滑动

带传动时弹性滑动是不可避免的，除了造成功率损失、降低传动效率和增加带的磨损外，还会引起从动轮的圆周速度下降，使传动比不准确。

弹性滑动引起的从动轮圆周速度的相对降低量称为滑动量ε，其计算式为

$$\varepsilon = \frac{v_1 - v_0}{v_1} \times 100\% \qquad\qquad （3\text{-}5\text{-}12）$$

式中，v_1 为主动轮的圆周速度；v_2 为从动轮的圆周速度。

带传动的传动比 i 和转速 n_2 的计算式为

$$i = \frac{n_1}{n_2} = \frac{d_2}{d_1(1-\varepsilon)} \qquad\qquad （3\text{-}5\text{-}13）$$

式中，d_1、d_2 为带传动中主、从动轮的直径。

通常 ε 为 1% ~ 2%，因此在一般传动中可以不计。当带传动的载荷增大时，有效拉力 **F** 相应增大。当有效拉力 **F** 达到或超过与小带轮之间摩擦力总和的极限值时，带与带轮在整个接触弧上发生相对滑动，这种现象称为打滑。打滑使得带传动的运动处于不稳定状态，带也受到严重磨损，带传动已不能正常工作，这是必须避免的。

（五）带传动的张紧和维护

普通 V 带不是完全弹性体，长期在张紧状态下工作，会因出现塑性变形而松弛。这就是带传动的初拉力 F_0 减小，传动能力下降，甚至失效。为保证带传动正常工作，必须适时地补充张紧。常见的张紧装置如下。

1. 定期张紧装置

定期张紧是指采用定期改变中心距的方法来调节带的预紧力，使带重新张紧。在水平或倾斜不大的传动中，可用如图 3-5-12（a）所示的方法，将装有带轮的电动机安装在制有滑道的基板 1 上。要调节带的预紧力时，松开基板上各螺栓的螺母 2，旋动调节螺钉 3，将电动机向右推移到所需的位置，然后拧紧螺母 2。在垂直或接近垂直的传动中，可用如图 3-5-12（b）所示的方法，将装有带轮的电动机安装在可调的摆架上。

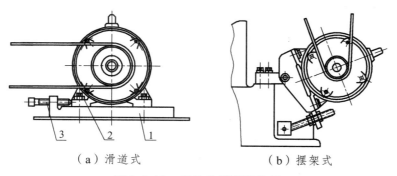

（a）滑道式　　　　　　　　　　（b）摆架式

图 3-5-12　带的定期张紧装置

2. 自动张紧装置

将装有带轮的电动机安装在浮动的摆架上，如图 3-5-13 所示，利用电动机的自重，使带轮随同电动机绕固定轴摆动，以自动保持张紧力。

3.采用张紧轮的装置

当中心距不能调节时，可采用张紧轮将带张紧，如图 3-5-14 所示。张紧轮一般应放在松边的内侧，尽量靠近大带轮，使带只受单向弯曲，以免小带轮包角减少太多。张紧轮的带槽尺寸与带轮相同，且直径小于小带轮的直径。

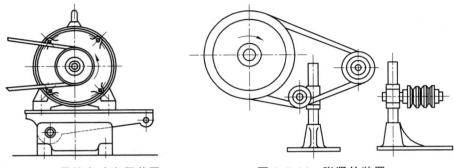

图 3-5-13 带的自动张紧装置   图 3-5-14 张紧轮装置

带传动的安装和维护需满足以下要求：

（1）普通 V 带和窄 V 带不得混用在同一传动装置上，套装带时不得强行撬入。

（2）多根 V 带传动时，因带的基准长度极限偏差值较大，为避免各根带的载荷分布不均，带的配组公差应在规定范围内，其值可查阅 GB/T 13575-1—2008。

（3）两带轮轴线应相互平行，各带轮相对应的 V 形槽对称平面应重合，其误差不得超过 20′，以防带侧面磨损加剧。

（4）定期检查 V 带，如发现有一根松弛或损坏，应全部更换新带，新、旧带不能同时使用。

（5）带要避免与酸、碱、油污等接触，工作温度应不超过 60 ℃。

（6）带传动要设有保护罩。

二、链传动

（一）链传动的组成、特点和应用

链传动是常见的机械传动形式，是借助于中间挠性体（链条）来传递运动和动力的一种挠性传动，兼有带传动和齿轮传动的特点。如图 3-5-15 所示，链传动由主动链轮 1、从动链轮 3 和绕在链轮上的中间挠性件链条 2 组成，靠链条与链轮轮齿的啮合来传递平行轴间的运动和动力。

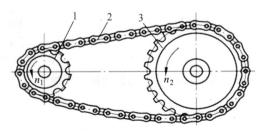

图 3-5-15 链传动

1—主动链轮；2—链条；3—从动链轮

链传动与带传动相比较，其主要优点是由于是啮合传动，没有弹性滑动及打滑现象，所以平均传动比恒定不变；链条装在链轮上不需要很大的张紧力，对轴的压力小；能传递较大的圆周力，效率较高；维护容易，并有一定的缓冲减振作用；能在较恶劣的环境下工作。链传动的主要缺点是瞬时传动比不恒定，工作时有噪声；磨损后容易发生跳齿；不宜在载荷变化很大和急速反向的传动中应用。

1. 链传动的类型

按用途不同，链传动分为传动链、起重链和牵引链。传动链主要用于工作速度 $v<15$ m/s 的一般机械传动中；起重链用于提升重物；牵引链用于运输机械中。传动链又分为短节距精密滚子链（简称滚子链）、短节距精密套筒链（简称套筒链）和齿形链，如图 3-5-16 所示。

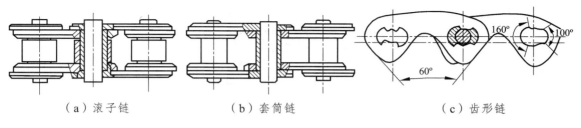

（a）滚子链　　　　　　（b）套筒链　　　　　　　（c）齿形链

图 3-5-16　传动链类型

2. 滚子链和链轮

（1）滚子链的结构。

滚子链有单排、双排和多排。单排滚子链的结构如图 3-5-17 所示，由内链板 1、外链板 2、销轴 3、套筒 4 和滚子 5 组成。其中内链板与套筒、外链板与销轴之间分别采用过盈配合连接，而销轴与套筒之间为间隙配合，当链节屈伸时，内、外链板之间便可相对转动。滚子空套在套筒上可以自由转动，以减少啮合时的摩擦与磨损。为了减轻链条的质量和惯性力，并使链板各剖面上的抗拉强度大致相等，链板制成 8 字形，如图 3-5-18 所示。

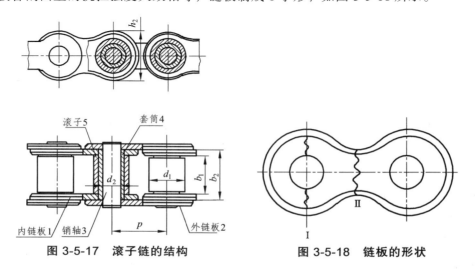

图 3-5-17　滚子链的结构　　　　**图 3-5-18　链板的形状**

滚子链上相邻两销轴中心的距离称为节距，用 p 表示，为链传动的基本特性参数。节距越大，链的各元件尺寸也越大，链传递的功率也越大；但当链轮齿数确定后，节距大会使链轮直径增大。因此，在需要承受较大载荷的场合下，滚子链有制成多排的，多排链是将若干单排链用长销连接而成，如图 3-5-19 所示，多排链的承载能力与排数成正比。但排数多，各排受力难以均匀，故一般不超过 4 排。链接头的结构形式如图 3-5-20 所示，当一根链的节数为偶数时，连接方式可采用可拆卸的外链板连接，接头处用开口销或弹簧卡固定，前者多用于大节距，后者多用于小节距，如图 3-5-20 所示。当链节数为奇数时，需用过渡链节，如图 3-5-20（c）所示，过渡链板受到附加弯矩，最好不用。

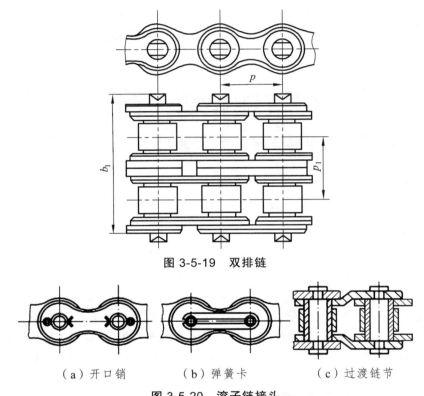

图 3-5-19　双排链

（a）开口销　　　　（b）弹簧卡　　　　（c）过渡链节

图 3-5-20　滚子链接头

（2）滚子链的标准。

目前滚子链的标准为 GB/T 1243—2006，分为 A、B 两个系列，常用的是 A 系列。国际上链节距均采用英制单位，国标规定链节距采用米制单位（按转换关系从英制折算成米制）。对应于链节距有不同的链号，用链号乘以 25.4/16 mm 所得的数值即为链节距 p（mm）。

滚子链的标记，如 08A-1×88 GB/T 1243—2006 表示 A 系列、节距为 12.7 mm、单排、88 节的滚子链。

（二）链　轮

为了保证链与链齿的良好啮合并提高传动的性能和寿命，应该合理设计链轮的齿形和结构，适当地选取链轮材料。

1. 链轮的尺寸参数

如图 3-5-21 所示，已知节距 p，滚子直径和链轮齿数 z，则链轮的主要尺寸可查表计算。

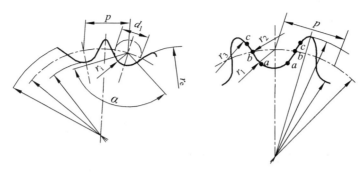

图 3-5-21　链轮的尺寸

2. 链轮的齿形

为了便于链节平稳进入和退出啮合，链轮应有正确的齿形。滚子链与链轮的啮合属于非共轭啮合，链轮齿形国标没有具体规定。在此推荐使用较多的三圆弧—直线齿形，如图 3-5-21 所示。当采用这种齿形并用相应的标准刀具加工时，链轮齿形在工作图上可不画出；齿形按"3R，GB/T 1244—85"规定制造。链轮轴面齿形有圆弧和直线两种，圆弧形齿廓有利于链节啮入和啮出。

3. 链轮的材料和结构

一般链轮用碳钢、灰铸铁制造，重要的链轮用合金钢制造，齿面要经过热处理。小链轮的啮合次数多于大链轮，故小链轮的材料应优于大链轮。链轮的结构有实心式、孔板式、组合式、齿圈和轮心螺栓连接式几种。小直径链轮可采用实心式；中等尺寸链轮可制成孔板式；大直径链轮可采用组合式结构。

（三）链传动的运动特性

具有刚性链板的链条呈多边形绕在链轮上，如同具有柔性的传动带绕在正多边形的带轮上，多边形的边长和边数分别对应于链条的节距 p 和链轮的齿数 z，如图 3-5-22 所示。

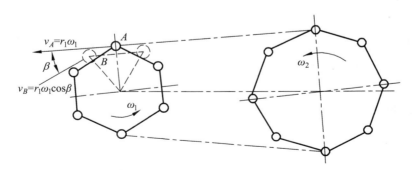

图 3-5-22　多边形链轮

$$v = \frac{z_1 n_1 p}{60 \times 1\,000} = \frac{z_2 n_2 p}{60 \times 1\,000} \quad (\text{m/s})$$

链传动的平均传动比：$i = \dfrac{n_1}{n_2} = \dfrac{z_2}{z_1}$

链条铰链 A 点的前进分速度：$v = v_1 \cos \beta = \dfrac{d_1 \omega_1}{2} \cos \beta$

上下运动分速度：$v' = v_1 \sin \beta = \dfrac{d_1 \omega_1}{2} \sin \beta$

链传动中，链条的前进速度和上下抖动速度是周期性变化的，链轮的节距越大，齿数越少，链速的变化就越大。当主动链轮匀速转动时，从动链轮的角速度以及链传动的瞬时传动比都是周期性变化的，因此链传动不宜用于对运动精度有较高要求的场合。

思考与练习

1. 什么是带传动的打滑？它与弹性滑动有何区别？打滑对传动有什么影响？打滑先发生在大轮上还是小轮上？

2. 带在传动中产生哪几种应力？其中哪种应力较大？最大应力出现在什么位置？

3. 带传动设计准则的依据是什么？

4. 从增大包角方面考虑，带传动松边在上好，还是紧边在上好？

5. 在机械传动中，为什么经常将 V 带传动布置在高速级？

6. 与带传动相比，链传动有哪些特点？

7. 链传动的瞬时传动比是否恒定？为什么？

8. 链传动主要的失效形式有哪些？设计链传动的主要依据是什么？

工作任务六　齿轮传动

■任务情境

齿轮传动是机械传动中最重要的，也是应用最广泛的一种传动形式，可用来传递任意两轴间的运动和动力，并可改变转动速度和转动方向。

■任务目标

一、知识目标

（1）了解齿轮传动的类型和特点。

（2）掌握标准圆柱齿轮几何尺寸的计算。

（3）了解齿轮传动的正确啮合条件。

（4）初步了解斜齿轮、锥齿轮、蜗杆蜗轮。

（5）掌握定轴轮系传动比的计算。

（6）了解轮系的应用。

二、能力目标

（1）掌握计算圆柱齿轮的几何尺寸的方法。

（2）掌握计算定轴轮系的传动比的方法。

（3）根据齿轮传动工况，能正确选定齿轮传动的类型。

■必备知识

一、齿轮传动的特点和基本类型

（一）齿轮传动的特点

齿轮传动与其他机械传动相比，是依靠两轮轮齿之间直接接触的啮合传动，用以传递空间任意两轴间的运动和动力，传递速度可达 300 m/s，传递的功率可达 10^5 kW，广泛应用于矿山、冶金、汽车、飞机、起重机、机床等各种机械中，齿轮传动具有以下特点。

1. 传动准确可靠

齿轮传动能保持传动比恒定不变，因而传动平稳，冲击、振动和噪声较小。又因齿轮传动是靠轮齿依次啮合来传递运动和动力的，所以不会发生弹性滑动和打滑现象。

2. 传动效率高、工作寿命长

齿轮传动的机械效率可达 0.95 ~ 0.99，且能可靠地连续工作几年甚至几十年。

3. 结构紧凑、功率和速度范围广

与其他传动相比，在传递功率相同的情况下，齿轮传动所占的空间位置较小，而且齿轮传动所传递的功率和速度范围较大。

4. 成本较高、不适宜两轴中心距过大的传动

齿轮的制造和安装精度要求较高，因而成本也较高。另外，当两轴中心距过大时，齿轮的径向尺寸会很大，或者齿轮的个数要多，致使结构庞大，这是齿轮传动的主要缺点。

（二）齿轮传动的基本类型

根据两齿轮相对运动平面位置的不同，把齿轮传动分为平面齿轮传动和空间齿轮传动两大类。

1. 平面齿轮传动

平面齿轮传动的两齿轮轴线相互平行。常见的类型有外啮合圆柱直齿轮传动、内啮合圆柱直齿轮传动、齿轮齿条传动、斜齿轮传动和人字齿轮传动，如图 3-6-1 所示。

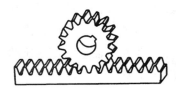

（a）外啮合圆柱直齿轮传动　　（b）内啮合圆柱直齿轮传动　　　（c）齿轮齿条传动

（d）斜齿轮传动　（e）人字齿轮传动　　（f）直齿锥齿轮传动　　（g）弧齿锥齿轮传动

（h）交错轴斜齿轮传动　　（i）蜗杆蜗轮传动　　　（j）准双曲面齿轮传动

图 3-6-1　平齿轮传动的类型

2. 空间齿轮传动

空间齿轮传动的两齿轮轴线不平行，其按两轴线的相对位置可分为锥齿轮传动、交错轴斜齿轮传动、蜗杆蜗轮传动和准双曲面齿轮传动，如图 3-6-1 所示。

二、渐开线齿廓

（一）渐开线的形成及其性质

当一直线在圆周上做纯滚动时，该直线上任一点的轨迹称为该圆的渐开线，这个圆称为基圆，该直线称为渐开线的发生线，如图 3-6-2（a）所示。渐开线齿轮轮齿的齿廓就是以同一基圆上产生的两条相反且对称的渐开线组成。

由渐开线的形成过程可知，渐开线具有下述特性。

（1）发生线沿基圆滚过的线段长度等于基圆上被滚过的相应弧长，即 $\overset{\frown}{AB} = \overline{BK}$。

（2）渐开线上任意一点法线必然与基圆相切。因为当发生线在基圆上做纯滚动时，B 点为渐开线上 K 点的曲率中心，$\overline{BK}$ 为其曲率半径和 K 点的法线。

（3）渐开线齿廓上某点的法线与该点速度方向所夹的锐角称为该点的压力角 α_k。齿廓上各点压力角是变化的。

（4）渐开线的形状只取决于基圆大小。如图 3-6-2（b）所示，基圆越小，渐开线越弯曲；基圆越大，渐开线越平直。当基圆半径为无穷大时，其渐开线将成为垂直于 B_3K 的直线，齿条的渐开线齿廓就是这种直线齿廓。

（5）基圆内无渐开线。

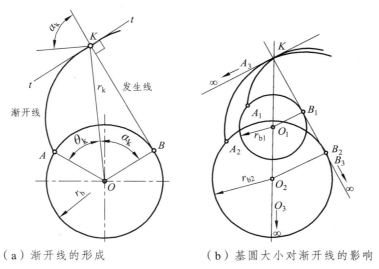

（a）渐开线的形成　　　　　（b）基圆大小对渐开线的影响

图 3-6-2　　渐开线的形成

（二）渐开线齿廓的啮合特性

1. 渐开线齿廓满足定传动比要求

一对相啮合的渐开线齿廓在任意点 K 接触，如图 3-6-3（a）所示，两齿廓在任意点 K 啮合时，过 K 作两齿廓的法线 $\overline{N_1N_2}$，是基圆的切线，为定直线。两轮中心连线也为定直线，故交点 C 必为定点，即

$$i_{12} = \omega_1/\omega_2 = O_2C/O_1C = 常数$$

i_{12} 为常数，可减少因速度变化所产生的附加动载荷、振动和噪声，延长齿轮的使用寿命，提高机器的工作精度。

2. 传力的平稳性

如图 3-6-3（a）所示，齿廓间正压力方向不变，$\overline{N_1N_2}$ 是啮合点的轨迹称为啮合线。啮合线与节圆公切线之间的夹角 α 称为啮合角。实际上 α 就是节圆上的压力角，由渐开线的性质可知，啮合线又是接触点的法线，正压力总是沿法线方向，故正压力方向不变，该特性对传动的平稳性有利。

3. 中心距的可分性

如图 3-6-3（b）所示，ΔO_1N_1P 与 ΔO_2N_2P 相似，故传动比又可写成 $i_{12} = \omega_1/\omega_2 = O_2P/O_1P = r_{b2}/r_{b1}$，基圆半径成反比。实际安装中心距略有变化时不影响 i_{12}，这一特性称为运动可分性，对加工和装配很有利。因此，工程上广泛采用渐开线齿廓曲线。

齿廓间的相对滑动指两齿廓在啮合传动时齿廓之间产生的相对滑动。齿廓间的相对滑动将引起齿廓的摩擦和磨损，但利于润滑油膜的形成。节点 C 处啮合时，因两齿廓接触点的速度相等，故该点齿廓间没有相对滑动，其运动关系为纯滚动。

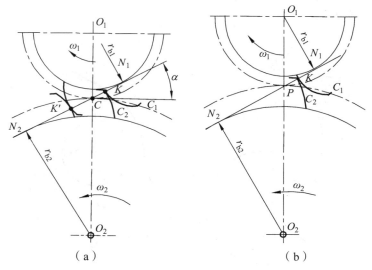

（a）　　　　　　　　　（b）

图 3-6-3　渐开线齿廓的啮合

（三）渐开线标准直齿圆柱齿轮的基本参数

齿轮各部分参数的名称如图 3-6-4 所示。

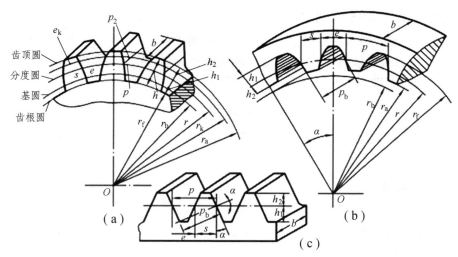

（a）　　　　　　　　　（b）

（c）

图 3-6-4　齿轮各部分的名称

（1）齿数 z：齿轮圆周上轮齿的数目。

（2）齿顶圆：齿顶所确定的圆，其直径用 d_a 表示。

（3）齿根圆：由齿槽底部所确定的圆，其直径用 d_f 表示。

（4）齿槽宽：相邻两齿之间的空间，在任意 d_k 的圆周上，轮齿槽两侧齿廓之间的弧线称为该圆的齿槽宽，用 e_k 表示。

（5）齿厚：轮齿两侧齿廓之间的弧长，用 s_k 表示。

（6）齿距：相邻的两齿同侧齿廓之间的弧长，用 p_k 表示，$p_k = s_k + e_k$。

（7）分度圆：压力角和模数在同一圆周上（$\pi d = p_k z$），不同直径的圆周上比值 p_k/π 是不同的，又由渐开线特性可知，在不同直径的圆周上，齿廓各点的压力角也是不等的。为了便于设计、制造及互换，将齿轮上某一圆周上的比值和该圆上的压力角均设定为标准值，这个圆就称为分度圆，用 d 表示。分度圆上的压力角简称为压力角，以 α 表示。分度圆上的 p/π 比值称为模数，以 m 表示，即 $m = p/\pi$。模数是齿轮几何计算的基础，显然，m 越大，则 p 越大，即轮齿就越大。分度圆直径 $d = mz$。

齿轮上的分度圆是一个十分重要的圆，为了便于说明，对于分度圆上的齿距、齿厚和齿槽宽等，略去分度圆直接称为齿距 p、齿厚 s 及齿槽宽 e 等，分度圆上的各参数的代号也都不带下标。

（8）齿顶高：在轮齿上，介于齿顶圆和分度圆之间的部分称为齿顶，其径向高度称为齿顶高，用 h_a 表示。

（9）齿根高：介于齿根圆和分度圆之间的部分，其径向高度称为齿根高，用 h_f 表示。

（10）全齿高：齿顶圆与齿根圆之轮齿的径向高度称为全齿高，用 h 表示，$h = h_a + h_f$。

（11）齿顶高系数 h_a^* 和径向间隙系数 c^*：$h_a = h_a^* m$；$h_f = (h_a^* + c^*)m$。

（四）标准直齿圆柱齿轮几何尺寸的计算（外啮合）

标准齿轮：标准齿轮是指 m、α、h_a^*、c^* 均取标准值，具有标准的齿顶高和齿根高，且分度圆齿厚等于齿槽宽的齿轮。

一个标准齿轮：

分度圆直径 $d = mz$；

齿根高 $h_a = h_a^* m$；

齿根高 $h_f = (h_a^* + c^*)m$；

全齿高 $h = h_a + h_f = (2h_a^* + c^*)m$；

齿顶圆直径 $d_a = d + 2h_a = (z + 2h_a^*)m$；

齿根圆直径 $d_f = d - 2h_f = (z - 2h_a^* - 2c^*)m$；

基圆直径 $d_b = d\cos\alpha$；

齿距 $p = \pi m$；

基圆齿距 $p_b = \pi m\cos\alpha$；

齿厚和齿槽宽 $s = e = \dfrac{1}{2}\pi m$；

中心距 $a = \dfrac{1}{2}(d_2 \pm d_1) = \dfrac{1}{2}m(z_2 \pm z_1)$。

（五）渐开线标准直齿圆柱齿轮的啮合条件

1. 正确啮合条件

要使两相邻轮齿的两对同侧齿廓能同时在啮合线上正确地进行啮合，如图 3-6-5 所示，前对齿在 a_1 点啮合，而后对齿在 a_2 点啮合，显然，两相邻轮齿同侧齿廓间的法线距离（也称为法向齿距，以 p_b 表示）必须相等，即 $p_{b1} = p_{b2}$，否则，前对齿在 a_1 点啮合时，后对齿不是相互嵌入（$p_{b1}<p_{b2}$）就是相互脱离（$p_{b1}>p_{b2}$），均不能正确啮合。又根据渐开线特性可知，同一齿轮上的法向齿距等于基圆齿距。所以，如果一对齿轮能够正确啮合，则必有 $p_{b1}=p_{b2}$，即

$$\pi m_1 \cos \alpha_1 = \pi m_2 \cos \alpha_2$$

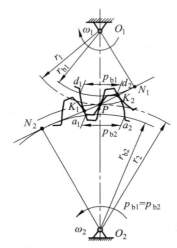

图 3-6-5　正确啮合条件

由于齿轮的模数 m 和压力角都已标准化，所以满足上式的条件必须是两轮模数压力分别相等。即

$$m_1 = m_2 = m$$
$$\alpha_1 = \alpha_2$$

综上所述，一对渐开线齿轮正确啮合的条件是两齿轮的模数和压力角必须分别相等。

根据正确啮合条件，一对渐开线齿轮的传动比公式可写为

$$i = \frac{\omega_1}{\omega_2} = \frac{O_2 P}{O_1 P} = \frac{r_2'}{r_1'} = \frac{r_{b2}}{r_{b1}} = \frac{r_2 \cos \alpha}{r_1 \cos \alpha} = \frac{z_2}{z_1}$$

2. 渐开线齿轮连续啮合的条件

如图 3-6-6（a）所示为一对渐开线齿轮正确啮合的情形。主动轮 1 以角速度顺时针回转，推动从动轮 2 以角速度逆时针回转。因为两轮齿相啮合只能在啮合线上进行，所以开始啮合是主动轮的齿根部分的某点与从动轮的齿顶接触，故从动轮齿顶圆与啮合线 $\overline{N_1 N_2}$ 的交点 B_2 为一对轮齿进入啮合的起始点。随着传动的进行，啮合点沿啮合线移动，主动轮齿廓上的接触点由齿根移向齿顶，而从动轮则是由齿顶移向齿根。因此，主动轮的齿顶圆与啮合线 $\overline{N_1 N_2}$ 的交点 B_1 为啮合的终止点。把啮合点走过的实际轨迹 $\overline{B_1 B_2}$ 称为实际啮合线，随着齿顶圆的加大，啮合点将移近 N_2、N_1 点，但因基圆内无渐开线，故 $\overline{N_1 N_2}$ 是理论上最长的啮合线段，称为理论啮合线，N_2、N_1 点则称为啮合极限点。

在啮合过程中，并非整个齿廓都参与啮合，而是从齿顶到齿根的一段齿廓参与啮合，这段齿廓称为工作齿廓，如图 3-6-6（a）所示中的阴影部分。

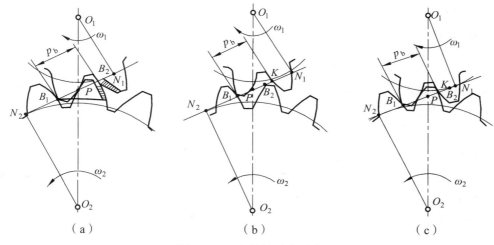

图 3-6-6 齿轮的啮合过程

由以上分析可知，若使传动连续进行，必须是前一对齿尚未脱离啮合时，后一对齿就已进入啮合。如图 3-6-6（a）所示，此时 $\overline{B_1B_2}=p_b$，即实际啮合线段长度等于齿轮的法向齿距（或基圆齿距），前对齿啮合点到达 B_1 点，将要脱离啮合时，后对齿刚好在 B_2 点进入啮合，传动刚好连续。若如图 3-6-6（b）所示，此时 $\overline{B_1B_2}>p_b$，当前对齿啮合到 B_1 点将要脱离时，后对齿正在啮合线上 K 点啮合，即从 B_2 点到 K 点已经啮合了一段距离，这时传动不但能连续进行，而且还有一段时间为两对齿同时啮合。若如图 3-6-6（c）所示，此时 $\overline{B_1B_2}<p_b$，此时尽管两轮基圆齿距相等，但当前对齿啮合到 B_1 点即将脱离时，后对齿尚未进入啮合，致使传动不能连续进行。因此，为保证齿轮能平稳、连续传动，必须满足两轮实际啮合线段大于或等于齿轮的基圆齿距 p_b，即 $\overline{B_1B_2} \geqslant p_b$，通常用重合度 ε 表示。

齿轮连续传动的条件为

$$\varepsilon = \frac{\overline{B_1B_2}}{p_b} \geqslant 1$$

重合度越大，表示同时啮合的齿对数越多或多对齿啮合的时间越长，齿轮传动越平稳，承载能力越高。

综上所述，要保证一对齿轮正确啮合及连续传动的条件，除了要求两轮基圆齿距相等外，还要求 $\varepsilon \geqslant 1$，一般取 $\varepsilon = 1.1 \sim 1.4$。

（六）渐开线齿轮的切齿原理

1. 轮齿的加工方法

齿轮的加工方法较多，有铸造、模锻、热轧、冲压、切削加工等，目前切削加工应用最广。切削渐开线齿轮的方法分为仿形法和展成法两种，两种加工方法的原理不同。利用展成法加工时还会遇到根切（齿轮轮齿根部渐开线被切去一部分）的问题。

仿形法是在普通铣床上用轴向剖面形状与被切齿轮齿槽形状完全相同的铣刀切制齿轮的方法。铣完一个齿槽后，分度头将齿坯转过 $360°/z$，再铣下一个齿槽，直到铣出所有的齿槽。这种方法适用于单件生产而且精度要求不高的齿轮加工。

展成法是利用一对齿轮无侧隙啮合时两轮的齿廓互为包络线的原理加工齿轮。加工时刀具与齿坯的运动就像一对互相啮合的齿轮，最后刀具将齿坯切出渐开线齿廓。展成法切制齿轮常用的刀具有 3 种，即齿轮插刀、齿条插刀、齿轮滚刀。齿轮插刀，是一个齿廓为刀刃的外齿轮；齿条插刀，是一个齿廓为刀刃的齿条；齿轮滚刀，像梯形螺纹的螺杆，轴向剖面齿廓为精确的直线齿廓，滚刀转动时相当于齿条在移动，其可以实现连续加工，生产率较高。用展成法加工齿轮时，只要刀具与被切齿轮的模数和压力角相同，不论被加工齿轮的齿数是多少，都可以用同一把刀具来加工，这给生产带来了很大的方便，因此展成法得到了广泛的应用。

2. 根切现象和最少齿数

用展成法加工齿轮时，若刀具的齿顶线（或齿顶圆）超过理论啮合线极限点时，被加工齿轮齿根附近的渐开线齿廓将被切去一部分，这种现象称为根切。根切使齿轮的抗弯强度削弱、承载能力降低、啮合过程缩短、传动平稳性变差，因此应避免根切。标准直齿不发生根切的最少齿数应不少于 17。

3. 变位齿轮

标准齿轮设计计算比较简单，因而得到了广泛的应用。但标准齿轮有许多不足之处，如最少齿数受限制、中心距必须取标准值、大小齿轮强度差较大、不便于修配齿轮等，于是出现了变位齿轮。用齿条形刀具加工齿轮，若对刀时中线与被加工齿轮分度圆相切，加工出来的齿轮即为标准齿轮（$s=e$），如图 3-6-7（a）所示。否则加工出来的齿轮称为变位齿轮（$s \neq e$），如图 3-6-7（b）、（c）所示。以切制标准齿轮的位置为基准，刀具所移动的距离称为变位量，用 xm 表示，x 称为变位系数，m 为齿轮模数，并且规定刀具远离轮坯的变位为正变位（$x>0$），切出的齿轮称为正变位齿轮；刀具移近轮坯的变位为负变位（$x<0$），相应切出的齿轮为负变位齿轮。由于齿条在不同高度上的齿距 p、压力角 α 都是相同的，所以无论齿条形刀具的位置如何变化，切出的变位齿轮模数、压力角都与齿条中线上的相同，仍为标准值。其分度圆直径、基圆直径与标准齿轮相同，齿廓曲线和标准齿轮的齿廓曲线为同一基圆形成的渐开线，只是使用的部位不同。但变位齿轮的某些尺寸已非标准，如正变位齿轮的齿厚和齿顶高变大、齿槽宽和齿根高变小等，如图 3-6-8 所示。

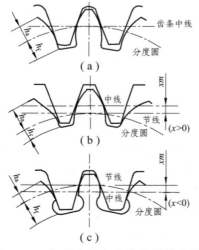

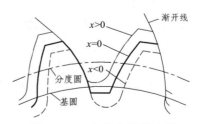

图 3-6-7 标准齿轮与变位齿轮的比较   **图 3-6-8 齿廓曲线的比较**

三、斜齿圆柱齿轮传动

（一）斜齿轮齿廓曲面的形成及啮合特点

从渐开线的形成过程和齿轮的参数分析知道，渐开线的形成是在一个平面里进行讨论，而齿轮是有宽度的。因此，前面所讨论的渐开线需进一步深化。如何深化呢？从几何的观点看，无非是点→线、线→面、面→体。因此，直齿圆柱齿轮的渐开线曲面发生面沿基圆柱做纯滚动，发生面上任意一条与基圆柱母线平行的直线在空间所走过的轨迹即为直齿轮的齿廓曲面，如图 3-6-9（a）所示。

斜齿圆柱齿轮的齿廓曲面发生面沿基圆柱做纯滚动，发生面上任意一条与基圆柱母线倾斜成一角 β_b 的直线在空间所走过的轨迹为一个渐开线螺旋面，即为斜齿圆柱齿轮的齿廓曲面。β_b 称为基圆柱上的螺旋角，如图 3-6-9（b）所示。

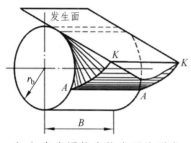

（a）直齿圆柱齿轮齿面的形成

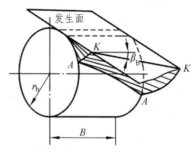

（b）斜齿圆柱齿轮齿面的形成

图 3-6-9　圆柱齿轮渐开线齿面的形成

直齿圆柱齿轮啮合时，齿面的接触线平行于齿轮轴线。因此轮齿是沿整个齿宽方向同时进入啮合、同时脱离啮合的，载荷沿齿宽突然加上及卸下，因此齿轮传动的平稳性较差，容易产生冲击和噪声。

一对平行轴斜齿圆柱齿轮啮合时，斜齿轮的齿廓是逐渐进入与脱离啮合的，斜齿轮齿廓接触线的长度由零逐渐增加，又逐渐缩短，直至脱离接触。当其齿廓前端面脱离啮合时，齿廓的后端面仍在啮合中，载荷在齿宽方向上不是突然加上及卸下，其啮合过程比直齿轮长，同时啮合的齿轮对数也比直齿轮多，即其重合度较大。因此斜齿轮传动工作较平稳、承载能力强、噪声和冲击较小，适用于高速、大功率的齿轮传动。

（二）斜齿圆柱齿轮的参数及几何尺寸计算

斜齿轮的轮齿为螺旋形，在垂直于齿轮轴线的端面（下标以 t 表示）和垂直于齿廓螺旋面的法面（下标以 n 表示）上有不同的参数。斜齿轮的端面是标准的渐开线，但从斜齿轮的加工和受力角度看，斜齿轮的法面参数应为标准值。

1. 螺旋角 β

如图 3-6-10 所示为斜齿轮分度圆柱的展开图，螺旋线展开成一直线，该直线与轴线的夹角 β 称为斜齿轮在分度圆柱上的螺旋角，简称斜齿轮的螺旋角。

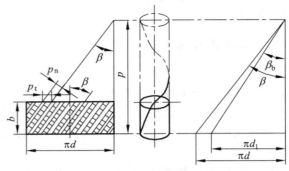

图 3-6-10　斜齿轮分度圆柱的展开图

通常用分度圆上的螺旋角 β 进行几何尺寸计算。螺旋角 β 越大，轮齿就越倾斜，传动的平稳性也越好，但轴向力也越大。对于人字齿轮，其轴向力可以抵消，但加工较为困难，一般用于重型机械的齿轮传动中。齿轮按其齿廓渐开螺旋面的旋向，可分为右旋和左旋两种。

2. 模　数

如图 3-6-10 所示，p_t 为端面齿距，而 p_n 为法面齿距，$p_n = p_t \cos\beta$，因为 $p = \pi m$，$\pi m_n = \pi m_t \cos\beta$，故斜齿轮法面模数与端面模数的关系为

$$m_n = m_t \cos\beta。$$

3. 压力角

如图 3-6-11 所示，法面压力角 α_n 与端面压力角 α_t 的关系为

$$\tan\alpha_n = \tan\alpha_t \cos\beta$$

用成形铣刀或滚刀加工斜齿轮时，刀具的进刀方向垂直于斜齿轮的法面，故一般规定法面内的参数为标准参数。

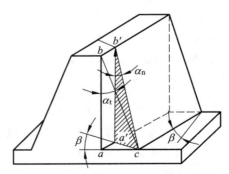

图 3-6-11　斜齿轮分度圆柱面上法面和端面参数的关系

4. 齿顶高系数及顶隙系数

无论从法向或从端面来看，轮齿的齿顶高都是相同的，顶隙也是相同的，即

$$\begin{cases} h_{at}^* = h_{an}^* \cos\beta \\ c_t^* = c_n^* \cos\beta \end{cases}$$

5. 斜齿轮的几何尺寸计算

只要将直齿圆柱齿轮的几何尺寸计算公式中的各参数看作端面参数，就完全适用于平行轴标准斜齿轮的几何尺寸计算，具体计算公式如表 3-6-1 所示。

表 3-6-1　外啮合标准斜齿轮的几何尺寸计算公式

名　称	符　号	公　式
分度圆直径	d	$d = m_t z = (m_n / \cos\beta)z$
基圆直径	d_b	$d_b = d\cos\alpha_t$
齿顶高	h_a	$h_a = h_{an}^* \times m_n = m_n\,(h_{an}^* = 1)$
齿根高	h_f	$h_f = (h_{an}^* + c_n^*)m_n = 1.25\,m_n\,(c_n^* = 0.25)$
全齿高	h	$h = h_a + h_f = 2.25 m_n$
齿顶圆直径	d_a	$d_a = d + 2h_a$
中心距	a	$a = (d_1 + d_2)/2 = m_n(z_1 + z_2)/2\cos\beta$

从表 3-6-1 可以看出，斜齿轮传动的中心距与螺旋角 β 有关。当一对斜齿轮的模数、齿数一定时，可以通过改变螺旋角 β 的方法来凑配中心距。

标准斜齿轮不发生根切的最少齿数为

$$z_{min} = \frac{2h_{at}^*}{\sin^2\alpha_t} = \frac{2h_{an}^*\cos\beta}{\sin^2\alpha_t}$$

6. 斜齿圆柱齿轮传动的正确啮合条件

斜齿圆柱齿轮在端面内的啮合相当于直齿轮啮合。因此斜齿轮传动的螺旋角大小相等，外啮合时旋向相反（"－"号），内啮合时旋向相同（"＋"号），斜齿轮的法向参数为标准值，所以正确啮合的条件为

$$m_{t1} = m_{t2} \quad m_{n1} = m_{n2}$$
$$\alpha_{t1} = \alpha_{t2} \quad \text{、} \quad \alpha_{n1} = \alpha_{n2}$$
$$|\beta_1| = |\beta_2| \Rightarrow \beta_1 = \pm\beta_2$$

四、直齿圆锥齿轮传动

（一）圆锥齿轮传动的特点及其齿廓曲面的形成

如图 3-6-12 所示，锥齿轮传递两相交轴之间（多为 $\Sigma = 90°$）的运动和动力，轮齿分布在截圆锥上，齿形由大端到小端逐渐减小。

直齿圆锥齿轮机构设计、制造和安装简单，应用广泛；曲齿圆锥齿轮机构传动平稳，承载能力高，常用于高速重载传动，一对锥齿轮传动相当于一对节圆锥做相切纯滚动。锥齿轮分为分度圆锥、齿顶圆锥、齿根圆锥和基圆锥。标准直齿锥齿轮传动的节圆锥与分度圆锥重合，如图 3-6-12 所示。其传动比为

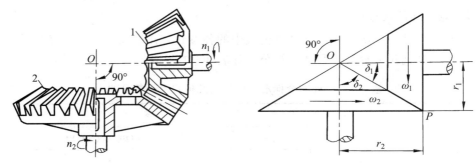

图 3-6-12　一对直齿圆锥齿轮传动

$$i = \frac{n_1}{n_2} = \frac{r_2}{r_1} = \frac{z_2}{z_1} = \frac{\overline{OP}\sin\delta_2}{\overline{OP}\sin\delta_1} = \frac{\sin\delta_2}{\sin\delta_1} = \cot\delta_1 = \tan\delta_2$$

（二）直齿圆锥齿轮的正确啮合条件

直齿圆锥齿轮的正确啮合条件为：两直齿圆锥齿轮的大端模数 m 和压力角 α 分别相等，此外，两轮的节锥角之和应等于两轴夹角，如图 3-6-13 所示，即

$$m_1 = m_2 = m$$
$$\alpha_1 = \alpha_2 = \alpha$$
$$\Sigma = \delta_1 + \delta_2 = 90°$$

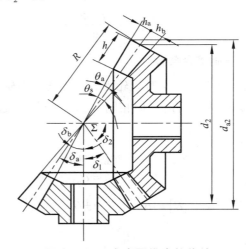

图 3-6-13　直齿圆锥齿轮传动

五、蜗杆传动简介

（一）蜗杆传动的类型

蜗杆蜗轮机构用于传递空间两交错轴之间的运动和动力，如图 3-6-14 所示，由蜗杆与蜗轮组成，一般蜗杆为主动件，蜗轮为从动件，具有自锁性，做减速运动。蜗杆蜗轮机构广泛应用于各种机械和仪器设备之中。

图 3-6-14　蜗杆蜗轮机构

按蜗杆的形状不同，蜗杆蜗轮机构可分为圆柱蜗杆、圆弧面蜗杆和锥面蜗杆机构，其中圆柱蜗杆机构应用最广。

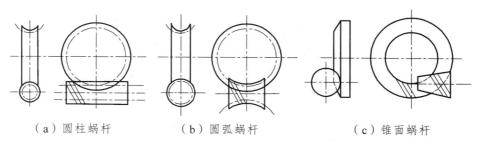

（a）圆柱蜗杆　　　　（b）圆弧蜗杆　　　　（c）锥面蜗杆

图 3-6-15　蜗杆蜗轮机构类型

圆柱蜗杆按其齿廓曲线形状的不同，又可分为阿基米德蜗杆（ZA 型）、渐开线蜗杆（ZI 型）、法面直廓蜗杆（ZN 型）等几种，其中阿基米德蜗杆由于加工方便，应用最为广泛。

如图 3-6-16 所示的阿基米德蜗杆，其端面齿廓为阿基米德螺旋线，轴向齿廓为直线，一般在车床上用成形车刀切制而成。按螺旋方向不同，蜗杆可分为左旋和右旋。

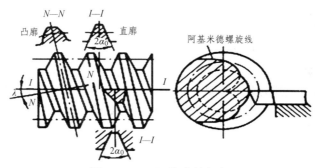

图 3-6-16　阿基米德蜗杆

（二）蜗杆蜗轮机构传动的特点

（1）传动比大，结构紧凑。单级蜗杆传动，若只传递运动（如分度机构），其传动比可达 1 000。

（2）传动平稳，噪声小。由于蜗杆齿呈连续螺旋状，与蜗轮齿的啮合是连续不断地进行的，同时啮合的齿数较多，故传动平稳，噪声小。

（3）可制成具有自锁性的蜗杆。当蜗杆的螺旋线升角小于啮合面的当量摩擦角时，蜗杆传动便具有自锁性，此时只能由蜗杆带动蜗轮转动，反之则不能运动。

（4）传动效率低。因蜗杆传动齿面间存在较大的相对滑动，摩擦损耗大，效率较低，一般为 0.7 ~ 0.8，具有自锁性的蜗杆传动，其效率小于 0.5。

（5）蜗轮造价较高。为减轻齿面的磨损及防止胶合，蜗轮齿圈一般采用青铜制造，故成本较高。

（三）蜗杆蜗轮机构的主要参数和几何尺寸计算

对于轴交角 $\Sigma = 90°$ 的普通圆柱蜗杆传动，两轴线的公垂线（连心线）与蜗杆轴线所构成的平面称为中间平面（见图 3-6-17）。在此平面内，蜗杆与蜗轮的啮合类似于齿条与斜齿轮的啮合。因此，蜗杆传动的参数和尺寸在中间平面内确定。

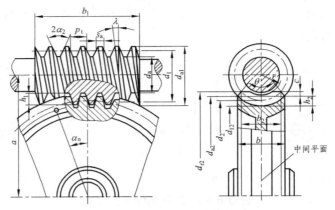

图 3-6-17　普通圆柱蜗杆传动的主要参数和几何尺寸

1. 蜗杆的主要参数

（1）轴面模数 $m_{a1} = m$，标准值。

（2）轴面压力角 $\alpha_{a1} = \alpha = 20°$。

（3）齿顶高系数 $h_a^* = 1$。

（4）顶隙系数 $c^* = 0.2$。

（5）蜗杆头数 $z_1 = 1$、2、4、6。

（6）蜗杆直径系数 q。

蜗杆分度圆 $d_1 \neq mz_1$，其为独立参数。因蜗轮是用与蜗杆尺寸相同的蜗轮滚刀配对加工而成的，为了限制滚刀的数目，国家标准对每一标准模数规定了一定数目的标准蜗杆分度圆直径 d_1，并定义蜗杆直径系数 $q = d_1/m$，$d_1 = mq$。

蜗杆正确啮合的条件：

$$m_{a1} = m_{t2} = m$$
$$\alpha_{a1} = \alpha_{t2} = \alpha$$
$$\gamma = \beta$$

2. 传动比 i、蜗杆头数 z_1 和蜗轮齿数 z_2

对于减速蜗杆传动：

$$i = \frac{n_1}{n_2} = \frac{z_2}{z_1} = \frac{d_2}{d_1 \tan \gamma}$$

式中，n_1 为蜗杆的转速，单位符号为 r/min；n_2 为蜗轮的转速，单位符号为 r/min。

蜗杆头数越多，γ 角越大，传动效率越高；蜗杆头数越少，升角 γ 越小，则传动效率越低，自锁性好。一般自锁蜗杆头数取 $z_1 = 1$。常用蜗杆头数 $z_1 = 1$、2、4，z_1 过多，则制造高精度蜗杆和蜗轮滚刀困难。蜗轮齿数 $z_2 = iz_1$。为避免根切，z_2 不应少于 26，但也不宜大于 $60 \sim 80$。z_2 过多会使结构尺寸过大，蜗杆支承跨距加大，刚度下降，影响啮合精度。

3. 蜗杆导程角（螺旋升角）γ

将蜗杆分度圆上的螺旋线展开，蜗杆的导程角 γ 为

$$\tan\gamma = \frac{z_1 p_{x1}}{\pi d_1} = \frac{z_1 \pi m}{\pi d_1} = \frac{z_1 m}{d_1} = \frac{z_1}{q}$$

蜗杆直径 d_1 越小，导程角 γ 越大，则传动效率越高，要求效率高的传动，常取 $\gamma=15°\sim30°$，并采用多头蜗杆，当 $\gamma \leqslant 3°30'$ 时，采用单头蜗杆 $z_1=1$，可实现行程自锁。

4. 蜗杆分度圆直径 d_1、蜗杆直径系数 q

为了保证蜗杆与蜗轮正确啮合，蜗轮通常用与蜗杆形状和尺寸完全相同的滚刀加工，且外径比蜗杆稍大，以便切出蜗杆传动的顶隙。切削蜗轮的滚刀与蜗杆模数、压力角、头数和分度圆直径一样，即同一模数蜗轮将需要有许多把直径和头数不同的滚刀。为限制滚刀数目和有利于滚刀标准化，以降低成本，国标制订了蜗杆分度圆直径系列，即蜗杆分度圆直径 d_1 与模数 m 有一定的搭配关系，同一模数只有有限的几种蜗杆直径 d_1。蜗杆旋转一周的周长为 πd_1，其螺旋升角为 γ，则沿轴线移动距离为 P_{x1}。蜗杆直径太小会导致蜗杆的刚度和强度削弱，一般转速高的蜗杆可取较小的 q 值，蜗轮齿数 z_2 较多时，可取较大的 q 值，即

$$q = z_1 / \tan\gamma \ 、\ d_1 = qm$$

5. 中心距 a

标准蜗杆传动的中心距：$a = \frac{1}{2}(d_1 + d_2) = \frac{m}{2}(q + z_2)$，$d_2$ 为蜗轮分度圆直径（ $d_2 = mz_2$ ）。

六、轮　系

在复杂机械中，为满足各种不同的要求，常采用一系列齿轮组成的传动系统。这种由一系列相互啮合的齿轮组成的传动系统称为齿轮系。齿轮系可以分为两种基本类型：定轴齿轮系和行星齿轮系。

（一）定轴轮系及传动比的计算

当轮系运转时，如果其中各齿轮的轴线相对于机架的位置固定不变，则该轮系称为定轴轮系。如 3-6-18 所示，由轴线相互平行的圆柱齿轮组成的定轴轮系称为平面定轴轮系。如图 3-6-19 所示的定轴轮系，不仅含有圆柱齿轮，而且还含有圆锥齿轮、蜗轮蜗杆等空间齿轮机构，这种轮系称为空间定轴轮系。

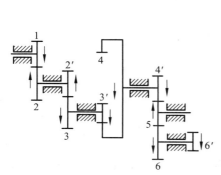

图 3-6-18　平面定轴轮系

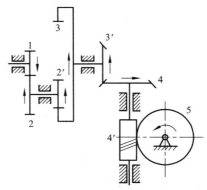

图 3-6-19　空间定轴轮系

轮系中的首、末两轮的转速之比称为轮系的传动比。如图 3-6-20 所示为由圆柱齿轮组成的平行轴定轴轮系，齿轮 1 为首轮（主动轮），齿轮 5 为末轮（从动轮），则轮系的传动比为

$$i_{15} = \frac{n_1}{n_5}$$

而 $i_{12} = \frac{n_1}{n_2} = -\frac{z_2}{z_1}$、$i_{2'3} = \frac{n_2'}{n_3} = \frac{n_2}{n_3} = -\frac{z_3}{z_2'}$、$i_{34} = \frac{n_3}{n_4} = -\frac{z_4}{z_3}$、$i_{4'5} = \frac{n_4'}{n_5} = \frac{n_4}{n_5} = \frac{z_5}{z_4'}$

由 $i_{12} \cdot i_{2'3} \cdot i_{34} \cdot i_{4'5} = \frac{n_1}{n_2} \cdot \frac{n_2'}{n_3} \cdot \frac{n_3}{n_4} \cdot \frac{n_4'}{n_5} = \frac{n_1}{n_5} = \left(-\frac{z_2}{z_1}\right) \times \left(-\frac{z_3}{z_2'}\right) \times \left(-\frac{z_4}{z_3}\right) \times \left(\frac{z_5}{z_4'}\right) = (-1)^3 \frac{z_2 \cdot z_3 \cdot z_4 \cdot z_5}{z_1 \cdot z_2' \cdot z_3 \cdot z_4'}$

得 $$i_{15} = \frac{n_1}{n_5} = i_{12} \cdot i_{2'3} \cdot i_{34} \cdot i_{4'5} = (-1)^3 \frac{z_2 \cdot z_4 \cdot z_5}{z_1 \cdot z_2' \cdot z_4'}$$

由上式可知，该定轴轮系的传动比等于各对啮合齿轮的传动比的连乘积，也等于轮系中所有从动轮齿数的乘积与所有主动轮齿数的乘积之比，传动比的正负号取决于外啮合齿轮的对数，外啮合齿轮为奇数对时，取"－"号，表示首、末两齿轮转向相反；偶数对时，取"＋"号，表示首、末两齿轮转向相同。如图 3-6-20 中有 3 对外啮合齿轮，故取负号。齿轮 3 分别与齿轮 2′和齿轮 4 相啮合，既是从动轮，又是主动轮，称为惰轮，惰轮可以改变从动轴的转向，增大两轴的间距，但不影响轮系传动比的大小。

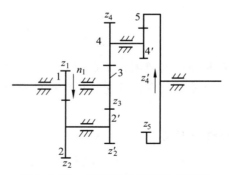

图 3-6-20　平面定轴轮系的传动比

若用 1、K 表示首、末两轮，对于一般情况，定轴轮系的传动比为

$$i_{1K} = \frac{n_1}{n_K} = i_{12} \cdot i_{2'3} \cdot i_{3'4} \cdots i_{(K-1)'K} = (-1)^m \frac{z_2 \cdot z_3 \cdot z_4 \cdots z_K}{z_1 \cdot z_2' \cdot z_3' \cdots z_{(K-1)}'}$$

$$= (-1)^m \frac{所有各对齿轮的从动轮齿数的连乘积}{所有各对齿轮的主动轮齿数的连乘积} \qquad (3\text{-}6\text{-}1)$$

式（3-6-1）中，m 为轮系中外啮合齿轮对数，用 $(-1)^m$ 来判断平行轴定轴轮系的转向。若轮系中包含有圆锥齿轮传动或蜗杆传动，其传动比的计算仍用此式，但需用画箭头的方法表示各轮的转向。

　　例　如图 3-6-20 中，已知首轮转速 $n_1 = 1\ 440$ r/min 和转向，各齿轮的齿数分别为 $z_2 = 27$、$z_3 = z_4 = 24$、$z_5 = 81$、$z_1 = z_2' = z_4' = 18$，试求齿轮 5 的转速 n_5，并在图上注明其转向。

解：由图 3-6-20 可知，轮系中外啮合圆柱齿轮的对数 $m = 3$，齿轮 3 为惰轮，根据式（3-6-1）可得

$$i_{15} = \frac{n_1}{n_5} = (-1)^m \frac{z_2 \cdot z_4 \cdot z_5}{z_1 \cdot z_2' \cdot z_4'} = (-1)^3 \frac{27 \times 24 \times 18}{18 \times 18 \times 18} = -9$$

$$n_5 = \frac{n_1}{i_{15}} = \frac{1\,440}{-9}\,r/\min = -160\,r/\min$$

因传动比为负号，所以齿轮 5 的转向与主动轮 1 的转向相反，如图 3-6-20 所示。

（二）周转轮系

如图 3-6-21 所示的轮系，在传动时，齿轮 2 的轴线围绕齿轮 1 的固定轴线转动，这种至少有一个齿轮的轴线绕另一个齿轮的轴线转动的轮系称为周转轮系。

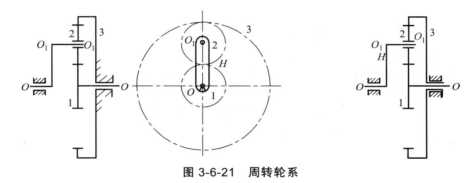

图 3-6-21　周转轮系

1. 轮系的应用

在实际机械传动中，周转轮系得到了广泛的应用，其主要功用如下：

（1）实现相距较远的两轴之间的传动。

当主动轴与从动轴的距离较远时，若仅用一对齿轮传动，中心距大，齿轮尺寸也大，既占空间又费材料，而且制造安装都不方便，如采用 4 个小齿轮组成的轮系传动，则可以克服上述缺点，如图 3-6-22 所示。

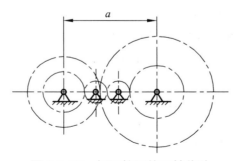

图 3-6-22　相距较远的两轴传动

（2）实现变速传动。

主动轴转速、转向不变的情况下，利用轮系可使从动轴获得多种不同的转速或改变转动

方向，如汽车、机床、起重设备等都需要这种变速运动。如图 3-6-23 所示为变速箱的传动简图，Ⅰ为输入轴，Ⅲ为输出轴，Ⅱ轴为中间轴，4、6 均为滑移齿轮，其中齿轮 1 和齿轮 2 为常啮合齿轮，在工作中通过使其他不同的两个齿轮啮合，来改变输出的传动比，可以得到不同的转速。该变速箱可使输出轴得到四挡转速：

① 当齿轮 5、6 啮合时，齿轮 3、4 和离合器 A、B 均脱离，运动经 1→2→5→6 传递，齿轮 6 带动输出轴。

② 当齿轮 3、4 啮合时，齿轮 5、6 和离合器 A、B 均脱离，运动经 1→2→3→4 传递，齿轮 4 带动输出轴。

③ 当离合器 A、B 嵌合时，齿轮 3、4 和齿轮 5、6 均脱离，此时Ⅰ轴和Ⅲ轴联成一体，动力直接输出。

④ 当齿轮 6、8 啮合时，齿轮 3、4 和齿轮 5、6 以及离合器 A、B 均脱离，运动经 1→2→7→8→6 传递，齿轮 6 带动输出轴，由于惰轮 8 的作用改变了输出轴的转向。

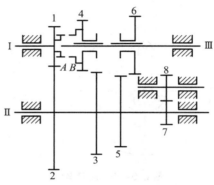

图 3-6-23　汽车变速箱

（3）可获得较大的传动比。

两轴间需要较大的传动比时，若仅用一对齿轮传动，必然使两齿轮的尺寸相差很大，这时就可以用多级齿轮组成的定轴轮系来实现，但由于轴和齿轮增多会导致结构复杂。此时若采用行星轮系，就可以实现获得很大的传动比。

（4）合成和分解运动。

合成运动是将两个独立的运动合成一个运动，分解运动是将一个运动按确定的关系分解为两个运动。合成运动和分解运动都可以用差动轮系实现。最简单的合成运动轮系如图 3-6-24 所示，这种轮系可用作加（减）机构，这种合成作用在机床、计算机构和补偿装置中得到广泛的应用。

如图 3-6-25 所示的汽车后桥差速器就是差动轮系分解运动的实例。当汽车转弯时，能将发动机传到齿轮 5 的运动以不同转速分别传递给左、右两车轮。当汽车在平坦道路上行驶时，左、右两轮所走过的距离相等，所以转速也相等。这时，齿轮 1、2、3 和 4 如同固连的整体一起转动。当汽车向左转弯时，为保证左、右车轮与地面间不发生滑动以减少轮胎的磨损，就要求右轮比左轮的转速高。这时齿轮 1 和齿轮 3 之间发生相对转动，齿轮 2 除随齿轮 4 绕后轮轴线公转外，还绕自身轴线自转，由齿轮 1、2、3 和 4（行星架）组成差动轮系可发挥更大作用。差动轮系可分解运动特性，在汽车、飞机等动力传动中应用十分广泛。

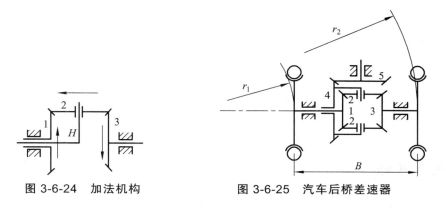

图 3-6-24　加法机构　　　　　　图 3-6-25　汽车后桥差速器

思考与练习

1. 齿轮传动应满足的基本条件是什么？渐开线是怎么形成的？

2. 渐开线齿轮的正确啮合和连续传动的条件是什么？

3. 何为根切现象？根切会对齿轮带来什么影响？标准渐开线直齿圆柱齿轮不产生根切的最小齿数是多少？

4. 有一个标准渐开线直齿圆柱齿轮，测量其顶圆直径 $d_2 = 132$ mm，齿数 $z = 42$。试求其模数是多少？

5. 一对正确安装的标准直齿圆柱齿轮传动，中心距 $a = 120$ mm，传动比 $i = 3$，小齿轮齿 $z_1 = 20$。试确定这对齿轮的模数、分度圆半径、齿顶圆直径、齿根圆直径和齿距。

6. 已知一对正确安装的渐开线直齿圆柱齿轮传动，其中心距 $a = 175$ mm，模数 $m = 5$ mm，压力角 $\alpha = 20°$，传动比 $i_{12} = 2.5$。试求这对齿轮的齿数各是多少？并计算小齿轮的分度圆直径、齿顶圆直径、齿根圆直径和基圆直径。

7. 已知一对外啮合正常齿标准斜齿圆柱齿轮的中心距 $a = 200$ mm，法面模数 $m_n = 2$ mm，法面压力角 $\alpha_n = 20°$，齿数 $z_1 = 30$，$z_2 = 166$。试计算该对齿轮的端面模数 m_t、分度圆直径 d_1 和 d_2，齿根圆直径 d_{f1} 和 d_{f2} 及螺旋角 β。

8. 设某一标准蜗杆传动的模数 $m = 5$ mm，蜗杆的分度圆直径 $d_1 = 50$ mm，蜗杆的头数 $z_1 = 2$，传动比 $i = 20$。试计算蜗轮的螺旋角和蜗杆传动的主要尺寸。

9. 定轴轮系与周转轮系有什么区别？定轴轮系的传动比如何计算？

10. 在图 3-6-26 所示的轮系中，已知各轮齿数为：$z_1 = 20$，$z_2 = 40$，$z_2' = 20$，$z_3 = 30$，$z_3' = 20$，$z_4 = 32$，$z_5 = 40$。试求传动比 i_{15}。

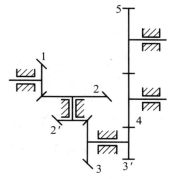

图 3-6-26　齿轮系统

工作任务七　轴系零部件

■任务情境

常用的轴系零部件主要包括轴、轴承、联轴器和离合器，其中轴是直接支持传动零件以传递运动或动力的零件，是轴系零部件的核心；轴承是轴的支承，是轴系工作载荷最终作用于机座的重要环节；联轴器和离合器用于轴与轴之间的连接。

■任务目标

一、知识目标

（1）了解轴的分类、选材，轴毂连接的类型和选用。
（2）了解轴的强度计算和结构设计。
（3）了解轴承的类型、特点、组成和结构。
（4）掌握滑动轴承的选材、润滑方式。
（5）掌握滚动轴承的标记方法和类型选择。
（6）了解联轴器、离合器的分类及其特点。

二、能力目标

（1）能根据轴的工况和轴的设计步骤，确定轴的结构形式，对轴进行尺寸设计和强度校核。
（2）能根据轴承的结构特点，确定轴承的适用场合。
（3）能正确标注轴承代号，掌握轴承安装、拆卸、密封和润滑的方法。
（4）根据联轴器、离合器的功用和特点能正确选择使用。

■必备知识

一、轴

机器上所安装的旋转零件，如带轮、齿轮、联轴器和离合器等都必须用轴来支承，才能正常工作，因此，轴是机械中不可缺少的重要零件。在此，将分析轴的类型、轴的材料、轮毂连接、轴的结构设计和强度计算。结构设计是确定轴的合理形状和尺寸，结构设计时除考虑轴的强度和刚度外，还要考虑使用、加工和装配等方面的许多因素。

（一）轴的分类和材料

1. 轴的分类
按照轴所受的载荷和功用不同，轴可分为心轴、传动轴和转轴，如图 3-7-1 所示。

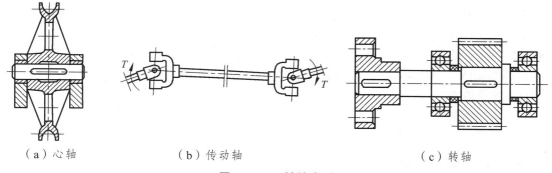

（a）心轴　　　　　　（b）传动轴　　　　　　（c）转轴

图 3-7-1　轴的类型

（1）心轴：只承受弯矩不承受扭矩的轴，主要用于支承回转零件，如车辆轴和滑轮轴。

（2）传动轴：只承受扭矩不承受弯矩或承受很小的弯矩的轴，主要用于传递转矩，如汽车的传动轴。

（3）转轴：同时承受弯矩和扭矩的轴，既支承零件又传递转矩，如减速器轴。

按照轴线形状的不同，轴可分为直轴（见图 3-7-2）和曲轴（见图 3-7-3）两大类。

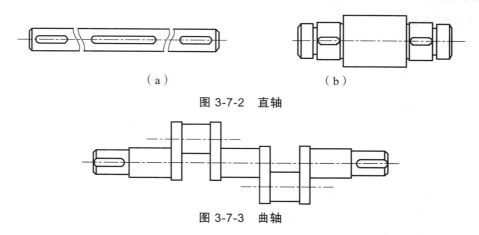

（a）　　　　　　　　　　　　（b）

图 3-7-2　直轴

图 3-7-3　曲轴

曲轴（通过连杆机构）可将旋转运动转变为往复直线运动，或做相反运动的转换，曲轴属专用零件。

2. 轴的材料

工作时，轴所受的力大都为交变应力，轴失效时多为疲劳破坏，因此轴的材料应具有足够的疲劳强度，且对应力集中的敏感性低。轴与滑动轴承发生相对运动的表面应具有足够的耐磨性。同时还应考虑轴的工艺性和经济性等因素，合理选用轴的材料。其材料主要是碳素钢和合金钢。

（1）碳素钢。

优质碳素钢具有较好的机械性能，对应力集中敏感性较低，价格便宜，应用广泛。如 35、45、50 钢等。一般轴采用 45 钢，经过调质或正火处理，性能优越；有耐磨性要求的轴段应进行表面淬火及低温回火处理；轻载或不重要的轴，可使用普通碳素钢 Q235、Q275 等。

（2）合金钢。

合金钢具有较高的机械性能，对应力集中比较敏感，淬火性较好，热处理变形小，价格较贵，多应用于要求质量轻和轴颈耐磨性的轴上。如汽轮发电机轴在高速、高温重载下工作，采用 27Cr2Mo1V、38CrMoAlA 等；滑动轴承的高速轴采用 20Cr、20CrMnTi 等。

（3）球墨铸铁。

球墨铸铁吸振性和耐磨性好，对应力集中敏感低，价格低廉，使用铸造方法可制成外形复杂的轴，如内燃机中的曲轴。

（二）轴的结构设计

轴的结构设计要求结构合理，强度和刚度好，但不同机械对轴的要求不同。轴一般由轴颈、轴头和轴身组成，轴和轴承配合的部分称为轴颈，其直径应符合轴承内径标准；轴上安装轮毂的部分称为轴头，其直径应与相配零件的轮毂内径一致，并采用标准直径。为便于装配，轴颈和轴头的端部均应倒角；连接轴颈和轴头的部分称为轴身；用作零件轴向固定的台阶部分称为轴肩，环形部分称为轴环。轴上螺纹或花键部分的直径应符合螺纹或花键标准。轴上各段长度由配合零件的宽度、整体结构及装拆工艺而定。

1. 影响轴结构的主要因素

影响轴结构的主要因素有载荷的性质、大小、方向及分布情况，轴上零件的数目和布置情况，零件在轴上的定位及固定方法，轴承的类型及尺寸，轴的加工工艺及装配方法等。此外，轴的结构与整体结构有关，设计时应具体分析。

2. 轴结构设计的基本要求

其基本要求为轴和装在轴上的零件要有准确的工作位置，轴上零件应便于拆卸和调整，轴应具有良好的加工工艺性；形状、尺寸尽量减小应力集中。轴受力合理，有利于提高强度和刚度，有利于节约材料，减轻质量。

3. 轴上零件轴向和周向定位

定位方法主要有轴肩定位、套筒定位、圆螺母定位、轴端挡圈定位和轴承端盖定位。

（1）轴向定位的固定。

① 轴肩或轴环：轴肩定位是最方便可靠的定位方法，但采用轴肩定位会使轴的直径加大，而且轴肩处由于轴径的突变而产生应力集中，因此，多用于轴向力较大的场合。轴肩定位的高度 $h = (0.07 \sim 0.1)d$，d 为与零件相配处的轴径尺寸，要求 $r_轴 < R_孔$ 或 $r_轴 < C_孔$，如图 3-7-4 所示。

图 3-7-4　轴肩与轴环定位

② 套筒和圆螺母：圆螺母用于轴上两零件的距离较大的场合，需要在轴上切制螺纹，对轴的强度影响较大，如图 3-7-5（a）所示。套筒用于轴上两零件的距离较小的场合，结构简单，定位可靠，如图 3-7-5（b）所示。

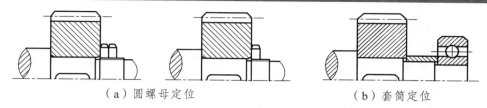

（a）圆螺母定位　　　　　　　（b）套筒定位

图 3-7-5　圆螺母与套筒定位

③ 弹性挡圈和紧定螺钉：轴向力较小的场合常用这两种方法固定，如图 3-7-6 所示。

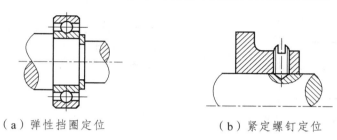

（a）弹性挡圈定位　　　　　　（b）紧定螺钉定位

图 3-7-6　弹性挡圈与紧定螺钉定位

④ 轴端挡圈、圆锥面：轴端挡圈与轴肩、圆锥面与轴端挡圈联合使用，常用于轴端，起双向固定的作用。其装拆方便，多用于承受剧烈振动和冲击的场合，如图 3-7-7 所示。

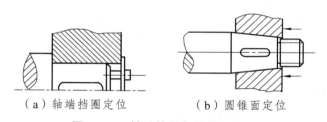

（a）轴端挡圈定位　　　　　　（b）圆锥面定位

图 3-7-7　轴端挡圈与圆锥面定位

（2）周向定位和固定。

轴上零件周向定位与固定是为了防止零件与轴发生相对转动。常用的固定方式有键连接、过盈配合连接、圆锥销连接、成型面连接和花键连接，如图 3-7-8 所示。过盈配合是利用轴和零件轮毂孔之间的配合过盈量来连接，能同时实现周向和轴向固定，结构简单，对中性好，对轴削弱小，但装拆不便。成型面连接是利用非圆柱面与相同的轮毂孔配合，对中性好，工作可靠，但制造困难，应用少。

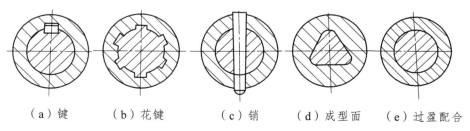

（a）键　　　（b）花键　　　（c）销　　　（d）成型面　　　（e）过盈配合

图 3-7-8　轴的周向固定

4. 轴的结构工艺

（1）阶梯轴。

阶梯轴易于装配，但磨削轴颈、轴肩时，应设砂轮越程槽，加工螺纹的轴段应设退刀槽，如图 3-7-9、图 3-7-10 所示。相邻两段轴径变化不宜过大，轴截面尺寸突变处会造成应力集中，在轴径变化处的过渡圆角半径不宜过小，尽量不在轴面上切制螺纹和凹槽，以免引起应力集中。

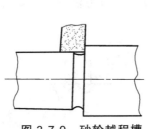　　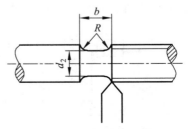

图 3-7-9　砂轮越程槽　　　　　图 3-7-10　螺纹退刀槽

（2）合理设计轴的结构。

① 结构工艺性：为便于加工定位，轴的两端面上应有中心孔。轴沿长度方向设置多个键槽时，应安排在轴的同一母线上。同一根轴上所有圆角半径和倒角的大小应尽可能一致，以减少刀具规格和换刀次数。为便于轴上零件装拆，轴端和各轴段端部应有倒角。

② 提高轴的疲劳强度：轴大多在交变应力作用下工作，结构设计时应减少应力集中，提高轴的表面质量，降低表面粗糙度。采用表面碾压、喷丸和渗碳淬火等表面强化均可提高轴的疲劳强度。

（三）轴的强度计算

轴的强度计算主要有：按扭转强度初步计算、按弯扭组合校核计算和按疲劳强度安全系数精确校核计算。对一般用途的轴，当单件或小批量生产时，安全系数精确校核计算通常不做。

1. 按扭转强度计算

按轴所受的扭矩来计算轴的强度。如果还受不大的弯矩时，则采用降低许用扭转切应力的办法。对轴结构设计时，初步估算轴径。对于不太重要的轴，也作最后计算的结果。轴的扭转强度条件为

$$\tau = \frac{T}{W_P} = \frac{9\,550P}{0.2d^3 n} \leqslant [\tau]$$

设计公式：$d \geqslant \sqrt[3]{\dfrac{9\,550P}{0.2[\tau]n}} = C\sqrt[3]{\dfrac{P}{n}}$（mm）

式中　τ、$[\tau]$——轴的扭转切应力、许用扭转剪应力，MPa；

　　　W_P——抗扭截面系数，m^3，对于圆形截面轴 $W_P = \pi d^3/16 \approx 0.2d^3$，可查手册得到；

　　　T——转矩，$N \cdot m$；

P——传动的功率，kW；

n——轴的转速，r/min；

d——轴的直径，mm；

C——由轴的材料和承载情况确定的常数，如表 3-7-1 所示。

表 3-7-1　轴常用材料$[\tau]$和 C 的值

材　料	Q235、20	35	45	40Cr、35SiMn
$[\tau]$ / MPa	$12 \sim 20$	$20 \sim 30$	$30 \sim 40$	$40 \sim 52$
C	$160 \sim 135$	$135 \sim 118$	$118 \sim 107$	$107 \sim 98$

2. 按弯扭合成强度计算

通过轴的结构设计，轴的各部结构与尺寸、轴上零件的位置、外载荷和支承反力及轴上载荷（弯矩和扭矩）已求出，画出弯矩图和扭矩图，可按弯扭合成强度条件对轴进行强度校核计算，步骤如下：

（1）绘出轴的结构图。

（2）绘出轴的空间受力图。

（3）绘出轴的水平面的弯矩图。

（4）绘出轴的垂直面的弯矩图。

（5）绘出轴的合成弯矩图。

（6）绘出轴的扭矩图。

（7）绘出轴的计算弯矩图。

（8）按第三强度理论计算当量弯矩，对于钢制轴的强度条件为

$$\sigma_e = \frac{M_e}{W} = \frac{\sqrt{M^2 + (\alpha T)^2}}{\frac{1}{32}\pi d^3} \approx \frac{\sqrt{M^2 + (\alpha T)^2}}{0.1 d^3} \leqslant [\sigma_{-1}]_b$$

设计公式：$d \geqslant \sqrt[3]{\dfrac{M_e}{0.1[\sigma_{-1}]_b}}$

式中　σ_e——当量应力，MPa；

　　　$[\sigma_{-1}]_b$——对称循环变应力时轴的许用弯曲应力（查手册），MPa；

　　　d——轴的直径，mm；

　　　M_e——当量弯矩；　$M_e = \sqrt{M^2 + (\alpha T)^2}$；

　　　M——危险截面的合成弯矩，$M = \sqrt{M_H^2 + M_V^2}$；

　　　M_H——水平面上的弯矩；

　　　M_V——垂直面上的弯矩；

　　　W——轴危险截面抗弯截面系数；

　　　α——将扭矩折合为当量弯矩的折合系数。

α 按扭切应力的循环特性取值：扭切应力为静应力时，取 $\alpha = 0.3$；运转不均匀、振动、启动、停车等脉动循环应力时，取 $\alpha = 0.59$；对于经常正、反转的轴，把扭剪应力视为对称循环应力时，取 $\alpha = 1$。

（四）轴毂连接

轴上零件（如齿轮、带轮、链轮、蜗轮等回转零件）往往以其轮毂和轴连在一起，称为轴毂连接；实现轴与轴上零件的周向固定，并传递转矩。其连接方式很多，常用的有键连接、销连接、成型连接、过盈连接等，其中键连接最为常用。

1. 键连接

键连接通常分为平键连接、半圆键连接、楔键连接、切向键连接等几种类型。

（1）平键连接。

平键的剖面形状为矩形，其两侧面为工作面，上表面与轮毂槽底间留有间隙，如图 3-7-11（a）所示，工作时靠键与键槽侧面的挤压来传递载荷。这种键连接结构简单、装拆方便、对中性好、应用广泛。常用的平键有普通平键、导向平键等。

普通平键连接为静连接，即轴与轮毂间无相对的轴向移动。按键的端部形状，可将其分为圆头（A 型）、平头（B 型）、半圆头（C 型）三种，如图 3-7-11（b）、（c）、（d）所示。圆头和平头键用在轴的中部，以圆头键用得最广，半圆头键仅用于轴端。平键的剖面尺寸 $b \times h$（b 为键宽、h 为键高）按轴的直径 d 从标准中查出，键的长度 L 则由轮毂的宽度而定，一般等于或略短于轮毂宽度，而且也应符合标准规定的长度系列。键的材料常用 45 钢或抗拉强度不小于 600 MPa 的碳素钢。

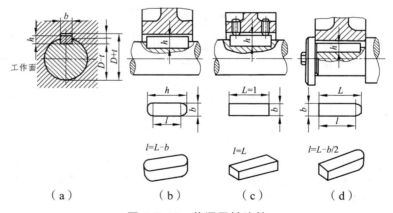

（a） （b） （c） （d）

图 3-7-11 普通平键连接

（2）导向平键。

导向平键连接为动连接，用于轮毂需在轴上做轴向移动时，如变速箱中的滑移齿轮。导向平键也分 A、B 型两种，因键较长，为防止键在轴槽中松动，需用螺钉将键固定在轴槽中。为便于拆卸，在键上制有起键螺纹孔，如图 3-7-12 所示。导向平键适宜于轴上零件的轴向移动不大时。

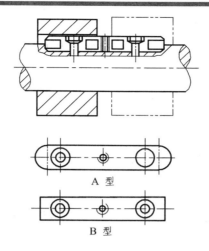

图 3-7-12　导向平键

（3）半圆键连接。

半圆键与平键连接类似，其两侧面为工作面，与平键连接不同的是其轴上键槽较深，对轴的强度削弱较大。这种键能在轴槽中摆动，以适应轮毂槽底面的倾斜。由于半圆键与键槽配合较松，可倾转，易拆装，适用于锥形轴端、传递不大的转矩，如图 3-7-13 所示。

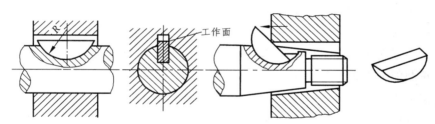

图 3-7-13　半圆键连接

（4）楔键连接。

楔键的上、下表面为工作面，其上表面与轮毂键槽的底面各有 1∶100 的斜度，装配时楔键需打紧在轴与轮毂的键槽中，靠楔紧后上、下面产生的摩擦力传递转矩，也能传递单向的轴向力。由于楔紧后使轴与轴上零件产生偏心，故常用于对中性要求不高、载荷平稳的低速场合，如带轮、链轮轮毂与轴的连接。楔键可分为普通楔键和钩头楔键，如图 3-7-14 所示，钩头楔键的钩头供拆卸用，若安装在轴端应加防护罩。

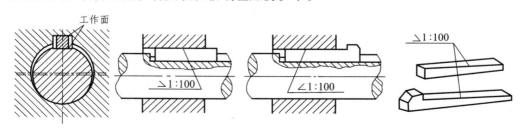

图 3-7-14　楔键连接

（5）切向键连接。

如图 3-7-15 所示，切向键由一对斜度 1：100 的楔键组成，其上、下两面（窄面）为工作面。装配时两键斜面互相贴合，楔紧在轴与轮毂的键槽中，且应使其中一个工作面通过轴心线的平面，这样可使工作面的压力沿轴的切线方向作用，以传递较大的载荷。一对切向键只能传递单向转矩，如图 3-7-15（a）所示；当需传递双向转矩时，应采用两对切向键并互成120°布置，如图 3-7-15（b）所示。切向键多用于载荷较大、对中要求不严的场合，由于键槽对轴的削弱较大，故一般用在直径大于 100 mm 的轴上。

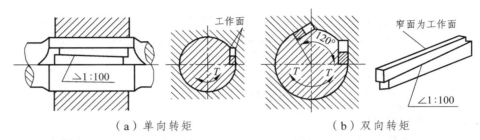

（a）单向转矩   （b）双向转矩

图 3-7-15   切向键连接

（6）花键连接。

在轴上加工出多个键齿称为花键轴，而在轮毂孔上加工出多个键齿则称为花键孔，两者组成的连接称为花键连接，如图 3-7-16 所示。花键齿的两侧面为工作面，工作时靠轴与轮毂齿侧面的挤压传递转矩。由于花键连接为多齿承载，且齿槽较浅，应力集中较小，对轴的削弱较轻，故承载能力较大，对中性、导向性较好，但缺点是需要专用设备加工，成本较高。所以花键连接适用于传递载荷较大和定心精度要求较高的动、静连接，特别是对常滑移的动连接具有独特的优越性，如在飞机、汽车、拖拉机、机床、农业机械等机械传动中得到广泛的应用。花键连接按其键齿的形状可分为矩形花键、渐开线花键和三角形花键。

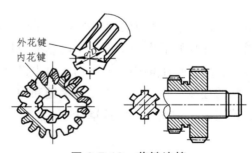

外花键
内花键

图 3-7-16   花键连接

① 矩形花键：矩形花键的齿侧面互相平行，易于加工，如图 3-7-17 所示。按传递载荷的大小，其尺寸分为轻系列和中系列，矩形花键齿为偶数，并采用小径定心的方式。小径定心方式的定心精度较高，轴与孔的花键齿均可进行磨削，加工方便。

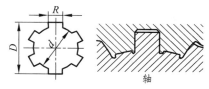

图 3-7-17 矩形花键

（2）渐开线花键：花键齿形为渐开线，如图 3-7-18 所示，故其齿形加工方法与齿轮完全相同，但其压力角与齿轮不同，分别为 30°和 45°。渐开线花键由于其压力角大、齿根宽、强度高，适宜于载荷较大、对中要求较高及轴径较大的场合。

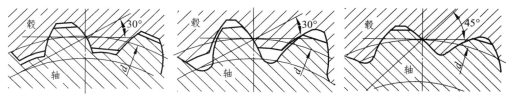

图 3-7-18 渐开线花键

2. 销连接

销为标准件，主要用于定位和轴毂连接，还可作为安全装置中的过载剪断元件，如图 3-7-19 所示。销连接传递的载荷不大，且销孔对轴有削弱作用，故作轴毂连接时，多用于轻载或不重要的场合。

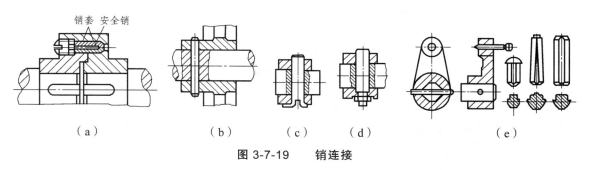

（a）　　　　　（b）　　（c）　　（d）　　　　　　　（e）

图 3-7-19 销连接

普通圆柱销如图 3-7-19（a）所示。这种销便于加工，但多次拆装后，其定位精度降低。普通圆锥销如图 3-7-19（b）所示，具有 1：50 的锥度，装拆方便，多次拆装对定位精度的影响较小。除此两种基本形式外，销还有许多特殊形式，如对盲孔或拆卸困难的场合，可采用螺尾圆锥销或内螺纹圆锥销；对有冲击、振动或受变载的场合，可采用开尾圆锥销、螺尾圆锥销或槽销，如图 3-7-19（c）、（d）、（e）所示。开口销主要用于螺纹连接的防松，具有结构简单、装拆方便的特点。

3. 成型连接

利用非圆剖面的轴与相应的轮毂孔的零件构成的轴毂连接称为成型连接。成型连接时，轴与毂孔可以是柱形的，如图 3-7-20（a）所示；也可以是锥形的，如图 3-7-20（b）所示，前者只能传递转矩，后者除传递转矩外，还能传递轴向力。而其非圆截面可以是椭圆、三角形、方形等形状。因一般非圆截面轴先经车削，然后磨削，轮毂孔先经钻镗或拉削，然后磨制，故非圆截面应便于磨削。其优点在于装拆方便，对中性好，又没有键槽或尖角引起的应力集中，故可以传递较大载荷，但缺点是加工复杂。

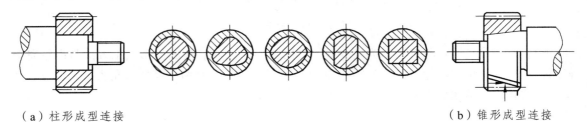

（a）柱形成型连接　　　　　　　　　　　　　　　　　　　（b）锥形成型连接

图 3-7-20　成型连接

4. 过盈连接

利用轴与轮毂的过盈配合实现的连接。过盈连接装配后，由于零件的弹性及连接具有装配过盈，使配合面间产生很大的径向压力，工作载荷靠此压力产生的摩擦力来传递。过盈连接可分圆柱面过盈连接和圆锥面过盈连接，如图 3-7-21 所示。

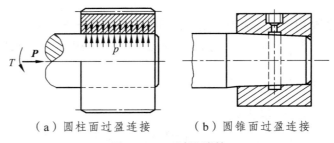

（a）圆柱面过盈连接　　　　　（b）圆锥面过盈连接

图 3-7-21　过盈连接

过盈连接结构简单，对中性好，轴上不开槽、孔，对轴的削弱较小，承载能力高，在冲击、振动载荷下也能可靠工作，但这种连接对配合表面的加工精度要求较高，且装配不便。

二、轴　承

轴承的功用是支持做旋转运动的轴（包括轴上的零件），保持轴的旋转精度和减小轴与支承面间的摩擦和磨损。按轴与轴承间的摩擦形式，轴承可分为两大类：滑动轴承和滚动轴承。

滑动轴承：滑动轴承工作时，轴与轴承间存在着滑动摩擦。为减小摩擦与磨损，在轴承内常加有润滑剂，如图 3-7-22（a）所示。滑动轴承适用于要求高或有特殊要求的场合，如转速特高、承载特重、回转精度特高、承受巨大冲击和振动、轴承结构需要剖分和径向尺寸特小等场合。在金属切削机床、内燃机、汽轮机、机车车辆、建筑机械以及矿山机械中的搅拌机和粉碎机中常用滑动轴承。

滚动轴承：滚动轴承有滚动体，运行时轴承内存在着滚动摩擦。与滑动摩擦相比，滚动摩擦与磨损较小，如图 3-7-22（b）所示。滚动轴承适用范围十分广泛，一般速度和一般载荷的场合都可采用。

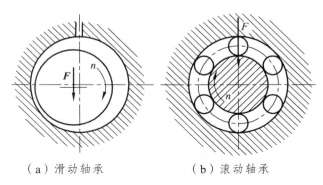

（a）滑动轴承　　　　　（b）滚动轴承

图 3-7-22　轴承工作原理图

（一）滚动轴承

1．滚动轴承的结构

滚动轴承一般由内圈 1、外圈 2、滚动体 3 和保持架 4 组成，如图 3-7-23 所示。内圈装在轴颈上，外圈装在机座或零件的轴承孔内。在多数情况下，外圈不转动，内圈与轴一起转动。当内外圈之间相对旋转时，滚动体沿着滚道滚动。保持架使滚动体均匀分布在滚道上，并减少滚动体之间的碰撞和磨损。常见的滚动体有 6 种形状，如图 3-7-24 所示。

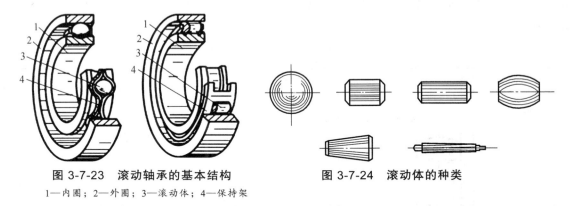

图 3-7-23　滚动轴承的基本结构　　　　　图 3-7-24　滚动体的种类

1—内圈；2—外圈；3—滚动体；4—保持架

滚动轴承的内、外圈和滚动体应具有较高的硬度和接触疲劳强度、良好的耐磨性和冲击韧性。一般用特殊轴承钢制造，常用材料有 GCr15、GCr15SiMn、GCr6、GCr9 等，经热处理后硬度可达 60～65 HRC。滚动轴承的工作表面必须抛光，以提高其接触疲劳强度。

保持架多用低碳钢板通过冲压成形，也可采用有色金属或塑料等材料。为适应某些特殊要求，有些滚动轴承还要附加其他特殊元件或采用特殊结构，如轴承无内圈或外圈、带有防尘密封结构或在外圈上加止动环等。滚动轴承具有摩擦阻力小、启动灵敏、效率高、润滑简便、互换性好等优点。缺点是抗冲击能力较差，高速时易出现噪声，工作寿命也不及液体摩擦滑动轴承。滚动轴承已标准化，由专业工厂大批量生产。

2. 滚动轴承的分类及特点

滚动轴承按结构特点的不同有多种分类方法，各类轴承分别适用于不同载荷、转速及特殊需要。

（1）按所能承受载荷的方向或公称接触角不同，滚动轴承可分为向心轴承和推力轴承，如表 3-7-2 所示。

表 3-7-2　各类轴承的公称接触角

轴承种类	向心轴承		推力轴承	
	径向接触	角接触	角接触	轴向接触
公称接触角 α	$\alpha = 0°$	$0° < \alpha < 45°$	$45° < \alpha < 90°$	$\alpha = 90°$
图例（以球轴承为例）				

注：表中的 α 为滚动体与套圈接触处的公法线与轴承径向平面（垂直于轴承轴心线的平面）之间的夹角，称为公称接触角。

（2）按滚动体的种类，滚动轴承可分为球轴承和滚子轴承。球轴承的滚动体为球，球与滚道表面的接触为点接触；滚子轴承的滚动体为滚子，滚子与滚道表面的接触为线接触。按滚子的形状，滚子轴承又可分为圆柱滚子轴承、滚针轴承、圆锥滚子轴承和调心滚子轴承。滚动轴承的基本类型及特性如表 3-7-3 所示。

表 3-7-3　滚动轴承的基本类型及特性

轴承类型及代号（GB/T 272—1993）	结构简图	承载方向	基本额定动载荷比[①]	极限转速比[②]	允许角偏差	主要特性和应用
调心球轴承 1			0.6～0.9	中	2°～3°	主要承受径向载荷，同时也能承受少量的轴向载荷。因为外圈滚道表面是以轴承中心为中心的球面，故能自动调心
调心滚子轴承 2			1.8～4	中	1°～2.5°	能承受很大的径向载荷和少量的轴向载荷。承载能力大，具有自动调心性能
推力调心滚子轴承 2			1.7～2.2	低	2°～3°	滚道是球面形的，能适应两滚道轴线间的角偏差及角运动，具有可分离部件，故该轴承为可分离型

续表

轴承类型及代号（GB/T 272—1993）	结构简图	承载方向	基本额定动载荷比[1]	极限转速比[2]	允许角偏差	主要特性和应用
圆锥滚子轴承 3			1.1～2.5	中	2′	能同时承受较大的径向、轴向联合载荷，因为线接触，承载能力大于"6"类轴承。内、外圈可分离，装拆方便，成对使用
推力球轴承 5			1	低	不允许	只能承受轴向载荷，且载荷作用线必须与轴线相重合，不允许有角偏位。有两种类型：单列-承受单向推力、双列-承受双向推力。高速时，因滚动体离心力大，球与保持架摩擦发热重，寿命较低，可用于轴向载荷大、转速不高的场合
深沟球轴承 6			1	高	2′～10	主要承受径向载荷，同时也可承受一定的轴向载荷。当转速很低而轴向载荷不太大时，可代替推力球轴承承受纯轴向载荷
角接触球轴承 7			1.0～1.4	高	2′～10	能同时承受径向、轴向联合载荷，接触角越大，轴向承载能力也越大，通常成对使用，可以分装于两个支点或同装于一个支点上
圆柱滚子轴承 N			1.5～3	高	2′～4′	能承受较大的径向载荷，不能承受轴向载荷。因为线接触，内、外圈只允许有极小的相对偏转
滚针轴承 NA			—	低	不允许	只能承受径向载荷，承载能力大，径向尺寸小。一般无保持架，因而滚针间有摩擦，极限转速低。因是线接触，不允许有角偏位，可以不带内圈

注：① 基本额定动载荷比：指同一尺寸系列各种类型和结构形式的轴承基本额定动载荷与深沟球轴承的基本额定动载荷之比。

② 极限转速比：指同一尺寸系列 0 级各类轴承脂润滑时的极限转速与深沟球轴承脂润滑时的极限转速之比。高：90%～100%；中：60%～90%；低：60%以下。

3．滚动轴承的代号及类型选择

（1）滚动轴承的代号。

滚动轴承的类型和尺寸繁多，为了生产、设计和使用，对滚动轴承的类型、类别、结构特点、精度和技术要求等国家标准规定了用代号来表示的方法。滚动轴承的端面上通常印有该轴承的代号。滚动轴承的代号由数字、汉字、拼音字母三部分组成，代号表示其类型、结构和内径等。按照 GB/T 272—93 规定，滚动轴承代号由前置代号、基本代号和后置代号组成，其含义如表 3-7-4 所示。

表 3-7-4　代号的构成

前置代号	基本代号					后置代号					
	一	二	三	四	五						
		尺寸系列代号									
轴承分部件代号	类型代号	宽度系列代号	直径系列代号	内径代号		内部结构代号	密封与防尘结构代号	保持架及其材料代号	特殊轴承材料代号	公差等级代号	游隙代号	其他代号

① 基本代号：由基本类型、结构、尺寸、内径代号组成，是轴承代号的基础，由以下三部分构成。

a．类型代号：代号用数字或字母表示（尺寸系列代号如有省略，则为第 4 位）。用字母表示时，则类型代号与右边的数字之间空半个汉字宽度，轴承类型如表 3-7-5 所示。

表 3-7-5　轴承的类型表

代　号	轴承类型	代　号	轴承类型
0	双列角接触球轴承	6	深沟球轴承
1	调心球轴承	7	角接触球轴承
2	调心滚子轴承	8	推力圆柱滚子轴承
3	圆锥滚子轴承	N	圆柱滚子轴承
4	双列深沟球轴承	NN	表示双列或多列
5	推力球轴承	NA	滚针轴承

b．尺寸系列代号：表示轴承在结构、内径相同的条件下具有不同的外径和宽度。尺寸系列代号包括宽度系列代号和直径系列代号。宽度系列表示轴承的内径、外径相同，宽度不同的系列，常用代号有 0（窄）、1（正常）、2（宽）、3、4、5、6（特宽）等。直径系列表示同一内径不同的外径系列，常用代号有 0（特轻）、2（轻）、3（中）、4（重）等。

c. 公称内径代号。

$d = 10$ mm、12 mm、15 mm、17 mm 时，用代号 00、01、02、03 表示；内径 $d = 20 \sim$ 480 mm，且为 5 的倍数时，其代号为 $d/5$ 或 d 等于代号×5（mm）；$d<10$ mm 或 $d>500$ mm 及 $d = 22$ mm、28 mm、32 mm 时，代号 = 内径尺寸（mm），用直径代号/内径代号表示。

② 前置代号：表示轴承的分部件，用字母表示。

L 表示可分离轴承的可分离内圈或外圈，如 LN207；K 表示轴承的滚动体与保持架组件，如 K81107；R 表示不带可分离内圈或外圈的轴承，如 RNU207；NU 表示内圈无挡边的圆柱滚子轴承；WS、GS 分别表示推力圆柱滚子轴承的轴圈和座圈，如 WS81107、GS81107。

③ 后置代号：反映轴承的结构、公差、游隙及材料的特殊要求等，共 8 组代号。

a. 内部结构代号：反映同一类轴承的不同内部结构，如 C、AC、B 代表角接触球轴承的接触角 $\alpha = 15°$、25° 和 40°，E 代表增大承载能力进行结构改进的增强型等，如 7210B、7210AC、NU207E。

b. 密封、防尘与外部形状变化代号：RS、RZ、Z、FS、R、N、NR 等。

c. 轴承的公差等级。

精度高 ————————————→低

公差等级　2　4　5　6　6X　0

代号　　/P2、/P4、/P5、/P6、/P6X、/P0（普通级可省略）

d. 轴承的径向游隙：

小 ————————————→大

游隙组别　1　2　0　3　4　5

代号　/C1　/C2　/C3　/C4　/C5

C1、C2 表示小游隙组；0 表示不标（基本游隙）；C3、C4、C5 表示大游隙组。

e. 保持架代号：J 表示钢板冲压、Q 表示青铜实体、M 表示黄铜实体、N 表示工程塑料。

例　说明 62303、72211AC、LN308/P6X 及 59220 等代号的含义。

解：62303 为 6 类（深沟球）轴承，尺寸系列 23（宽度系列 2、直径系列 3），内径 17 mm，精度 P0 级。

72211AC 为 7 类（角接触球）轴承，尺寸系列 22（宽度系列 2、直径系列 2），内径 55 mm，接触角 $\alpha = 25°$，精度 P0 级。

LN308/P6X 为 N 类（单列圆柱滚子）轴承，可分离外圈，尺寸系列（0）3（宽度系列 0、直径系列 3），内径 40 mm，精度 P6X 级。

59220 为 5 类（推力球）轴承，尺寸系列 92（高度系列 9、直径系列 2），内径 100 mm，精度 P0 级。

（2）滚动轴承的选择。

选择滚动轴承类型时，应根据轴承的工作载荷（如大小、方向和性质）、转速、轴的刚度及其他要求，结合各类轴承的特点进行选择。

① 当工作载荷较小、转速较高、旋转精度要求较高时，宜选球轴承；当载荷较大或有冲击载荷、转速较低时，宜用滚子轴承。

② 同时承受径向及轴向载荷，如以径向载荷为主时，可选用深沟球轴承；径向载荷和轴向载荷均较大时，可选用向心角接触轴承；轴向载荷比径向载荷大很多或要求轴向变形小时，可选用推力轴承和向心轴承组合的支承结构，如图3-7-25表示。

（3）跨距较大或难以保证两轴承孔的同轴度的轴及多支承点轴时，宜选用调心轴承。

（4）为便于安装、拆卸和调整轴承游隙时，可选用内、外圈可分离的圆锥滚子轴承。

（5）从经济性考虑，一般来说，球轴承比滚子轴承价廉；有特殊结构的轴承比普通结构的轴承贵。

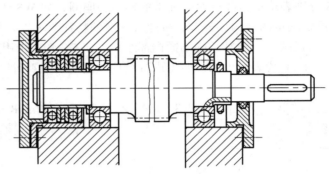

图3-7-25　蜗杆的支撑结构

（二）滑动轴承

滑动轴承按承受载荷方向的不同主要分为径向滑动轴承（又称向心滑动轴承，主要承受径向载荷）和止推滑动轴承（只能承受轴向载荷）。

1. 径向滑动轴承的结构

（1）整体式径向滑动轴承。

如图3-7-26所示为典型的整体式径向滑动轴承，由轴承座和整体轴瓦组成。轴承中直接支承轴颈的零件是轴瓦。轴承座上面设有安装润滑油杯的螺纹孔，在轴套上开有油孔和油槽。整体式滑动轴承具有结构简单、成本低、刚度大等优点，但在装拆时需要轴承或轴做较大的轴向移动，故装拆不便。而且当轴瓦工作面磨损后，间隙无法调整，所以这种结构常用于低速、轻载、不需经常装拆且不重要的场合，如绞车、手动起重机械等。此类轴承已标准化，其标准号为JB/T 2560—2007。

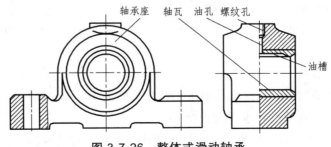

图3-7-26　整体式滑动轴承

（2）剖分式径向滑动轴承。

如图 3-7-27 所示为典型的剖分式径向滑动轴承，由轴承座、轴承盖、剖分式轴瓦和连接螺栓等组成。为防止轴承座与轴承盖间的相对横向错动，接合面做成阶梯形或设止动销钉。这种结构装拆方便，且在接合面之间可放置垫片，通过调整垫片的厚度，可以调整轴瓦和轴颈的间隙，以补偿磨损造成的间隙。考虑到轴承受载方向，剖分式分为水平剖分和 45°斜剖分，如图 3-7-28 所示，此类轴承也已标准化，其标准号为 JB/T 2561—2007。

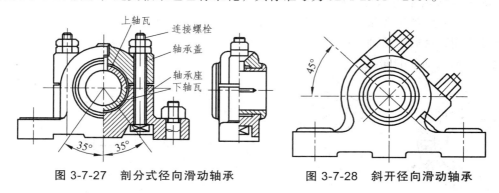

图 3-7-27　剖分式径向滑动轴承　　图 3-7-28　斜开径向滑动轴承

（3）调心式径向滑动轴承。

当轴颈较长（宽径比 $B/d > 1.5 \sim 1.75$）轴的刚度较小，或由于两轴承不是安装在同一刚性机架上时，同轴度较难保证，会造成轴瓦端部的局部接触，这将导致轴瓦局部磨损严重。为此，可采用调心式轴承，如图 3-7-29 所示，轴瓦 2 与轴承盖 1 和轴承座 3 之间以球面形成配合。当轴变形时，轴瓦可以自动调整位置，从而保证轴颈和轴瓦为面接触，但球面加工不易，所以这种结构一般只用在轴承的宽度 B 和直径 d 之比（即宽径之比 B/d）较大的场合。

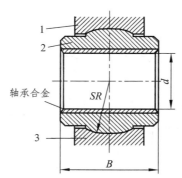

图 3-7-29　调心式滑动轴承

1—轴承盖；2—轴瓦；3—轴承座

轴瓦是滑动轴承中的重要零件。径向滑动轴承轴瓦内孔为圆柱形。若载荷方向向下，则下轴瓦为承载区，上轴瓦为非承载区。润滑油应由非承载区引入，所以在顶部开进油孔。

在轴瓦内表面，以进油孔为中心沿纵向、斜向或横向开设油沟，以利于润滑油均匀布在整个轴颈上。油沟的形式很多，如图 3-7-30 所示。一般油沟离端面保持一定距离，防止润滑油从端部大量流失。

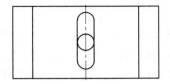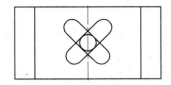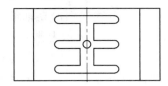

图 3-7-30　轴瓦上的油沟

如图 3-7-31 所示为润滑油从两侧导入的结构，常用于大型的流体润滑滑动轴承中。一侧油进入后被旋转着的轴颈带入楔形间隙中形成动压油膜，另一侧油进入后覆盖在轴颈上半部，起着冷却作用，最后油从轴承的两端泄出。如图 3-7-32 所示的轴瓦两侧有油室，可使润滑油顺利地进入轴瓦轴颈的间隙。

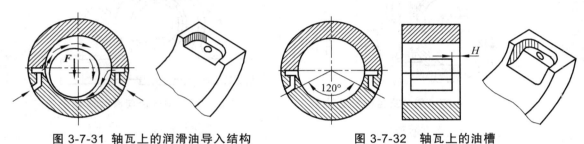

图 3-7-31　轴瓦上的润滑油导入结构　　　　图 3-7-32　轴瓦上的油槽

2. 止推滑动轴承的结构

如图 3-7-33 所示的一种止推滑动轴承，由轴承座 1、轴承盖 2、径向轴瓦 3、止推轴瓦 4 和防止轴瓦转动的止动销钉 5 等组成。止推轴瓦与轴承座做成球面配合，起自动调位作用。润滑油从底部进入，上部流出。这种轴承主要用于承受轴向载荷，但借助于径向轴瓦 3 也可承受部分径向载荷。

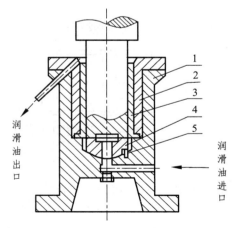

图 3-7-33　止推滑动轴承的结构

1—轴承座；2—轴承盖；3—径向轴瓦；4—止推轴瓦；5—止动销钉

3. 滑动轴承的材料

（1）轴承盖及轴承座材料。

轴承盖与轴承座一般不与轴颈直接接触，主要起支承轴瓦的作用，常用灰铸铁制造，如

HT150。只有载荷较大或受到冲击载荷时，才用铸钢制造。

（2）轴瓦及轴承衬材料。

轴瓦是轴承直接和轴颈接触的零件，其材料选取对滑动轴承的性能影响很大。根据轴承的工作情况，轴瓦材料应具备的性能：摩擦因数小；导热性好，热膨胀系数小；耐磨、耐腐蚀、抗胶合能力强；足够的强度和可塑性。能完全满足上述要求的材料较少，一般应根据具体情况满足主要使用要求。常用两层不同金属做成轴瓦，两种金属在性能上取长补短，在工艺上可以用浇铸或压合的方法，将薄层材料黏附在轴瓦基体上，黏附上去的薄层材料通常称为轴承衬。常用轴瓦和轴承衬材料如表 3-7-6 所示。

表 3-7-6　常用轴承衬材料的性能

材料	牌　号	$[P]$/MPa	$[v]$/(m/s)	$[Pv]$ /(MPa·m/s)	轴颈最小硬度 HBS	最高工作温度 /°C	应用场合
锡锑轴承合金	ZSnSb11Cu6 平稳载荷	25	80	20	50	150	用于高速、重载的重要轴承，变载荷下易疲劳，价高
	ZSnSb8Cu4 冲击载荷	20	60	15			
铅锑轴承合金	ZPbSb16Sn16Cu2	15	12	10	150	150	用于中速、中载轴承，不宜受冲击载荷
	ZPbSb15Sn10	20	15	15			
铸锡青铜	ZCuSn5Pb5Zn5	8	3	15	200	280	用于中速、中载条件下
铸铝青铜	ZCuAl10Fe3	15	4	12	200	280	用于润滑充分的低速、重载轴承
灰铸铁	HT150	4	0.5				用于低速、轻载、不重要的轴承
	HT200	2	1				
	HT250	1	2				

4. 滑动轴承的润滑

润滑的主要目的是降低摩擦和减少磨损，提高轴承的效率，同时还起到冷却、吸振、防锈的作用。润滑剂分为润滑油、润滑脂和固体润滑剂 3 种。在润滑性能上润滑油一般比润滑脂好，应用最广，但润滑脂具有不易流失等优点，也常用。固体润滑剂除能在特殊场合下使用外，目前正在逐步扩大其适用范围。

（1）润滑油。

在滑动轴承中应用最多的润滑剂，多为矿物油。润滑油最重要的物理性能是黏度，黏度是选择润滑油的主要依据，表征液体流动的内部摩擦性能，黏度越大，内摩擦阻力越大，液体流动性越差。

选用润滑油时，要考虑速度、载荷和工作情况。对于载荷大、温度高的轴承，宜选黏度大的油；对于载荷小、速度高的轴承，宜选黏度较小的油。

（2）润滑脂。

润滑脂主要用于速度低、不经常加油和使用要求不高的场合。润滑脂由润滑油和各种稠化剂（如钙、钠、铝、锂等金属皂）混合稠化而成。润滑脂密封简单，不需经常添加，不易流失，所以在垂直的摩擦表面也可以用。润滑脂对载荷和速度的变化有较大的适应范围，受温度的影响不大，但摩擦损耗较大，效率较低，不宜用于高速场合，且润滑脂易变质，不如润滑油稳定。总的来说，一般的机器，特别是低速或带有冲击振动的机器都可用润滑脂润滑。

常用的润滑脂有钙基润滑脂、钠基润滑脂和锂基润滑脂。钙基润滑脂耐水性好，但不耐热，常用于 60 ℃ 以下的轴承润滑。钠基润滑脂耐热性好，但耐水性差，适用温度低于 115 ~ 145 ℃。锂基润滑脂性能优良，耐热性、耐寒性及耐水性都好，在 − 20 ~ 150 ℃ 时广泛使用，可以代替钙基、钠基润滑脂。

（3）固体润滑剂。

常用的固体润滑剂有石墨和硫化钼，可以以粉末直接放入轴承需润滑的部位，也可以将粉剂加入润滑油或润滑脂中，以提高润滑性能，减少摩擦损失，提高轴承的使用寿命。尤其在高温、重载下工作的轴承中添加二硫化钼润滑剂，能获得良好的润滑效果。

（4）润滑装置。

为获得良好的润滑效果，除正确选择润滑剂外，还应选择适当的润滑方式和相应的润滑装置。润滑油与润滑脂的供油方法不同。

① 润滑油。

a. 滴油润滑：如图 3-7-34 所示为针阀式油杯。平放手柄时，针阀借助弹簧的推压而堵住底部油孔。直立手柄时针阀被提起，下端油孔敞开，润滑油自动滴进轴承。调节螺母可控制油孔开口的大小以调节油量，这种连续供油方式用于较重要的轴承。

b. 油芯润滑：如图 3-7-35 所示为油芯式油杯。利用油芯的毛细管作用，把油吸到轴颈上，这种装置供油连续而均匀，但供油量不大且不易调节油量。

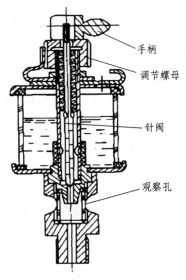

手柄

调节螺母

针阀

观察孔

图 3-7-34　针阀式油杯

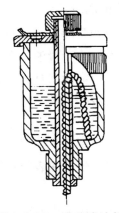

图 3-7-35　油芯式油杯

c. 油环润滑：如图 3-7-36 所示在轴颈上套一油环，油环下部浸在油池中，当轴颈回转时，借助摩擦力带动油环转动而将润滑油带到轴颈上。油环润滑只用于连续运转、水平放置的轴承，转速为 60～2 000 r/min。

d. 飞溅润滑：利用浸在油池中的转动件，如齿轮、曲轴等，搅动润滑油形成油星和油雾润滑轴承。

e. 压力循环润滑：利用油泵循环给油，可以供应充足的油量来润滑和冷却轴承。这种供油方法安全可靠，但设备费用较高，常用于高速且精密的重要机器中。

② 润滑脂。

润滑脂只能间歇供应。常用如图 3-7-37 所示的旋盖式润滑脂杯，每隔一定时间，旋进杯盖便可将杯内的润滑脂挤入轴承。

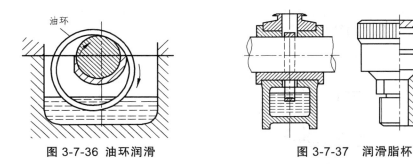

图 3-7-36 油环润滑   图 3-7-37 润滑脂杯

三、联轴器与离合器

（一）联轴器

联轴器是用来连接两轴（或轴与回转件），使其一同回转并传递转矩的一种组件。联轴器也可作为安全装置，用来防止被连接机件承受过大的载荷，起过载保护的作用。用联轴器连接的两轴只有在机器停止运转后经过拆卸才能分离。联轴器的结构形式很多，大部分已标准化。

根据被连接两轴的相对位置，联轴器分为固定式和可移式两种。固定式联轴器用在两轴能严格对中、工作时不发生相对位移的场合；可移式联轴器用在两轴有偏斜或工作中有相对位移的场合。

联轴器所连接的两根轴，因制造、安装误差、磨损和变形等原因，常产生偏移，如图 3-7-38 所示，图（a）沿 x 轴向偏移、图（b）沿 y 径向偏移、图（c）沿 α 角偏移、图（d）是前三者的综合偏移。若偏移得不到补偿，将会在轴、轴承、联轴器等零件间引起附加载荷，为此应采用可移式联轴器。可移式联轴器按照补偿方法的不同分为刚性可移式和弹性可移式两种。

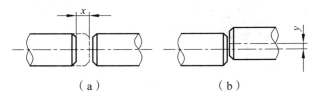

（a）   （b）

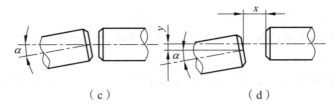

（c）　　　　　　　　　　　　（d）

图 3-7-38　联轴器的可移性

1．联轴器的分类

（1）刚性固定式联轴器。

① 套筒联轴器。

如图 3-7-39 所示为圆锥销连接车床进给丝杠用套筒联轴器，利用公用套筒，并以销或键等连接方式与两轴相连。套筒联轴器结构简单、径向尺寸小、制造容易，但拆装时需沿轴向移动较大的距离，适用于两轴直径较小、同轴度较高、低速轻载、工作平稳的场合。

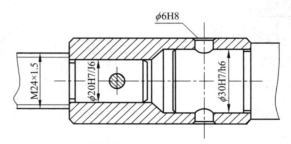

图 3-7-39　圆锥销连接车床进给丝杠用套筒联轴器

② 凸缘联轴器。

凸缘联轴器由两个带凸缘的半联轴器分别与两轴连在一起，再用螺栓把两个半联轴器连成一体。常用的对中方法有利用铰制孔螺栓对中的 YL 型，利用螺栓与螺栓孔壁之间的挤压来传递转矩，如图 3-7-40 所示。利用凹凸榫对中的 YLD 型，在两个半联轴器接合面间产生摩擦力来传递转矩，如图 3-7-41 所示。

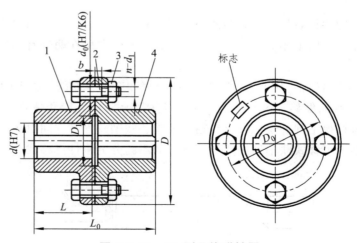

图 3-7-40　YL 型凸缘联轴器

1，4—半联轴器；2—螺栓；3—尼龙锁紧螺母

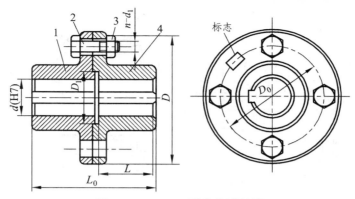

图 3-7-41　YLD 型凸缘联轴器

1，4—半联轴器；2—螺栓；3—尼龙锁紧螺母

凸缘联轴器结构简单，成本低，能传递较大的转矩，装拆较方便，但对两轴的对中性要求高，主要用于刚性好、转速低、载荷平稳的边连接。凸缘联轴器已经标准化，如国标 GB/T 5843—2003 所示。

（2）刚性可移式联轴器。

① 滑块联轴器。

滑块联轴器（见图 3-7-42）由两个端面开有凹槽的半联轴器 1、3 和一个两端具有凸块的中间圆盘 2 所组成。中间圆盘上的凸块互相垂直并通过中心，分别与两半联轴器的凹槽嵌合，并在其中滑动，半联轴器 1、3 分别固定在主、从动轴上。滑块联轴器的优点是结构简单，径向尺寸小，可适应两轴综合偏移。但缺点是不耐冲击，旋转时产生较大的离心力和容易磨损。滑块联轴器常用于轴的刚度较大、工作平稳、传递转矩较大而速度不高的场合，允许径向位移 $\Delta y = 0.04 d$（d 为轴径），允许角位移 $\Delta \alpha = 30'$。

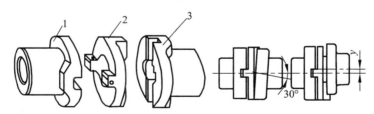

图 3-7-42　滑块联轴器

1，3—半联轴器；2—中间圆盘

② 齿式联轴器。

齿式联轴器（见图 3-7-43）由两个带有内齿圈的外壳 2、3 和两个带有外齿轮的轴套（半联轴器）1、4 组成。轴套与轴相连，外壳用螺栓连接，工作时轴套的外齿与外壳的内齿相啮合来传递转矩，由于齿轮间留有间隙和外齿轮的齿顶做成球形，球面中心位于轴线上，所以允许补偿径向位移 $\Delta y = 0.4 \sim 6.3$ mm 和角位移 $\Delta \alpha = 1°30'$。齿式联轴器结构紧凑，承载能力大，工作可靠，有较大的综合补偿能力，但制造困难、成本高、质量大，适用于重载或高速运转的水平传动轴的连接。

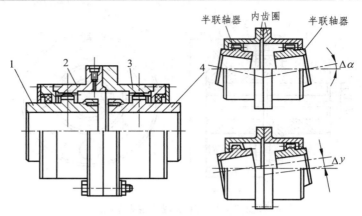

图 3-7-43　齿式联轴器

1，4—轴套；2，3—外壳

③ 万向联轴器。

万向联轴器（见图 3-7-44）由两个叉形零件（轴叉）1 和 2 分别和中间的十字轴 3 以铰链相连，当两轴有角位移时，轴叉 1、3 绕各自固定轴线回转，而十字轴则做空间运动。因轴叉和十字轴铰接，允许角位移 $\Delta\alpha = 35° \sim 45°$。万向联轴器分单万向联轴器和双万向联轴器，单万向联轴器主、从动轴的角速度一般不同步，会引起冲击和扭转振动。采用双万向联轴器并满足下述安装条件，能消除从动轴转速波动现象。

a. 中间轴与主、从动轴的轴间夹角应相等，即 $\alpha_1 = \alpha_2$。

b. 中间轴两端轴叉应位于同一平面内。

万向联轴器用在两轴间有较大角位移的场合，如汽车变速箱与后桥的连接、工具铣床的主传动和升降工作台之间的连接等。

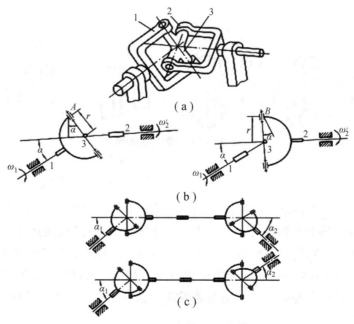

图 3-7-44　十字轴万向联轴器

（3）弹性联轴器。

在联轴器内安装弹性元件称为弹性联轴器，被连接件具有一定程度的综合位移和缓冲、吸振的作用。

① 弹性套柱销联轴器。

弹性套柱销联轴器结构（见图 3-7-45）与凸缘联轴器相似，只是用橡胶弹性套的圆柱销代替了螺栓。弹性套变形可以补偿轴向位移 $\Delta x = 2 \sim 6$ mm，径向位移 $\Delta y = 0.3 \sim 0.6$ mm 和角位移 $\Delta \alpha = 1°$，这种联轴器结构简单、质量轻、制造方便，但弹性套易磨损、寿命较短，用于冲击载荷小、启动频繁的中小功率传动。该联轴器已经标准化，如国标 GB/T 4323—2002 所示。

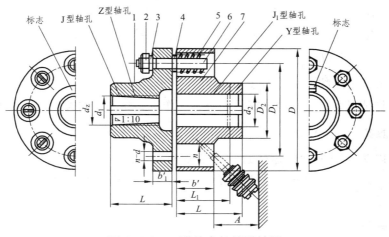

图 3-7-45　弹性套柱销联轴器

1，7—半联轴器；2—螺母；3—垫圈；4—挡圈；5—弹性套；6—柱销

② 弹性柱销联轴器（GB/T 5014—2003）。

弹性柱销联轴器结构（见图 3-7-46）与弹性套柱销联轴器相似，只是用尼龙柱销作为弹性元件，为防止柱销滑出，在柱销两端用挡圈 3 封闭。这种联轴器结构简单，制造方便，耐久性好，两半联轴器对称，可以互换，维修方便。缺点是尼龙对温度敏感，常用于轴向窜动量较大、正反转传动或启动频繁、对缓冲要求不高的场合。

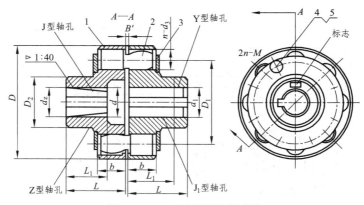

图 3-7-46　弹性柱销联轴器

1—半联轴器；2—柱销；3—挡板；4—螺钉；5—垫圈

2．联轴器的选择

（1）类型选择。

根据工作载荷的大小、性质、工作转速、温度以及被连接两轴的对中性等因素综合考虑。当两轴能保证严格对中时，可选固定式联轴器；若两轴有偏斜时，应选可移式联轴器；当载荷较平稳或变动不大时，可选刚性联轴器；当启动频繁或载荷变化较大时，可选弹性联轴器；当工作温度大于 40 ~ 50 ℃时，选金属做弹性元件的联轴器。

（2）尺寸选择。

类型选定后，根据被连接轴的直径、转矩和轴的转速从联轴器标准中选取合适的型号、尺寸。必要时，对其中重要的薄弱元件进行校核。考虑机械在启动和制动时的惯性力、工作过程中过载等因素的影响，在选择和校核联轴器时，常以计算转矩 T_c 为依据，并有

$$T_c = KT$$

式中 T——联轴器传递的公称（名义）转矩，N·m；

　　　　K——工作情况系数，其值根据原动机、工作机和联轴器的类型，按相关资料查取。

（二）离合器

用离合器连接的两根轴在运转过程中能随时分离或接合。离合器根据工作原理可分为牙嵌式和摩擦式两类。牙嵌式利用啮合传递转矩，摩擦式利用工作表面间的摩擦力传递转矩。

1．牙嵌离合器

如图 3-7-47 所示，牙嵌离合器由端面带有齿的两个半离合器 1、3 组成。两半离合器分别与主、从动轴用平键或花键连接，工作时利用操纵机构使半离合器 3 沿导向键做轴向移动，从而起到离合作用。为了保证两轴线的同轴度，主动轴的半离合器上装有固定对中环 2。牙嵌离合器结构简单，零件数量少，但只能在圆周速度差小于 0.7 ~ 0.8 m/s 或转速差小于 100 ~ 150 r/min 下进行离合。它适用于主、从动轴要求完全同步的转动，如机床分度机构。

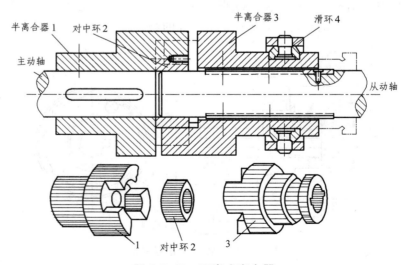

图 3-7-47　牙嵌式离合器

2. 摩擦离合器

常见的摩擦离合器有单片式或多片式两种。图 3-7-48（a）为多片式摩擦离合器，有内、外两组摩擦片，内摩擦片带有凹槽，外摩擦片带有外齿，如图 3-7-48（b）所示。主动轴 1 用键与外鼓轮 2 相连，从动轴 3 也用键与内套筒 4 相连，外摩擦片 5 与外鼓轮 2 及内摩擦片 6 与内套筒 4 均通过花键相连，内、外摩擦片相互交替安装，外鼓轮与内套筒分别固定在主、从动轴上。当滑环 7 由操纵机构控制沿轴向移动时，将拨动 L 形压杆 8，使压板压紧或松开内、外两组摩擦片，从而使主、从动轴接合或分离，圆形螺母可调节内、外摩擦片之间的间隙，从而控制压紧力大小。

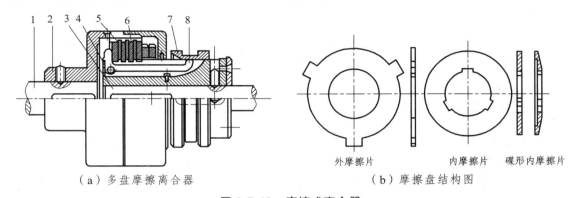

（a）多盘摩擦离合器　　　　　　（b）摩擦盘结构图

外摩擦片　　内摩擦片　　碟形内摩擦片

图 3-7-48　摩擦式离合器
1—主动轴；2—外鼓轮；3—从动轴；4—内套筒；5—外摩擦片；
6—内摩擦片；7—滑环；8—L 形压杆

多片式摩擦离合器传递转矩的大小随轴向压力和摩擦片对数的增加而增加，但片数过多会影响分离动作的灵活性，一般限制在 10～15 对以下。接合面的摩擦材料不仅要求有较大的摩擦系数，而且要求耐磨损、耐高温。在油中工作的摩擦片常用的材料为淬火钢。

摩擦离合器可在任何不同角速度下进行接合，接合过程平稳、无冲击，过载时发生打滑，可起到安全保护作用。此外，由于其工作灵活、调节方便，所以应用广泛。

3. 自动离合器

自动离合器是能根据机器的运动参数（如转矩、转速或转向）的变化而自动完成接合和分离动作的离合器，常用的有控制转矩的安全离合器、控制转速的离心式离合器和控制旋转方向的超越离合器等。

超越离合器是根据两轴转速的相对关系来实现自动接合或分离。如图 3-7-49 所示是一种内星轮滚柱超越离合器，由星轮 1、外圈 2、滚柱 3 和弹簧顶杆 4 组成。星轮和外圈分别装在主、从动轴端，滚柱置于星轮与外圈所形成的楔形槽内，当星轮按图示方向旋转时，由于摩擦力的作用，滚柱滚向楔形槽小端。槽外圈与星轮楔紧结合而一起转动；当星轮做逆时针方向旋转时，滚柱滚向楔形槽大端，星轮与外圈处于分离状态。由于外圈只能向一个方向转动，所以又称为定向离合器。这种离合器结构简单，能在任何转速下平稳接合，应用比较广泛，但制造精度要求高。

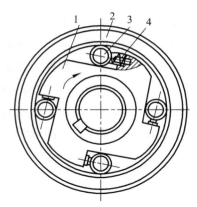

图 3-7-49　内星轮滚柱超越离合器

1—星轮；2—外圈；3—滚柱；4—弹簧顶杆

四、弹　簧

弹簧是机械中应用十分广泛的元件，具有刚性小、弹性大、在载荷作用下容易产生弹性变形的特征，被广泛应用于各种机器、仪表及日常用品中。弹簧工作时能产生较大的弹性变形，从而把机械功或动能转变为变形能，当卸载时又能将变形能转变为动能或机械功。因此，弹簧的功用有：缓和冲击、吸收振动，如图 3-7-50 所示的车辆悬挂中的弹簧；控制机构的运动，如内燃机凸轮机构的气门弹簧；储存及输出能量，如图 3-7-51 所示的钟表弹簧；测量载荷，如图 3-7-52 所示的弹簧秤中的弹簧。

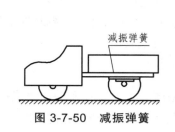

图 3-7-50　减振弹簧

图 3-7-51　钟表发条

图 3-7-52　弹簧秤

（一）弹簧的主要类型和特点

弹簧的类型较多，按受载性质，弹簧可分为拉伸弹簧、压缩弹簧、扭转弹簧和弯曲弹簧等；按弹簧形状，弹簧可分为螺旋弹簧、环形弹簧、碟形弹簧、板弹簧、涡卷弹簧和盘弹簧等。螺旋弹簧已经标准化，如国标 GB/T 1239.1—2009、GB/T 1239.2—2009、GB/T 1239.5—2009。表 3-7-7 所示为各种弹簧的类型特点和应用。

表 3-7-7 弹簧的常见类型和应用

名称	简 图	特性线	说 明
圆柱螺旋弹簧	圆柱螺旋压缩弹簧		特性线为直线，刚度稳定，结构简单，制造方便，应用最广
	变节距压缩弹簧		当弹簧压缩到有一部分弹簧圈开始接触后，特性线变为非线性，刚度及自振频率均为变值，利于消除或缓和共振的影响，可用于支承高速变载机构
	拉伸弹簧		特性线为直线，刚度稳定，结构比较简单，应用广泛
	扭转弹簧		主要作为扭紧或储能装置
变径螺旋弹簧	圆锥螺旋弹簧		当压缩到有一部分弹簧圈开始接触以后，特性线变为非线性，自振频率为变值，防共振能力比变节距压缩弹簧强；稳定性好，结构紧凑
	涡卷螺旋弹簧		比圆锥螺旋弹簧吸收的能量大，但制造困难。只在空间受限制时，用以代替圆锥螺旋弹簧
板弹簧	多板弹簧		分为单板弹簧和多板弹簧，多板弹簧缓冲和减振性能好，主要用于汽车、拖拉机和铁路车辆的悬挂装置
碟形弹簧			缓冲和减振能力强。采用不同的组合（叠合或对合）可以得到不同的特性线，多用于重型机械的缓冲及减振装置

（二）弹簧的材料与制造

大多数弹簧是在变载荷或冲击载荷下工作的，因此要求弹簧材料具有较高的屈服强度、疲劳强度、足够的冲击韧性以及良好热处理性能。常用的弹簧材料有优质碳素钢、合金钢、不锈钢和青铜丝，主要用热扎和冷拉的弹簧钢。当弹簧丝直径在 8 ~ 10 mm 以下时，弹簧用经过热处理的优质碳素弹簧钢丝（如 65Mn、60Si2Mn 等）经冷卷成形制造，然后经低温回火处理以消除内应力。制造直径较大的强力弹簧时，常用热卷法，热卷后需经淬火、回火处理。螺旋弹簧的制造过程包括卷绕、两端面加工（压缩弹簧）或挂钩的制作（拉伸弹簧）、热处理和工艺试验。必要时，还要进行强压处理或喷丸处理。

（三）圆柱形螺旋弹簧的结构

1. 圆柱形压缩螺旋弹簧

如图 3-7-53 所示为圆柱形压缩螺旋弹簧，其端部结构形式很多，常用的如图 3-7-54 所示。图（a）为 YⅠ型，两端面圈与邻圈并紧且磨平；图（b）为 YⅢ型，两端面圈与邻圈并紧但不磨平；图（c）为 YⅡ型，热卷时两端簧丝锻扁与邻圈并紧（两端磨平，也可不磨平）。重要场合应采用 YⅠ型结构，以保证两支承端面与弹簧的轴线垂直，使弹簧受压时不致歪斜。与邻圈并紧的两个端面圈只起支承作用，不参与变形，称为"死圈"，每端死圈为 3/4 ~ 5/4 圈，死圈磨平部分的长度不小于 3/4 圈。

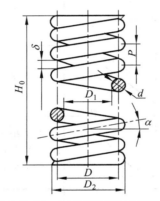

图 3-7-53　圆柱形压缩螺旋弹簧

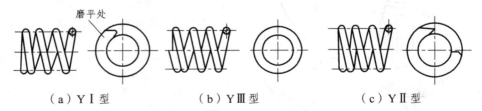

（a）YⅠ型　　　　　　（b）YⅢ型　　　　　　（c）YⅡ型

图 3-7-54　圆柱形压缩螺旋弹簧的端部结构

2. 圆柱形拉伸螺旋弹簧

圆柱形拉伸螺旋弹簧如图 3-7-55 所示，拉伸弹簧在卷制时各圈互相并拢，并在端部有挂钩供安装和加载用。常用的几种挂钩形式如图 3-7-56 所示，其中 LⅠ型半圆环和 LⅡ型圆钩环制造方便、应用广泛，但在挂钩过渡处会产生很大的弯曲应力。LⅦ、LⅧ型挂钩不与弹簧丝连成一体，挂钩可任意转动，安装方便，在受力较大的重要场合宜用 LⅦ型挂钩。

圆柱形螺旋弹簧的主要尺寸有弹簧丝直径 d、弹簧圈内径 D_1、外径 D_2、中径 D、节距 p、螺旋角 α、压缩弹簧的自由高度（或拉伸弹簧的自由长度）H_0 和总圈数 n_1 等。

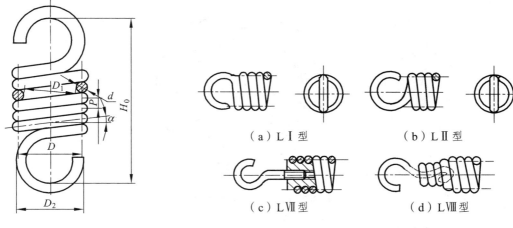

图 3-7-55　圆柱形拉伸螺旋弹簧

（a）LⅠ型　　　　（b）LⅡ型

（c）LⅦ型　　　　（d）LⅧ型

图 3-7-56　圆柱形拉伸螺旋弹簧的端部结构

思考与练习

1. 轴有哪些类型？各有何特点？

2. 轴的常用材料有哪些？它们各使用在什么场合？

3. 轴上零件的轴向和周向定位方式有哪些？各适用于什么场合？

4. 滚动轴承的类型有哪些？各有何特点？试画出它们的结构简图。

5. 滑动轴承轴瓦上为什么要开油沟？开油沟时应注意哪些问题？

6. 说明下列滚动轴承代号的意义：7321AC、6101、30310、52411/P5、NU2204E。

7. 指出图 3-7-57（a）、（b）中结构设计的错误之处，说明其错误原因，并加以改正。

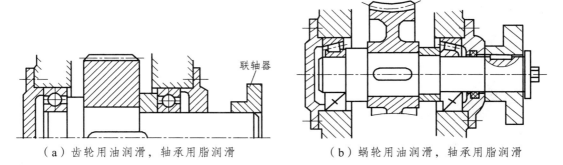

（a）齿轮用油润滑，轴承用脂润滑　　　　（b）蜗轮用油润滑，轴承用脂润滑

图 3-7-57　结构设计

8. 联轴器与离合器各应用在什么场合？

9. 如何选择联轴器？

10. 试说明多片式摩擦离合器的结构和工作原理。

11. 如图 3-7-58 所示的超越离合器，设主动轴与外环 1 相连，从动轴与星轮 2 相连，当①主动轴顺时针转动；②主动轴逆时针转动；③主、从动轴都逆时针转动，但是主动轴转得快时。试问以上 3 种情况中，哪种情况是主动轴带动从动轴转动？为什么？

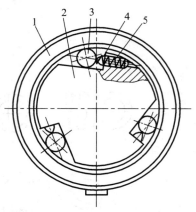

图 3-7-58 内星轮滚柱超越离合器

1—外环；2—盘轮；3—滚柱；4—顶销；5—弹簧

学习项目四 机械制造技术

改革开放以来，我国制造业得到长足的发展，但与发达国家相比还存在阶段性的差距。如数控机床在我国机械制造领域的普及率不高；国产先进数控设备的市场占有率较低；数控刀具、数控检测系统等数控机床的配套设备不能适应技术发展的需要；机械制造行业的制造精度、生产效率、整体效益等都不能满足市场经济发展的要求。随着现代科学技术的不断发展，制造技术将向自动化、集成化、智能化和高精度方向发展。综合考虑社会、环境及节约资源的要求，可持续发展的制造技术将越来越受到重视。

工作任务一 机械制造过程

机械制造技术主要是指机械冷加工技术和机械装配技术。

■任务情境

通过学习机械制造技术的基本加工技术和基本理论，再通过后续课程的学习，进一步掌握先进制造技术的有关知识，为将来胜任不同职业和不同岗位上的专业技术工作、掌握先进的制造技术、具备突出的工程实践能力，奠定良好的基础。

■任务目标

（1）掌握金属切削过程的基本规律和机械加工的基本知识。合理选择机械加工方法与机床、刀具、夹具及切削加工参数，并初步具备制订机械加工工艺规程的能力。

（2）掌握机械制造过程中工艺系统、表面成形和切削加工的基本理论；掌握常用加工方法及其工艺装备的基本知识和基本理论；了解现代制造技术的知识、应用及发展。

（3）掌握常用的加工方法、机械加工工艺及装配工艺设计的方法，初步掌握工艺装备选用和夹具设计的方法。

（4）初步具备解决机械制造过程中工艺技术问题的能力和产品质量控制的能力。

（5）初步具备分析和解决现场工艺问题的能力。

一、生产过程

生产过程是指将原材料转变为成品的全过程，包括原材料的运输、保管与准备，产品的技术、生产准备，毛坯的制造，零件的机械加工及热处理，部件及产品的装配、检验、调试、油漆包装以及产品的销售和售后服务等。

机械制造工艺过程是指在生产过程中，毛坯的制造成形（如铸造、锻压、焊接等），零件的机械加工、热处理、表面处理，部件和产品的装配等直接改变毛坯的形状、尺寸、相对位置和性能的过程，简称工艺过程。

机械加工工艺过程是指利用机械加工的方法改变毛坯的形状、尺寸、相对位置和性质，使其成为零件的全过程。从广义上来说，特种加工（包括电加工、超声波加工、激光加工、电子束及离子束加工）也是机械加工工艺过程的一部分，但其不属于切削加工范畴。

二、机械加工工艺过程的组成

机械加工工艺过程由若干个工序组成，其中每一个工序又可依次分为安装、工位、工步、走刀。

（一）工　序

工序指一个或一组工人，在一个工作地对同一个或同时对几个工件所连续完成的那一部分工艺过程。如图 4-1-1 所示为阶梯轴，表 4-1-1 所示为轴类零件的加工工艺。

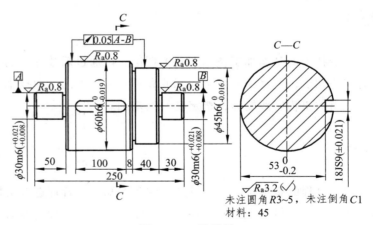

图 4-1-1　阶梯轴

表 4-1-1　轴类零件的加工工艺

工序号	工序名称	设备
1	车端面、打中心孔、车外圆、切退刀槽、倒角	车床
2	铣键槽	铣床
3	磨外圆、去毛刺	磨床

（二）安　装

如果在一个工序中需要对工件进行几次装夹，则每次装夹下完成的那部分工序内容称为一个安装。在一个工序中，有的工件只需装夹一次，有的则需要装夹多次。

（三）工　位

在工件的一次安装中，通过工作台的分度、移位，可以使工件相对于机床变换加工位置，工件在每一个加工位置上所完成的加工内容称为工位。如图 4-1-2 所示为多工位加工。

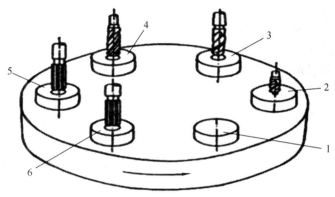

图 4-1-2　多工位加工

1—装卸工件工位；2—预钻孔工位；3—钻孔工位；
4—扩孔工位；5—粗铰工位；6—精铰工位

（四）工　步

在同一个工位上，要完成不同的表面加工时，其中加工表面、刀具、切削速度和进给量不变的情况下，所完成的工位内容称为一个工步。如图 4-1-3 所示为车削阶梯轴工步。

（五）走　刀

刀具在加工表面上切削一次所完成的工步内容称为一次走刀。如图 4-1-3 所示为车削阶梯轴走刀。

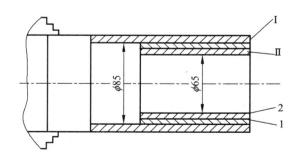

图 4-1-3　车削阶梯轴

Ⅰ—第一工步；Ⅱ—第二工步；1—第二工步第一次走刀；2—第二工步第二次走刀

三、机械制造的生产组织

（一）生产纲领

（1）定义：企业根据市场需求和自身的生产能力决定的、在计划生产期内应当生产的产品产量和进度计划称为生产纲领。

（2）零件年生产纲领计算式为

$$N = Qn(1+\alpha)(1+\beta)$$

式中　　N——零件的年生产纲领，件/年；

　　　　Q——产品的年产量，台/年；

　　　　n——单台产品该零件的数量，件/台；

　　　　α——该零件的备品率，%；

　　　　β——该零件的废品率，%。

（二）生产组织类型

根据生产专业化程度的不同，生产组织类型可分为以下 3 种：

（1）单件生产：产品的种类多而同一产品的产量很小，工作地点的加工对象完全不重复或很少重复。

（2）成批生产：工作的加工对象周期性地进行轮换。按照批量的大小，成批生产又可分为小批生产、中批生产和大批生产 3 种类型。

（3）大量生产：产品数量很大，大多数工作地点长期进行某一零件的某一道工序的加工。

生产类型的划分主要取决于生产纲领，即年产量，但也要考虑产品本身的大小和结构的复杂程度。此外，不同生产类型的零件对加工工艺、工艺装备、毛坯制造方法以及工人的技术要求等都有很大的不同。应当指出，生产类型对零件工艺规程的制订影响很大。

此外，对于生产同一产品，大量生产一般具有生产效率高、成本低、质量可靠、性能稳定等优点。因此，应大力推广产品结构的标准化、系列化，以便于组织专业化的大批量生产，以提高经济效益。推行成组技术，以及采用数控机床、柔性制造系统和计算机集成制造系统等现代化的生产手段及方式，实现机械产品多品种、小批量生产的自动化，是当前机械制造工艺的重要发展方向。

四、机械加工工艺系统

在机械加工中，由机床、刀具、夹具与被加工工件一起构成了一个实现某种加工方法的整体系统，这一系统称为机械加工工艺系统。

对应于不同的加工方法有不同的机械加工工艺系统，如车削工艺系统、铣削工艺系统、磨削工艺系统等。

机械制造技术就是以表面成形理论、金属切削理论和工艺系统的基本理论为基础，以各种加工方法、加工装备的特点及应用为主体，以机械加工工艺和装配工艺的设计为重点，以实现机械产品的优质、高效、低成本为目的的综合应用技术。

（一）零件表面的成形

机械零件的表面形状千变万化，但大都是由几种常见的表面组合而成的，如平面、圆柱面、圆锥面、球面、螺旋面、圆环面以及成形曲面等。这些表面都可以看成是由一根母线沿着导线运动而形成的，母线和导线统称为发生线。

相切法：采用铣刀、砂轮等旋转刀具加工工件时，刀具自身的旋转运动形成圆形发生线，同时切削刃相对于工件的运动形成其他发生线。

（二）机械加工的运动

机床的运动有表面成形运动和辅助运动两种。

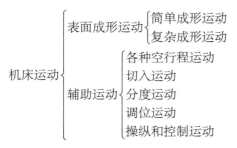

1. 表面成形运动

表面成形运动是指根据几何的角度来分析，为保证得到工件表面的形状所需的运动。根据工件表面形状和成形方法的不同，表面成形运动包括以下两种类型。

（1）简单成形运动：如果一个独立的成形运动是由单独的旋转运动或直线运动构成的，则此成形运动称为简单成形运动。

（2）复合成形运动：如果一个独立的成形运动是由两个或两个以上旋转运动或直线运动，按照某种确定的运动关系组合而成的，则此成形运动称为复合成形运动。

例 1　用外圆车刀车削外圆柱面时，如图 4-1-4（a）所示，工件的旋转运动 B_1 和刀具的直线运动 A_1 就是两个简单成形运动。

例 2　车螺纹时，如图 4-1-4（b）所示，螺纹表面的导线（螺旋线）必须由工件的回转运动 B_{11} 和刀架的直线运动 A_{12} 保持确定的相对运动关系才能形成，这就是一个复合成形运动。

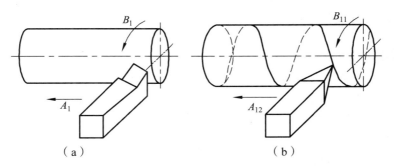

（a）　　　　　　　　　　　　　　　（b）

图 4-1-4　成形运动的组成

从保证金属切削过程的实现和连续进行的角度看，成形运动可分为主运动和进给运动，如图 4-1-5 所示。

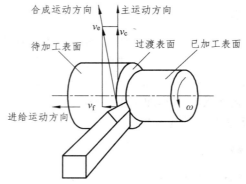

图 4-1-5　切削运动与切削表面

（1）主运动：使工件与刀具产生相对运动以进行切削的最基本运动。主运动的速度最高，所以消耗的功率最大。一般机床的主运动只有一个。

车削、镗削加工时工件的回转运动，铣削和钻削时刀具的回转运动，刨削时刨刀的直线运动等都是主运动。

（2）进给运动：为配合主运动的实现依次连续不断地切除多余金属层的刀具与工件之间的相对运动。进给运动与主运动配合即可完成所需的表面几何形状的加工，根据工件表面形状成形的需要，进给运动可以是多个，也可以是一个；可以是连续的，也可以是间歇的。

2．辅助运动

辅助运动的作用是实现机床的各种辅助动作，为表面成形创造条件。辅助运动的种类包括以下几种。

（1）空行程运动：包括刀架、工作台的快速接近和退出工件等，可节省辅助时间。

（2）切入运动：为保证被加工面获得所需尺寸，刀具相对于工件表面的深入运动。

（3）分度运动：使工件或刀具回转到所需要的角度，多用于加工若干个完全相同的沿圆周均匀分布的表面，也有在直线分度机上刻直尺时，工件相对刀具的直线分度运动。

（4）操纵及控制运动：包括启动、停止、变速、换向、夹紧、松开、转位、自动换刀、自动测量、自动补偿等。

（5）调位运动：调整刀具和工件之间相互位置的运动。

（三）切削用量和切削层参数

1．切削速度（v_c）

切削速度（v_c）是刀具切削刃上选定点相对于工件在主运动方向上的瞬时速度。由于切削刃上各点的切削速度可能是不同的，所以计算时常用最大切削速度代表刀具的切削速度。

当主运动为回转运动时，切削速度 v_c 的计算公式为

$$v_c = \frac{\pi d n}{1\,000}$$

式中　d——切削刃上选定点的回转直径，mm；

　　　n——主运动的转速，r/s 或 r/min。

当主运动为直线运动时，切削速度是刀具相对于工件的直线运动速度。

2. 进给速度（v_f）、进给量（f）和每齿进给量（f_z）

进给速度（v_f）：切削刃上选定点相对于工件的进给运动瞬时速度，单位为 mm/s 或 mm/min。

进给量（f）：刀具在进给运动方向上相对于工件的位移量，用刀具或工件每转或每行程的位移量来表述，单位为 mm/r 或 mm/行程。

每齿进给量（f_z）：后一个刀齿相对于前一个刀齿的进给量，单位为 mm/齿。

对于铣刀、拉刀等多齿刀具，每齿进给量与各进给量间的关系为

$$v_f = nf = nf_z z \text{。}$$

3. 背吃刀量（a_p）

切削深度 a_p（背吃刀量）是在与主运动和进给运动方向相垂直的方向上度量的已加工表面与待加工表面之间的距离，单位为 mm。

主运动是回转运动时，背吃刀量的计算公式为

$$a_p = \frac{d_w - d_m}{2}$$

主运动是直线运动时，背吃刀量的计算公式为

$$a_p = H_w - H_m$$

钻孔时，背吃刀量的计算公式为

$$a_p = \frac{d_m}{2}$$

式中　d_w——工件待加工表面直径，mm；

$\quad\quad d_m$——工件已加工表面直径，mm；

$\quad\quad H_w$——工件待加工表面厚度，mm；

$\quad\quad H_m$——工件已加工表面厚度，mm。

五、金属切削机床

金属切削机床是用刀具切削的方法将金属毛坯加工成机器零件的机器，它是制造机器的机器，所以又称为"工作母机"，习惯上简称为机床。机床是机械制造的基础机械，其技术水平的高低、质量的好坏对机械产品的生产率和经济效益都有重要的影响。金属切削机床从诞生到现在已经有一百多年的历史了，随着工业化的发展，机床品种越来越多，技术也越来越复杂。据工控中国网报道，截止到 2013 年，我国机床保有量为 800 万台，其中数控机床从 2003 年以后，在切削机床中的占比提升到10%以上，而 2014 年前 7 月，占比提升到30.18%。

（一）机床的分类

机床主要是按加工方法和所用刀具进行分类的，根据国家制定的机床型号编制方法，机床分为 11 大类：车床、钻床、镗床、磨床、齿轮加工机床、螺纹加工机床、铣床、刨插床、拉床、锯床和其他机床。在每一类机床中，又按工艺范围、布局形式和结构性能分为若干组，每一组又分为若干个系（系列）。

除了上述基本分类方法外，还有其他分类方法。

（1）按照万能性程度，机床可分为以下几种。

① 通用机床：这类机床的工艺范围很宽，可以加工一定尺寸范围内的多种类型零件，完成多种多样的工序，如卧式车床、万能升降台铣床、万能外圆磨床等。

② 专门化机床：这类机床的工艺范围较窄，只能用于加工不同尺寸的一类或几类零件的一种（或几种）特定工序，如丝杆车床、凸轮轴车床等。

③ 专用机床：这类机床的工艺范围最窄，通常只能完成某一特定零件的特定工序，如加工机床主轴箱体孔的专用镗床、加工机床导轨的专用导轨磨床等。专用机床是根据特定的工艺要求专门设计、制造的，生产率和自动化程度较高，用于大批量生产。组合机床也属于专用机床。

（2）按照机床的工作精度划分，可分为普通精度机床、精密机床和高精度机床。

（3）按照质量和尺寸划分，机床可分为仪表机床、中型机床（一般机床）、大型机床（质量大于 10 t）、重型机床（质量在 30 t 以上）和超重型机床（质量在 100 t 以上）。

（4）按照机床主要部件的数目划分，可分为单轴、多轴、单刀、多刀机床等。

（5）按照自动化程度的不同，机床可分为普通、半自动和自动机床。自动机床具有完整的自动工作循环，可自动装卸工件，能够连续地自动加工出工件。半自动机床也有完整的自动工作循环，但装卸工件还需人工完成，因此不能连续地加工。

（二）机床的型号编制

机床的型号是机床产品的代号，用以表明机床的类型、通用和结构特性、主要技术参数等。GB/T 15375—2008《金属切削机床型号编制方法》规定，我国的机床型号由汉语拼音字母和阿拉伯数字按一定的规律组合而成。

（1）通用机床型号的表示方法如图 4-1-6 所示。

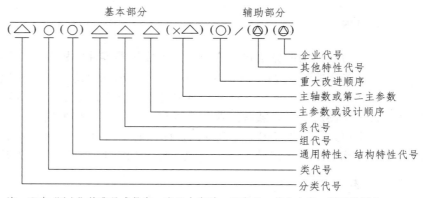

注：①有"（ ）"的代号或数字，当无内容时，不表示；若有内容，则不带括号。
②有"○"符号的，为大写的汉语拼音字母。
③有"△"符号的，为阿拉伯数字。
④有"◎"符号的，为大写的汉语拼音字母，或阿拉伯数字，或两者兼有。

图 4-1-6　通用机床型号的表示方法

（2）机床的类别代号（见表4-1-2）。

表 4-1-2　机床的类别代号（GB/T 15375—2008）

类别	车床	钻床	镗床	磨床			齿轮加工机床	螺纹加工机床	铣床	刨插床	拉床	锯床	其他机床
代号	C	Z	T	M	2M	3M	Y	S	X	B	L	G	Q
读音	车	钻	镗	磨	二磨	三磨	牙	丝	铣	刨	拉	割	其他

（3）机床的特性代号（见表4-1-3）。

表 4-1-3　机床的特性代号（GB/T 15375—2008）

通用特性	高精度	精密	自动	半自动	数控	加工中心（自动换刀）	仿形	轻型	加重型	简式或经济型	柔性加工单元	数显	高速
代号	G	M	Z	B	K	H	F	Q	C	J	R	X	S
读音	高	密	自	半	控	换	仿	轻	重	简	柔	显	速

（4）结构特性代号：为区别主参数相同而结构不同的机床，在型号中用汉语拼音字母区分，如 CA6140 中的 "A"。

（5）机床的组别、系别代号。

机床组别代号和系别代号分别用一个数字表示。每类机床按其结构性能及其使用范围划分为 10 个组，用数字 0~9 表示。每一组又分为若干个系列。凡主参数相同，并按一定公比排列，工件和刀具本身的和相对的运动特点基本相同，且基本结构及布局形式也相同的机床，即为同一系列。车床、钻床、镗床的组别、系别代号如表4-1-4所示。

表 4-1-4　车床、钻床、镗床的组别、系别代号（GB/T 15375—2008）

组别	0	1	2	3	4	5	6	7	8	9
车床 C	仪表车床	单轴自动、半自动车床	多轴自动、半自动车床	回轮、转塔车床	曲轴及凸轮轴车床	立式车床	落地及卧式车床	仿形及多刀车床	轮、轴、辊、锭及铲齿车床	其他车床
钻床 Z		立式坐标镗钻床	深孔钻床	摇臂钻床	台式钻床	立式钻床	卧式钻床	铣钻床	中心孔钻床	
镗床 T			深孔镗床		坐标镗床	立式镗床	卧式铣镗床	精镗床	汽车、拖拉机修理用镗床	

（6）机床的主参数、设计顺序号和第二参数。

机床主参数：代表机床规格的大小，在机床型号中，用数字给出主参数的折算数值（1/10 或 1/150）。

设计顺序号：当无法用一个主参数表示时，则在型号中用设计顺序号表示。

第二参数：一般是主轴数、最大跨距、最大工作长度、工作台工作面长度等，也用折算值表示。铣床的类、组、系及主参数如表4-1-5所示。

表 4-1-5　铣床的类、组、系及主参数（GB/T15375—2008）

类		组		系			主参数	
代号	名称	代号	名称	代号	名　称	折算系数	名　称	
X	铣床	0	仪表铣床	1	台式工具铣床	1/10	工作台面宽度	
				2	台式车铣床	1/10	工作台面宽度	
				3	台式仿形铣床	1/10	工作台面宽度	
				4	台式超精铣床	1/10	工作台面宽度	
				5	立式台铣床	1/10	工作台面宽度	
				6	卧式台铣床	1/10	工作台面宽度	
		1	悬臂及滑枕铣床	0	悬臂铣床	1/100	工作台面宽度	
				1	悬臂镗铣床	1/100	工作台面宽度	
				2	悬臂磨铣床	1/100	工作台面宽度	
				3	定臂铣床	1/100	工作台面宽度	
				6	卧式滑枕铣床	1/100	工作台面宽度	
				7	立式滑枕铣床	1/100	工作台面宽度	
		2	龙门铣床	0	龙门铣床	1/100	工作台面宽度	
				1	龙门镗铣床	1/100	工作台面宽度	
				2	龙门磨铣床	1/100	工作台面宽度	
				3	定梁龙门铣床	1/100	工作台面宽度	
				4	定梁龙门镗铣床	1/100	工作台面宽度	
				5	高架式横梁移动龙门镗铣床	1/100	工作台面宽度	
				6	龙门移动铣床	1/100	工作台面宽度	
				7	定梁龙门移动铣床	1/100	工作台面宽度	
				8	龙门移动镗铣床	1/100	工作台面宽度	
		3	平面铣床	0	圆台铣床	1/100	工作台面宽度	
				1	立式平面铣床	1/100	工作台面宽度	
				3	单柱平面铣床	1/100	工作台面宽度	
				4	双柱平面铣床	1/100	工作台面宽度	
				5	端面平面铣床	1/100	工作台面宽度	
				6	双端面铣床	1/100	工作台面宽度	
				7	滑枕平面铣床	1/100	工作台面宽度	
				8	落地端面铣床	1/100	最大铣轴垂直移动距离	
		4	仿形铣床	1	平面刻模铣床	1/10	缩放仪中心距	
				2	立体刻模铣床	1/10	缩放仪中心距	
				3	平面仿形铣床	1/10	最大铣削宽度	
				4	立体仿形铣床	1/10	最大铣削宽度	
				5	立式立体仿形铣床	1/10	最大铣削宽度	
				6	叶片仿形铣床	1/10	最大铣削宽度	
				7	立式叶片仿形铣床	1/10	最大铣削宽度	

类		组		系			主参数	
代号	名称	代号	名称	代号	名　称	折算系数	名　称	
X	铣床	5	立式升降台铣床	0	立式升降台铣床	1/10	工作台面宽度	
				1	立式升降台镗铣床	1/10	工作台面宽度	
				2	摇臂铣床	1/10	工作台面宽度	
				3	万能摇臂铣床	1/10	工作台面宽度	
				4	摇臂镗铣床	1/10	工作台面宽度	
				5	转塔升降台铣床	1/10	工作台面宽度	
				6	立式滑枕升降台铣床	1/10	工作台面宽度	
				7	万能滑枕升降台铣床	1/10	工作台面宽度	
				8	圆弧铣床	1/10	工作台面宽度	
		6	卧式升降台铣床	0	卧式升降台铣床	1/10	工作台面宽度	
				1	万能升降台铣床	1/10	工作台面宽度	
				2	万能回转头铣床	1/10	工作台面宽度	
				3	万能摇臂铣床	1/10	工作台面宽度	
				4	卧式回转头铣床	1/10	工作台面宽度	
				6	卧式滑枕升降台铣床	1/10	工作台面宽度	
		7	床身铣床	1	床身铣床	1/100	工作台面宽度	
				2	转塔床身铣床	1/100	工作台面宽度	
				3	立柱移动床身铣床	1/100	工作台面宽度	
				4	立柱移动转塔床身铣床	1/100	工作台面宽度	
				5	卧式床身铣床	1/100	工作台面宽度	
				6	立柱移动卧式床身铣床	1/100	工作台面宽度	
				7	滑枕床身铣床	1/100	工作台面宽度	
				9	立柱移动立卧式床身铣床	1/100	工作台面宽度	
		8	工具铣床	1	万能工具铣床	1/10	工作台面宽度	
				3	钻头铣床	1	最大钻头直径	
				5	立铣刀槽铣床	1	最大铣刀直径	
		9	其他铣床	0	六角螺母槽铣床	1	最大六角螺母对边宽度	
				1	曲轴铣床	1/10	刀盘直径	
				2	键槽铣床	1	最大键槽宽度	
				4	轧辊轴颈铣床	1/100	最大铣削直径	
				7	转子槽铣床	1/100	最大转子本体直径	
				8	螺旋桨铣床	1/100	最大工作直径	

（7）机床的重大改进顺序号：当机床性能和结构布局有重大改进时，在原机床型号尾部，加重大改进顺序号 A，B，C，…。

（8）其他特性代号：用以反映各类机床的特性，用字母或阿拉伯数字来表示。

（9）企业代号：生产单位为机床厂时，用机床厂所在城市名称的大写汉语拼音字母及该厂在该城市建立的先后顺序号，或机床厂名称的大写汉语拼音字母来表示。

（三）数控机床概述

1. 数控技术的基本概念

（1）数字控制。

数字控制是指用数字化信号对机床运动及其加工过程进行控制的一种方法。

① 数字化信号（01010010）；

② 模拟量信号（～）；

③ 开关量信号（0，1；主轴正反转、刀架正反转、冷却液开关）由 PLC 控制。

（2）数控技术。

数控技术是用数字信息对机械运动和工作过程进行控制的技术，数控机床是用程序控制系统（数控系统）的高效自动化机床。数控装备是以数控技术对工作机械的工作过程进行控制的装备。

（3）数控系统。

数控设备的数据处理和控制电路以及伺服机构等系统称为数字控制系统，由程序输入/输出设备、计算机数字控制装置、可编程控制器、主轴进给及驱动装置等组成。

国际上最大的数控系统生产厂家是日本的 FANUC 公司，年产 5 万套以上，约占世界市场的 40%，其次是德国的西门子公司，占 15% 以上，国产数控系统厂家主要有华中数控、北京航天机床数控集团。

（4）计算机数字控制机床（CNC）。

计算机数字控制机床是一种装有程序控制系统（数控系统）的高效自动化机床。其综合了计算机、自动控制、精密测量、机床机构设计与制造等方面的最新成果。

在第一台数控机床问世至今的 50 年中，数控系统先后经历了电子管（1952 年）、晶体管和印刷电路板（1960 年）、小规模集成电路（1965 年）、小型计算机（1970 年）、微处理器或微型计算机（1974 年）和基于 PC-NC 的智能数控系统（90 年代后）等 6 代的发展。

前三代数控系统属于采用专用控制计算机的硬逻辑（硬线）数控系统，简称 NC（Numerical Control），目前已被淘汰。

第四代数控系统采用小型计算机取代专用控制计算机，数控的许多功能由软件来实现，故这种数控系统又称为软线数控，即计算机数控系统，简称 CNC（Computer Numerical Control）。1974 年，采用以微处理器为核心的数控系统，形成第五代微型机数控系统，简称 MNC（Micro-computer Numerical Control）。CNC 与 MNC 统称为计算机数控，CNC 和 MNC 的控制原理基本上相同，目前趋向于成本低、功能强的 MNC。

现在发展了基于 PC-NC 的第六代数控系统，其充分利用现有 PC 机的软硬件资源，规范设计新一代数控系统。

（5）数控程序。

数控程序是指在输入数控系统中，使数控机床执行一个确定的加工任务，具有特定代码和其他符号编码的一系列指令。

数控编程是指将零件的加工信息编制成数控机床能识别的代码。

（6）数控加工。

数控加工的工作过程如图 4-1-7 所示。

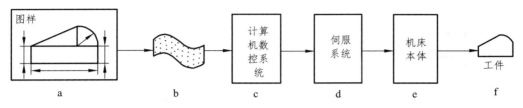

图 4-1-7　数控加工工作过程

a—图纸与工艺文件；b—加工程序；c—数控系统；d—伺服系统；e—机床；f—加工后的零件

2. 数控机床的组成与分类

（1）数控机床的组成。

数控机床包括加工程序、输入装置、数控系统、伺服系统、辅助控制装置、反馈装置和机床本体，一般由 CNC 系统、伺服系统、机械系统三大部分组成，如图 4-1-8 所示。

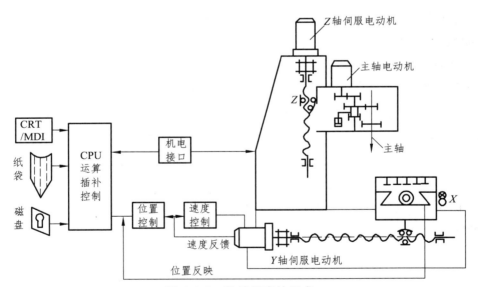

图 4-1-8　数控机床的组成

① CNC 系统。

CNC 系统是 CNC 机床的核心，其组成框图如图 4-1-9 所示。数控系统除了计算机外，其外围设备还包括用于输入操作命令及编辑、修改程序、输入零件加工程序的键盘，供显示及监控的 CRT，供操作员改变操作方式、输入数据、启停加工的操作面板，在计算机和机床之间起联系桥梁作用的机床接口、伺服接口及 DNC 输入/输出接口。

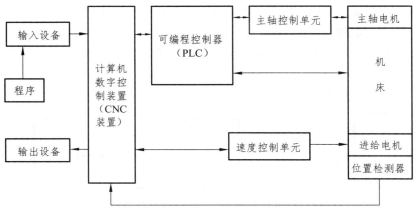

图 4-1-9　CNC 系统的组成框图

② 伺服系统。

伺服系统是对数控机床移动部件的位置和速度进行控制，进给伺服系统是控制机床各坐标轴的切削进给运动，由执行元件和驱动控制电路构成。

进给伺服系统的速度控制系统是由执行机构（如交流伺服电动机、直流伺服电动机及速度检测元件）和速度控制单元组成的。其职能是提供切削过程中需要的转矩和功率，可以任意调节运转速度。

进给伺服系统的位置控制系统又分为开环控制系统和闭环控制系统两种。开环控制系统不需要位置检测及反馈，闭环控制系统需要位置检测及反馈。

a. 开环控制数控机床：其控制框图如图 4-1-10 所示。开环控制的数控机床一般适用于中、小型的经济型数控机床。

图 4-1-10　数控机床开环控制框图

b. 半闭环控制数控机床：其控制框图如图 4-1-11 所示。这类控制机床可以获得比开环系统更高的精度，调试比较方便，因而得到广泛应用。

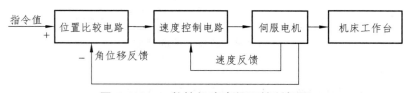

图 4-1-11　数控机床半闭环控制框图

c. 闭环控制数控机床：其控制框图如图 4-1-12 所示。闭环控制数控机床一般适用于精度要求高的数控机床，如数控精密镗铣床。

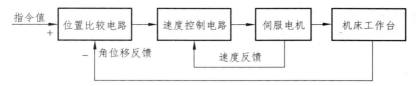

图 4-1-12　数控机床闭环控制框图

③ 机械系统。

机械系统由机床基础件（床身、立柱、横梁、滑座和工作台）、主轴部件（主轴电动机和主轴传动系统）、进给系统（进给执行电动机和进给传动系统）、实现工件回转与定位的装置和附件、刀库和自动换刀装置等组成。

数控机床机械结构采用了高性能的主轴部件及进给伺服驱动系统，其结构大大简化，传动链较短。为了适应数控机床连续自动化加工，机械结构具有较高的动态刚度、阻尼精度及耐热性，热变性较小。其更多地采用高效、高精度传动部件，如直线滚动导轨、滚珠丝杆副等。

（2）数控机床的分类。

① 按工艺用途分。

目前，数控机床的品种规格已达 500 多种，按工艺用途分为以下四大类。

a. 金属切削类：包括普通数控机床、数控加工中心两类。

b. 金属成形类：指采用挤、压、冲、拉等成形工艺的数控机床，常用的有数控弯管机、数控压力机、数控冲剪机、数控折弯机、数控旋压机等。

c. 特种加工类：主要有数控电火花线切割机、数控电火花成形机、数控激光与火焰切割机等。

d. 测量、绘图类：主要有数控绘图机、数控坐标测量机、数控对刀仪等。

② 按加工工艺分。

数控机床按加工工艺分为数控车床、数控铣床、数控镗床、数控磨床、数控冲压机床、数控电加工机床、数控测量机床等。

③ 按伺服系统的控制方式分。

数控机床按伺服系统控制方式分为开环数控机床、半闭环控制数控机床、闭环控制数控机床。

④ 按控制运动的方式分。

数控机床按控制运动的方式分为点位控制数控机床、点位直线控制数控机床、轮廓控制数控机床。

⑤ 按所用数控系统的档次分。

数控机床按所用数控系统的档次通常分为低、中、高档三类。中、高档数控机床一般称为全功能数控或标准型数控机床。

六、刀　具

刀具切削部分的几何角度和金属切削刀具的种类很多，其切削部分的形状和几何参数都不尽相同，但都可由外圆车刀切削部分演变而来。外圆车刀是最基本、最典型的切削刀具。

（一）车刀的组成

外圆车刀由一个刀尖、两条切削刃、三个刀面组成。

1. 刀　面

刀面分为前刀面、主后刀面和副后刀面。

（1）前刀面：刀具上与切屑接触并相互作用的表面（即切屑流过的表面）。

（2）主后刀面：刀具上与工件过渡表面相对并相互作用的表面。

（3）副后刀面：刀具上与已加工表面相对并相互作用的表面。

2. 切削刃

切削刃分为主切削刃和副切削刃。

（1）主切削刃：前刀面与主后刀面的交线，完成主要的切削工作。

（2）副切削刃：前刀面与副后刀面的交线，配合主切削刃完成切削工作，并最终形成已加工表面。

3. 刀　尖

刀尖：主切削刃和副切削刃连接处的一段刀刃，可以是小的直线段或圆弧。

（二）刀具几何角度参考系

刀具几何角度参考系有两类，刀具标注角度参考系和刀具角度参考系。

1. 刀具标注角度参考系

为了使参考系中的坐标平面与刃磨、测量基准面一致，特别规定了以下假设条件：

（1）假定运动条件：刀刃上选定点 x 的切削速度方向与刀尖处的切削速度方向平行。

（2）假定安装条件：车刀安装绝对正确。安装车刀时使刀尖与工件中心等高，车刀刀杆轴线垂直于工件轴心线。

2. 刀具标注角度参考系诸平面（见图4-1-13）

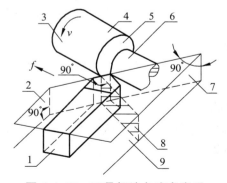

图4-1-13　刀具标注角度参考系

1—车刀；2—基面；3—工件；4—待加工表面；5—过渡表面；
6—已加工表面；7—切削平面；8—正交平面；9—底平面

基面 P_r：通过主切削刃上选定点，垂直于该点切削速度方向的平面。

切削平面 P_s：通过切削刃某一点，与工件加工表面（或与主切削刃）相切的平面。切削平面 P_s 与基面 P_r 垂直。

正交平面 P_o：通过切削刃某一点，同时垂直于切削平面 P_s 与基面 P_r 的平面。

（三）刀具标注角度

1. 在基面内测量的角度

（1）主偏角 κ_r：主切削刃与进给方向之间的夹角。

（2）副偏角 κ_r'：副切削刃与进给运动反方向之间的夹角。

（3）刀尖角 ε_r：主切削刃与副切削刃之间的夹角，$\varepsilon_r = 180° - (\kappa_r + \kappa_r')$。

2. 在主切削刃正交平面（ O-O ）内测量的角度

（1）前角 γ_o：前刀面与基面之间的夹角。前角表示前刀面的倾斜程度。当前刀面与基面平行时，前角为零；当基面在前刀面以内时，前角为负；当基面在前刀面以外时，前角为正。

（2）后角 α_o：主后刀面与切削平面之间的夹角。后角表示主后刀面的倾斜程度，一般为正值。

（3）楔角 β_o：前刀面与后刀面间的夹角，$\beta_o = 90° - (\gamma_o + \alpha_o)$。

3. 在正交平面内测量的角度

刃倾角 λ_s：在切削平面内测量的主切削刃与基面之间的夹角。当主切削刃呈水平时，$\lambda_s = 0$；当刀尖为主切削刃上最低点时，$\lambda_s < 0$；当刀尖为主切削刃上最高点时，$\lambda_s > 0$，如图 4-1-14 所示。

（a）主切削刃呈水平　　　（b）刀尖为主切削刃上最低点　　　（c）刀尖为主切削刃上最高点

图 4-1-14　刃倾角 λ_s

（四）刀具工作角度

在实际的切削加工中，由于刀具安装位置和进给运动的影响，上述标注角度会发生一定的变化。角度变化的根本原因是切削平面、基面和正交平面位置的改变。以切削过程中实际的切削平面 P_s、基面 P_r 和主剖面 P_o 为参考平面所确定的刀具角度称为刀具的工作角度，又称实际角度。现将刀具安装位置对角度的影响作如下说明。

1. 刀柄中心线与进给方向不垂直时，对主、副偏角的影响

以车刀车外圆为例，如图 4-1-15 所示。若不考虑进给运动，当刀尖安装得高于或低于工件轴线时，将引起工作前角 γ_{oe} 和工作后角 α_{oe} 的变化。

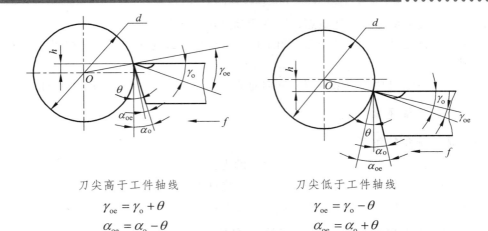

刀尖高于工件轴线

$$\gamma_{oe} = \gamma_o + \theta$$

$$\alpha_{oe} = \alpha_o - \theta$$

刀尖低于工件轴线

$$\gamma_{oe} = \gamma_o - \theta$$

$$\alpha_{oe} = \alpha_o + \theta$$

图 4-1-15　刀尖安装位置

2. 切削刃安装高于或低于工件中心时，对前角、后角的影响

当车刀刀杆的纵向轴线与进给方向不垂直时，将会引起工作主偏角 κ_{re} 和工作副偏角 κ_{re}' 的变化。

（五）刀具分类概述

由于机械零件的材质、形状、技术要求和加工工艺的多样性，客观上要求进行加工的刀具具有不同的结构和切削性能。因此，生产中所使用的刀具的种类很多。刀具常按加工方式和具体用途分为车刀、孔加工刀具、铣刀、拉刀、螺纹刀具、齿轮刀具、自动线及数控机床刀具和磨具等几大类型。刀具还可以按其他方式进行分类，如按所用材料分为高速钢刀具、硬质合金刀具、陶瓷刀具、立方氮化硼（CBN）刀具和金刚石刀具等；按结构分为整体刀具、镶片刀具、机夹刀具和复合刀具等；按是否标准化分为标准刀具和非标准刀具等。

（六）刀具材料应具备的性能

1. 高的硬度和耐磨性

刀具材料要比工件材料硬度高，常温硬度在 HRC62 以上。耐磨性表示抵抗磨损的能力；耐磨性取决于组织中硬质点的硬度、数量和分布。

2. 足够的强度和韧性

为承受切削中的压力冲击和韧性，避免崩刃和折断，刀具材料应具有足够的强度和韧性。

3. 高耐热性

刀具材料在高温下具有保持硬度、耐磨性、强度和韧性的能力。

4. 良好的工艺性

为了便于制造，要求刀具材料有较好的可加工性，如切削加工性、铸造性、锻造性和热处理性等。

5. 良好的经济性

刀具材料还需要有良好的经济性。

（七）高速钢

高速钢是一种加入较多的钨、铬、钒等合金元素的高合金工具钢。高速钢有较高的热稳定性，有较高的强度、韧性、硬度和耐磨性。其制造工艺简单，容易磨成锋利的切削刃，可锻造，是制造钻头、成形刀具、拉刀、齿轮刀具等的主要材料。

高速钢按用途分为通用型高速钢和高性能高速钢，按制造工艺分为熔炼高速钢和粉末冶金高速钢。

1. 通用型高速钢

通用型高速钢是切削硬度在 250 ~ 280 HBS 以下的大部分结构钢和铸铁的基本刀具材料，其应用最为广泛。通用型高速钢一般可分为钨钢和钼钢两类，常用的牌号有 W18Cr4V 和 W6Mo5Cr4V2。

2. 高性能高速钢

高性能高速钢（如 9W6Mo5Cr4V2 和 W6Mo5Cr4V3）较通用型高速钢有着更好的切削性能，适合加工奥氏体不锈钢、高温合金、钛合金和超高强度钢等难加工的材料。

（八）硬质合金

硬质合金是用高耐热性和高耐磨性的金属碳化物（碳化钨、碳化钛、碳化钽、碳化铌等）与金属黏接剂（钴、镍、钼等）在高温下烧结而成的粉末冶金制品。

硬质合金具有高耐磨性和高耐热性，但抗弯强度低、冲击韧性差，很少用于制造整体刀具，但可用于高速钢刀具不能切削的淬硬钢等硬材料。

常用的硬质合金包括以下三类：钨钴类硬质合金（YG）、钨钛钴类硬质合金（YT）、钨钛钽（铌）钴硬质合金类（YW）。

YT 类硬质合金主要由碳化钨、碳化钛和钴组成，常用的牌号有 YT5、YT15、YT30 等。在硬质合金中加入碳化钛后，增加了其硬度、耐热度、抗黏接性和抗氧化能力。通过在普通硬质合金中加入碳化钽和碳化铌，从而提高了硬质合金的韧性和耐热性，使其具有较好的综合性能。YW 类硬质合金主要用于不锈钢、耐热钢、高锰钢的加工，也适用于普通碳钢和铸铁的加工，因此被称为通用型硬质合金，常用的牌号有 YW1、YW2 等。

七、机床夹具原理与设计

（一）机床夹具

夹具是装夹工件的工艺装备，广泛应用在机械制造过程的切削加工、热处理、装配、焊接和检测等工艺过程中。

机床夹具是金属切削机床上使用夹具的统称，将直接影响加工精度、劳动生产率和产品的制造成本等。因此，机床夹具在产品设计、制造和生产技术准备中占有极其重要的地位。

（二）机床夹具的功能

机床夹具的主要功能是使工件定位和夹紧。然而，由于各种机床加工方式不同，有些机床夹具还有一些特殊功能。

1. 主要功能

（1）定位：通过工件定位基准与夹具定位元件的定位面接触或配合，使工件在夹具中占有正确的几何位置，从而保证工件加工表面的尺寸、几何形状和相互位置的精度要求。

（2）夹紧：工件定位后，经夹紧装置将工件固定夹牢，使工件正确的定位位置保持不变。

2. 特殊功能

（1）对刀：如铣床夹具中的对刀块，能迅速地调整铣刀相对于夹具的正确的加工位置。

（2）导向：如钻床夹具中的钻模板和钻套，能引导刀具进行钻削，其导向元件常制成模板形式，故钻床夹具常称为钻模。镗床夹具（镗模）也具有导向功能。

（三）机床夹具在机械加工中的作用

在机械加工中，使用机床夹具的目的包括以下几个方面：

（1）保证加工精度。使用夹具装夹工件时，夹具能稳定地保证加工精度，并减少对其他生产条件的依赖性，故夹具在精密加工中广泛使用。

（2）提高劳动生产率。使用夹具后，能使工件迅速地定位和夹紧，并能够显著地缩短辅助时间和基本（机动）时间，提高劳动生产率。

（3）改善劳动条件。用夹具装夹工件方便、省力、安全。当采用气动、液压等夹紧装置时，可减轻劳动强度，保证安全生产。

（4）降低生产成本。在批量生产中使用夹具时，能提高劳动生产率和降低对工人技术水平的要求，能明显降低生产成本。但在单件生产中，使用夹具的成本仍较高。

（5）保证工艺纪律。在生产过程中使用夹具，可确保生产周期、生产调度等工艺秩序。

（6）扩大机床工艺范围。这是生产条件有限的企业常用的一种技术改造措施，如将车床改为镗床、拉床、深孔加工钻床等。

（四）机床夹具的组成

由于各种夹具装夹的工件各不相同，其结构也各种各样，但工作原理基本相似，一般的机床夹具都由定位元件和装置、夹紧装置、夹具体以及连接元件、对刀元件、导向元件、其他元件或装置等组成。

（五）机床夹具的分类

机床夹具通常有 3 种分类方法，即按应用范围、夹紧动力源和使用机床来分类，如图4-1-16 所示。根据夹具的应用范围，可将夹具分为通用夹具、专用夹具、通用可调与成组夹具、组合夹具和拼拆式夹具，如表 4-1-6 所示。

表 4-1-6 机床常用夹具

类 型	特 征	使用场合
通用夹具	已经标准化，可用于一定范围内加工不同工件的夹具，其通用性较强，由专门厂家生产，可充分发挥铣床的技术性能和扩大工艺范围	平口钳、分度头、圆转台、磁力工作台等作为铣床附件的随机配置
专用夹具	为了适应某一特定工件的某个工序加工要求而专门设计制造的。使用专用夹具装夹，可使工件迅速、准确而又稳固地装夹在夹具上，能提高加工质量和生产效率，但当工件的外形、尺寸改变时即不能再使用	专用夹具适用于产品固定、成批、大量生产的加工场合
通用可调与成组夹具	两类夹具结构相似，共同点是在加工完一种工件后，经过调整或更换个别元件，即可加工形状相似、尺寸相近或加工工艺相似的多种工件	这对多品种、小批量生产的工艺装备具有独特的意义
组合夹具	是指按某一工件的某道工序加工要求，由一套事先准备好的通用标准元件和部件组合而成的夹具。这种夹具用完之后可以拆卸存放，重新组装成新夹具，再次使用。由于组合夹具由各种标准元件、部件组装而成，具有组装迅速、周期短、能反复使用等优点	在多品种、小批量生产或新产品试制中尤为适用
拼拆式夹具	将标准化、可互换的零部件装在基础件上或直接装在机床工作台上，并利用调整件装配而成。调整件有标准或专用两种形式，根据被加工零件的结构设计，当某种零件加工完毕时，即把夹具拆开，将这些标准零部件放入仓库中，以便重复用于装配成加工另一零件的夹具	通过调整其活动部分和更换定位元件的方式重新调整

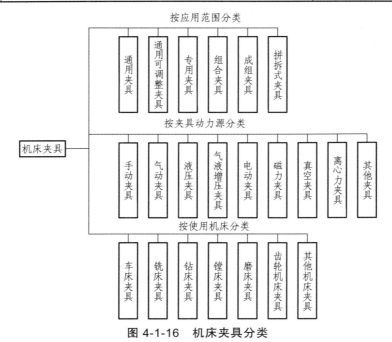

图 4-1-16 机床夹具分类

（六）工件在夹具中的定位

为保证加工质量和技术要求，使用夹具时，需保持机床、刀具、夹具和工件之间的正确加工位置，即定位。工件定位与夹紧、定位基准、工件的自由度、六点定位原理构成了工件定位的基本原则。

（1）工件定位与夹紧：使同一批工件在夹具中占据正确的加工位置，为保证工件在切削力等作用下保持既定的加工位置，需将工件夹紧。

（2）工件的自由度：一个尚未定位的工件，其位置是不确定的。如图 4-1-17 所示，在空间直角坐标系中，工件可沿 x、y、z 轴方向移动和转动的自由度，即分别用 $\vec{x}$、$\vec{y}$、$\vec{z}$、$\hat{x}$、$\hat{y}$、$\hat{z}$ 表示。定位，就是限制自由度。

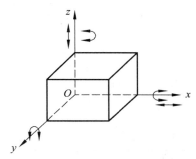

图 4-1-17　长方体工件的自由度

（3）六点定位原理：用合理分布的 6 个支承点，限制工件 6 个自由度的法则。定位支承点与工件定位基准面接触，才能起到限制工件自由度的作用，一个定位支承点仅限制一个自由度。如图 4-1-18 所示的长方体，在其底面设置不共线的 3 个点（构成一个面），限制 $\vec{z}$、$\hat{x}$、$\hat{y}$ 3 个方向的自由度；侧面设置两个点，限制 $\vec{y}$、$\hat{z}$ 两个方向的自由度；右面设置一个点，限制沿 $\vec{x}$ 方向移动的自由度，则工件在 6 个方向上的自由度都被限制了，这就是定位支承点，简称支承点。

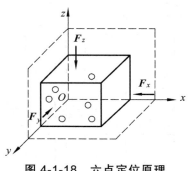

图 4-1-18　六点定位原理

（4）点、线、面的定位作用（见表 4-1-7）。

表 4-1-7 点、线、面的定位作用

类　型	定位原理及图示	示例
点的定位作用	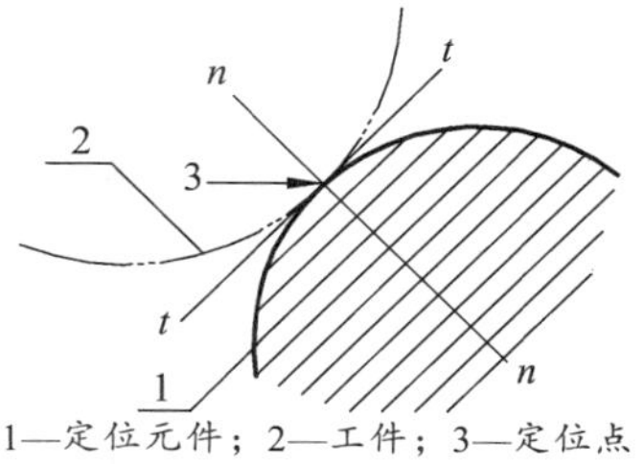 1—定位元件；2—工件；3—定位点	当工件与固定的定位元件保持点接触时，消除了工件的一个移动自由度，即限制了工件沿法线移动，这种能够在夹具中起到消除工件自由度作用的约束点（约束关系），称为定位点	球体接触及一个定位钉等元件的定位
直线的定位作用	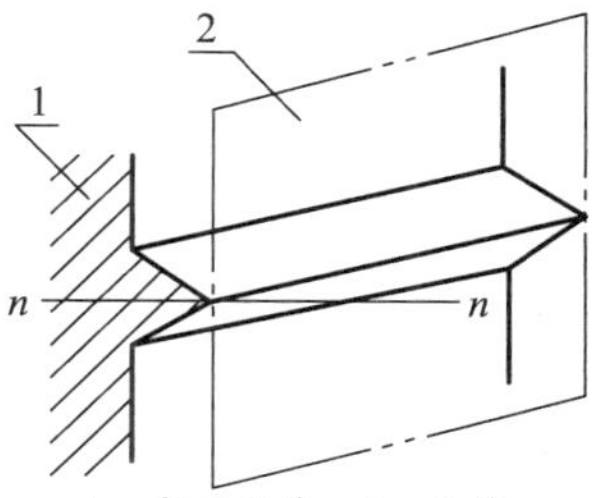 1—定位元件；2—工件	当工件与定位元件保持直线（或两点）接触时，消除了工件的两个自由度，即消除了一个（两点连线法线方向）移动自由度、消除了一个（绕两点中任一点的法线方向）转动自由度，直线对工件定位起到两点约束作用	高副接触，如凸轮、齿轮及两个定位钉的定位
平面的定位作用	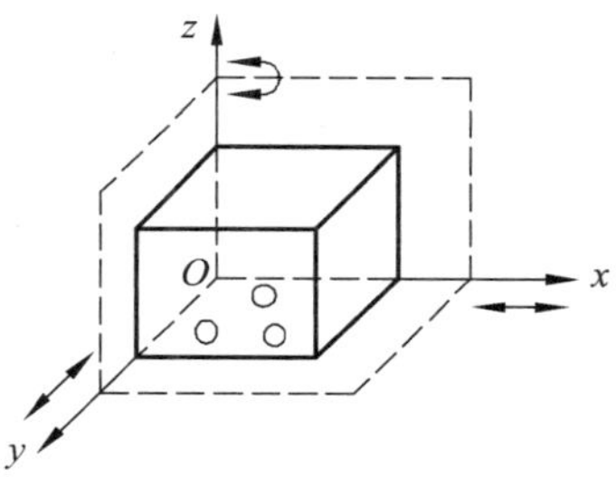	当工件以加工过的平面与定位平面相接触时，定位平面（不在一条直线上的 3 个定位点）对工件的定位提供了 3 个点的约束，消除了工件的 3 个自由度，一个沿平面垂直方向移动的自由度和两个围绕平面坐标轴转动的自由度，即限制了 $\vec{z}$、$\hat{x}$、$\hat{y}$ 3 个方向的自由度	低副接触，如平面、导轨及 3 个定位钉的定位

（5）常用定位元件限制的自由度。定位元件在限制自由度时，起到支承点作用的是一定几何形状的定位元件。工件上的定位基准面与相应的定位元件合称为定位副。定位副的选择及其制造精度将直接影响工件的定位精度和夹具的工作效率以及使用性能等。常用定位元件限制的自由度如表 4-1-8 所示。

表 4-1-8 常用定位元件限制的自由度

定位基准	定位简图	定位元件	限制的自由度
大平面	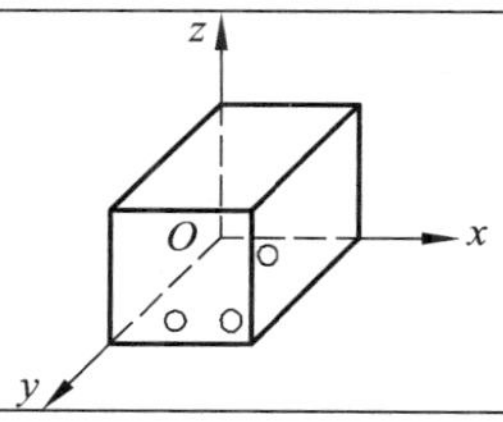	支承钉 支承板	$\vec{z}$、$\hat{x}$、$\hat{y}$

定位基准	定位简图	定位元件	限制的自由度
长圆柱面		固定式 V 形块	$\vec{x}$、$\vec{z}$、$\hat{x}$、$\hat{z}$
		固定式长套、心轴	
		三爪自定心卡盘	
长圆锥面		圆锥心轴（定心）	$\vec{x}$、$\vec{y}$、$\vec{z}$、$\hat{x}$、$\hat{z}$
两中心孔		固定顶尖	$\vec{x}$、$\vec{y}$、$\vec{z}$
		活动顶尖	$\hat{y}$、$\hat{z}$
短外圆与中心孔		三爪自定心卡盘	$\vec{y}$、$\vec{z}$
		活动顶尖	$\hat{y}$、$\hat{z}$
大平面与两外圆弧面		支承板	$\vec{y}$、$\hat{x}$、$\hat{z}$
		短固定式 V 形块	$\vec{x}$、$\vec{z}$
		短活动式 V 形块（防转）	$\hat{y}$

续表

定位基准	定位简图	定位元件	限制的自由度
大平面与两圆柱孔		支承板	$\vec{y}$、$\hat{x}$、$\hat{z}$
		短圆柱定位销	$\vec{x}$、$\vec{z}$
		短菱形销（防转）	$\hat{y}$
长圆柱孔·与其他		固定式心轴	$\vec{x}$、$\vec{z}$、$\hat{x}$、$\hat{z}$
		挡销（防转）	$\hat{y}$

（七）工件在夹具中的夹紧

工件在夹具中定位后还需夹紧，夹紧是采用一定的机构，把工件压紧夹牢在定位元件上，在加工过程中，不会因切削力、重力或伴生力（如离心力、惯性力、热应力）等外力的作用，发生位置变化或振动，从而保证定位精度、防止刀具和机床的损坏。

工件被定位后，自由度不一定完全被限制，其位置可能会移动，夹紧与定位不能互相替代。

1. 夹紧装置的组成

夹紧装置的形式很多，大体由产生力源部分和夹紧部分组成。力源一般由机械类的气压和液压、电力和人力等提供。如图 4-1-19 所示为斜楔-螺旋组合夹具，转动螺杆 3，推动斜楔 4 前移，铰链压板 1 转动从而夹紧工件 2。

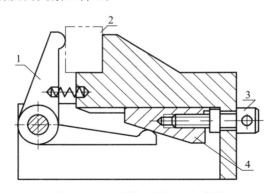

图 4-1-19　斜楔-螺旋组合夹具

1—铰链压板；2—工件；3—螺杆；4—斜楔

2. 机床夹具的基本要求

为确保工件加工质量和提高生产率，加工时能承受切削力和断续切削所产生的振动，因此，机床夹具要有足够的夹紧力、刚度和强度，夹紧装置应满足"正""牢""简""快"的要求。

"正"就是在夹紧过程中不改变工件定位后占据的正确定位；"牢"就是夹紧力要可靠、适当，着力点和施力方向要恰当，尽量采用扩力机构，既要把工件压紧夹牢，保证工件不移位、不抖动，又不因夹紧力过大而使工件表面损伤或变形，且夹紧机构的自锁性要好；"简"就是结构简单、工艺性好、容易制造，只有在大批量生产时，才考虑提高夹紧机构的自动化程度，工件的加工表面尽量不超出工作台，尽量降低夹具高度，高度 H 与宽度 B 的比例应满足：$H:B \leqslant 1 \sim 1.25$；"快"就是夹紧机构的操作应安全、迅速、方便、省力。

设计夹紧装置时，首先要合理选择夹紧力的方向，再确定其夹紧力的作用点和大小，并确定夹紧力的传递方式和相应的机构，最后选用或设计夹紧装置的具体结构，实现对夹紧装置的基本要求。

为保证夹具相对于机床的准确位置，铣床夹具底面应设置定位键，且两个定位键应尽量设置得远些。为便于找正工件与刀具的相对位置，通常设置对刀块。

3. 夹紧方式（夹紧力）的确定

夹紧力的大小应与作用在工件上的其他力（力矩）相平衡，但因为在加工中切削力本身就是一个变值，而且夹紧力的大小还与工艺系统的刚度、夹紧机构的传递效率等因素有关，计算很复杂，所以在实际应用中常采用估算法、类比法和试验法确定所需的夹紧力。

当采用估算法确定夹紧力的大小时，为简化计算，通常将夹具和工件看成一个刚性系统，根据工件所受切削力、夹紧力（大型工件还需考虑重力、惯性力）等共同作用的结果，找出加工过程中对夹紧最不利的状态，按静力平衡原理计算夹紧力，最后再乘以安全系数，就得到实际所需的夹紧力，即

$$F_{WE} = KF_W$$

式中　F_{WE}——实际所需夹紧力，N；

　　　F_W——在一定条件下，由静力平衡算出的理论夹紧力，N；

　　　K——安全系数。

安全系数 K 的计算公式为 $K = K_0 K_1 K_2 K_3 K_4 K_5 K_6$，其中 $K_0 \sim K_6$ 如表 4-1-9 所示。

表 4-1-9　安全系数

符号	考虑的因素		系数值
K_0	考虑工件材料及加工余量均匀性的基本安全系数		$1.2 \sim 1.5$
K_1	加工性质	粗加工	1.2
		精加工	1.0
K_2	刀具钝化程度	铸铁	$1.2 \sim 1.4$
		含碳量小于 3% 的钢	$1.6 \sim 1.8$
		含碳量大于 3% 的钢	$1.2 \sim 1.4$
K_3	切削特点	连续切削	1.0
		断续切削	1.2
K_4	夹紧力的稳定性	手动夹紧	1.3
		机动夹紧	1.0
K_5	手动夹紧时的手柄位置	操作方便	1.0
		操作不方便	1.2
K_6	仅有力矩使工件回转时工件与支承面的接触情况	接触点确定	1.0
		接触点不确定	1.5

八、金属切削过程

金属切削过程是机械制造过程的一个重要组成部分。金属切削过程是指将工件上多余的金属层，通过切削加工被刀具切除而形成切屑并获得几何形状、尺寸精度和表面粗糙度都符合零件要求的过程。在这一过程中，始终存在着刀具切削工件和工件材料抵抗切削的矛盾，从而产生一系列现象，如切削变形、切削力、切削热、切削温度以及有关刀具的磨损与刀具寿命、卷屑与断屑等。对这些现象进行分析，揭示其内在的机理，探索和掌握金属切削过程的基本规律，从而主动地加以有效控制，对保证加工精度和表面质量、提高切削效率、降低生产成本和劳动强度具有十分重大的意义。总之，金属切削过程的优劣，直接影响机械加工的质量、生产率与生产成本。因此，必须进行深入学习。

（一）切削层和切削层参数

在切削过程中，刀具的切削刃在一次走刀中从工件待加工表面切下的金属层，称为切削层。

（1）切削层公称厚度 h_D：在过渡表面法线方向测量的切削层尺寸，即相邻两过渡表面之间的距离。h_D 反映了切削刃单位长度上的切削负荷。如图 4-1-20 所示可得

$$h_D = f \sin \kappa_r$$

式中　h_D——切削层公称厚度，mm；

　　　f——进给量，mm/r；

　　　κ_r——车刀主偏角，(°)。

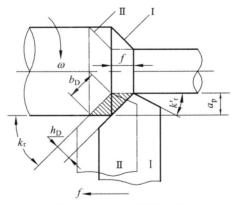

图 4-1-20　切削层参数

（2）切削层公称宽度 b_D：沿过渡表面测量的切削层尺寸。b_D 反映了切削刃参加切削的工作长度。如图 4-1-20 所示可得

$$b_D = a_p / \sin \kappa_r$$

式中　b_D——切削层公称宽度，mm；

　　　a_p——切削深度，mm。

（3）切削层公称横截面面积 A_D：切削层公称厚度与切削层公称宽度的乘积。如图 4-1-20

所示可得

$$A_D = h_D \times b_D = f \sin \kappa_r \frac{a_p}{\sin \kappa_r} = f \times a_p$$

式中　A_D——切削层公称横截面面积，mm^2。

（二）金属切削

1. 金属的切削过程

金属的切削过程与金属的挤压过程相似。金属材料受到刀具的作用以后，开始产生弹性变形；随着刀具继续切入，金属内部的应力、应变继续加大，当达到材料的屈服点时，开始产生塑性变形，并使金属晶格产生滑移；刀具再继续前进，应力进而达到材料的断裂强度，便会产生挤裂。

当工件受到刀具的挤压以后，切削层金属在始滑移面 OA 以左发生弹性变形。如图 4-1-21 所示，在 OA 面上，应力达到材料的屈服强度，则发生塑性变形，产生滑移现象。随着刀具的连续移动，原来处于始滑移面上的金属不断向刀具靠拢，应力和变形也逐渐加大。在终滑移面上，应力和变形达到最大值。越过该面切削层，金属将脱离工件基体，沿着前刀面流出而形成切屑。

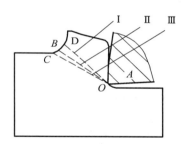

图 4-1-21　切削层金属变形区

2. 切屑类型和控制

由于工件材料不同，切削过程中的变形程度也就不同，因而产生的切屑种类也就多种多样。如图 4-1-22 所示，图（a）~（c）为切削塑性材料的切屑，图（d）为切削脆性材料的切屑。切屑的类型是由应力-应变特性和塑性变形程度决定的。

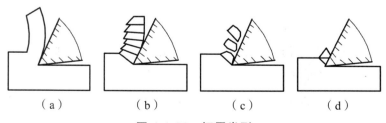

（a）　　　　　（b）　　　　　（c）　　　　　（d）

图 4-1-22　切屑类型

（1）带状切屑。

带状切屑的内表面光滑，外表面毛茸。加工塑性金属材料（如碳素钢、合金钢、铜和铝合金）时，当切削厚度较小、切削速度较高、刀具前角较大时，一般常得到这类切屑。其切削过程平衡，切削力波动较小，已加工表面粗糙度较小。

（2）挤裂切屑。

挤裂切屑与带状切屑的不同之处在于其外表面呈锯齿形，内表面有时有裂纹。这种切屑大多在切削黄铜或切削速度较低、切削厚度较大、刀具前角较小时产生。

（3）单元切屑。

如果在挤裂切屑的剪切面上，裂纹扩展到整个面上，则整个单元被切离，成为梯形的单元切屑，如图 4-1-22（c）所示。切削铜或用很低的速度切削钢时可得到这类切屑。

以上 3 种切屑只有在加工塑性材料时才可能得到。其中带状切屑的切削过程最平稳，单元切屑的切削力波动最大。在生产中最常见的是带状切屑，其次是挤裂切屑，单元切屑则很少见。假如改变挤裂切屑的条件，如进一步减小刀具前角、降低切削速度或加大切削厚度，就可以得到单元切屑；反之，则可以得到带状切屑。

这说明切屑的形态是可以随切削条件而转化的。掌握其变化规律，就可以控制切屑的变形、形态和尺寸，以达到卷屑和断屑的目的。

（4）崩碎切屑。

崩碎切屑属于脆性材料（如铸铁、黄铜等）的切屑。其形状不规则，加工表面凹凸不平。从切削过程来看，切屑在破裂前变形很小，与塑性材料的切屑形成机理也不同。它的脆断主要是由于所受应力超过了材料的抗拉极限。加工如高硅铸铁、白口铁等脆硬材料，特别是当切削厚度较大时常得到这种切屑。

由于其切削过程很不平稳，容易破坏刀具和机床，已加工表面也粗糙，因此在生产中应力求避免。其方法是减小切削厚度，使切屑成针状或片状；同时适当提高切削速度，以增加工件材料的塑性。

以上为 4 种典型的切屑，但加工现场获得的切屑，其形状是多种多样的。

（5）切屑控制。

在切削加工中采取适当的措施来控制切屑的卷曲、流出与折断，使形成"可接受"的良好屑形。"可接受"的切屑是不妨碍正常加工，不影响操作者安全，易于清理、存放和搬运。"不可接受"的切屑则会拉伤工件已加工表面，划伤机床，造成刀具的早期破损，影响操作者安全。切削控制的措施是在前刀面上磨制出断屑槽或使用压块式断屑器。

3. 变形区的划分

大量的实验和理论分析证明，塑性金属切削过程中切屑的形成过程就是切削层金属的变形过程。切削层金属变形大致分为 3 个变形区：第一变形区 I（剪切滑移）、第二变形区 II（纤维化）、第三变形区 III（纤维化与加工硬化），如图 4-1-21 所示。

4. 切屑变形及影响

（1）第一变形区（近切削刃处切削层内产生的塑性变形区）金属的剪切滑移变形。

切削层受刀具的作用，经过第一变形区的塑性变形后形成切屑。切削层受刀具前刀面与切削刃的挤压作用，使近切削刃处的金属先产生弹性变形，继而塑性变形，并同时使金属晶格产生滑移。

① 相对滑移：是用来量度第一变形区滑移变形的程度。

② 变形系数：是表示切屑外形尺寸变化大小的一个参数。切屑经过剪切变形，又受到前刀面摩擦后，与切削层比较，它的长度缩短，厚度增加，这种切屑外形尺寸变化的变形现象称为切屑的收缩。

剪切角 φ 与前角 γ_0 是影响切削变形的两个主要因素。如果增大前角 γ_0 和剪切角 φ，使相对滑移、变形系数减小，则切削变形减小。

由于切削过程是一个非常复杂的物理过程，切削变形除了产生滑移变形外，还有挤压、摩擦等作用。相对滑移主要从剪切变形考虑，而变形系数主要从塑性压缩方面分析。所以，相对滑移与变形系数都只能近似地表示切削变形程度的量。

第一变形区就是形成切屑的变形区，其变形特点是切削层产生剪切滑移变形。

（2）第二变形区（与前刀面接触的切屑层产生的变形区）内金属的挤压摩擦变形。

经过第一变形区后，形成的切屑要沿前刀面方向排出，还必须克服刀具前刀面对切屑挤压而产生的摩擦力，此时将产生挤压摩擦变形。

应该指出，第一变形区与第二变形区是相互关联的。前刀面上的摩擦力大时，切屑排出不顺，挤压变形加剧，以致第一变形区的剪切滑移变形增大。

（3）第三变形区（近切削刃处已加工表面内产生的变形区）金属的挤压摩擦变形。

已加工表面受到切削刃钝圆部分和后刀面的挤压摩擦，造成纤维化和加工硬化。

（三）积屑瘤的形成及其对切削过程的影响

在切削速度不高而又能形成连续切屑的情况下，加工一般钢料或其他塑性材料时，常常在前刀面处黏一块剖面有时呈三角状的硬块。这块冷焊在前刀面上的金属称为积屑瘤（或刀瘤）。它的硬度很高，通常是工件材料的 2～3 倍，在处于比较稳定的状态时，能够代替刀刃进行切削。

1. 积屑瘤的形成

（1）切屑对前刀面接触处的摩擦，使前刀面十分洁净。

（2）当两者的接触面达到一定温度同时压力又较高时，会产生黏接现象，即一般所谓的"冷焊"。切屑从黏在刀面的底层上流过，形成"内摩擦"。

（3）如果温度与压力适当，底层上面的金属因内摩擦而变形，也会发生加工硬化，而被阻滞在底层，黏成一体。

（4）这样黏接层就逐步长大，直到该处的温度与压力不足以造成黏附为止。

2. 形成积屑瘤的条件

积屑瘤的形成主要取决于切削温度。此外，接触面间的压力、粗糙程度、黏接强度等因素都与形成积屑瘤的条件有关。

（1）一般来说，塑性材料的加工硬化倾向越强，越易产生积屑瘤。

（2）温度与压力太低，不会产生积屑瘤；反之，温度太高，产生弱化作用，也不会产生积屑瘤。

（3）走刀量保持一定时，积屑瘤高度与切削速度有密切关系。

3. 积屑瘤对切削过程的影响

（1）实际前角增大，加大了刀具的实际前角，可使切削力减小，对切削过程起积极的作用。积屑瘤越高，实际前角越大。

（2）使加工表面粗糙度增大，积屑瘤的底部则相对稳定一些，其顶部很不稳定，容易破裂，一部分黏附于切屑底部而排出，一部分残留在加工表面上，积屑瘤凸出刀刃的部分使加工表面切得非常粗糙，因此在精加工时，必须设法避免或减小积屑瘤。

（3）对刀具寿命的影响。积屑瘤黏附在前刀面上，在相对稳定时，可代替刀刃切削，有减少刀具磨损、提高寿命的作用。但在积屑瘤不稳定的情况下，使用硬质合金刀具时，积屑瘤的破裂有可能使硬质合金刀具颗粒剥落，反而使磨损加剧。

4. 防止积屑瘤的主要方法

（1）降低切削速度，使温度降低，黏接现象不易发生。

（2）采用高速切削，使切削温度高于积屑瘤消失的相应温度。

（3）采用润滑性能好的切削液，减小摩擦。

（4）增加刀具前角，以减小切屑与前刀面接触区的压力。

（5）适当提高工件材料硬度，减小加工硬化倾向。

（四）影响切削变形的因素

从相对滑移和变形系数的成因来看，剪切角 φ 与前角 γ_0 是影响切削变形的两个主要因素。如果增大前角 γ_0 和剪切角 φ，使相对滑移和变形系数均减小，则切削变形减小。

（1）前角 γ_0：增大前角，使剪切角 φ 增大，变形系数减小，因此，切削变形减小。

生产实践表明，采用大前角刀具切削，刀刃锋利，切入金属容易，切屑与前刀面接触长度缩短，流屑阻力小，因此，切削变形小、切削省力。

（2）切削速度 v_c：切削速度是通过积屑瘤使剪切角 φ 改变和通过切削温度使摩擦系数变化而影响切削变形的。

（3）进给量 f：进给量增大，使变形系数减小。

（4）工件材料：工件材料硬度、强度提高，切削变形减少。

九、切削过程的基本规律

（一）切削力

1. 切削力

金属切削加工时，刀具切入工件，使被加工材料发生变形并成为切屑所需的力称为切削力。切削力可用来计算功率消耗，对刀具、机床、夹具的设计，切削用量的制定，刀具几何参数的优化等都具有非常重要的意义。

切削力产生于 3 个方面，如图 4-1-23 所示。

（1）克服被加工材料对弹性变形的抗力。

（2）克服被加工材料对塑性变形的抗力。

（3）克服切屑对前刀面的摩擦力和刀具后刀面对过渡表面与已加工表面之间的摩擦力。

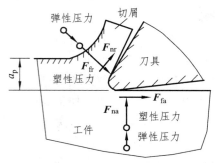

图 4-1-23　切削力的来源

2. 切削力的合成与分解

切削力是上述各力的总和，即作用在刀具上的合力 F_r（国标为 F），如图 4-1-24 所示。在实际应用中，F_r 可分解为相互垂直的 F_x（国标为 F_f）、F_y（国标为 F_p）和 F_z（国标为 F_c）3 个分力。

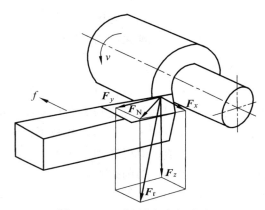

图 4-1-24　切削合力与分力

$F_z(F_c)$：主切削力或切向力，是总切削力在主运动方向的分力，占总切削力的 80% ~ 90%。其消耗的功率最多，约占总功率的 90% 左右，是计算机床切削功率、选配机床电机、校核机床主轴、设计机床部件及计算刀具强度等必不可少的参数。车削时，该力切于过渡表面并与基面垂直。

$F_x(F_f)$：进给抗力、轴向力或走刀力，是总切削力在进给方向的分力，处于基面内、与工件轴线平行、与走刀方向相反的力。进给力也做功，但只占总功的 1% ~ 5%。该力是设计、校核机床进给（走刀）机构，计算机床进给功率不可缺少的参数。

$F_y(F_p)$：切深抗力、背向力、径向力、吃刀力，是总切削力在垂直于工件平面方向的分力，处于基面内并与工件轴线垂直的力。F_y 不消耗功率，但容易使工件变形，甚至可能产生振动，影响工件的加工精度。该力是进行加工精度分析、计算工艺系统刚度以及分析工艺系统振动时所必需的参数。

$$F_r = \sqrt{F_{xy}^2 + F_z^2} = \sqrt{F_x^2 + F_y^2 + F_z^2}$$

式中，$F_y = F_{xy} \cos \kappa_r$，$F_x = F_{xy} \sin \kappa_r$。

3. 切削功率

（1）单位切削力。

单位切削力 p 是指切除单位切削层面积所产生的主切削力，可用下式表示：

$$p = \frac{F_z}{A_D} = \frac{C_{F_z} a_p^{x_{F_z}} f^{y_{F_z}}}{a_p f} = \frac{C_{F_z}}{f^{1-y_{F_z}}}$$

单位切削力 p 可查手册，利用单位切削力 p 来计算主切削力 F_z 较为简易直观。

（2）切削功率 P_m。

消耗在切削过程中的功率称为切削功率 P_m（国标为 P_o）。切削功率为力 $\boldsymbol{F}_z$ 和 $\boldsymbol{F}_x$ 所消耗的功率之和，因 $\boldsymbol{F}_y$ 方向没有位移，所以不消耗功率。切削功率的计算公式为

$$P_m = (F_c \times v_c + F_f \times n_w \times f / 1\,000) \times 10^{-3}$$

式中　P_m——切削功率，kW；

F_z——切削力，N；

v_c——切削速度，m/s；

F_x——进给力，N；

n_w——工件转速，r/s；

f——进给量，mm/s。

式中等号右侧的第二项是消耗在进给运动中的功率，它相对于 $\boldsymbol{F}$ 所消耗的功率来说，一般很小（<1% ~ 2%），可以略去不计，故 $P_m = F_c \times v_c \times 10^{-3}$。

按上式求得切削功率后，如要计算机床电动机的功率（P_E），还应考虑到机床传动效率（η_m）。

$$P_E \geqslant P_m / \eta_m$$

式中，η_m 为机床的传动效率，一般为 0.75 ~ 0.85，大值适用于新机床，小值适用于旧机床。

（3）单位切削功率。

单位切削功率 P_s 是指单位时间内切除单位体积金属 Z_w 所消耗的功率。

$$P_s = \frac{P_m}{Z_w} = \frac{p a_p f v_c}{1\,000 a_p f v_c} \times 10^{-3} = p \times 10^{-6}$$

（二）影响切削力变化的因素

实践证明，切削力的影响因素很多，主要有工件材料、切削用量、刀具几何参数、刀具材料刀具磨损状态和切削液等。

1. 工件材料

（1）硬度或强度提高，剪切屈服强度增大，切削力增大。

（2）塑性或韧性提高，切屑不易折断，切屑与前刀面摩擦增大，切削力增大。

2．切削用量

（1）背吃刀量（切削深度）a_p、进给量增大，切削层面积增大，变形抗力和摩擦力增大，切削力增大。

由于背吃刀量 a_p 对切削力的影响比进给量对切削力的影响大（通常 $X_{Fz} = 1$，$Y_{Fz} = 0.75 \sim 0.9$），所以在实践中，当需切除一定量的金属层时，为了提高生产率，采用大进给切削比大切深切削较省力又省功率。

（2）切削速度 v_c。

① 加工塑性金属时，切削速度 v_c 对切削力的影响规律如同对切削变形影响一样，都是由积屑瘤与摩擦的作用造成的。

② 切削脆性金属时，因为变形和摩擦均较小，故切削速度 v_c 改变时，切削力变化不大。

3．刀具几何角度

（1）前角：前角增大，变形减小，切削力减小。

（2）主偏角：主偏角 κ_r 在 $30° \sim 60°$ 增大时，由于切削厚度 h_D 的影响起主要作用，所以主切削力 F_z 减小；主偏角 κ_r 在 $60° \sim 90°$ 增大时，刀尖处圆弧和副前角的影响更为突出，故主切削力 F_z 增大。一般来说，当 $\kappa_r = 60° \sim 75°$ 时，主偏角 κ_r 增大，主切削力 F_z 增大。实践证明，在切削轴类零件，尤其是细长轴时，为了减小切深抗力 F_y 的作用，往往采用较大的主偏角（$\kappa_r > 60°$）的车刀切削。

（3）刃倾角 λ_s：λ_s 对 F_z 影响较小，但对 F_x、F_y 影响较大。λ_s 由正向负转变，则 F_x 减小、F_y 增大。实践证明，从切削力观点分析，切削时不宜选用过大的负刃倾角 λ_s。特别是在工艺系统刚度较差的情况下，往往因负刃倾角 λ_s 增大了切深抗力 F_y 的作用而产生振动。

4．其他因素

（1）刀具棱面：应选较小的宽度，使 F_y 减小。

（2）刀具圆弧半径：增大刀具圆弧半径，切削变形、摩擦增大，切削力增大。

（3）刀具磨损：后刀面磨损增大，刀具变钝，与工件挤压、摩擦增大，切削力增大。

（三）切削热和切削温度

切削热与切削温度是在切削过程中产生的。切削时做功可转化为等量的热。切削热除少量逸散在周围介质中外，其余均传入刀具、切屑和工件中，使其温度升高，引起工件变形，加速刀具磨损。因此，研究切削热与切削温度具有重要的实用意义。

1．切削热的产生和传导

切削热是由切削功转变而来的，如图 4-1-25 所示，包括剪切区变形功形成的热 Q_p、切屑与前刀面摩擦功形成的热 Q_{rf}、已加工表面与后刀面摩擦功形成的热 Q_{af}，因此，切削时共有 3 个发热区域，即剪切面、切屑与前刀面接触区、后刀面与已加工表面接触区，这 3 个发热区与 3 个变形区相对应，所以，切削热的来源就是切屑变形功和前、后刀面的摩擦功。

图 4-1-25　切削热的产生与传递

1—工件；2—切屑；3—刀具

总的切削热 Q，分别传入切屑 Q_{ch}、刀具 Q_c、工件 Q_w 和周围介质 Q_r。切削热的形成及传导关系为

$$Q_p + Q_{rf} + Q_{\alpha f} = Q_{ch} + Q_w + Q_c + Q_r$$

切削塑性金属时，切削热主要由剪切区变形热和前刀面摩擦热形成；切削脆性金属时，则后刀面摩擦热占的比例较多。

2. 切削温度的测量

切削温度的测量方法很多，如下所示。

$$
\left\{
\begin{array}{l}
热电偶
\left\{
\begin{array}{l}
刀具-工件材料热电偶法（自然热电偶法）
\left\{
\begin{array}{l}
单车刀法 \\
双车刀法
\end{array}
\right. \\
\\
热电偶插入法（人工热电偶法）
\left\{
\begin{array}{l}
插入刀具法 \\
插入工件材料、切屑法
\end{array}
\right.
\end{array}
\right. \\
\\
辐射温度计法
\left\{
\begin{array}{l}
辐射热计法 \\
Pbs电池法 \\
锗光电二极管法 \\
红外线干板法 \\
红外线胶片法
\end{array}
\right. \\
\\
其他
\left\{
\begin{array}{l}
热敏颜料法 \\
热敏电阻法 \\
量热计法 \\
金属组织观察法
\end{array}
\right.
\end{array}
\right.
$$

（1）自然热电偶法：主要是用于测定切削区域的平均温度。

（2）人工热电偶法：是用于测量刀具、切屑和工件上指定点的温度，用它可求得温度分布场和最高温度的位置。

3. 影响切削温度的主要因素

理论分析和大量实验研究证明，切削温度主要受切削用量、刀具几何参数、工件材料、刀具磨损和切削液的影响，以下对这几个主要因素加以分析。

分析各因素对切削温度的影响，主要应从这些因素对单位时间内产生的热量和传出的热量的影响入手。如果产生的热量大于传出的热量，则这些因素将使切削温度增高；如果传出的热量大于产生的热量，则这些因素将使切削温度降低。

（1）切削用量的影响。

切削用量是影响切削温度的主要因素。通过测温实验可以找出切削用量对切削温度的影响规律。

切削速度对切削温度的影响最大，随着切削速度的提高，切削温度迅速上升。进给量对切削温度影响次之，而背吃刀量 a_p 变化时，散热面积和产生的热量亦作相应变化，故 a_p 对切削温度的影响很小。

（2）刀具几何参数的影响。

切削温度随前角 γ_0 的增大而降低。因为前角增大时，单位切削力下降，使产生的切削热减少。但前角大于 $18° \sim 20°$ 后，对切削温度的影响减小，因为楔角变小而使散热体积减小。

主偏角 κ_r 减小时，切削宽度增大，切削厚度减小，因此，切削变形和摩擦增大，切削温度升高。但当切削宽度增大后，散热条件改善。由于散热起主要作用，故随着主偏角 κ_r 减少，切削温度下降。

负倒棱 $b_{\gamma 1}$ 在 $0 \sim 2f$ 变化，刀尖圆弧半径 r_e 在 $0 \sim 1.5$ mm 变化时，基本上不影响切削温度。因为负倒棱宽度及刀尖圆弧半径的增大，使塑性变形区增大，两者都能使刀具的散热条件有所改善，传出的热量增加，两者趋于平衡，所以对切削温度影响很小。

（3）工件材料的影响。

工件材料的强度（包括硬度）和导热系数对切削温度的影响是很大的。由理论分析可知，单位切削力是影响切削温度的重要因素，而工件材料的强度（包括硬度）直接决定了单位切削力，所以工件材料强度（包括硬度）增大时，产生的切削热增多，切削温度升高。工件材料的导热系数则直接影响切削热的导出。

（4）刀具磨损的影响。

在后刀面的磨损值达到一定数值后，对切削温度的影响增大；切削速度越高，影响就越显著。合金钢的强度大，导热系数小，所以切削合金钢时，刀具磨损对切削温度的影响，就比切碳素钢时大。

（5）切削液的影响。

切削液对切削温度的影响，与切削液的导热性能、比热、流量、浇铸方式以及本身的温度有很大的关系。从导热性能来看，油类切削液不如乳化液，乳化液不如水基切削液。

4. 切削温度对工件、刀具和切削过程的影响

切削温度升高是刀具磨损的主要原因，它将限制生产率的提高。切削温度还会使加工精度降低，使已加工表面产生残余应力以及其他缺陷。

（1）切削温度对工件材料强度和切削力的影响。切削时的温度虽然很高，但是切削温度对工件材料硬度及强度的影响并不很大；且对剪切区域的应力影响不很明显。因为在切削速度较高时，变形速度很高，对增加材料强度的影响足以抵消高的切削温度使材料强度降低的影响；另一方面，切削温度是在切削变形过程中产生的，因此对剪切面上的应力应变状态来不及产生很大的影响，只对切削底层的剪切强度产生影响。

（2）对刀具材料的影响。适当地提高切削温度，对提高硬质合金的韧性是有利的。硬质合金在高温时冲击强度比较高，因而硬质合金不易崩刃，磨损强度亦将降低。其实各类刀具材料在切削各种工件材料时都有一个最佳切削温度范围。在最佳切削温度范围内，刀具的寿命最高，工件材料的切削加工性也符合要求。

（3）对工件尺寸精度的影响。以车削外圆为例，车削时切削温度使工件本身受热膨胀，直径发生变化，切削后冷却至室温可能出现不符合加工精度要求的零件。因工件受热变长，因夹紧在机床上不能自由伸长而发生弯曲，车削后工件中部直径不稳定。切削温度导致刀杆受热膨胀，切削时实际背吃刀量增加使直径减小。在精加工和超精加工时，切削温度对加工精度的影响特别明显，必须注意降低切削温度。

（4）利用切削温度自动控制切削速度或进给量。各种刀具材料切削不同的工件材料都有一个最佳切削温度范围。因此，可利用切削温度来控制机床的转速或进给量，保持切削温度在最佳范围内，以提高生产率及工件表面质量。

（5）利用切削温度与切削力控制刀具磨损。运用刀具-工件热电偶，能在几分之一秒内指示出一个较显著的刀具磨损的发生。跟踪切削过程中的切削力以及切削分力之间比例的变化，也可反映切屑碎断、积屑瘤变化或刀具前、后刀面及钝圆处的磨损情况。切削力和切削温度这两个参数可以互相补充，可用于分析切削过程的状态变化。

（四）刀具的磨损、破损及刀具寿命

1. 刀具磨损的形态及其原因

切削金属时，刀具一方面切下切屑，另一方面刀具本身也要发生损坏。

刀具损坏的形式主要有磨损和破损两类。前者是连续的逐渐磨损，属正常磨损；后者包括脆性破损（如崩刃、碎断、剥落、裂纹破损等）和塑性破损两种，属非正常磨损。

刀具磨损后，使工件加工精度降低，表面粗糙度增大，并导致切削力加大、切削温度升高，甚至产生振动，不能继续正常切削。因此，刀具磨损直接影响加工效率、质量和成本。

刀具正常磨损的形式有前刀面磨损、后刀面磨损、边界磨损（前、后刀面同时磨损），如图 4-1-26 所示。

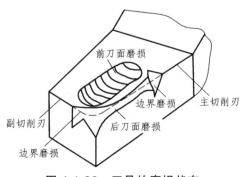

图 4-1-26　刀具的磨损状态

从对温度的依赖程度来看，刀具正常磨损的原因主要是机械磨损和热、化学磨损。机械磨损是由工件材料中硬质点的刻划作用引起的；热、化学磨损则是由黏接（刀具与工件材料接触到原子间距离时产生的结合现象）、扩散（刀具与工件两摩擦面的化学元素互相向对方扩散、腐蚀）等引起的。

（1）磨粒磨损。

在切削过程中，刀具上经常被一些硬质点刻出深浅不一的沟痕。磨粒磨损对高速钢作用较明显。

（2）黏接磨损。

刀具与工件材料接触到原子间距离时产生的结合现象，称为黏接。黏接磨损就是由接触面滑动在黏接处产生剪切破坏造成的。低、中速切削时，黏接磨损是硬质合金刀具的主要磨损原因。

（3）扩散磨损。

切削时在高温作用下，接触面间分子活动能量大，造成了合金元素相互扩散置换，使刀具材料机械性能降低，若再经摩擦作用，刀具容易被磨损。扩散磨损是一种化学性质的磨损。

（4）相变磨损。

当刀具上最高温度超过材料相变温度时，刀具表面金相组织发生变化，如马氏体组织转变为奥氏体，使硬度下降，磨损加剧。因此，工具钢刀具在高温时均用此类磨损。

（5）氧化磨损。

氧化磨损是一种化学性质的磨损。刀具磨损是由机械摩擦和热效应两方面因素作用造成的。

① 在低、中速范围内，磨粒磨损和黏接磨损是刀具磨损的主要原因。通常拉削、铰孔和攻丝加工时的刀具磨损主要属于这类磨损。

② 以中等以上切削速度加工时，热效应使高速钢刀具产生相变磨损，使硬质合金刀具产生黏接、扩散和氧化磨损。

2. 刀具磨损过程、磨钝标准及刀具寿命

（1）刀具磨损过程。

随着切削时间的延长，刀具磨损增加。如图 4-1-27 所示为刀具正常磨损过程中典型的磨损曲线，后刀面磨损量 V_B（或前刀面月牙洼磨损深度）为纵坐标，切削时间为横坐标，刀具磨损过程可分为 3 个阶段：初期磨损阶段 Ⅰ、正常磨损阶段 Ⅱ、急剧磨损阶段 Ⅲ。

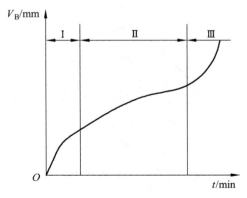

图 4-1-27　刀具磨损过程

（2）刀具磨钝标准。

刀具磨损到一定限度就不能继续使用，这个磨损限度称为磨钝标准。通常把后刀面上均匀磨损区的高度 V_B 值作为刀具的磨钝标准。

（3）刀具的耐用度（刀具寿命）T。

一把新刀（或重新刃磨过的刀具）从开始切削至磨损量达到磨钝标准为止所经历的实际切削时间，称为刀具的耐用度，用 T 表示，又称为刀具寿命。

3. 刀具的破损

刀具破损和刀具磨损一样，也是刀具失效的一种形式。刀具在一定的切削条件下使用时，如果经受不住强大的应力（切削力或热应力），就可能发生突然损坏，使刀具提前失去切削能力，这就是刀具破损。破损是相对于磨损而言的，从某种意义上讲，破损可认为是一种非正常的磨损。刀具的破损有早期和后期（加工到一定时间后的破损）两种。刀具破损的形式分脆性破损和塑性破损两种。硬质合金和陶瓷刀具切削时，在机械和热冲击作用下，经常发生脆性破损。脆性破损分为崩刃、碎断、剥落、裂纹破损。

4. 刀具寿命（刀具耐用度）的选择原则

切削用量与刀具寿命有密切关系。在制订切削用量时，应首先选择合理的刀具寿命，而合理的刀具寿命则应根据优化的目标而定。刀具寿命一般分为最高生产率刀具寿命和最低成本刀具寿命两种，前者根据单件工时最少的目标确定，后者根据工序成本最低的目标确定。

最高生产率刀具寿命 T_D 的计算公式为

$$T_D = \frac{1-m}{m} t_c$$

最低成本刀具寿命 T_c 的计算公式为

$$T_c = \frac{1-m}{m} \left(t_c + \frac{C_t}{M} \right)$$

式中　　m —— v_c 对 T 影响程度指数；

$\qquad t_c$ —— 一次换刀所需的时间，min/次；

$\qquad M$ —— 全厂每分钟开支分摊到本零件的加工费用，含工作人员开支和机床损耗等。

比较最高生产率耐用度 T_p 与最低生产成本耐用度 T_c 可知：$T_c > T_p$。生产中常根据最低成本来确定耐用度，但有时在需完成紧急任务或提高生产率且对成本影响不大的情况下，也选用最高生产率耐用度。刀具耐用度的具体数值，可参考有关资料或手册选用。

5. 选择刀具寿命时可考虑的因素

（1）根据刀具复杂程度、制造和磨刀成本来选择。复杂和精度高的刀具寿命应选得比单刃刀具高些。

（2）对于机夹可转位刀具，由于换刀时间短，为了充分发挥其切削性能，提高生产效率，刀具寿命可选得低些，一般取 15～30 min。

（3）对于装刀、换刀和调刀比较复杂的多刀机床、组合机床与自动化加工刀具，刀具寿命应选得高些，以保证刀具的可靠性。

（4）当车间内某一工序的生产率限制了整个车间生产率提高时，该工序的刀具寿命要选得低些；当某工序单位时间内所分担到的全厂开支 M 较大时，刀具寿命也应选得低些。

（5）大件精加工时，为保证至少完成一次走刀，避免切削中途换刀，刀具寿命应按零件精度和表面粗糙度来确定。

6. 影响刀具耐用度 T 因素

（1）切削用量。

切削用量对刀具耐用度 T 的影响规律如同对切削温度的影响。切削速度 v_c、背吃刀量（切削深度）a_p、进给量 f 增大，使切削温度提高，刀具耐用度 T 下降。v_c 影响最大、进给量 f 次之，a_p 影响最小。

根据刀具耐用度合理数值 T 计算的切削速度称为刀具耐用度允许的切削速度，用 v_T 表示，其计算式为

$$v_T = \frac{C_v}{T^m \alpha_P^{x_v} f^{y_v}} K_v$$

式中　C_v——与耐用度实验条件有关的系数；

　　　m、x_v、y_v——分别表示对 T、α_p 和 f 影响程度的指数；

　　　K_v——切削条件与实验条件不同的修正系数。

上述系数 C_v 和指数 m、x_v 和 y_v 可参考有关资料。显然低成本允许的切削速度低于高生产率允许的切削速度。

（2）工件材料。

硬度或强度提高，使切削温度提高，刀具磨损加大，刀具耐用度 T 下降。工件材料的延伸率越大或导热系数越小，切削温度越高，则刀具耐用度 T 下降。

（3）刀具几何角度。

前角对刀具耐用度的影响呈"驼峰形"。当主偏角 κ_r 减小时，使切削宽度增大，散热条件改善，故切削温度下降，刀具耐用度 T 提高。

（4）刀具材料。

刀具材料的高温硬度越高、越耐磨，刀具耐用度 T 越高。加工材料的延伸率越大或导热系数越小，均能使切削温度升高，因而使刀具耐用度 T 降低。

（五）材料的切削加工性

材料的切削加工性是指工件材料被切削成合格零件的难易程度，是寻找改善材料切削加工性的途径。

1. 评定材料切削加工性的主要指标

（1）刀具耐用度指标。

切削普通金属材料：用刀具耐用度达到 60 min 时允许的切削速度 v_{60} 的高低来评定材料的加工性。切削难加工金属材料：用刀具耐用度达到 20 min 时允许的切削速度 v_{20} 的高低来评定材料的加工性。同样条件下，v_{60} 或 v_{20} 越大，加工性越好。相对加工性 $k_v = v_{60}/v_{060}$（以 45 钢的 v_{60} 为基准，记为 v_{060}）。

（2）加工表面粗糙度。

粗糙度值越小，加工性越好。另外，还用切屑形状是否容易控制、切削温度高低和切削力大小（或消耗功率多少）来评定材料加工性的好坏。其中，粗加工时用刀具耐用度指标、

切削力指标；精加工时用加工表面粗糙度指标；自动生产线时常用切屑形状指标。此外，材料加工的难易程度主要取决于材料的物理、力学和机械性能，其中包括材料的硬度、抗拉强度、延伸率、冲击值和导热系数，通常还按这些数值的大小来划分加工性等级。

2. 改善材料切削加工性的措施

（1）调整化学成分。

在不影响工件材料性能的条件下，适当调整化学成分，以改善其加工性。如在钢中加入少量的硫、硒、铅、磷等，虽略降低了钢的强度，但同时也降低了钢的塑性，对加工性有利。

（2）材料加工前作热处理。

低碳钢通过正火处理后，细化晶粒，硬度提高，塑性降低，有利于减小刀具的黏接磨损，减小积屑瘤，改善工件表面粗糙度；高碳钢球化退火后，硬度下降，可减小刀具磨损；不锈钢以调制到 28 HRC 为宜，若硬度过低，则塑性大，工件表面粗糙度差，若硬度高，则刀具易磨损；白口铸铁可在 950～1 000 ℃ 长时间退火成可锻铸铁，就容易切削。

（3）选择加工性好的材料状态。

低碳钢经冷拉后，塑性大为下降，加工性好；锻造的坯件余量不均，且有硬皮，加工性很差，改为热轧后加工性得以改善。

（4）其他。

采用合适的刀具材料、选择合理的刀具几何参数、合理地制订切削用量与选用切削液等也能显著地改善工件的切削加工性。

（六）切削液

1. 切削液的作用

① 冷却作用：使切削热传导、对流和汽化，从而降低切削区温度。

② 润滑作用（边界润滑原理）：切削液渗透到刀具与切屑、工件表面之间形成润滑膜，具有物理吸附和化学吸附作用。

③ 洗涤和防锈作用：冲走细屑或磨粒，在切削液中添加防锈剂，起防锈作用。

2. 常用切削液及其选用

（1）水溶液：以水为主要成分并加入防锈添加剂的切削液，主要起冷却作用。常用的水溶液有电解水溶液和表面活性水溶液。电解水溶液：在水中加入各种电解质（如碳酸钠、亚硝酸钠），能渗透到表面油膜内部，起冷却作用，主要用于磨削、钻孔和粗车等。表面活性水溶液：在水中加入皂类、硫化蓖麻油等表面活性物质，用以提高水溶液的润滑作用，常用于精车、精铣和铰孔等。

（2）切削油：主要起润滑作用。

10 号和 20 号机油用于普通车削、攻丝。轻柴油用于自动机上。煤油用于有色金属、普通孔或深孔的精加工。豆油、菜油、蓖麻油等用于螺纹加工。

（3）乳化液：由水和油混合而成的液体。生产中的乳化液是由乳化剂（蓖麻油、油酸或松脂）加水配置而成的。

浓度低的乳化液含水多，主要起冷却作用，适于粗加工和磨削；浓度高的乳化液含水少，主要起润滑作用，适于精加工。

（4）极压切削油和极压乳化液：在切削液中添加了硫、氯、磷极压添加剂后，在高温下能显著提高冷却和润滑效果，能承受重载荷和冲击载荷，降低机械磨损的切削油。

十、车削加工

车床类机床是既可用车刀对工件进行切削加工，又可用钻头、扩孔铰刀、丝锥、板牙、滚花刀等对工件进行加工的一类机床，可加工的表面有内外圆柱面、圆锥面、成形回转面、端平面和各种内外螺纹面等。

在所有车床中，卧式车床的应用最为广泛。它的工艺范围广，加工尺寸范围大（由机床主参数决定），既可以对工件进行粗加工、半精加工，也可以进行精加工。

（一）车床的主要类型和组成

1. 应 用

车床主要用于加工各种回转表面（内外圆柱面，圆锥面及成形回转表面）和回转体的端面，有些车床还可以加工螺纹面。

2. 运 动

车床的主运动是由工件的旋转运动实现的；车床的进给运动则是由刀具的直线移动来完成的。

3. 分 类

车床种类繁多，按其用途和结构的不同，主要分为卧式车床、落地车床、立式车床、转塔车床、仪表车床、单轴自动和半自动车床、多轴自动和半自动车床、仿形车床、多刀车床、专门化车床等。

（二）CA6140卧式车床的主要结构

如图4-1-28所示为CA6140卧式车床外形图，主要由主轴箱、刀架、尾座、床身、床腿、光杠、丝杠、溜板箱、进给箱、挂轮等构成。

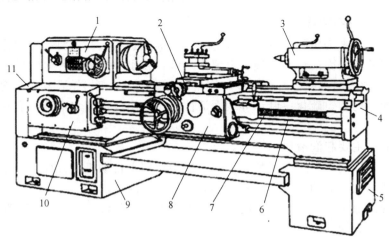

图 4-1-28　CA6140 卧式车床外形图

1—主轴箱；2—刀架；3—尾座；4—床身；5，9—床腿；6—光杠；7—丝杠；8—溜板箱；10—进给箱；11—挂轮

1. 主轴箱

主轴箱是车床的主要部件，其主要功能是支撑主轴，并实现开、停换向，制动和变速。主轴箱采用多级齿轮传动，通过一定的传动系统，经主轴箱内各个位置上的传动齿轮和传动轴，最后把运动传到主轴上，使主轴获得规定的转速和方向。

2. 溜板箱

其主要功能是将进给运动或快速移动由进给箱或快速移动电动机传给溜板和刀架，使刀架实现纵、横向或正、反向机动走刀或快速移动。

3. 其他结构

其他结构如床身、进给箱、刀架、拖板、尾座等。

（三）CA6140 卧式车床的传动系统

1. 主要技术性能

CA6140 卧式车床的主电机功率为 7.5 kW，转速为 1 450 r/min。床身上最大工件的回转直径为 400 mm，最大工件长度包括 750 mm、1 000 mm、1 500 mm、2 000 mm 四种，刀架上最大工件的回转直径为 210 mm。

主轴转速：正转有 24 级（10 ~ 1 400 r/min）、反转有 12 级（14 ~ 1 580 r/min）。

进给量：纵向有 64 级（0.028 ~ 6.33 mm/r）、横向有 64 级（0.014 ~ 3.16 mm/r）。

车削螺纹范围：米制螺纹有 44 种（$P = 1 ~ 192$ mm）、英制螺纹有 20 种（$\alpha = 2 ~ 24$ 牙/英寸）、模数螺纹有 39 种（$m = 0.25 ~ 48$ mm）、径节螺纹有 37 种（$D_P = 1 ~ 96$ 牙/英寸）。

车削加工分为粗车、半精车、精车和精细车。通常，车削能达到的公差等级为 IT8 ~ IT7，表面粗糙度 R_a 值为 1.6 ~ 6.3 μm。

2. 传动系统

如图 4-1-29 所示为 CA6140 卧式车床传动系统。分析机床某一传动链时，采用所谓"抓两端、联中间"的方法，即首先抓住该传动链的有关末端件（即起止点），然后顺次读出它们中间的联系，从而构成一条传动路线。

（1）主运动传动链。

两末端件即主电动机与主轴，带动工件旋转实现主运动，并满足主轴变速和换向的要求。传动系统主运动传动链，即传动路线的表达式为

$$\text{电动机}\left(\begin{smallmatrix}7.5\ kW\\1\,450\ r/min\end{smallmatrix}\right) - \frac{\phi130}{\phi230} - \text{I} - \begin{bmatrix}\bar{M}_1 - \begin{bmatrix}\frac{56}{38}\\\frac{51}{43}\end{bmatrix}\\ \bar{M}_1 - \frac{50}{34} - \text{VII} - \frac{34}{30}\end{bmatrix} - \text{II} - \begin{bmatrix}\frac{39}{41}\\\frac{30}{50}\\\frac{22}{58}\end{bmatrix} - \text{III} - \begin{bmatrix}-\frac{63}{50} - M_2 - - - - - - - -\\ \begin{bmatrix}\frac{20}{80}\\\frac{50}{50}\end{bmatrix} - \text{IV} - \begin{bmatrix}\frac{51}{50}\\\frac{50}{50}\end{bmatrix} - \text{V} - \frac{26}{58} - M_2\end{bmatrix} - \text{VI（主轴）}$$

（2）主运动的级数。

① 主轴正转（M_1 向左）有：$1×2×3×[(2×2 - 1)×1 + 1] = 24$ 级；

② 主轴反转（M1 向右）有：$1×(1×1)×3×[(2×2-1)×1 + 1] = 12$ 级，共 36 级。

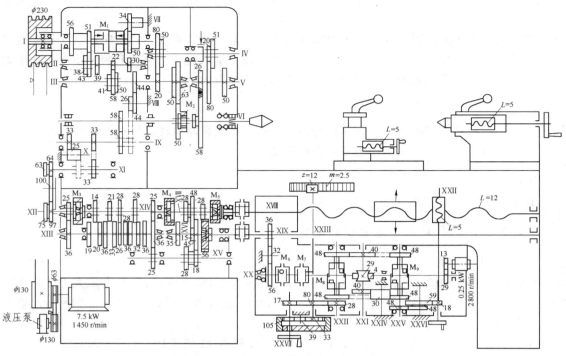

图 4-1-29　CA6140 卧式车床传动系统

　　主轴正转通常用于切削，主轴反转通常不是用于切削，而是为了车螺纹时退回刀架，这样就可以在不断开主轴和刀架之间的传动链的情况下退刀，以免在下一次走刀时发生"乱扣"现象。为了节省退刀时间，主轴反转的速度比正转的速度高。

　　（3）进给运动传动链。

　　进给运动传动链的两个末端件分别是主轴和刀架，其功用是使刀架实现纵向或横向移动及变速与换向。即主轴→换向机构→挂轮架→进给箱→M_5 合→丝杠→刀架或 M_5 开→光杠→溜板箱→刀架。

　　CA6140 能车削米制、英制、模数制和径节制 4 种标准螺纹，此外，还可以车削大导程、非标准和较精密的螺纹；既可以车削右旋螺纹，也可以车削左旋螺纹。车削米制螺纹时，进给箱中的离合器 M_3 和 M_4 脱开，M_5 接合。车削米制螺纹时（正常螺距），传动链的运动平衡式为

$$主轴 \text{VI} - \frac{58}{58} - \text{IX} - \begin{bmatrix} \dfrac{33}{33} \\ (右旋螺纹) \\ \\ \dfrac{33}{25} \times \dfrac{25}{33} \\ (左旋螺纹) \end{bmatrix} - \text{XI} - \frac{63}{100} \times \frac{100}{75} - \text{XII} - \frac{25}{36} - \text{XIII} - U_基 - \text{XIV} - \frac{25}{36} \times \frac{36}{25} - \text{XV} - U_倍 - \text{XVII} - M_5 - \text{XVIII}(丝杠) - 刀架$$

3. 车削工艺范围

　　车削主要用于加工回转体表面、端面、沟槽、螺纹、成形面和切断等，如车外圆、车

端面、车锥体、钻中心孔、车成形面、钻孔、车螺纹、镗孔、滚花、铰孔、切断等，如图4-1-30 所示。

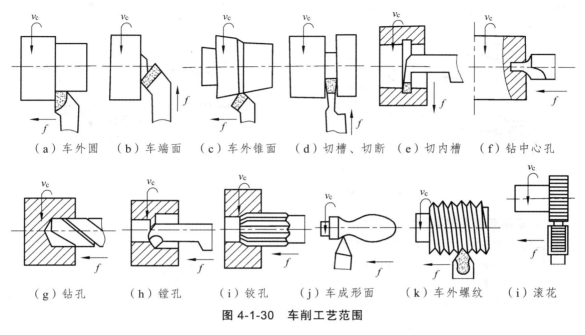

（a）车外圆　（b）车端面　（c）车外锥面　（d）切槽、切断　（e）切内槽　（f）钻中心孔

（g）钻孔　（h）镗孔　（i）铰孔　（j）车成形面　（k）车外螺纹　（l）滚花

图 4-1-30　车削工艺范围

（四）其他车床

1. 卧式车床

卧式车床是通用车床中应用最普遍、工艺范围最广泛的机床。在卧式车床上可以完成各种类型的内外回转体的加工，如圆柱面、圆锥面、成形面、螺纹、端面等的加工，还可进行钻、扩、铰、滚花等加工。但其自动化程度低，加工生产率低，加工质量受操作者技术水平的影响较大。

2. 立式车床（分单柱式和双柱式）

立式车床一般用于加工直径大、长度短且质量较大的工件。立式工作台的台面是水平面，主轴的轴心线垂直于台面，工件的矫正、装夹比较方便，工件和工作台的质量均匀地作用在工作台下面的圆导轨上。

3. 转塔车床

转塔车床除了有前刀架外，还有 1 个转塔刀架。转塔刀架有 6 个装刀位置，可以沿床身导轨做纵向进给，每一个刀位加工完毕后，转塔刀架快速返回，转动 60°，更换到下一个刀位进行加工。

（五）车刀的类型和特点

车刀是金属切削加工中应用最广泛的一种刀具。它可以用来加工外圆、内孔、端面、螺纹及各种内、外回转体成形表面，也可用于切断和切槽等，因此车刀类型很多，形状、结构、尺寸也各异。车刀的结构形式有整体式、焊接式、机夹重磨式和机夹可转位式等。

车刀按用途可分为外圆车刀、端面车刀、切断刀、成形车刀、螺纹车刀和车孔刀等，由于车刀是由刀头和刀体组成的，故按其结构车刀又可分为整体车刀、焊接车刀、机夹车刀、可转位车刀和成形车刀等，如图 4-1-31 所示。

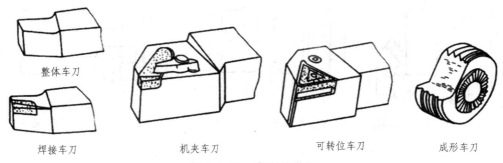

整体车刀　焊接车刀　机夹车刀　可转位车刀　成形车刀

图 4-1-31　车刀的结构

1. 整体式高速钢车刀

这种车刀刃磨方便，可以根据需要刃磨成不同用途的车刀，尤其是适宜于刃磨各种刃形的成形车刀，如切槽刀、螺纹车刀等。刀具磨损后可以多次重磨。但刀杆为高速钢材料，容易造成刀具材料的浪费。刀杆强度低，当切削力较大时，会造成破坏。一般，该车刀用于较复杂成形表面的低速精车。

2. 硬质合金焊接式车刀

焊接式车刀就是在碳钢（一般用 45 钢）刀杆上按刀具几何角度的要求开出刀槽，用焊料将硬质合金刀片焊接在刀槽内，并按所选定的几何角度刃磨后使用的车刀。

焊接式车刀结构简单、刚性好、适应性强，可以根据具体的加工条件和要求刃磨出合理的几何角度。

3. 硬质合金机夹重磨式车刀

机夹重磨式车刀，就是用机械的方法将硬质合金刀片夹紧在刀杆上的车刀。刀片磨损后，可卸下重磨，然后再安装使用。

4. 机夹可转位式车刀

机夹可转位式车刀，就是将预先加工好的有一定几何角度的多角硬质合金刀片，用机械的方法装夹在特制的刀杆上的车刀。由于刀具的几何角度是由刀片形状及其在刀杆槽中的安装位置来确定的，故不需要刃磨。可转位式车刀的夹紧机构，应该满足夹紧可靠、装卸方便、定位准确、结构简单等要求。

（六）成形车刀

成形车刀用在各类车床上加工内、外回转体成形表面，其刀形是根据工件轮廓设计的。该种车刀有平体、棱体、圆体 3 种形式。

（七）常用车刀

常用车刀的结构及用途如图 4-1-32 所示。

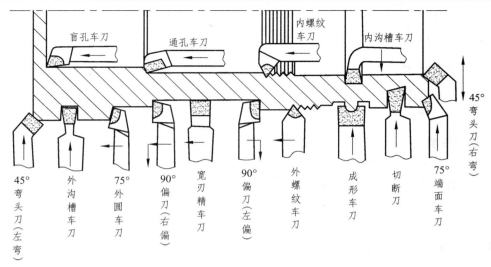

图 4-1-32 常用车刀

（1）90°外圆车刀（偏刀）：用来车削工件的外圆、台阶和端面，分为左偏刀和右偏刀两种。

（2）45°弯头刀：用来车削工件的外圆、端面和倒角。

（3）切断刀：用来切断工件或在工件表面切出沟槽。

（4）车孔刀：用来车削工件的内孔，分为通孔车刀和盲孔车刀两种。

（5）成形车刀：用来车削台阶处的圆角、圆槽或车削特殊形面。

（6）螺纹车刀：用来车削螺纹。

十一、铣削加工

（一）概 述

铣床就是用铣刀进行切削加工的机床。铣刀是一种多刃刀具，同时工作齿数多，生产率较高。铣削过程是一个断续切削的过程，刀齿切入和切出工件的瞬间要产生冲击和振动，当振动频率与机床固有频率一致时，振动会加剧，造成刀齿崩刃，甚至毁坏机床零部件。另外，铣削厚度周期性地变化，也会引起振动。

铣刀刀齿轮流进行切削，虽然有利于刀齿的散热，但周期性受热变形会引起切削刃的热疲劳裂纹，造成刀齿齿面剥落。

1. 加工的应用

铣床主要应用于铣削加工表面（水平平面、垂直面等）、沟槽（键槽、T形槽、燕尾槽等）、多齿零件的齿槽（齿轮、链轮、棘轮、花键轴等）、螺纹形表面（螺纹和螺旋槽）及各种曲面。铣床上用的刀具是铣刀，以相切法形成加工表面。

2. 铣削特点

（1）每个刀齿不均匀，不连续切削，切入与切离时均会引起冲突与振动。

（2）铣削时，切削层参数及切削力是变化的，也易引起振动，影响加工质量。

（3）同时参加切削的刀齿较多，生产率较高。

3. 铣床分类

铣床可分为卧式升降台铣床、立式升降台铣床、龙门铣床、工具铣床、各种专门化铣床。

（二）铣削方式

铣削要素指铣削速度、进给量、背吃刀量、铣削切削层公称宽度、铣削时切削用量及切削层的形状和尺寸。

1. 圆周铣削

圆周铣削是通过铣刀的圆周进给运动加工圆柱形表面的铣削加工工艺。圆周铣削对加工各种形面的适应性较强，特别是成形面的加工。

（1）逆铣：工件的进给方向与铣刀的旋转方向相反，如图4-1-33（a）所示；铣削力的垂直分力向上，工件需要较大的夹紧力；铣削厚度由零开始逐渐增至最大，如图4-1-33（b）所示，当刀齿刚接触工件时，其铣削厚度为零，后刀面与工件产生挤压和摩擦，会加速刀齿的磨损，降低铣刀的寿命和工件已加工表面的质量，造成加工硬化层。

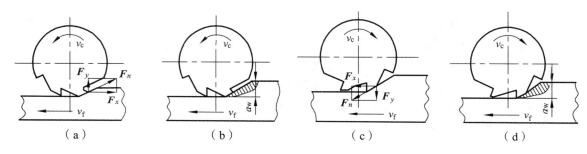

（a）　　　　　　　（b）　　　　　　　（c）　　　　　　　（d）

图 4-1-33　圆周铣削工艺

（2）顺铣：工件进给方向与铣刀的旋转方向相同，如图4-1-33（c）所示；铣削力的垂直分力向下，将工件压向工作台，铣削较平稳；刀齿以最大铣削厚度切入工件而逐渐减小至零，如图4-1-33（d）所示，后刀面与工件无挤压、摩擦现象，加工表面精度较高；因刀齿突然以最大厚度切入工件，会加速刀齿的磨损，降低铣刀寿命，故不适用于带硬皮的工件；铣削力的水平分力与工件的进给方向相同，因此，当机床工作台的进给丝杠与螺母有间隙，又没有消除间隙的装置时，不宜采用顺铣。

2. 端面铣削

端面铣削是利用端铣刀铣削工件表面的一种加工工艺。端铣时，由分布在圆柱或圆锥面上的主切削刃担任切削作用，而端部切削刃为副切削刃，起辅助切削作用。端铣刀具有较多的刀刃并能同时工作，工件振动小，端铣刀杆伸出较短，刚性好，不易变形，可用较大的切削用量，加工表面粗糙度较低，常用于加工平面。

（1）对称铣削：铣刀位于工件宽度的对称线上，切入处铣削厚度由小逐渐变大，切出处铣削厚度由大逐渐变小，背吃刀量最小又不为零，铣刀刀齿所受冲击小，对铣削具有冷硬层的淬硬钢有利，其切入边为逆铣，切出边为顺铣，如图4-1-34（a）所示。

（2）不对称逆铣：铣刀以最小背吃刀量（不为零）切入工件，以最大厚度切出工件，因切入厚度较小,减小了冲击,对提高铣刀寿命有利,适合于铣削碳钢和一般合金钢,如图 4-1-34（b）所示。

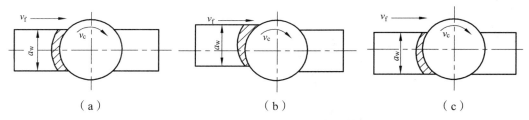

图 4-1-34　端面铣削工艺

（3）不对称顺铣：铣刀以较大背吃刀量切入工件,又以较小厚度切出工件,虽然铣削时具有一定的冲击性,但可以避免切削刃切入冷硬层,适合于铣削冷硬性材料与不锈钢、耐热钢等,如图 4-1-34（c）所示。

十二、铣　床

（一）铣床综述

1. 分　类

铣床分为升降台式铣床、立式铣床、龙门铣床、工具铣床、仿形铣床、专门化铣床（如凸轮铣床、曲轴铣床）等。

2. 加工范围

铣床的加工范围有平面、沟槽、键槽、T 形槽、V 形槽、燕尾槽、螺纹、螺旋槽,齿轮、链轮、花键轴、棘轮等成形表面等。

（二）常用 X6132A 型卧式万能升降台铣床

1. 铣床结构

如图 4-1-35 所示,铣床床身固定在底座上,在床身内装有主轴传动机构及主轴变速操纵机构。在床身的顶部有水平导轨,其上装有带着一个或两个刀杆支架的悬梁。刀杆支架用来支承安装铣刀心轴的一端,而心轴的另一端则固定在主轴上。在床身的前方有垂直导轨,一端悬挂的升降台可沿之上下移动。在升降台上面的水平导轨上,装有可平行于主轴轴线方向移动（横向移动）的溜板。工作台可沿溜板上部转动部分的导轨在垂直与主轴轴线的方向移动（纵向移动）。这样,安装在工作台上的工件可以在 3 个方向调整位置或完成进给运动。而转动部分对溜板可绕垂直轴线转动 ±45°,故工作台在水平面上除能平行或垂直于主轴轴线方向进给外,还能在倾斜方向进给,从而完成铣螺旋槽的加工。

铣刀的旋转运动为主运动；工件相对于铣刀移动,工作台左右、上下和前后进给移动为进给运动,圆工作台的旋转也是进给运动。

工作台是用来安装夹具和工件的。在横向溜板的水平导轨上,工作台沿导轨左右移动。在升降台的水平导轨上,工作台沿导轨前后移动。升降台依靠下面的丝杠,沿床身前面的导轨同工作台一起上下移动。

为了使主轴变速、进给变速时，变换后的齿轮能顺利地啮合，主轴变速时主轴电动机应能转动一下，进给变速时进给电动机也应能转动一下。这种变速时电动机稍微转动一下，称为变速冲动。

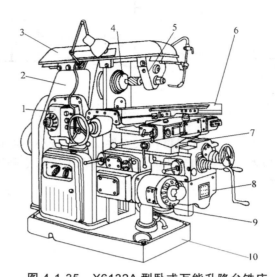

图 4-1-35　X6132A 型卧式万能升降台铣床

1—主轴变速机构；2—床身；3—横梁；4—主轴；5—刀杆支架；6—工作台；
7—横向溜板；8—升降台；9—进给变速机构；10—底座

其他运动包括进给几个方向的移动运动，工作台上下、前后、左右的手摇移动，回转盘使工作台向左右转动 ±45°的移动，悬梁及刀杆支架的水平移动。除进给几个方向的快移运动由电动机拖动外，其余均为手动。

进给速度与快移速度的区别是进给速度低，快移速度高，在机械方面是通过改变传动链来实现的。

2. 主轴传动系统

主轴传动系统表示从主电动机传动到主轴的传动路线。图 4-1-36 所示的 X6132A 的传动系统的传动路线为

$$
主电动机\begin{pmatrix}7.5\ \text{kW}\\1\,450\ \text{r/min}\end{pmatrix}-轴\,\text{I}-\frac{\phi150}{\phi290}-轴\,\text{II}-\begin{bmatrix}\dfrac{19}{36}\\[4pt]\dfrac{22}{33}\\[4pt]\dfrac{16}{38}\end{bmatrix}-轴\,\text{III}-\begin{bmatrix}\dfrac{27}{37}\\[4pt]\dfrac{17}{46}\\[4pt]\dfrac{38}{26}\end{bmatrix}-轴\,\text{IV}-\begin{bmatrix}\dfrac{80}{40}\\[4pt]\dfrac{18}{71}\end{bmatrix}-轴\,\text{V}（主轴）
$$

电动机通过传动比为 150/290 的 V 形带使轴 II 获得一种转速，轴 II 的三联滑移齿轮与轴 III 上的齿轮啮合，传动比为 19/36、22/33 和 16/38，使轴 III 获得 3 种不同转速；轴 IV 的三联滑移齿轮与轴 III 的齿轮啮合，传动比为 27/37、17/46 和 38/26，使轴 IV 获得 3×3 = 9 种转速；轴 IV 的双联滑移齿轮与主轴 V 的齿轮啮合，传动比为 80/40 和 18/71，使主轴获得 3×3×2 = 18 种转速，转速范围为 30～1 461.5（1 500）r/min。轴 I 为 1 450 r/min，轴 III 为 750 r/min，轴 III 有 3 种转速，轴 IV 有 9 个转速，轴 V 有 18 个转速。X6132A 型铣床的传动如图 4-1-36 所示。

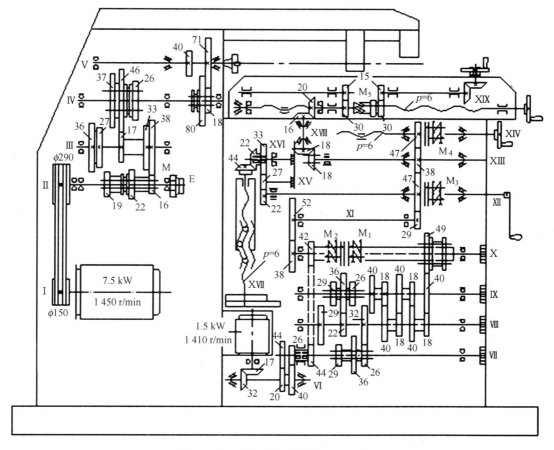

图 4-1-36　X6132A 型铣床传动系统

3. 进给传动系统

X6132A 型铣床的进给运动包括工作台的纵向进给、横向进给和垂直进给，且由进给电动机单独驱动，与主轴传动无直接联系。

$$电动机\begin{pmatrix}1.5\,\text{kW}\\1\,410\,\text{r}/\text{min}\end{pmatrix}-\frac{17}{32}-\text{VI}-$$

$$-\left(\begin{array}{l}\dfrac{20}{44}-\text{VII}-\begin{bmatrix}\dfrac{29}{29}\\[4pt]\dfrac{36}{22}\\[4pt]\dfrac{26}{32}\end{bmatrix}-\text{VIII}-\begin{bmatrix}\dfrac{29}{29}\\[4pt]\dfrac{22}{36}\\[4pt]\dfrac{32}{26}\end{bmatrix}-\text{IX}-\begin{bmatrix}\dfrac{40}{49}\\[4pt]\dfrac{18}{40}\times\dfrac{18}{40}\times\dfrac{18}{40}\times\dfrac{18}{40}\times\dfrac{40}{49}\\[4pt]\dfrac{18}{40}\times\dfrac{18}{40}\times\dfrac{40}{49}\end{bmatrix}-\text{M}_1(合,工作进给)\\[40pt]\dfrac{40}{26}\times\dfrac{44}{42}-\text{M}_2(合,快速)\end{array}\right)-$$

$$-\text{X}-\frac{38}{52}-\text{XI}-$$

$$-\frac{29}{47}-\left[\begin{array}{l}\frac{47}{38}-\text{XIII}-\left[\begin{array}{l}\frac{18}{18}-\text{XVIII}-\frac{16}{20}-M_5(\text{合})-\text{XIX}(\text{纵向进给},P=6\text{ mm})\\\frac{38}{47}-M_4(\text{合})-\text{XIV}(\text{横向进给},P=6\text{ mm})\end{array}\right]\\M_3(\text{合})-\text{XII}-\frac{22}{27}-\text{XV}-\frac{27}{33}-\text{XVI}-\frac{22}{44}-\text{XVII}(\text{垂直进给},P=6\text{ mm})\end{array}\right]$$

进给运动由进给电动机（1.5 kW，1410 r/min）驱动，电动机的运动经一对锥齿轮 17/32 传动到轴Ⅵ，然后根据轴Ⅹ上的电磁摩擦离合器 M_1、M_2 的结合状态，分两路传动，如轴Ⅹ 上的摩擦离合器 M_1 脱开、M_2 结合，轴Ⅵ的运动经齿轮副 40/26、44/42 及离合器 M_2 传到轴 Ⅹ，这是一条使工作台做快速移动的路线。如轴Ⅹ的上离合器 M_2 脱开、M_1 结合，轴Ⅵ的运 动经齿轮副 20/44 传到轴Ⅶ，再经轴Ⅶ-Ⅷ间和轴Ⅷ-Ⅸ间两组三联滑移齿轮变速组及轴Ⅷ-Ⅸ 间曲回机构，经离合器 M_1 传到轴Ⅹ，这是使工作台做正常运动的传动路线。

轴Ⅹ的运动可经过离合器 M_3、M_4、M_5 以及相应的后续传动路线，使工作台分别得到垂 直、横向、纵向的移动。M_3 接合时，M_2 脱离，工作台进给运动和快速移动是互锁的，不能 同时传动。

4. 主要技术参数

进给传动系统的主要技术参数如表 4-1-10 所示。

表 4-1-10　X6132A 型铣床的主要技术参数

工作台工作面积（长×宽）		1 320 mm×320 mm
工作台行程	纵向（机/手）	700 mm/680 mm
	横向（机/手）	255 mm/240 mm
	垂直（升降）（机/手）	320 mm/300 mm
	T 形槽：个数×宽度×距离	3×18 mm×70 mm
工作台最大回转角		±45º
主轴锥孔锥度		7∶24
主轴轴线至工作台面距离		30～350 mm
主轴轴线至悬臂底面距离		155 mm
工作台中心线至垂直导轨距离		215～410 mm
主轴转速（18 级）		30～1500 r/min
工作台进给量	纵向、横向	12～960 mm/min
	垂直（升降）	4～320 mm/min
工件最大质量（工作台载荷质量）		500 kg
机床工作精度	平行度	0.03 mm
	垂直度	100∶0.02
	平面度	0.02 mm
	表面粗糙度 R_a	1.6 μm
电动机功率	主电动机	7.5 kW，1 440 r/min
	进给电动机	1.5 kW，1 440 r/min
	油泵电动机	0.125 kW，2 790 r/min
外形尺寸（长×宽×高）		2 300 mm×1 655 mm×1 630 mm

十三、钻削、铰削和镗削加工

内孔表面是零件的主要表面之一，根据零件在机械产品中的作用不同，不同结构的内孔有不同的精度和表面质量要求。由于孔加工是对零件内表面的加工，对加工过程的观察、控制困难，加工难度要比外圆表面等开放型表面的加工大得多。

按照孔与其他零件的相对连接关系，孔分为配合孔与非配合孔；按几何特征，孔分为通孔、盲孔、阶梯孔、锥孔等；按其几何形状，孔分为圆孔，非圆孔等。如图 4-1-37 所示为（a）钻孔、（b）扩孔、（c）铰孔、（d）攻螺纹、（e）锪埋头孔、（f）锪端面等孔的加工方法。

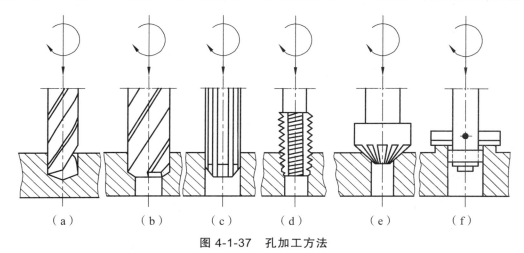

（a）　　　　　（b）　　　　　（c）　　　　　（d）　　　　　（e）　　　　　（f）

图 4-1-37　孔加工方法

（一）孔加工过程的特点

（1）孔加工刀具多为定尺寸刀具，如钻头、铰刀等，刀具磨损造成的形状和尺寸的变化会直接影响被加工孔的精度。

（2）由于受被加工孔尺寸的限制，切削速度很难提高，影响加工生产率和加工表面质量。

（3）刀具的结构受孔尺寸的直径和长度的限制，刚性较差。

（4）孔加工时，刀具工作部分处于加工表面包围之中，刀具的强度、刚度差，导向、容屑及切屑排除困难，冷却液难以进入加工区域，散热条件不好。

钻削：一般精度为 IT13～IT10，表面粗糙度值 $R_a = 20～10\ \mu m$；

铰削：一般精度为 IT8～IT6，表面粗糙度值 $R_a = 1.6～0.4\ \mu m$；

镗削：一般精度为 IT8～IT7，表面粗糙度值 $R_a = 6.3～0.8\ \mu m$。

（二）麻花钻的结构

孔加工刀具按其用途分为两类：一类是从实体材料上加工出孔的刀具，如麻花钻、扁钻、中心钻和深孔钻等；另一类是对已有孔进行再加工的刀具，如扩孔钻、锪钻、铰刀及镗刀等。麻花钻是形状复杂的双刃钻孔或扩孔的标准刀具，一般用于孔的粗加工（IT11 以下精度及表面粗糙度 R_a 为 12.5～6.3 μm），也可加工攻丝、铰孔、拉孔、镗孔、磨孔的预制孔。

1. 麻花钻的构造

标准麻花钻由工作部分、柄部和颈部三部分组成，如图 4-1-38 所示。尾部是钻头的夹持部分，用于与机床连接，并传递扭矩和轴向力。按麻花钻直径的大小，麻花钻分为直柄（小直径）和锥柄（大直径）两种。颈部是工作部分和尾部间的过渡部分，供磨削时砂轮退刀和打印标记用。小直径的直柄钻头没有颈部。工作部分是钻头的主要部分，前端为切削部分，承担主要的切削工作；后端为导向部分，起引导钻头的作用，也是切削部分的后备部分。

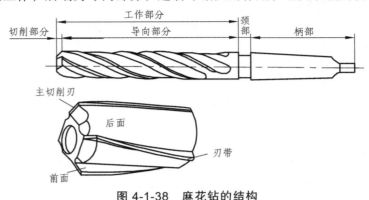

图 4-1-38　麻花钻的结构

2. 麻花钻工作部分的结构及主要几何参数

麻花钻工作部分的结构及主要几何参数如图 4-1-39 所示。

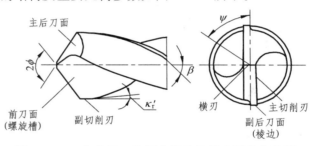

图 4-1-39　麻花钻工作部分的结构及主要几何参数

螺旋角 β：钻头螺旋槽最外缘处螺旋线的切线与钻头轴线间的夹角。螺旋角大，钻头前角增大，故切削扭矩和轴向力减小，切削轻快，容易排屑。但螺旋角过大，会削弱钻头的强度和散热条件，使钻头的磨损加剧。标准麻花钻的 $\beta = 18° \sim 30°$，小直径钻头 β 值较小。

顶角 2ϕ 和主偏角 κ_r：钻头的顶角（即锋角）为两主切削刃在与其平行的轴向平面上投影之间的夹角。标准麻花钻的 $2\phi = 118°$，主切削刃是直线。

钻头的顶角 2ϕ 直接决定了主偏角 κ_r 的大小，且顶角之半 ϕ 在数值上与主偏角 κ_r 很接近。顶角越小，切削刃长度增加，单位切削刃长度上负荷降低，刀尖角增大，改善了散热条件，提高了钻头的耐用度。同时，轴向力减小，但切屑变薄，切屑平均变形增加，故使扭矩增大。

前角 γ_0：在正交平面内测量的前刀面与基面间的夹角。对于标准麻花钻而言，前角由 30° 逐渐变为 $-30°$，故靠近中心处的切削条件很差。

后角 α_0：在假定工作平面（即以钻头轴线为轴心的圆柱面的切平面）内测量的切削平面与主后刀面之间的夹角。考虑到进给运动对工件后角的影响，同时为了补偿前角的变化，使刀刃各点的楔角较为合理，并改善横刃的切削条件，麻花钻的后角刃磨时应由外缘处向钻心逐渐增大。

横刃角度：横刃是两个后刀面的交线，其长度为 b_ψ。横刃角度包括横刃斜角 ψ、横刃前角 $\gamma_{0\psi}$ 和横刃后角 $\alpha_{0\psi}$。横刃斜角 ψ 为在钻头端平面内投影的横刃与主切削刃之间的夹角，是刃磨后刀面时形成的。

由于标准麻花钻在结构上存在很多问题，在使用时需要常常进行修磨，以改变标准麻花钻切削部分的几何形状，改善其切削条件，提高钻头的切削性能。

（三）其他钻头

（1）群钻：三尖七刃锐当先，月牙弧槽分两边，一侧外刃开屑槽，横刃磨得低窄尖。

（2）可转位浅孔钻、错齿内排屑深孔钻、单刃外排屑深孔钻（枪钻）、喷吸钻。

（四）扩孔钻

扩孔钻是对已钻孔进一步加工，以提高孔的加工质量的刀具，其加工精度可达 IT10～IT11，表面粗糙度可达 6.3～3.2 µm。扩孔钻的刀齿比较多，一般有 3～4 个，故导向性好，切削平稳。由于扩孔余量较小，容屑槽较浅，故刀体强度和刚性较好。扩孔钻的主要类型有两种，即整体式扩孔钻和套式扩孔钻，其中套式扩孔钻适用于大直径孔的扩孔加工。

（五）铰削过程的特点

铰孔之前，被加工孔一般需经过钻孔或经过钻、扩孔加工。铰刀用于中、小尺寸孔的半精加工和精加工，也可用于磨孔或研孔前的预加工。铰刀齿数多（6～12 个），导向性好，芯部直径大，刚性好。铰削余量小，切削速度低，加上切削过程中的挤压作用，所以能获得较高的加工精度（IT6～IT8）和较好的表面质量（$R_a = 1.6～0.4$ µm）。铰刀分为手用铰刀和机用铰刀两类。手用铰刀又分为整体式和可调式，机用铰刀分为带柄式和套式。加工锥孔用的铰刀称为锥度铰刀。

1. 铰刀的结构和几何参数

铰刀的基本结构如图 4-1-40 所示，铰刀的几何参数如图 4-1-41 所示。

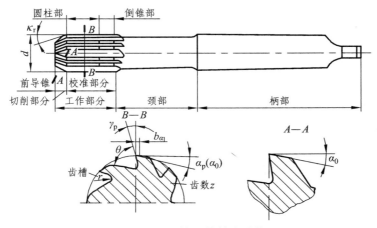

图 4-1-40　铰刀的基本结构

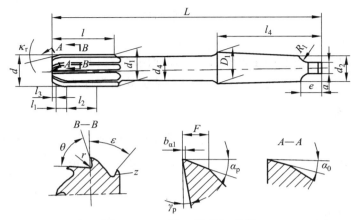

图 4-1-41　铰刀的几何参数

铰刀的结构由柄部、颈部和工作部分组成，工作部分包括切削部分和校准部分，切削部分用于切除加工余量；校准部分起导向、校准与修光作用。铰刀切削部分呈锥形，其锥角为 $2\kappa_r$，主要影响被加工孔的质量和铰削时轴向力的大小。对于手用铰刀，为了减小轴向力，提高导向性，一般取 $\kappa_r = 30' \sim 1°30'$；对于机用铰刀，为提高切削效率，一般加工钢件时，$\kappa_r = 12° \sim 15°$；加工铸铁件时，$\kappa_r = 3° \sim 5°$；加工盲孔时，$\kappa_r = 45°$。由于铰削余量很小，切屑很薄，故铰刀的前角作用不大。为了制造和刃磨方便，一般取 $\gamma_0 = 0°$。铰刀的切削部分为尖齿，后角一般为 $\alpha_0 = 6° \sim 10°$。而校准部分应留有宽为 $0.2 \sim 0.4$ mm、后角 $\alpha_0 = 0°$ 的棱边，以保证铰刀有良好的导向与修光作用。

2. 铰削加工

铰刀是定尺寸刀具，铰刀的公称直径是指圆柱校准部分的刀齿直径，应等于被加工孔的基本尺寸，而其公差则与被铰削孔的公差、铰刀的制造公差、铰刀磨耗量和铰削过程中孔径的变形有关。铰削加工直接影响到被加工孔的尺寸精度、铰刀的制造成本及使用寿命。

硬质合金机用铰刀的精度分三级：铰削 H7、H8、H9 级的孔。

（1）铰削的加工余量一般小于 0.1 mm，铰刀的主偏角 κ_r 一般小于 45°，因此铰削时切削厚度 a_p 很小，为 $0.01 \sim 0.03$ mm。

加工后孔径扩大。铰孔时，由于机床主轴间隙产生的径向圆跳动、铰刀刀齿的径向圆跳动、铰孔余量不均匀而引起的颤动、铰刀的安装偏差、切削液和积屑瘤等因素的影响，会使孔径扩大。但加工后孔径也有缩小的。铰削力较大或工件孔壁较薄时，由于工件的弹性变形或热变形的恢复，铰孔后孔径常会缩小。

（2）铰削过程所采用的切削速度一般都较低，因而切削变形较大。

（3）在切削液润滑作用下，切削刃的钝圆部分只在加工表面上润滑，使工件表面受到熨压作用，熨压后已加工表面发生弹性恢复。铰孔时，应根据工件材料、结构和铰削余量的大小，综合分析决定切削液的使用。

2. 齿数及槽形

铰刀的齿数一般为 4～12 个齿。齿数多，则导向性好，刀齿负荷轻，铰孔质量高。但齿数过多，会降低铰刀刀齿强度和减小容屑空间，故通常根据直径和工件材料的性质选取铰刀齿数。铰刀的齿槽形式有直线形、折线形和圆弧形 3 种。铰刀的齿槽方向有直槽和螺旋槽两种。

十四、镗刀和镗削加工

（一）镗削加工

（1）镗削加工可以加工机座、箱体、支架等外形复杂的大型零件上的直径较大的孔，特别是有位置精度要求的孔和孔系。

（2）镗削加工灵活性大，适应性强，在镗床上除加工孔和孔系外，还可以车外圆、车端面、铣平面。镗孔可以较正孔的位置。镗孔可在镗床上或车床上进行。在镗床上镗孔时，镗刀基本与车刀相同，不同之处是工件不动，镗刀在旋转。镗孔的加工精度一般为 IT9～IT7，表面粗糙度为 $R_a = 6.3～0.8\ \mu m$。

（3）镗削加工操作技术要求高，生产率低。

（二）镗刀的类型及应用

镗刀按切削刃数量可分为单刃镗刀、双刃镗刀和多刃镗刀；按工件的加工表面可分为通孔镗刀、盲孔镗刀、阶梯孔镗刀和端面镗刀；按刀具结构可分为整体式、装配式和可调式。

1. 单刃镗刀

单刀镗刀有一个切削部分，专门用于对已有的孔进行粗加工、半精加工或精加工，能纠正孔的直线度误差。采用试切法加工，加工前需预调尺寸公差，控制在中下限范围内，并对温度作修正、补偿。刀具预调可在专用预调仪、机上对刀器或其他量仪上进行。

2. 多刃镗刀

双刃镗刀有两个分布在中心两侧同时切削的刀齿，由于切削时产生的径向力互相平衡，可加大切削用量，生产效率高。双刃镗刀按刀片在镗杆上浮动与否分为浮动镗刀和定装镗刀。浮动镗刀适用于孔的精加工，实际上相当于铰刀，能镗削出尺寸精度高和表面光洁的孔，但不能修正孔的直线性偏差。为了提高重磨次数，浮动镗刀常制成可调结构。

（1）两端都有切削刃，工作时可消除径向力对镗杆的影响，工件的孔径尺寸与精度由镗刀径向尺寸保证。

（2）多采用浮动连接结构，可减少镗刀块安装误差及镗杆径向跳动所引起的加工误差。

（3）孔的加工精度可达 IT6～IT7，R_a 达 $0.8\ \mu m$。

双刃镗刀，结构简单、刃磨方便，刀杆方孔制造要求较高，如图 4-1-42 所示。

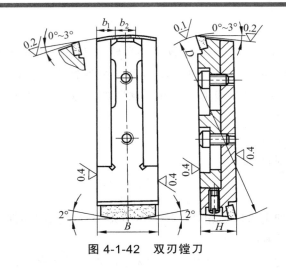

图 4-1-42　双刃镗刀

3. 其他孔加工刀具

其他孔加工刀具如图 4-1-43 所示。

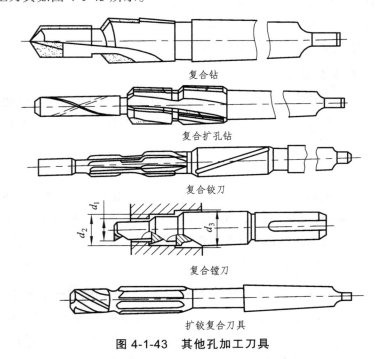

复合钻

复合扩孔钻

复合铰刀

复合镗刀

扩铰复合刀具

图 4-1-43　其他孔加工刀具

十五、镗床和钻床

（一）镗　床

（1）应用。

镗床是一种主要用镗刀在工件上加工孔的机床，通常用于加工尺寸较大、精度要求较高的孔，特别是分布在不同表面上、孔距和位置精度要求较高的孔，如各种箱体、汽车发动机缸体等零件上的孔，还可以进行铣削、钻孔、扩孔、铰孔等工作。镗床的主要类型有卧式镗床、坐标镗床和金刚镗床等。如图 4-1-44 所示为卧式镗床的结构，图 4-1-45 所示为卧式镗床的主要工艺范围。

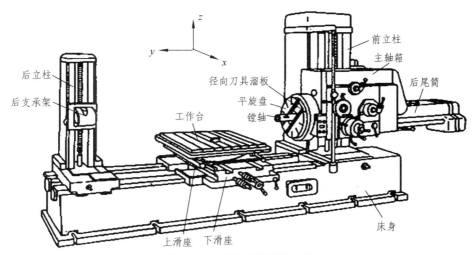

图 4-1-44 卧式镗床的结构

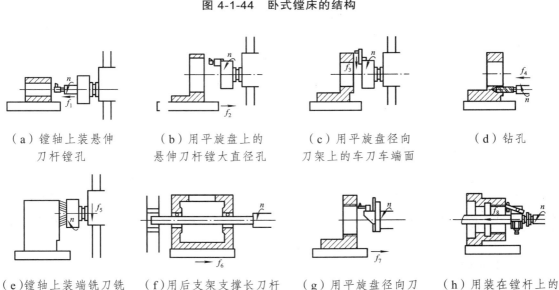

（a）镗轴上装悬伸　　　（b）用平旋盘上的　　　（c）用平旋盘径向　　　（d）钻孔
刀杆镗孔　　　　　悬伸刀杆镗大直径孔　　刀架上的车刀车端面

（e）镗轴上装端铣刀铣　（f）用后支架支撑长刀杆　（g）用平旋盘径向刀　（h）用装在镗杆上的
平面　　　　　镗两同轴孔　　　　架上的车刀车螺纹　　刀具车内沟槽

图 4-1-45 卧式镗床的主要工艺范围

（2）镗削特点：刀具结构简单，通用性好，可粗加工，也可半精加工和精加工，适用于批量较小的加工，镗孔质量取决于机床精度。

（3）运动分析：主运动为镗刀的旋转运动，进给运动为镗刀或工件的移动。

（4）分类：镗床分为卧式镗床、坐标镗床和金刚镗床。

① 卧式镗床：镗床中应用最广泛的一种，主要用于孔加工，镗孔精度可达 IT7，还能铣削平面、钻削、加工端面和凸缘的外圆及切螺纹等，主要用在单件小批量生产和修理车间加

工孔（圆度误差不超过 5 μm，表面粗糙度为 0.63 ~ 1.25 μm）。卧式镗床的主参数为主轴直径。

② 坐标镗床：一种高精度的机床。其主要特点是具有坐标位置的精密测量装置。

③ 金刚镗床：一种高速精密镗床。其主要特点是 v_c 很高，a_p 和 f 很小，加工精度可达 IT5 ~ IT6，R_a 达 0.63 ~ 0.08 μm。

（二）钻　床

（1）应用：钻床是用钻头在工件上加工孔的机床，通常用于加工外形比较复杂、设有对称回转线的工件上的孔和加工尺寸较小、精度要求不太高的孔，可完成钻孔、扩孔、铰孔及攻螺纹等工作。

（2）运动分析：工件固定，刀具做旋转主运动，同时沿轴向做进给运动。

（3）钻床的主参数：最大钻孔直径。

（4）分类：钻床分为立式钻床、摇臂钻床、台式钻床、深孔钻床及其他钻床。

① 立式钻床：适用于中小工件的单件、小批量生产。

② 摇臂钻床：适用于加工一些大而重的工件上的孔（工件不动，移动主轴）。

③ 台式钻床：小型钻床，常安装在台桌上，用来加工直径<12 mm 的孔。

④ 深孔钻床及其他钻床。

（5）钻削特点：刀具刚性差，排屑困难，切削热不易排出。

十六、磨削加工

磨削是用带有磨粒的工具（砂轮、砂带、油石等）对工件进行切削加工的方法。磨削是目前半精加工和精加工的主要方法之一，并已逐步应用到了粗加工中。

（一）普通磨具

1. 普通磨具的类型

所谓普通磨具是指用普通磨料制成的磨具，如刚玉类磨料、碳化硅类磨料和碳化硼磨料制成的磨具。按磨料的结合形式的不同，磨具分为固结磨具、涂附磨具和研磨膏。根据不同的使用方式，固结磨具可制造成砂轮、油石、砂瓦、磨头、抛磨块等；涂附磨具可制成纱布、砂纸带、砂带等。研磨膏可分成硬膏和软膏。

2. 砂轮的特性及其选择

砂轮是最重要的磨削工具，是指用结合剂把磨粒黏接起来，经压坯、干燥、焙烧而制成的疏松的盘状、轮状等各种形状的磨具。

（1）磨料。

磨料是制造砂轮的主要材料，直接担负切削工作。磨料具有高硬度、高耐热性和一定的韧性，在磨削过程中受力破坏后还能形成锋利的几何形状。常用的磨料有氧化物系（刚玉类）、碳化物系和超硬磨料系三类。

（2）粒度。

粒度是指磨粒颗粒的大小，通常分为磨粒（颗粒尺寸>40 μm）和微粉（颗粒尺寸≤40 μm）两类。磨粒用筛选法确定粒度号，粒度号越大，表示磨粒颗粒越小。微粉按其颗粒的实际尺寸分级。一般来说，粗磨用粗粒度（30# ~ 46#），精磨用细粒度（60# ~ 120#）。

（3）硬度。

砂轮的硬度是指砂轮工作表面的磨粒在磨削力的作用下脱落的难易程度，反映磨粒与结合剂的黏固强度。磨粒不易脱落，称砂轮硬度高；反之，称砂轮硬度低。砂轮的硬度从低到高分为超软、软、中软、中、中硬、硬、超硬7个等级。工件材料较硬时，为使砂轮有较好的自砺性，应选用较软的砂轮；工件与砂轮的接触面积大，工件的导热性差时，为减少磨削热，避免工件表面烧伤，应选用较软的砂轮；对于精磨和成形磨削，为了保持砂轮的廓形精度，应选用较硬的砂轮；粗磨时应选用较软的砂轮，以提高磨削效率。

（4）结合剂。

结合剂是将磨料黏接在一起，使砂轮具有必要的形状和强度的材料。结合剂的性能对砂轮的强度、抗冲击性、耐热性、耐腐蚀性以及对磨削温度和磨削表面质量都有较大的影响。

常用结合剂的种类有陶瓷、树脂、橡胶及金属等。陶瓷结合剂的性能稳定，耐热，耐酸碱，价格低廉，应用最为广泛。树脂结合剂强度高，韧性好，多用于高速磨削和薄片砂轮。橡胶结合剂适用于无心磨的导轮、抛光轮、薄片砂轮等。金属结合剂主要用于金刚石砂轮。

（5）组织。

砂轮的组织是指砂轮中磨粒、结合剂和气孔三者间的体积比例关系。按磨粒在砂轮中所占体积的不同，砂轮的组织分为紧密、中等和疏松三大类。生产中常用的是中等组织的砂轮。

3. 砂轮的形状、尺寸与标志

（1）根据不同的用途、磨削方式和磨床类型，砂轮被制成各种形状和尺寸，并已标准化，如表 4-1-11 所示。

表 4-1-11　常用砂轮的名称、代号和主要用途

类　别	名　称	代　号	特　性	用　途
氧化物系	棕刚玉	A（GZ）	含 91%～96% 的氧化铝。棕色，硬度高，韧性好，价格便宜	磨削碳钢、合金钢、可锻铸铁、硬青铜等
	白刚玉	WA（GB）	含 97%～99% 的氧化铝。白色，比棕刚玉硬度高、韧性低，自锐性好，磨削时发热少	精磨淬火钢、高碳钢、高速钢及薄壁零件
碳化物系	黑色碳化硅	C（TH）	含 95% 以上的碳化硅。呈黑色或深蓝色，有光泽。硬度比白刚玉高，性脆而锋利，导热性和导电性良好	磨削铸铁、黄铜、铝、耐火材料及非金属材料
	绿色碳化硅	GC（TL）	含 97% 以上的碳化硅。呈绿色，硬度和脆性比 TH 高，导热性和导电性好	磨削硬质合金、光学玻璃、宝石、玉石、陶瓷、珩磨发动机气缸套等
高硬磨料系	人造金刚石	D（JR）	无色透明或淡黄色、黄绿色、黑色。硬度高，比天然金刚石性脆。价格比其他磨料贵好多倍	磨削硬质合金、宝石等高硬度材料
	立方氮化硼	CBN（JLD）	立方形晶体结构，硬度略低于金刚石，强度较高，导热性能好	磨削、研磨、珩磨各种既硬又韧的淬火钢和高钼、高矾、高钴钢及不锈钢

注：括号内的代号是旧标准代号。

（2）粒度及其选择。粒度指磨料颗粒的大小。粒度分磨粒与微粉两组。磨粒用筛选法分类，它的粒度号以筛网上一英寸长度内的孔眼数来表示。例如，60# 粒度的磨粒，说明能通过每英寸有 60 个孔眼的筛网，而不能通过每英寸 70 个孔眼的筛网。微粉用显微测量法分类，它的粒度号以磨料的实际尺寸来表示（W）。各种粒度号的磨粒尺寸如表 4-1-12 所示。

表 4-1-12　磨料粒度号及其颗粒尺寸

磨 粒		磨 粒		微 粉	
粒度号	颗粒尺寸/mm	粒度号	颗粒尺寸/mm	粒度号	颗粒尺寸/mm
14#	1 600 ~ 1 250	70#	250 ~ 200	W40	40 ~ 28
16#	1 250 ~ 1 000	80#	200 ~ 160	W28	28 ~ 20
20#	1 000 ~ 800	100#	160 ~ 125	W20	20 ~ 14
24#	800 ~ 630	120#	125 ~ 100	W14	14 ~ 10
30#	630 ~ 500	150#	100 ~ 80	W10	10 ~ 7
36#	500 ~ 400	180#	80 ~ 63	W7	7 ~ 5
46#	400 ~ 315	240#	63 ~ 50	W5	5 ~ 3.5
60#	315 ~ 250	280#	50 ~ 40	W3.5	3.5 ~ 2.5

注：比 14# 粗的磨粒及比 W3.5 细的微粉很少使用，表中未列出。

磨料粒度的选择，主要与加工表面粗糙度和生产率有关。

例 3　查表解释 PSA400 × 100 × 127A60L5B35 的含义。

解：PSA 砂轮形状为双面凹砂轮，尺寸外径为 400 mm，厚度为 100 mm，内径为 127 mm，磨料为棕刚玉（A），粒度为 60#，硬度为中软（L），组织号为 5 号（中等），结合剂为树脂（B），最高线速度为 35 m/s。

砂轮的特性用代号标注在砂轮端面上，用以表示砂轮的磨料、粒度、硬度、结合剂、组织、形状、尺寸及最高工作线速度。

（二）超硬磨具

超硬磨具是指用金刚石、立方氮化硼等以显著高硬度为特征的磨料制成的磨具，可分为金刚石磨具、立方氮化硼磨具和电镀超硬磨具。超硬磨具一般由基体、过渡层和超硬磨料层三部分组成，磨料层厚度为 1.5 ~ 5 mm，主要由结合剂和超硬磨粒组成，起磨削作用。

超硬磨具的粒度、结合剂等特性与普通磨具相似。浓度是超硬磨具所具有的特殊性。浓度是指超硬磨具磨料层内每立方厘米体积内所含的超硬磨料的质量，它对磨具的磨削效率和加工成本有着重大的影响。浓度过高，很多磨粒易过早脱落，导致磨料的浪费；浓度过低，磨削效率不高，不能满足加工要求。

（三）磨削加工工艺

磨削除可以加工铸铁、碳钢、合金钢等一般结构材料外，还能加工一般刀具难以切削的高硬度材料，如淬火钢、硬质合金、陶瓷和玻璃等；但不宜精加工塑性较大的有色金属工件。

磨削不仅可以加工外圆面、内圆面、平面、成形面、螺纹、齿形等各种表面，还常用于各种刀具的刃磨，如图 4-1-46 所示为磨削的应用。

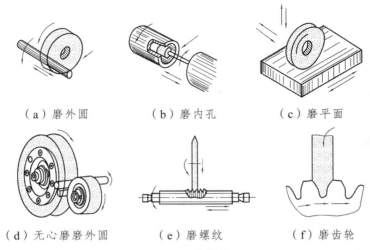

（a）磨外圆　　　　　（b）磨内孔　　　　　（c）磨平面

（d）无心磨磨外圆　　　（e）磨螺纹　　　　　（f）磨齿轮

图 4-1-46　磨削的应用

根据工件被加工表面的形状和砂轮与工件的相对运动，磨削加工分为外圆磨削、内圆磨削、平面磨削、无心磨削等几种主要的加工类型。此外，还可以对凸轮、螺纹、齿轮等零件进行磨削。

1. 外圆磨削

磨削加工中，砂轮的高速旋转运动为主运动，磨削速度是指砂轮外圆的线速度。进给运动有工件的圆周运动、轴向进给运动和砂轮相对工件的径向进给运动。工件的圆周进给运动是指工件外圆的线速度。

轴向进给量是指工件转一周沿轴线方向相对于砂轮移动的距离。$f_a = (0.02 \sim 0.08)B$，B 为砂轮宽度，单位为 mm。径向进给量是指砂轮相对于工件在工作台每双行程内径向移动的距离，单位符号为 mm/dstr 或 mm/str。

外圆磨削按照不同的进给方向可分为纵磨法和横磨法，如图 4-1-47 所示为外圆磨削工艺。

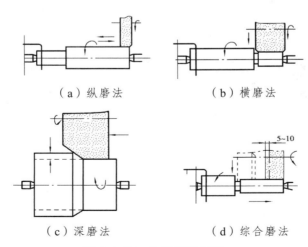

（a）纵磨法　　　　　　（b）横磨法

（c）深磨法　　　　　　（d）综合磨法

图 4-1-47　外圆磨削工艺

（1）纵磨法：磨削外圆时，砂轮的高速旋转为主运动，工件做圆周进给运动，同时随着工作台沿工件轴向做纵向进给运动。

（2）横磨法：采用这种磨削形式，在磨削外圆时工件不需做纵向进给运动，砂轮以缓慢的速度连续或断续地沿工件径向做横向进给运动，直至达到精度要求。

2．内圆磨削

普通内圆磨削以砂轮高速旋转做主运动，工件旋转做圆周进给运动，同时砂轮或工件沿其轴线往复做纵向进给运动，工件沿其径向做横向进给运动。

与外圆磨削相比，内圆磨削磨孔时，砂轮直径受到工件孔径的限制，直径较小；为了保证正常的磨削速度，小直径砂轮转速要求较高；砂轮轴的直径由于受孔径的限制比较细小，而悬伸长度较大，刚性较差，磨削时容易发生弯曲和振动，使用时工件的加工精度和表面粗糙度难于控制，限制了磨削用量的提高。

3．平面磨削

高精度平面及淬火零件的平面加工，大多数采用平面磨削方法。平面磨削主要在平面磨床上进行。磨削时，砂轮的工作表面可以是圆周表面，也可以是端面。按主轴布局及工作台形状的组合，普通平面磨床可分为四类。

（1）周磨：磨削以砂轮的圆周表面进行磨削，砂轮与工件的接触面积小，发热少，磨削力引起的工艺系统变形也小，加工表面的精度和质量较高，但生产率较低。以这种方式工作的平面磨床，砂轮主轴为水平（卧式）布置，如图4-1-48（a）、（b）所示。

 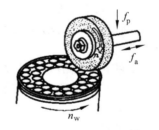

（a）卧轴矩台平面磨床磨削　　（b）卧轴圆台平面磨床磨削

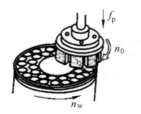 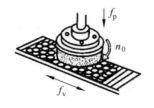

（c）立轴圆台平面磨床磨削　　　　（d）立轴矩台平面磨床磨削

图 4-1-48　普通平面磨床

（2）端磨：用砂轮（或多块扇形的砂瓦）的端面进行磨削，砂轮与工件的接触面积较大，切削力增加，发热量也大，但冷却、排屑条件较差，加工表面的精度及质量比前一种方式稍低，但生产率较高。以此方式加工的平面磨床，砂轮主轴为垂直（立式）布置，如图4-1-48（c）、（d）所示。

4. 无心磨削

如图 4-1-49 所示为无心外圆磨削，其磨削方式有贯穿磨削法（纵磨法）和切入磨削法（横磨法）两种。

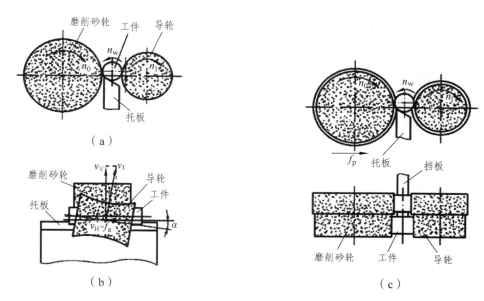

图 4-1-49　无心外圆磨削

（1）贯穿磨削法（纵磨法）。

用贯穿法磨削时，将工件从机床前面放到托板上并推至磨削区。导轮轴线在垂直平面内倾斜一个 α 角，导轮表面经修整后为一回转双曲面，其直母线与托板表面平行。工件被导轮带动回转时产生一个水平方向的分速度，从导轮与磨削砂轮之间穿过。贯穿法磨削时，工件可以一个接一个地连续进入磨削区，生产率高且易于实现自动化。贯穿法可以磨削圆柱形、圆锥形、球形工件，但不能磨削带台阶的圆柱形工件。

（2）切入磨削法（横磨法）。

用切入法磨削时，导轮轴线的倾斜角度很小，仅用于使工件产生小的轴向推力，顶住挡块从而得到可靠的轴向定位，工件与导轮向磨削轮做横向切入进给，或由磨削轮向工件进给。

（四）磨削原理

1. 磨削过程分析

磨削过程是由磨具上的无数个磨粒的微切削刃对工件表面的微切削过程所构成的。

单个磨粒的典型磨削过程可分为以下 3 个阶段：

（1）滑擦阶段：磨粒切刃开始与工件接触，由于磨粒有很大的负前角和较大的刃口圆弧半径，切削厚度非常小，只是在工件表面上滑擦而过，工件仅产生弹性变形。磨粒继续前进时，随着挤入深度增大而与工件间的压力逐步增大，表面金属由弹性变形逐步过渡到塑性变形。

（2）刻划阶段：工件材料开始产生塑性变形，就表示磨削过程进入刻划阶段。此时磨粒切入金属表面，由于金属的塑性变形，磨粒的前方及两侧出现表面隆起现象，在工件表面刻划成沟纹。这一阶段磨粒与工件间积压摩擦加剧，磨削热显著增加。

（3）切削阶段：随着切削厚度的增加，在达到临界值时，被磨粒推挤的金属明显滑移而形成切屑。

2. 磨削阶段

磨削时，由于径向分力的作用，致使磨削时工艺系统在工件径向产生弹性变形，使实际磨削深度与每次的径向进给量有所差别，所以，实际磨削过程可分为3个阶段。

（1）初磨阶段。

在砂轮最初的几次径向进给中，由于工艺系统的弹性变形，实际磨削深度比磨床刻度所显示的径向进给量要小。工艺系统刚性越差，此阶段越长。

（2）稳定阶段。

随着径向进给次数的增加，机床、工件、夹具工艺系统的弹性变形抗力也逐渐增大。直至上述工艺系统的弹性变形抗力等于径向磨削力时，实际磨削深度等于径向进给量，此时进入稳定阶段。

（3）光磨阶段。

由于工艺系统的弹性变形逐渐恢复，实际径向进给量并不为零，而是逐渐减小。

3. 磨削力与磨削温度

（1）磨削力。单个磨粒切除的材料虽然很少，但一个砂轮表层有大量磨粒同时工作，而且磨粒的工作角度很不合理，因此总的磨削力相当大。总磨削力可分解为3个分力：F_z 主磨削力（切向磨削力）、F_y 切深力（径向磨削力）、F_x 进给力（轴向磨削力）。

（2）磨削力的主要特征。

① 单位磨削力很大：由于磨粒几何形状的随机性和参数的不合理性，磨削时单位磨削力很大，为 70 000 N/mm^2 以上。

② 三向分力中切削力 F_y 值最大：在正常磨削条件下，F_y/F_z 为 2.0～2.5。由于 F_y 对砂轮轴、工件的变形与振动有关，直接影响加工精度与表面质量，故切削力十分重要。

③ 磨削温度：磨削时由于速度很高，而且切除单位体积金属所耗的能也高（为车削时的 10～20 倍），因此磨削温度很高。

（五）磨　床

磨床是用磨料磨具（砂轮、砂带、油石和研磨料）为工具进行切削加工的机床，广泛用于零件的精加工，尤其是淬硬钢件、高硬度特殊材料及非金属材料（如陶瓷）的精加工。

磨床的种类很多，其主要类型有外圆磨床、内圆磨床、平面磨床、工具磨床、刀具和刃具磨床及各种专门化磨床，此外还有珩磨机、研磨机和超精加工机床等。

1. M1432A 万能外圆磨床

M1432A 万能外圆磨床主要用于磨削内、外圆柱表面和圆锥表面，也能磨阶梯轴的轴肩和端面，属于精加工机床，磨削精度为 IT6～IT7，R_a 为 1.25～0.08 μm，切削力变化不大，最大磨削长度为 1 500 mm，最大磨削直径为 320 mm。

（1）磨床技术参数。

磨床的最大磨削范围（直径×长度）≥ϕ320 mm×1 000 mm、中心高为180 mm、外圆磨削直径为ϕ8～ϕ320 mm、内圆磨削直径为ϕ30～ϕ100 mm、磨削长度（外圆/内圆）≥1 000 mm/125 mm、砂轮最大线速度≥35 m/s、砂轮主轴转速≥1 600 r/min，工作台速度为0.1～4 m/min、砂轮尺寸（外径×宽×内径）400 mm×(32～50) mm×203 mm、最大工件质量≥100 kg。

（2）主运动和进给运动。

M1432A磨床磨外圆时主运动为砂轮的回转运动；磨内圆时主运动为内圆磨具的砂轮的回转运动，进给运动为工件的圆周进给运动，即头架主轴的回转运动；工作台的纵向进给运动由液压传动实现；砂轮架的横向进给运动，每当工作台一个纵向往复运动终了，由机械传动机构使砂轮架横向移动一个位移量（控制磨削深度），为步进运动。图4-1-50为M1432A万能外圆磨床的传动系统。

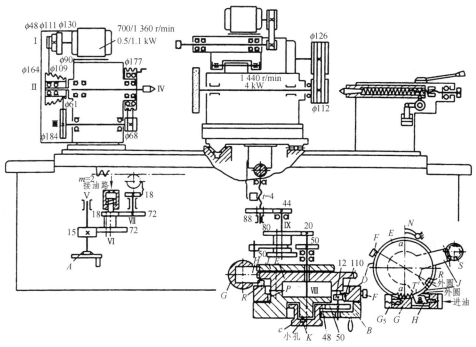

图 4-1-50　M1432A 万能外圆磨床的传动系统

（3）机床液压系统的性能。

① 能实现工作台的自动往复运动，并能在0.05～4 m/min无级调速，工作台换向平稳，启动制动迅速，换向精度高。

② 为方便装卸工件，尾架顶尖的伸缩采用液压传动。

③ 工作台可做微量抖动：切入磨削或加工工件略大于砂轮宽度时，为了提高生产率和改善表面粗糙度，工作台可做短距离（1～3 mm）、频繁往复运动（100～150次/min）。

④ 传动系统设有联锁装置。

a. 工作台液动与手动联锁，以免液动时带动手轮旋转引起工伤事故。

b. 砂轮架快速前进时，可保证尾架顶尖不后退，以免加工时工件脱落。

c. 磨内孔时，为使砂轮不后退，传动系统中设有与砂轮架快速后退联锁的机构，以免撞坏工件或砂轮。

⑤ 砂轮架快进时，头架带动工件转动，冷却泵启动；砂轮架快速后退时，头架与冷却泵电机停转。

2. 无心外圆磨床

无心外圆磨床磨削时，工件放在砂轮和导轨之间，由托板支撑进行磨削。无心外圆磨床与外圆磨床相比，具有以下优点：

① 生产率高（无需打中心孔，且装夹省时），所以多用于成批生产和大量生产。

② 磨削表面尺寸精度、几何形状精度较高，表面粗糙度值小。

③ 能配上自动上料机构，实现自动化生产。

3. 内圆磨床

内圆磨床用于磨圆柱孔和圆锥孔，其主参数是最大磨削内孔直径。

4. 平面磨床

平面磨床分为卧轴矩台式磨床（生产率低些，但加工精度较高，表面粗糙度值较小，属于周边磨削）、立轴矩台式磨床、立轴圆台式磨床（生产率高，但加工精度较低，表面粗糙度值较大，属于端面磨削）、卧轴圆台式磨床。

5. 工具磨床

工具磨床包括工具曲线磨床、钻头沟槽磨床等。

6. 刀具刃具磨床

刀具刃具磨床包括万能工具磨床、车刀刃磨磨床、滚刀刃磨磨床。

7. 专门化磨床

专门化磨床包括花键轴磨床、曲轴磨床、齿轮磨床、螺纹磨床等。

8. 其他磨床

其他磨床包括珩磨机、研磨机、砂轮磨床、超精加工机床等。

十七、齿形加工

（一）齿形加工工艺

齿轮的加工方法分为无切削加工和切削加工两类。

1. 无切削加工

齿轮的无切削加工包括铸造、热轧、冷挤、注塑等方法。无切削加工具有生产率高、材料消耗小和成本低等优点。

2. 切削加工

对于有较高传动精度要求的齿轮来说，切削加工仍是目前主要的加工方法。通常要经过切削和磨削加工来获得所需的齿轮精度。根据所用加工装备的不同，齿轮的切削加工分为铣齿、滚齿、插齿、刨齿、磨齿、剃齿、珩齿等多种方法，如图 4-1-51 为齿形常用加工方案的比较。

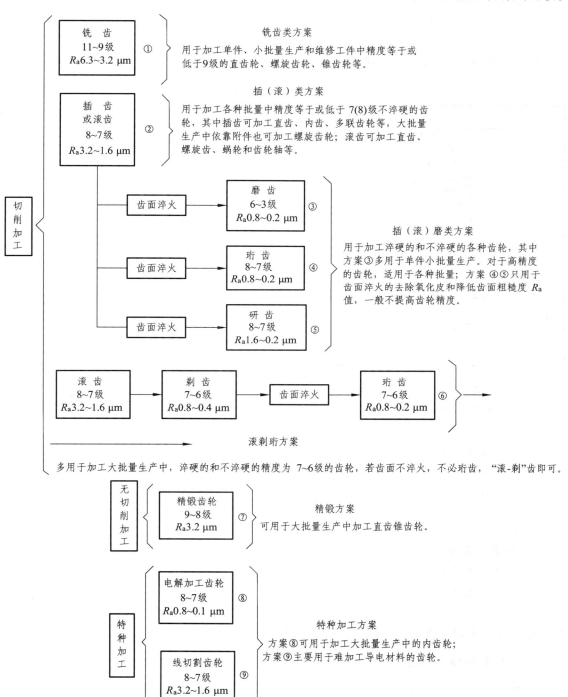

图 4-1-51　齿形常用加工方案比较

（二）齿形加工原理

按齿轮轮廓的成形原理不同，齿轮的切削加工又可分为成形法和展成法两种。

用一把刀加工模数相同、直径不同的多种齿轮，刀刃形状与齿轮齿槽形状一致，用铣削的方法完成。

（1）成形法：用与被加工齿轮齿槽形状相同的成形刀具切削轮齿的方法，如表 4-1-13 所示。

表 4-1-13　成形法铣削齿轮

类型	图　示	加工范围	特　点
盘形铣刀	1—盘铣刀；2—工件	一般用盘铣刀加工模数 $m<8$ 的齿轮	铣齿刀的模数、压力角必须与被加工齿轮的模数、压力角一致； 铣刀的号数有限，造成加工出的齿轮齿形有误差，精度较低； 分度的误差会影响齿形的精度； 加工不连续，生产率低，不宜用于大量生产； 在普通铣床上用成形法加工齿形，加工精度应不高于 8 级，表面粗糙度 R_a 为 $6.3 \sim 3.2\ \mu m$
指状铣刀	1—指状铣刀；2—工件	指状铣刀常用于加工模数 $m>8$ 的齿轮，特别用于大模数，如 $m>20\ mm$ 的齿轮和人字齿轮	

（2）展成法（包络法或范成法）：是利用齿轮的啮合原理进行切削的，只需一把刀具就能加工出模数相同而齿数不同的齿轮，其加工精度和生产率比成形法高，因而应用也最广泛。采用展成法加工齿轮的机床有滚齿机、插齿机、磨齿机、剃齿机和珩齿机等。

（3）齿轮精加工方法：采用此方法加工齿轮的机床有剃齿、珩齿、磨齿、研齿等。

（4）齿轮粗加工方法：采用此方法加工齿轮的机床有铣齿、滚齿、插齿机等。

（5）齿轮刀具。

齿轮刀具是用于切削齿轮齿形的刀具。其结构复杂，种类繁多。按其工作原理齿轮刀具分为以下两大类。

① 成形法齿轮刀具：这类刀具切削刃的廓形与被切齿轮齿槽的廓形相同或相似。常用的成形法齿轮刀具有盘形齿轮铣刀、指状齿轮铣刀等。

② 展成法齿轮刀具：这类刀具是利用齿轮的啮合原理来加工齿轮的。加工时，刀具本身就相当于一个齿轮，与被切齿轮做无侧隙啮合，工件齿形由刀具切削刃在展成过程中逐渐切削包络而成。常用的展成法齿轮刀具有齿轮滚刀、插齿刀、剃齿刀等。

（三）齿轮加工机床

齿轮加工机床分为圆柱齿轮加工机床（主要有滚齿机、插齿机等）、圆锥齿轮加工机床（有加工直齿锥齿轮的刨齿机、铣齿机、拉齿机和加工弧齿锥齿轮的铣齿机）、精加工轮齿的机床（有珩齿机、剃齿机和磨齿机等）。

（四）滚齿加工原理

滚齿加工是一对交错轴螺旋齿轮的啮合传动过程。在加工过程中，滚刀相当于一个螺旋角很大的斜齿圆柱齿轮，与被加工齿轮做空间啮合，滚刀的刀齿就将齿轮齿形逐渐包络出来。滚齿时，滚刀轴线与工件端面倾斜一定角度。滚刀的旋转运动为主运动。加工直齿轮时，滚刀每转一转，工件转过一个齿（当滚刀为单头时）或数个齿（当滚刀为多头时），以形成展成运动，即圆周进给运动；为了在齿轮的全齿宽上切出牙齿，滚刀还需沿齿轮轴线方向进给。加工斜齿轮时，除上述运动外，还需给工件一个附加的转动，以形成斜齿轮的螺旋齿槽。

（五）Y3150E 型滚齿机

1. 结 构

Y3150E 型滚齿机由床身、立柱、刀架溜板、刀杆、滚刀架、支架、心轴、后立柱、工作台、床鞍组成，如图 4-1-52 所示。

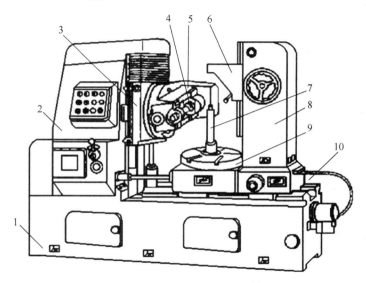

图 4-1-52 Y3150E 滚齿机外形图

1—床身；2—立柱；3—刀架溜板；4—刀杆；5—滚刀架；6—支架；
7—工件心轴；8—后立柱；9—工作台；10—床鞍

2. 加工工艺范围

用于成批、小批、单件生产直齿圆柱外齿轮、斜齿圆柱外齿轮、蜗轮、短花键轴、链轮等。

3. 主要技术参数

Y3150E 滚齿机最大加工直径为 500 mm、最大加工模数为 8 mm、最大加工宽度为 250 mm、工件最少齿数 $z = 5 \times k$（k 为滚刀线数）、主轴转速为 9 级（40 ~ 250 r/min）、刀架垂直进给量为 12 级（0.4 ~ 4 mm/r）、刀架最大回转角度为 240°。

4. 传动系统

Y3150E 型滚齿机传动系统如图 4-1-53 所示。

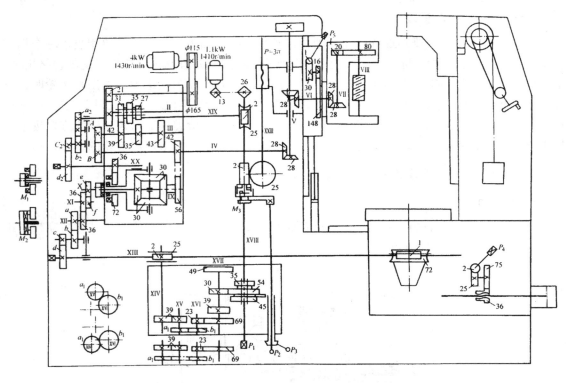

图 4-1-53　Y3150E 型滚齿机传动系统

（六）齿轮滚刀

齿轮滚刀的材料为高速钢，其尺寸已标准化，直径变化范围小。工件材料为铸铁和钢，且滚刀刃磨麻烦，故选用的切削速度较低。

1. 滚刀基本蜗杆

齿轮滚刀相当于一个齿数很少、螺旋角很大且轮齿很长的斜齿圆柱齿轮，进一步演化为蜗杆传动，为了使这个蜗杆能起到切削作用，需在其上开出几个容屑槽（直槽或螺旋槽），形成很多较短的刀齿，因此产生前刀面和切削刃。每个刀齿有两个侧刃和一个顶刃。滚刀的切削刃必须保持在蜗杆的螺旋面上，这个蜗杆就是滚刀的齿形蜗杆，也称为滚刀的基本蜗杆。如图 4-1-54 所示为滚刀的成形过程。

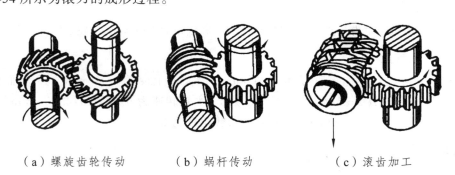

（a）螺旋齿轮传动　　　（b）蜗杆传动　　　（c）滚齿加工

图 4-1-54　滚刀的成形过程

基本蜗杆有渐开线蜗杆和阿基米德蜗杆两种。渐开线蜗杆在其端剖面内的齿形是渐开线，在其基圆柱的切平面内的齿形是直线，但在轴剖面和法剖面内的齿形都是曲线，这就使滚刀的制造和检验较为困难，因此，生产中一般采用阿基米德蜗杆或法向直廓蜗杆，作为齿轮滚刀的基本蜗杆。阿基米德蜗杆在轴剖面内的齿形为直线，而法向直廓蜗杆在法剖面内的齿形为直线。

2. 滚刀的选用

用于加工标准压力角为 20° 的渐开线齿轮的齿轮滚刀已经标准化，均为阿基米德整体式滚刀，模数 $m = 1 \sim 10$ mm，单头，右旋，0° 前角和直槽。

选用齿轮滚刀时，应注意以下几点：

① 齿轮滚刀的基本参数（如模数、压力角、齿顶高系数等）应按被切齿轮的相同参数选取。而齿轮滚刀的参数标注在其端面上。

② 齿轮滚刀的精度等级，应按被切齿轮的精度要求或工艺文件的规定选取。

③ 齿轮滚刀的旋向，应尽可能与被切齿轮的旋向相同，以减小滚刀的安装角度，避免产生切削振动，以提高加工精度和表面质量。滚切直齿轮，一般用右旋滚刀；滚切左旋齿轮，最好选用左旋滚刀。

十八、其他齿轮加工方法

（一）插齿加工

1. 插齿原理

插齿原理相当于一对圆柱齿轮相啮合，其中一个假想的齿轮是工件，另一个齿轮转化为磨有前角、后角而形成切削刃的刀具——插齿刀。

2. 插齿刀

齿轮磨出前后角以形成切削刃，啮合运动包络线形成齿形。插齿刀的形状如同圆柱齿轮，具有前角、后角和切削刃。插齿时，切削刃随插齿机床的往复运动在空间形成一个渐开线齿轮，称为产形齿轮。展成运动一方面包络形成齿轮渐开线齿廓，另一方面又是切削时的圆周进给运动和连续的分齿运动。在开始切削时，还有径向进给运动，切到全齿深时径向进给运动自动停止。为了避免后刀面与工件摩擦，插齿刀每次空行程退刀时，应有让刀运动。插齿刀是一种展成法齿轮刀具，它可以用来加工同模数、同压力角的任意齿数的齿轮；既可以加工标准齿轮，也可以加工变位齿轮。

3. 工艺特点

插齿加工应用广，可加工直齿轮、多联齿轮、内齿轮，扇形齿轮，齿条精度为 7 ~ 8 级，R_a 为 1.6 μm，做往复运动，有空行程，效率低，传动链复杂，运动多，切向误差大，传递运动准确性比滚齿低，多用于中小模数齿轮的加工。插齿刀制造、刃磨方便、精确，齿形误差小，传递运动平稳性比滚齿高，因往复频繁，导轨易磨损，刀具刚性差，而承受载荷均匀性比滚齿差，故齿向误差大。轮齿被切削的次数多，即包络线多，故插齿齿面粗糙度 R_a 值较小。硬质合金插齿刀可加工淬硬齿轮，精度为 6 ~ 7 级，R_a 为 0.8 ~ 0.4 μm，工艺简单，成本低。

（二）剃　齿

1. 剃齿原理

剃齿原理相当于一对螺旋齿轮做双面无侧隙啮合的过程。剃齿刀是一个沿齿面齿高方向上开有很多容屑槽形成切削刃的斜齿圆柱齿轮，另一个是被加工齿轮。

2. 剃齿的工艺特点及应用

① 剃齿加工效率高，一般只要求 2 ~ 4 min 便可完成一个齿轮的加工。

② 剃齿加工对齿轮的切向误差的修正能力差。

③ 剃齿加工对齿形误差和基节误差有较强的修正能力，有利于提高齿轮的齿形精度。

④ 剃齿刀是高精度斜齿轮，开槽形成切削刃。剃齿刀高速正反转，带动工件自由对滚，相对滑移，剃下切屑。

⑤ 工艺特点：精度为 6 ~ 7 级，R_a 为 0.8 ~ 0.2 μm，生产率高，机床结构简单，操作方便，刀具耐用度高，刀具昂贵，修磨难，是成批大量生产未淬硬齿轮的精加工工艺。无强制展成运动，对传递运动准确性提高不多或无法提高，但对传动平稳性和承载均匀性都有较大提高，齿面粗糙度值较小。剃前齿形加工以滚齿为好。

（三）磨　齿

磨齿是齿轮的精加工方法。磨齿机加工齿轮齿面的方式是用砂轮磨削，主要用于加工已淬硬的齿轮，但对模数较小的某些齿轮，可以直接在齿坯上磨出轮齿。

1. 成形法

成形法磨齿用的砂轮，需用专门的机构以金刚石进行修整，使其截面与被磨削齿轮的齿廓形状相同。

2. 展成法

（1）蜗杆形砂轮磨齿机：是一种连续磨削的高效率的磨齿机，其工作原理与滚齿机相同。

（2）锥形砂轮磨齿机：这种机床属于单齿分度型，每次磨削一个齿，其磨齿原理相当于齿轮和齿条相啮合。

（3）工艺特点：高精度齿面加工，精度为 4 ~ 6 级，最高 3 级，R_a 为 0.8 ~ 0.2 μm，可磨淬硬齿面，成本高，生产率低，适应硬齿面光整加工。

（4）加工工艺：按砂轮形状划分，磨齿分为碟形砂轮磨齿、锥形砂轮磨齿和蜗杆砂轮磨齿。

① 碟形砂轮磨齿：两片砂轮倾斜安装，构成齿条的齿面，精度为 3 ~ 5 级，生产率低。

② 锥形砂轮磨齿：砂轮修整成假想齿条的齿廓，精度为 5 ~ 6 级，生产率较高。

③ 蜗杆砂轮磨齿：砂轮为蜗杆状，运动与滚齿相同，精度为 4 ~ 5 级，生产率高，可大批量精加工生产齿轮。

（四）珩　齿

（1）原理：珩磨轮是磨料与环氧树脂等材料混合，通过浇铸或热压成斜齿轮。珩磨轮带动齿轮高速正反转做相对滑动，磨粒切削，起到低速磨削、研磨和抛光的作用。

（2）质量：对传递运动平稳性误差的修正能力较强；对传递运动准确性误差修正能力较差；对承受载荷均匀性误差有一定的修正能力；表面粗糙度 R_a 为 $0.8 \sim 0.2\ \mu m$，不烧伤，表面质量好。

（3）工艺特点：珩齿设备简单，成本低，生产率高，适用于成批大量中淬火后齿形的精加工，精度为 $6 \sim 7$ 级。

思考与练习

一、单选题

1. 随着进给量的增大，切削宽度会（　　　）。

A. 随之增大　　　B. 随之减小　　　C. 与其无关　　　D. 无规则变化

2. 切削平面通过切削刃上选定点，与基面垂直，并且（　　　）。

A. 与切削刃相切　　　　　　　　B. 与切削刃垂直

C. 与后面相切　　　　　　　　　D. 与前面垂直

3. 能够反映前刀面倾斜程度的刀具标注角度为（　　　）。

A. 主偏角　　　B. 副偏角　　　C. 前角　　　D. 刃倾角

4. 使被切削层与工件母体分离的剪切滑移变形主要发生在（　　　）

A. 第 1 变形区　　B. 第 2 变形区　　C. 第 3 变形区　　D. 刀屑接触区

5. 加工铸铁时形成（　　　）切屑。

A. 带状切屑　　　B. 挤裂切屑　　　C. 单元切屑　　　D. 崩碎切屑

6. 在其他条件相同的情况下，进给量增大则表面残留面积高度（　　　）。

A. 随之增大　　　B. 随之减小　　　C. 基本不变　　　D. 先小后大

7. 零件的生产纲领越大，其毛坯制造应该（　　　）。

A. 简化，以节省毛坯制造费用

B. 提高精度，以减少机械加工的工作量

C. 增加余量，以降低毛坯的废品率

8. 在镗床上镗箱体孔，先镗孔的一端，然后工件回转 180° 再镗孔的另一端，该加工过程属于（　　　）。

A. 两个工序　　　B. 两个工位　　　C. 两次安装　　　D. 两个工步

9. 车削加工时，四方刀架的每次转位意味着变换了一个（　　　）。

A. 工序　　　B. 工步　　　C. 安装　　　D. 走刀

10. 单件小批生产的特征是（　　　）。

A. 毛坯粗糙，工人技术水平要求低

B. 毛坯粗糙，工人技术水平要求高

C. 毛坯精化，工人技术水平要求高

二、填空题

1. 工件上由切削刃形成的那部分表面，称为_____。

2. 正交平面参考系包含 3 个相互垂直的参考平面，它们是_____和正交平面。

3. 夹具由_____、_____、_____和其他元件及装置组成。

4. 钻孔时，钻头绕本身轴线的旋转运动称为_____。

5. 用压板夹持工件钻孔时，垫铁应比工件_____。

6. 钻削由切削运动和_____运动组成。

7. 由于钻头_____，钻孔容易产生振动。

8. 齿轮切削加工法有仿形法、_____两种。

9. 齿轮可分为圆柱齿轮、圆锥齿轮、_____三大类。

10. 齿轮的加工可分为无屑加工、_____两种。

三、判断题（正确的在题后括号内画"√"，错误的画"×"）

1. 在外圆车削加工时，背吃刀量等于待加工表面与已知加工表面间的距离。（　　）

2. 主运动即主要由工件旋转产生的运动。（　　）

3. 齿轮加工时的进给运动为齿轮坯的啮合转动。（　　）

4. 主运动、进给运动和切削深度合称为切削量的三要素。（　　）

5. 进给量越大，则切削厚度越大。（　　）

6. 就四种切屑基本形态相比较，形成带状切屑时切削过程最平稳。（　　）

7. 就四种切屑基本形态相比较，形成崩碎切屑时的切削力最大。（　　）

8. 积屑瘤的存在对切削过程总是有害的，所以要尽力消除它。（　　）

9. 切削振动只会影响切削过程的平稳性，而不会影响已加工表面质量。（　　）

10. 当零件上有较多的表面需要加工时，应选择加工余量最大的表面作为粗基准。（　　）

四、名词解释

1. 切削运动

2. 切削用量

3. 切削厚度

4. 基面

5. 前角

6. 积屑瘤

7. 加工硬化

8. 月牙洼磨损

五、简答题

1. 一般情况下，刀具切削部分的材料应具有哪些基本性能？

2. 普通高速钢有哪些主要种类？其主要性能特点和应用范围如何？

3. 高速精车调质钢时，若选用普通硬质合金制作刀具，应选哪种牌号？为什么？

4. 试对比分析 YG3 与 YG8 硬质合金的成分、性能和适用范围的差异。

5. 什么是六点定位、完全定位、不完全定位、过定位和欠定位？

6. 使用机床夹具的目的是什么？

7. 夹紧与定位有什么区别与关联？

六、计算题

车削直径为 300 mm 的铸铁带轮外圆，若切削速度为 60 m/min，试求车床的主轴转速。

工作任务二　机械零件制造精度

机械加工的目的是将毛坯加工成符合产品要求的零件。通常，毛坯需要经过若干工序才能转化为符合产品要求的零件。

■任务情境

有些零件的结构合理，便于加工，制造精度高，费用低，其结构工艺性好，有什么诀窍？在加工时，可从尚需继续加工的表面标注工序尺寸，该如何保证其加工尺寸和精度？定位基准与设计基准不重合时，测量基准与设计基准不重合等情况下该如何满足其加工精度要求？

■任务目标

了解零件精度的概念，熟悉获得零件精度的方法，掌握机械加工对零件结构工艺性的要求，熟练掌握工艺尺寸链的概念，并能用工艺尺寸链进行相关计算。

■必备知识

一、机械零件加工精度

机械加工精度是指零件加工后的实际几何参数（尺寸、形状和表面间的相互位置）与理想几何参数的符合程度。符合程度越高，加工精度就越高。在机械加工过程中，由于各种因素的影响，使得加工出的零件不可能与理想的要求完全符合。

零件的加工精度包含 3 方面的内容：尺寸精度、形状精度和位置精度。这三者之间是有联系的。通常形状公差应限制在位置公差之内，而位置误差一般也应限制在尺寸公差之内。当尺寸精度要求高时，相应的位置精度、形状精度也要求高。但形状精度要求高时，相应的位置精度和尺寸精度有时不一定要求高，这要根据零件的功能要求来决定。

（一）零件的精度

1. 表面本身的精度

（1）表面本身的尺寸及精度，如圆柱面的直径、圆锥面的锥角。

（2）表面本身的形状精度，如平面度、圆度、轮廓度等。

2．不同表面之间的相互位置精度

（1）表面之间的位置尺寸及其精度，如平面之间的距离、孔间距、孔到平面的距离等。

（2）表面之间的相互位置精度，如平行度、垂直度、对称度等。

（二）获得零件精度的方法

机械加工是在工艺系统中进行的，零件尺寸、几何形状和表面间相对位置的获得，取决于工件和刀具在切削运动过程中的相对位置和相互运动关系，其精度取决于机床、夹具、刀具和工件这个工艺系统的精度。工艺系统中的各种误差都以不同程度和方式反映在加工误差中。工艺系统的误差是"因"，是根源；加工误差是"果"，是表现。因此，把工艺系统的误差称为原始误差。

（1）试切法。

试切法就是通过试切、测量、调整、再试切……，反复进行，直到被加工尺寸达到要求为止。这种方法的效率低，对操作者的技术水平要求高，主要适用于单件、小批量生产。

（2）调整法。

调整法是先调整好刀具和工件在机床上的相对位置，并在一批零件的加工过程中保持这个位置不变，以保证被加工尺寸的方法。调整法广泛应用于各类半自动、自动机床和自动线上的加工，适用于成批、大量生产。

（3）定尺寸刀具法。

定尺寸刀具法是用刀具的相应尺寸来保证工件被加工部位尺寸的方法，如铰孔、拉孔和攻螺纹等。这种方法的加工精度，主要取决于刀具的制造、刃磨质量和切削用量。其优点是生产率较高，但刀具制造较复杂，常用于孔、螺纹和成形表面的加工。

（4）自动控制法。

自动控制法是用度量装置、进给机构和控制系统构成加工过程的自动循环，即自动完成加工中的切削、度量、补偿、调整等一系列的工作，当工件达到要求的尺寸时，机床自动退刀，停止加工。

（三）影响加工精度的因素

工艺系统的各项原始误差都会使工件和刀具的相对位置或相互运动关系发生变化，造成加工误差。分析和产生各种原始误差的因素，积极采取措施，是保证和提高加工精度的关键。图 4-2-1 所示为活塞加工中精镗销孔示意图。

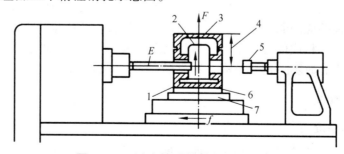

图 4-2-1　活塞销孔精镗工序示意图

1—定位止口；2—对刀尺寸；3—设计基准；4—设计尺寸；5—菱形销；6—定位基准；7—夹具

加工过程中影响加工精度的因素如下：

（1）装夹：活塞以止口及其端面为定位基准，用菱形销插入经半精镗的销孔中作周向定位，夹紧力作用在活塞的顶部。由于设计基准（顶面）与定位基准（止口端面）不重合，定位止口与夹具上凸台、菱形销与销孔的配合间隙会引起定位误差，若夹紧力过大会引起夹紧误差。这两项原始误差统称为工件装夹误差。

（2）调整：装夹工件前后，必须对机床、刀具和夹具进行调整，并在试切几个工件后再进行精确微调，才能使工件和刀具之间保持正确的相对位置。用夹具在工作台上作位置调整，调整菱形销与主轴的同轴度和对刀调整等。由于调整不可能绝对精确，因而就会产生调整误差。另外机床、刀具、夹具本身的制造误差在加工前就已经存在了。这类原始误差称为工艺系统的几何误差。应该注意的是，即使有夹具，在加工前也要进行一定的位置调整工作，这样才能使得待加工工件和加工刀具之间保持正确的相对位置。

（3）加工：由于在加工过程中产生了切削力、切削热和摩擦，也将引起工艺系统的受力变形、受热变形和磨损，影响了工件与刀具之间的相对位置，造成加工误差。这类在加工过程中产生的原始误差称为工艺系统的动误差。

（4）测量：在加工过程中，还必须对工件进行测量，任何测量方法和量具、量仪都不可能绝对准确，由此产生的误差称为测量误差。

原始误差的分类如图 4-2-2 所示。在切削加工过程中，各种原始误差的大小和方向是不同的，加工误差是在工序尺寸方向度量的。因此，不同的原始误差对加工精度有不同的影响。当原始误差的方向与工序尺寸的方向一致时，对加工精度的影响就最大。

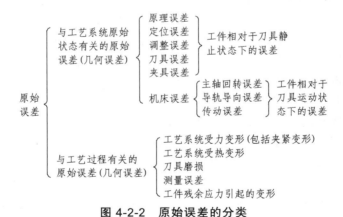

图 4-2-2　原始误差的分类

二、零件工艺尺寸链

对结构相同、要求相同的机器零件，可以采用几种不同的工艺过程完成，但其中总有一种工艺过程在某一特定条件下是最经济、最合理的。在现有的生产条件下，如何采用经济有效的加工方法，合理地安排加工工艺路线，以获得符合产品要求的零件，正是要解决的问题。

（一）尺寸链

1. 定　义

尺寸链是指在零件加工或机器装配过程中，由相互联系并按一定顺序排列的封闭尺寸组合。工艺尺寸链是指在机械加工过程中，由同一个零件有关工序尺寸组成的尺寸链。装配尺寸链是指在机器设计及装配过程中，由有关零件设计尺寸组成的尺寸链。

如图 4-2-3（a）所示的工件，如先以 A 面定位加工 C 面，得尺寸 A_1，然后再以 A 面定位，用调整法加工台阶面 B，得尺寸 A_2，要求保证 B 面与 C 面间的尺寸 A_0，而 A_0 与 A_1、A_2 构成一个封闭尺寸组，形成一个尺寸链，如图 4-2-3（b）所示。

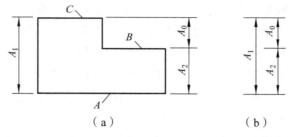

（a）　　　　　　　　（b）

图 4-2-3　工件及尺寸链图

2. 工艺尺寸链的组成

尺寸链的环：组成尺寸链的尺寸可分为封闭环和组成环。

（1）封闭环：在加工过程自然形成、间接获得的尺寸，用 A_0 表示，在图 4-2-3（b）所示的尺寸链中 A_0 是间接得到的尺寸，因此 A_0 就是封闭环。

（2）组成环：在加工过程中直接获得的尺寸，用 A_1、A_2、$\cdots$、A_i 表示，在图 4-2-3 所示的尺寸链中 A_1 与 A_2 都是通过加工直接得到的尺寸，故 A_1、A_2 都是尺寸链的组成环。

增环：在尺寸链中，其余各环不变，当该环增大，使封闭环相应增大的组成环。

减环：在尺寸链中，其余各环不变，当该环增大，使封闭环相应减小的组成环。

在建立尺寸链时，首先应确定哪一个尺寸是间接获得的尺寸，并把它定为封闭环，再从封闭环一端起，依次画出有关直接得到的尺寸作为组成环，直到尺寸的终端回到封闭环的另一端，形成一个封闭的尺寸链图。

在分析、计算尺寸链时，正确判断封闭环以及增环、减环是十分重要的。通常先给封闭环任定一个方向画上箭头，然后沿此方向环绕尺寸链依次给每一组成环画出箭头，凡是组成环尺寸箭头方向与封闭环箭头方向相反的，均为增环；相同的，则为减环。

3. 尺寸链的分类

（1）按尺寸链在空间分布的位置关系，可将尺寸链分为线性尺寸链、平面尺寸链和空间尺寸链。

① 线性尺寸链：尺寸链中各环位于同一平面内且彼此平行。

② 平面尺寸链：尺寸链中各环位于同一平面或彼此平行的平面内，各环之间可以不平行。

③ 空间尺寸链：尺寸链中各环不在同一平面或彼此平行的平面内。

（2）按尺寸链的应用范围，可将尺寸链分为工艺尺寸链和装配尺寸链。

① 工艺尺寸链：在加工过程中，工件上各相关的工艺尺寸所组成的尺寸链。

② 装配尺寸链：在机器设计和装配过程中，各相关的零部件相互联系的尺寸所组成的尺寸链。

（3）按尺寸链各环的几何特征，可将尺寸链分为长度尺寸链和角度尺寸链。

① 长度尺寸链：尺寸链中各环均为长度量。

② 角度尺寸链：尺寸链中各环均为角度量。

（4）按尺寸链之间的相互关系，可将尺寸链分为独立尺寸链和并联尺寸链。

① 独立尺寸链：尺寸链中所有的组成环和封闭环只从属于一个尺寸链。

② 并联尺寸链：两个或两个以上的尺寸链，通过公共环将它们联系起来形成的尺寸链。

（二）工艺尺寸链计算式

（1）封闭环基本尺寸 = 所有增环基本尺寸之和减去所有减环基本尺寸之和，即

$$A_0 = \sum_{i=1}^{n} \vec{A}_i - \sum_{i=n+1}^{m} \overleftarrow{A}_i$$

（2）封闭环中间偏差 = 所有增环中间偏差之和减去所有减环中间偏差之和，即

$$\Delta_0 = \sum_{i=1}^{n} \vec{\Delta}_i - \sum_{i=n+1}^{m} \overleftarrow{\Delta}_i, \quad \Delta_i = \frac{ES_i + EI_i}{2}$$

（3）封闭环最大极限尺寸 = 所有增环最大极限尺寸之和减去所有减环最小极限尺寸之和，即

$$A_{0\max} = \sum_{i=1}^{n} \vec{A}_{i\max} - \sum_{i=n+1}^{m} \overleftarrow{A}_{i\min}$$

（4）封闭环最小极限尺寸 = 所有增环最小极限尺寸之和减去所有减环最大极限尺寸之和，即

$$A_{0\min} = \sum_{i=1}^{n} \vec{A}_{i\min} - \sum_{i=n+1}^{m} \overleftarrow{A}_{i\max}$$

（5）封闭环上偏差 = 所有增环上偏差之和减去所有减环下偏差之和，即

$$ES_0 = \sum_{i=1}^{n} E\vec{S}_i - \sum_{i=n+1}^{m} E\overleftarrow{I}_i$$

（6）封闭环下偏差 = 所有增环下偏差之和减去所有减环上偏差之和，即

$$EI_0 = \sum_{i=1}^{n} E\vec{I}_i - \sum_{i=n+1}^{m} E\overleftarrow{S}_i$$

（7）封闭环公差 = 各组成环公差之和，即

$$T_0 = \sum_{i=1}^{n} \vec{T}_i + \sum_{i=n+1}^{m} \overleftarrow{T}_i = \sum_{i=1}^{m} T_i$$

（8）封闭环平均尺寸 = 所有增环平均尺寸之和减去所有减环平均尺寸之和，即

$$A_{0av} = \sum_{i=1}^{n} \vec{A}_{iav} - \sum_{i=n+1}^{m} \overleftarrow{A}_{iav}, \quad A_{iav} = \frac{A_{i\max} + A_{i\min}}{2}$$

（三）工艺尺寸链的计算实例

1. 基准不重合时，工艺尺寸链的计算

（1）定位基准与设计基准不重合。

例1 如图4-2-4（a）所示的工件，A、B、C 面已加工。以 A 面定位镗孔，求工序尺寸及偏差。

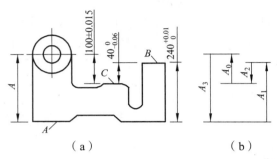

图 4-2-4　工件及尺寸链图

解： ① 画尺寸链图，如图4-2-4（b）所示。

② 封闭环 $A_0 = 100 \pm 0.15$，增环 $A_2 = 40_{-0.06}^{0}$、A_3 减环，$A_1 = 240_{0}^{+0.1}$

③ 计算封闭环基本尺寸：$100 = 40 + A_3 - 240$

$$A_3 = 300 \text{ mm}$$

封闭环上偏差：$0.15 = 0 + ES_3 - 0$

$$ES_3 = 0.15 \text{ mm}$$

封闭环下偏差：$-0.15 = -0.06 + EI_3 - 0.1$

$$EI_3 = 0.01 \text{ mm}$$

$$A_3 = 300_{+0.01}^{+0.15} \text{ mm}$$

④ 验算封闭环公差：$T_0 = 0.3 \text{ mm}$，$T_1 + T_2 + T_3 = 0.10 + 0.06 + 0.14 = 0.30$（mm），计算正确。

例2 如图4-2-5（a）所示的工件，A、B 面已加工。工序 10 是以 A 面定位，铣槽 C 面，求工序尺寸及公差。工序 20 是以 A 面定位，镗孔 $\phi 30H7$，求工序尺寸及公差。

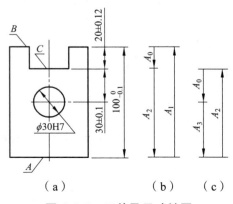

图 4-2-5　工件及尺寸链图

解：求工序 10 的工序尺寸 A_2。

① 画尺寸链图，如图 4-2-5（b）所示。

② 封闭环 $A_0 = 20 \pm 0.12$、增环 $A_1 = 100_{-0.1}^{0}$、减环 A_2。

③ 计算封闭环基本尺寸：$20 = 100 - A_2$

$$A_2 = 80 \text{ mm}$$

封闭环上偏差：$0.12 = 0 - EI_2$

$$EI_2 = -0.12 \text{ mm}$$

封闭环下偏差：$-0.12 = -0.1 - ES_2$

$$ES_2 = 0.02 \text{ mm}$$

$$A_2 = 80_{-0.12}^{+0.02} = 80.02_{-0.14}^{0} \text{（mm）}$$

④ 验算封闭环公差：$T_0 = 0.24 \text{ mm}$，$T_1 + T_2 = 0.10 + 0.14 = 0.24$（mm），计算正确。

求工序 20 的工序尺寸 A_3。

① 画尺寸链，如图 4-2-5（c）所示。

② 封闭环 $A_0 = 30 \pm 0.1$、增环 $A_2 = 80_{-0.12}^{+0.02}$、减环 A_3。

③ 计算封闭环基本尺寸：$30 = 80 - A_3$

$$A_3 = 50 \text{ mm}$$

封闭环上偏差：$0.10 = 0.02 - EI_3$

$$EI_3 = -0.08 \text{ mm}$$

封闭环下偏差：$-0.10 = -0.12 - ES_3$

$$ES_3 = -0.02 \text{ mm}$$

$$A_3 = 50_{-0.08}^{-0.02} \text{ mm}$$

④ 验算封闭环公差：$T_0 = 0.20 \text{ mm}$，$T_2 + T_3 = 0.14 + 0.06 = 0.20$（mm），计算正确。

（2）测量基准与设计基准不重合。

例 3　如图 4-2-6（a）所示的工件，尺寸 $10_{-0.36}^{0}$ 不便测量，改测量孔深 A_2，通过 $50_{-0.17}^{0}$（A_1）间接保证尺寸 $10_{-0.36}^{0}$（A_0），求工序尺寸 A_2 及偏差。

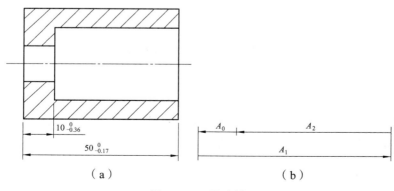

（a）　　　　　　　　　　（b）

图 4-2-6　尺寸链

解: ① 画尺寸链图，如图 4-2-6（b）所示。

② 封闭环 $A_0 = 10_{-0.36}^{0}$、增环 $A_1 = 50_{-0.17}^{0}$、减环 A_2。

③ 计算封闭环基本尺寸：$10 = 50 - A_2$

$$A_2 = 40 \text{ mm}$$

封闭环上偏差：$0 = 0 - EI_2$

$$EI_2 = 0 \text{ mm}$$

封闭环下偏差：$0.36 = -0.17 - ES_2$

$$ES_2 = 0.19 \text{ mm}$$

$$A_2 = 40_{0}^{+0.19} \text{ mm}$$

④ 验算封闭环公差：$T_0 = 0.36 \text{ mm}$，$T_1 + T_2 = 0.17 + 0.19 = 0.36 \text{(mm)}$，计算正确。

⑤ 假废品：A_2 为 39.83 mm，不合格。若 A_1 为 49.83 mm，$A_0 = 49.83 - 39.83 = 10 \text{(mm)}$，合格。$A_2$ 为 40.36 mm，不合格。若 A_1 为 50 mm，$A_0 = 50 - 40.36 = 9.64 \text{(mm)}$，合格。

⑥ 需对有关尺寸复检，并计算实际尺寸。

补充：① 定位基准与设计基准不重合。

对于图 4-2-7（a）所示的工件，表面 A、C 均已加工，现加工表面 B，要求保证尺寸 $A_0 = 25_{0}^{+0.25} \text{ mm}$ 及平行度 0.1 mm，表面 C 是表面 B 的设计基准，但不宜作定位基准，故选 A 为定位基准，出现定位基准与设计基准不重合，为达到零件的设计精度，需要进行尺寸换算。

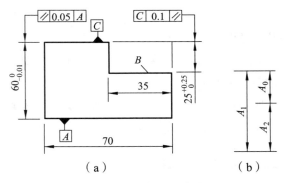

图 4-2-7　工件及尺寸链图

② 测量基准与设计基准不重合。

如图 4-2-8（a）所示的工件，下部所注尺寸为设计要求。在加工端面 C 时应保证设计尺寸 $50_{-0.1}^{0} \text{ mm}$，因不好测量而改为测量尺寸 x，由于测量基准（A）与设计基准（B）不重合，故需要进行工序尺寸换算，为保证封闭环公差，对尺寸 $10_{-0.15}^{0}$ 作了压缩，如图 4-2-8（b）所示，图 4-2-8（c）为尺寸链图。

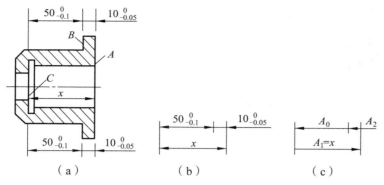

图 4-2-8　工件及尺寸链图

2. 工序尺寸的基准有加工余量时，工艺尺寸链的计算

（1）从尚需继续加工表面标注的工序尺寸计算。

例 4　如图 4-2-9（a）所示的工件，内孔 $\phi 40^{+0.039}_{0}$，键槽 $43.3^{+0.2}_{0}$。加工工艺为精镗内孔 $\phi 39.6^{+0.062}_{0}$、插键槽至尺寸 A、热处理、磨内孔 $\phi 40^{+0.039}_{0}$，求插键槽尺寸 A。

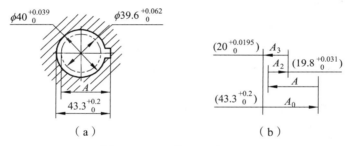

图 4-2-9　工件及尺寸链图

解： ① 画尺寸链（必须将孔直径化成半径来表示），如图 4-2-9（b）所示。

② 封闭环 $A_0 = 43.3^{+0.2}_{0}$，增环 A、$A_3 = 20^{+0.0195}_{0}$，减环 $A_2 = 19.8^{+0.031}_{0}$。

③ 计算封闭环基本尺寸：$43.3 = 20 + A_1 - 19.8$

$$A = 43.1 \text{ mm}$$

封闭环上偏差：$0.2 = 0.019\,5 + ES - 0$

$$ES = 0.180\,5 \text{ mm}$$

封闭环下偏差：$0 = 0 + EI - 0.031$

$$EI = 0.031 \text{ mm}$$

$$A = 43.1^{+0.1805}_{+0.031} \approx 43.13^{+0.15}_{0} \text{（mm）}$$

④ 验算封闭环公差：$T_0 = 0.2$ mm，$T_1 + T_2 + T_3 = 0.149\,5 + 0.031 + 0.019\,5 = 0.20$ (mm)，计算正确。

（2）保证渗层深度的工艺尺寸计算。

例 5 孔 $\phi145^{+0.04}_{0}$ 要求渗氮层深度 T_0 为 0.3 ~ 0.5 mm，设为 $0.3^{+0.2}_{0}$。加工工艺为磨孔 $\phi144.76^{+0.04}_{0}$、渗氮处理、精磨 $\phi145^{+0.04}_{0}$，保证渗氮层深度 T_0。试求工艺渗氮层深度 T_1。

解： ① 画尺寸链图（必须将孔直径化成半径来表示），如图 4-2-10 所示。

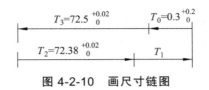

图 4-2-10　画尺寸链图

② 封闭环 $T_0 = 0.3^{+0.2}_{0}$，增环 T_1、$T_2 = 72.38^{+0.02}_{0}$，减环 $T_3 = 72.5^{+0.02}_{0}$。

③ 计算封闭环基本尺寸：$0.3 = T_1 + 72.38 - 72.5$

$$T_1 = 0.42 \text{ mm}$$

封闭环上偏差：$0.2 = ES_1 + 0.02 - 0$

$$ES_1 = 0.18 \text{ mm}$$

封闭环下偏差：$0 = EI_1 + 0 - 0.02$

$$EI_1 = 0.02 \text{ mm}$$

$T_1 = 0.42^{+0.18}_{+0.02}$，即工艺渗氮层深度为 0.44 ~ 0.60 mm。

④ 验算封闭环公差：$T_0 = 0.2$，$T_1 + T_2 + T_3 = 0.16 + 0.02 + 0.02 = 0.20$ (mm)，计算正确。

三、机械制造工艺规程设计

（一）工艺规程的内容与作用

1. 定　义

规定产品或零部件制造工艺过程和操作方法等的工艺文件称为工艺规程。其中规定零件机械加工工艺过程和操作方法等的工艺文件称为机械加工工艺规程。

工艺规程是在具体的生产条件下，最合理或较合理的工艺过程和操作方法，并按规定的形式书写成工艺文件，经审批后用来指导生产。工艺规程中包括各个工序的排列顺序，加工尺寸、公差及技术要求，工艺设备及工艺措施，切削用量及工时定额等内容。

2. 工艺规程的作用

（1）指导生产的主要技术文件。

（2）生产组织和生产管理的依据，即生产计划、调度、工人操作和质量检验等的依据。

（3）新建或扩建工厂、车间的主要技术资料。

总之，零件的机械加工工艺规程是每个机械制造厂或加工车间必不可少的技术文件。生产前用它做生产的准备，生产中用它做生产的指挥，生产后用它做生产的检验。

（二）工艺规程的格式

为了适应工业发展的需要，加强科学管理和便于交流，原机械电子工业部还制定了指导性技术文件 JB/Z 187.3—88《工艺规程格式》，要求各机械制造厂按统一规定的格式填写。按照规定，属于机械加工工艺规程的有机械加工工艺过程卡片、机械加工工序卡片、标准零件或典型零件工艺过程卡片、单轴自动车床调整卡片、多轴自动车床调整卡片、机械加工工序操作指导卡片、检验卡片等。

（三）机械加工工艺过程卡片和机械加工工序卡片

（1）机械加工工艺过程卡片：以工序为单位，简要说明产品或零部件加工过程的一种工艺文件，是生产管理的主要技术文件，广泛用于成批生产和单件小批量生产中比较重要的零件。

（2）机械加工工序卡片：在工艺过程卡片的基础上按每道工序所编的一种工艺文件，一般具有工序简图，并详细说明该工序的每一个工步的加工内容、工艺参数、操作要求以及所用设备和工艺装备等。它主要用于大批量生产中所有零件、中批量生产中的重要零件和单件小批量生产中的关键工序。

（四）工艺规程设计的原则与步骤

1. 工艺规程设计的原则

（1）必须保证零件图纸上所有技术要求的实现，即保证质量，并要提高工作效率。

（2）保证经济上的合理性，即成本低、消耗小。

（3）保证良好的安全工作条件：尽量减轻工人的劳动强度，保障生产安全，创造良好的工作环境。

（4）要从实际出发：所制订的工艺规程应立足于实际条件，并具有先进性，尽量采用新工艺、新技术、新材料。

制订的工艺规程随着实践的检验、工艺技术的发展与设备的更新应能不断地修订完善。

2. 机械加工工艺规程设计的内容及步骤

（1）分析零件图和产品装配图。

（2）对零件图和装配图进行工艺审查。

（3）由零件生产纲领确定零件生产类型。

（4）确定毛坯种类。

（5）拟定零件加工工艺路线。

（6）确定各工序所用机床设备和工艺装备（含刀具、夹具、量具、辅具等）。

（7）确定各工序的加工余量，计算工序尺寸及公差。

（8）确定各工序的技术要求及检验方法。

（9）确定各工序的切削用量和工时定额。

（10）编制工艺文件。

四、机械加工工艺规程设计

（一）零件工艺性分析

1. 审查零件图的完整性

审查零件图上的尺寸标注是否完整，结构表达是否清楚。

2. 分析技术要求是否合理

（1）加工表面的尺寸精度。

（2）主要加工表面的形状精度。

（3）主要加工表面的相互位置精度。

（4）表面质量要求。

（5）热处理要求。

零件上的尺寸公差、形位公差和表面粗糙度的标注，应根据零件的功能经济合理地决定，过高的要求会增加加工难度，过低的要求会影响工作性能，两者都是不允许的。

3. 审查零件材料选用是否适当

材料的选择既要满足产品的使用要求，又要考虑产品成本，尽可能采用常用材料，如45钢，少用贵重金属。

4. 零件的结构工艺性分析

（1）零件结构工艺性：指所设计的零件在能满足使用要求的前提下制造的可行性和经济性，包括零件各个制造过程中的工艺性，如铸造、锻造、冲压、焊接、热处理、切削加工等工艺性。由此可见，零件的结构工艺性涉及面很广，具有综合性，必须全面综合分析。

在制订机械加工工艺规程时，主要进行零件切削加工工艺性分析。

（2）机械加工对零件局部结构工艺性的要求。

机械加工对零件局部结构工艺性的要求如下：

① 便于刀具的引进和退出。如箱体边缘孔的钻削，如图 4-2-11（a）所示不便于刀具的引进，采用图 4-2-11（b）所示的结构，可采用标准刀具加工，以提高加工精度。

② 保证刀具正常工作。如图 4-2-12（a）所示的结构，孔的入口端和出口端都是斜面或曲面，钻孔时钻头两个刃受力不均，容易引偏，而且钻头也容易损坏，宜改用图 4-2-12（b）所示的结构。如图 4-2-12（c）所示的结构，入口是平的，但出口都是曲面，宜改用图 4-2-12（d）所示的结构。

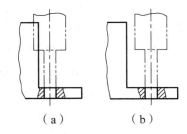

（a）　　　（b）

图 4-2-11　箱体边缘孔的钻削

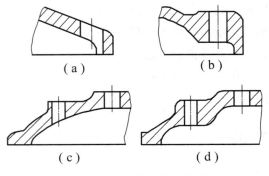

（a）　　　　　　（b）

（c）　　　　　　（d）

图 4-2-12　零件孔结构设计

③ 保证能以较高的生产率加工，如被加工表面形状应尽量简单。如图 4-2-13（a）所示

的键槽形状只能用生产率较低的键槽铣刀加工，图 4-2-13（b）所示的结构就能用生产率较高的三面刃铣刀加工。

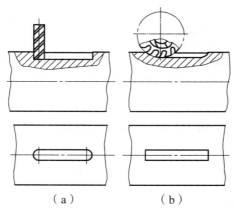

图 4-2-13　键槽的设计

④ 尽量减少加工面积。如图 4-2-14 所示的两种气缸套零件，图（b）所示的结构比图（a）所示的结构加工面积小，工艺性好。

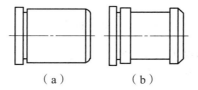

图 4-2-14　气缸套工作表面结构图

如图 4-2-15 所示为箱体零件耳座的结构，图（b）、图（c）所示的结构不但省料而且生产效率高，其工艺性优于图（a）所示的结构。

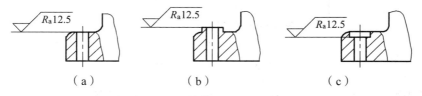

图 4-2-15　箱体零件耳座的结构

⑤ 尽量减少加工过程的装夹次数。加工如图 4-2-16 所示的零件螺孔，需作两次装夹，先钻孔，再攻螺孔 B、C，然后翻身装夹，最后钻孔、攻螺孔 A。如果设计允许，宜将螺孔 A 改成图 4-2-16 左上角的结构。

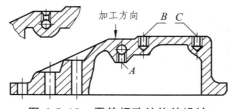

图 4-2-16　零件螺孔结构的设计

⑥ 尽量减少工作行程次数。如图 4-2-17（b）所示的箱体平面结构，只需一次工作行程就可以铣出来，工艺性好。图 4-2-17（a）所示的平面结构一次工作行程不能完成加工，工艺性差。

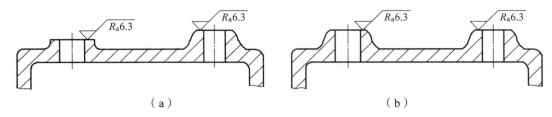

图 4-2-17　箱体平面结构的设计

⑦ 应统一或减少尺寸种类。如图 4-2-18（a）所示的轴上槽宽尺寸不同，图 4-2-18（b）所示的槽宽尺寸统一，可减少刀具种类，减少换刀时间。

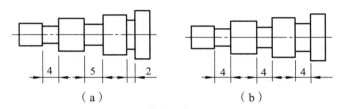

图 4-2-18　轴上槽宽的设计

⑧ 避免深孔加工。如图 4-2-19（a）所示为深孔加工，工艺难；采用图 4-2-19（b）所示的结构，可避免深孔加工和节约零件材料，简单实用。

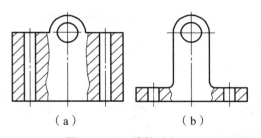

图 4-2-19　箱体孔加工

⑨ 用外表面连接代替内表面连接。如图 4-2-20（a）所示箱体采用内表面连接，加工困难，图 4-2-20（b）改用外表面连接，加工容易（因外表面加工比内表面加工容易）。

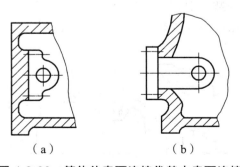

图 4-2-20　箱体外表面连接代替内表面连接

⑩　零件的结构应与生产类型相适应。如在大批量生产中，图 4-2-21（a）所示的箱体为同轴孔系的结构，工艺性好；在单件小批量生产中，图 4-2-21（b）所示的结构工艺性好。

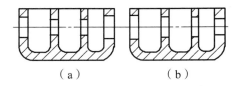

（a）　　　　　　　（b）

图 4-2-21　箱体同轴孔系的结构

⑪　在大批量生产中，采用专用双面组合镗床加工，可以从箱体两端向中间进给镗孔。采用专用组合镗床，一次性投资虽然高，但因产量大，分摊到每个零件上的工艺成本并不多，经济上仍是合理的。

有位置要求或同方向的表面能在一次装夹中加工出来。如图 4-2-22（a）所示的键槽的尺寸、方位不在同一轴线上，图 4-2-22（b）所示的键槽的尺寸、方位相同，则可在一次装夹中加工出全部键槽，以提高生产率。

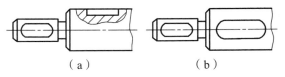

（a）　　　　　　　（b）

图 4-2-22　键槽的尺寸与方位

⑫　零件要有足够的刚性，便于采用高速和多刃切削。在加工时，工件要承受切削力和夹紧力的作用，工件刚性不足，易发生变形，影响加工精度。如图 4-2-23 所示的结构，图（b）的结构有加强筋，零件刚性好，加工时不易产生变形，其工艺性就比图（a）的结构要好。

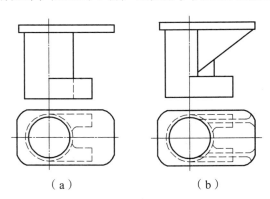

（a）　　　　　　　（b）

图 4-2-23　增设加强筋提高零件的刚性

（3）机械加工对零件整体结构工艺性的要求。

零件是各要素、各尺寸组成的一个整体，所以更应考虑零件整体结构的工艺性，具体有以下几点要求：

①　尽量采用标准件、通用件。

②　在满足产品使用性能的条件下，零件图上标注的尺寸精度等级和表面粗糙度要求取最经济值。

③ 尽量选用切削加工性好的材料。

④ 有便于装夹的定位基准和夹紧表面。

⑤ 节省材料，减轻质量。

（二）毛坯的选择

1．毛坯的种类

（1）铸造毛坯：适合做形状复杂零件的毛坯。

（2）锻造毛坯：适合做形状简单零件的毛坯。

（3）型材：适合做轴、平板类零件的毛坯。

（4）焊接毛坯：适合做板料、框架类零件的毛坯。

2．选择毛坯的原则

（1）选择原则：毛坯的形状和尺寸应尽量接近零件的形状和尺寸，以减少机械加工。

（2）毛坯选择应考虑的因素。

① 生产纲领的大小：对于大批量生产，应选择高精度的毛坯制造方法，以减少机械加工，节省材料。

② 现有生产条件：要考虑现有的毛坯制造水平和设备能力。

3．示　例

（1）轴类零件：车床主轴，如45钢模锻件；阶梯轴（直径相差不大），如棒料。

（2）箱体：铸造件或焊接件。

（3）齿轮：小齿轮，如棒料；大多数中型齿轮，如模锻件；大型齿轮，如铸钢件。

（三）定位基准

1．基准的定义

在零件图上或实际的零件上，用来确定其他点、线、面位置时所依据的那些点、线、面称为基准。

2．基准的分类

按其功用，基准分为设计基准和工艺基准。

（1）设计基准：零件工作图上用来确定其他点、线、面位置的基准。

（2）工艺基准：加工、测量和装配过程中使用的基准，又称制造基准。

工艺基准分为工序基准、定位基准、测量基准、装配基准。

① 工序基准：在工序图上，用来确定加工表面位置的基准。它与加工表面有尺寸、位置要求。

② 定位基准：加工过程中，使工件相对机床或刀具占据正确位置所使用的基准。

③ 测量基准：用来测量加工表面位置和尺寸而使用的基准。

④ 装配基准：装配过程中用以确定零部件在产品中位置的基准。

3．定位基准的选择

定位基准包括粗基准和精基准。粗基准指用未加工过的毛坯表面做基准。精基准指用已加工过的表面做基准。

（1）粗基准的选择原则。

重点考虑如何保证各加工表面有足够的余量，使不加工表面和加工表面间的尺寸、位置符合零件图要求。

① 合理分配加工余量的原则。

a. 应保证各加工表面都有足够的加工余量，如外圆加工以轴线为基准。

b. 以加工余量小而均匀的重要表面为粗基准，以保证该表面加工余量分布均匀、表面质量高，如床身加工，先加工床腿再加工导轨面。

② 保证零件加工表面相对于不加工表面具有一定位置精度的原则。

一般应以非加工面作为粗基准，这样可以保证不加工表面相对于加工表面具有较为精确的相对位置。当零件上有几个不加工表面时，应选择与加工面相对位置精度要求较高的不加工表面作为粗基准。

③ 便于装夹的原则：选表面光滑的平面作为粗基准，以保证定位准确、夹紧可靠。

④ 粗基准一般不得重复使用的原则：在同一尺寸方向上粗基准通常只允许使用一次，粗基准一般都很粗糙，重复使用同一粗基准所加工的两组表面之间的位置误差大，因此，粗基准一般不得重复使用。

（2）精基准的选择原则。

重点考虑如何减少误差，提高定位精度。

① 基准重合原则：利用设计基准作为定位基准，即为基准重合原则。

② 基准统一原则：在大多数工序中，都使用同一基准的原则。这样容易保证各加工表面的相互位置精度，避免基准变换所产生的误差。

例如，加工轴类零件时，一般都采用两个顶尖孔作为统一精基准来加工轴类零件上的所有外圆表面和端面，这样可以保证各外圆表面间的同轴度和端面对轴心线的垂直度。

③ 互为基准原则：加工表面和定位表面互相转换的原则。一般适用于精加工和光磨加工中。

例如，车床主轴前、后支承轴颈与主轴锥孔间有严格的同轴度要求，常先以主轴锥孔为基准磨主轴前、后支承轴颈表面，然后再以前、后支承轴颈表面为基准磨主轴锥孔，最后达到图纸上规定的同轴度要求。

④ 自为基准原则：以加工表面自身作为定位基准的原则，如浮动镗孔、拉孔。其只能提高加工表面的尺寸精度，不能提高表面间的位置精度。

（四）工艺路线的拟订

1. 表面加工方法和加工方案的选择

选择表面加工方法和加工方案时，应考虑以下因素：

（1）加工面的技术要求，即经济精度（正常工作条件下所达到的加工精度）。

（2）工件材料的性质及热处理。

（3）工件的形状和尺寸。

（4）结合生产类型考虑生产率和经济性。

（5）现有的生产条件。

2．加工阶段的划分

（1）根据零件的技术要求划分为以下几个阶段。

① 粗加工阶段：在此阶段主要是尽量切除大部分余量，主要考虑生产率。

② 半精加工阶段：在此阶段主要是为主要表面的精加工做准备，并完成次要表面的终加工（钻孔、攻丝、铣键槽等）。

③ 精加工阶段：在此阶段主要是保证各主要表面达到图纸要求，主要任务是保证加工质量。

④ 光整加工阶段：在此阶段主要是为了获得高质量的主要表面和尺寸精度。

（2）划分加工阶段的主要目的。

① 保证零件的加工质量（因为工件有内应力变形、热变形和受力变形，精度、表面质量只能逐步提高）。

② 有利于及早发现毛坯缺陷并得到及时处理。

③ 有利于合理利用机床设备。

④ 便于穿插热处理工序。穿插热处理工序必须将加工过程划分成几个阶段，否则很难充分发挥热处理的效果。

此外，将工件加工划分为几个阶段，还有利于保护精加工过的表面少受磕碰损坏。

3．工序的集中与分散

（1）工序集中的原则：按工序集中原则组织工艺过程，就是使每个工序所包括的加工内容尽量多，将许多工序组成一个集中工序。最大限度的工序集中，就是在一个工序内完成工件所有表面的加工。

数控机床、加工中心按工序集中原则组织工艺过程，生产适应性反而好，转产相对容易。虽然设备的一次性投资较高，但由于有足够的柔性，仍然受到越来越多的重视。

（2）工序分散原则：按工序分散原则组织工艺过程，就是使每个工序所包括的加工内容尽量少。最大限度的工序分散，就是每个工序只包括一个简单工步。

传统的流水线、自动线生产基本是按工序分散原则组织工艺过程的，这种组织方式可以实现高生产率生产，但对产品改型的适应性较差，转产比较困难。

4．工序顺序的安排

（1）机械加工工序的安排原则。

① 先基准面后其他表面：先把基准面加工出来，再以基准面定位来加工其他表面，以保证加工质量。

② 先粗加工后精加工：即粗加工在前，精加工在后，粗精分开。

③ 先主要表面后次要表面：主要表面是指装配表面、工作表面；次要表面是指键槽、连接用的光孔等。

④ 先加工平面后加工孔：平面轮廓尺寸较大，平面定位安装稳定，通常以平面定位来加工孔。

（2）热处理工序及表面处理工序的安排。

根据热处理的目的，安排热处理在加工过程中的位置。

① 退火：可消除内应力，提高强度和韧性，降低硬度，改善切削加工性。高碳钢采用退

火，以降低硬度。退火应放在粗加工前，毛坯制造出来以后。

② 正火：将钢加热到一定温度，保温一段时间后从炉中取出，在空气中冷却的一种热处理工序。加热到的一定的温度，其与钢的含碳量有关，一般低于固相线 200 °C 左右。

正火可提高钢的强度和硬度，使工件具有合适的硬度，以改善切削加工性。低碳钢采用正火，以提高硬度。正火放在粗加工前，毛坯制造出来以后。

③ 回火：将淬火后的钢加热到一定的温度，保温一段时间，然后置于空气或水中冷却的一种热处理方法。回火能起到稳定组织、消除内应力、降低脆性的作用。

④ 调质处理：淬火后再高温回火的工艺。其作用是获得细致均匀的组织，以提高零件的综合机械性能。调质处理安排在粗加工后，半精加工前，常用于中碳钢和合金钢的热处理。

⑤ 时效处理：其作用是消除毛坯制造和机械加工中产生的内应力。时效处理一般安排在毛坯制造出来和粗加工后，常用于大型、复杂的铸件的热处理。

⑥ 淬火：将钢加热到一定的温度，保温一段时间，然后在冷却介质中迅速冷却，以获得高硬度组织的一种热处理工艺。淬火用于提高零件的硬度，一般安排在磨削前。

⑦ 渗碳处理：提高工件表面的硬度和耐磨性，可安排在半精加工之前或之后进行。

⑧ 表面处理：为提高工件表面的耐磨性、耐蚀性和以装饰为目的热处理工艺，如镀铬、镀锌、发蓝处理等。表面处理一般都安排在工艺过程最后阶段进行。

（3）检验工序的安排。

为保证零件制造质量，防止产生废品，需在下列场合安排检验工序：

① 每个加工阶段结束之后。

② 送往外车间加工的前后。

③ 工时较长和重要工序的前后。

④ 最终加工之后。

除了安排几何尺寸检验工序之外，有的零件还要安排探伤、密封、称重、平衡等检验工序。

（4）其他工序的安排。

① 零件表层或内腔的毛刺对机器装配质量影响较大,切削加工之后,应安排去毛刺工序。

② 零件在进入装配之前，一般都应安排清洗工序。工件内孔、箱体内腔易存留切屑；研磨、珩磨等光整加工工序之后，微小磨粒易附着在工件表面上，要注意清洗。

③ 在用磁力夹紧工件的工序之后，要安排去磁工序，不让带有剩磁的工件进入装配线。

思考与练习

一、单选题

1. 尺寸链的其他组成环不变，某一减环的增大，使封闭环（　　）。

A. 增大　　　　　B. 减小　　　　　C. 保持不变　　　　　D. 可大可小

2. 若车床两导轨面在垂直面内有扭曲，则外圆产生（　　）。

A. 圆度误差　　　　　　　　　B. 圆柱度误差

C. 尺寸误差　　　　　　　　　D. 其他误差

3. 加工轴类毛坯有锥度，则粗车后此轴会产生（　　）。

A. 圆度误差　　　B. 尺寸误差　　　C. 圆柱度误差　　　D. 位置误差

4. 为消除一般机床主轴箱体铸件的内应力，应采用（　　　）。

   A. 正火　　　　　　B. 调质　　　　　　C. 时效　　　　　　D. 表面热处理

5. 工件受热均匀变形时，热变形使工件产生的误差是（　　　）。

   A. 尺寸误差　　　　　　　　　　　B. 形状误差

   C. 位置误差　　　　　　　　　　　D. 尺寸和形状误差

6. 在一平板上铣通槽，除沿槽长方向的一个自由度未被限制外，其余自由度均被限制。此定位方式属于（　　　）。

   A. 完全定位　　　　B. 部分定位　　　　C. 欠定位　　　　D. 过定位

7. 车床主轴的纯轴向窜动对（　　　）的形状精度有影响。

   A. 车削内外圆　　　　　　　　　　B. 车削端平面

   C. 车内螺纹　　　　　　　　　　　D. 切槽

8. 造成车床主轴抬高或倾斜的主要原因是（　　　）。

   A. 切削力　　　　　　　　　　　　B. 夹紧力

   C. 主轴箱和床身温度上升　　　　　D. 刀具温度高

9. 定位基准是指（　　　）。

   A. 机床上的某些点、线、面　　　　B. 夹具上的某些点、线、面

   C. 工件上的某些点、线、面　　　　D. 刀具上的某些点、线、面

10. 工序基准定义为（　　　）。

   A. 设计图中所用的基准　　　　　　B. 工序图中所用的基准

   C. 装配过程中所用的基准　　　　　D. 用于测量工件尺寸、位置的基准

11. 工件采用心轴定位时，定位基准面是（　　　）。

   A. 心轴外圆柱面　　　　　　　　　B. 工件内圆柱面

   C. 心轴中心线　　　　　　　　　　D. 工件外圆柱面

12. 提高低碳钢的硬度，改善其切削加工性，常采用（　　　）。

   A. 退火　　　　　　B. 正火　　　　　　C. 回火　　　　　　D. 淬火

13. 工件以圆柱面在短 V 形块上定位时，限制了工件（　　　）个自由度。

   A. 5　　　　　　　　B. 4　　　　　　　　C. 3　　　　　　　　D. 2

14. 加工大中型工件的多个孔时，应选用的机床是（　　　）。

   A. 卧式车床　　　　B. 台式钻床　　　　C. 立式钻床　　　　D. 摇臂钻床

15. 当精加工表面要求加工余量小而均匀时，选择定位精基准的原则是（　　　）。

   A. 基准重合　　　　B. 基准统一　　　　C. 互为基准　　　　D. 自为基准

二、判断题

1. 车削细长轴工件若不采取措施，会车出腰鼓形工件。（　　　）

2. 镗孔时，镗杆的径向跳动仍然能镗出工件的圆孔。（　　　）

3. 铣削和拉削时，由于切削力稳定，故不会引起强迫振动。（　　　）

4. 机床的传动链误差不会影响滚齿加工精度。（　　　）

5. 刀尖的圆弧半径和后刀面磨损量增大，将使冷作硬化层深度增大。（　　　）

6. 加工表面层产生的残余压应力，能提高零件的疲劳强度。（　　　）

7. 不完全定位在零件的定位方案中是不允许的。（　　　）

8. 粗基准在同一尺寸方向可以反复使用。（　　　）

9. 轴类零件常用两中心孔作为定位基准，遵循了互为基准原则。（　　　）

10. 可调支承一般每件都要调整一次，而辅助支承可每批调整一次。（　　　）

11. 采用 6 个支承钉进行工件定位，则限制了工件的 6 个自由度。（　　　）

12. 在切削加工中，主运动只能有一个，而进给运动却不止一个。（　　　）

13. 工序集中优于工序分散。（　　　）

14. 精基准是指精加工时所使用的基准。（　　　）

15. 设计箱体零件加工工艺时，常采用基准统一原则。（　　　）

16. 平面磨削的加工质量比刨削、铣削都高，还可加工淬硬零件。（　　　）

三、计算题

1. 一批如图 4-2-24 所示的轴套零件，在车床上已加工好外圆、内孔及端面，现需在铣床上铣右端缺口，并保证尺寸 $5_{-0.06}^{0}$ 及 26 ± 0.2，求采用调整法加工时控制尺寸 H、A 及其偏差并画出尺寸链图。

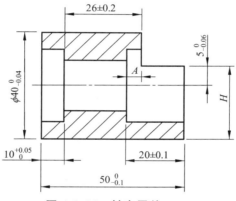

图 4-2-24　轴套零件

2. 如图 4-2-25 所示的轴套零件的轴向尺寸，其外圆、内孔及端面均已加工。试求：当以 A 面定位钻直径为 $\phi10$ mm 孔时的工序尺寸 A_1 及其偏差（要求画出尺寸链图）；当以 B 面定位钻直径为 $\phi10$ mm 孔时的工序尺寸 B_1 及其偏差。

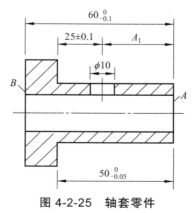

图 4-2-25　轴套零件

四、分析题

试确定在单件小批量生产条件下，如图 4-2-26 所示的阶梯轴的加工工艺过程。材料为 45

钢，表面硬度要求 45～50 HRC。请拟订工序、定位粗基准和精基准、工序内容和加工方法。

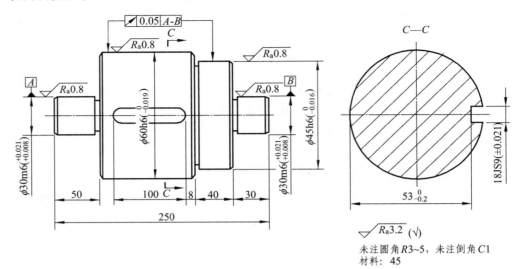

图 4-2-26　阶梯轴

参考文献

[1] 李明惠. 汽车应用材料[M]. 3 版. 北京：机械工业出版社，2015.

[2] 张蕾. 汽车材料[M]. 北京：科学出版社，2009.

[3] 高美兰. 汽车材料与金属加工[M]. 北京：机械工业出版社，2012.

[4] 白树全，高美兰. 汽车应用材料[M]. 北京：北京理工大学出版社，2013.

[5] 曾正明. 机械工程材料手册[M]. 7 版. 北京：机械工业出版社，2010.

[6] 王贵斗. 金属材料与热处理[M]. 北京：机械工业出版社，2008.

[7] 齐迎春. 汽车机械基础[M]. 长春：吉林大学出版社，2008.

[8] 范钦珊，唐静静. 工程力学（静力学和材料力学）[M]. 2 版. 北京：高等教育出版社，2007.

[9] 秦雪梅，李冬冬. 工程力学[M]. 武汉：华中科技大学出版社，2014.

[10] 单辉祖，谢传锋. 工程力学（静力学与材料力学）[M]. 北京：高等教育出版社，2007.

[11] 李慧剑，杜国君. 理论力学[M]. 北京：科学出版社，2009.

[12] 单辉祖. 材料力学（Ⅰ）[M]. 3 版. 北京：高等教育出版社，2009.

[13] 韩翠英. 汽车机械基础[M]. 北京：化学工业出版社，2010.

[14] 金旭星. 汽车机械基础[M]. 北京：人民邮电出版社，2009.

[15] 吴笑伟. 汽车机械基础[M]. 哈尔滨：哈尔滨工程大学出版社，2011.

[16] 王芳. 汽车机械基础[M]. 北京：机械工业出版社，2010.

[17] 孙桓，陈作模，葛文杰. 机械原理[M]. 北京：高等教育出版社，2011.

[18] 郑志祥，徐锦康，张磊. 机械零件[M]. 2 版. 北京：高等教育版社，2000.

[19] 刘文娟，姜晶. 金属切削机床[M]. 北京：机械工业出版社，2014.

[20] 戴曙. 金属切削机床[M]. 北京：机械工业出版社，2013.

[21] 吴国华. 金属切削机床[M]. 2 版. 北京：机械工业出版社，2011.

[22] 张益芳，等. 金属切削手册[M]. 4 版. 上海：上海科学技术出版社，2011.

[23] 杨明轩. 新编铣工技师手册[M]. 北京：机械工业出版社，2013.

[24] 郑修本. 机械制造工艺学[M]. 3 版. 北京：机械工业出版社，2012.

[25] 王先逵. 铣削、锯削加工[M]. 北京：机械工业出版社，2008.

[26] 庞丽君，尚晓峰. 金属切削原理[M]. 北京：国防工业出版社，2009.

[27]　郭仁生. 机械设计基础[M]. 2 版. 北京：清华大学出版社，2006.

[28]　陈良玉，等. 机械设计基础[M]. 沈阳：东北大学出版社，2000.

[29]　陆剑中，孙家宁. 金属切削原理与刀具[M]. 5 版. 北京：机械工业出版社，2011.

[30]　陈旭东. 机床夹具设计[M]. 北京：清华大学出版社，2010.

[31]　柳青松. 机床夹具设计与应用[M]. 北京：化学工业出版社，2011.

[32]　陈爱荣，王守忠，李新德. 机械制造技术[M]. 北京：北京理工大学出版社，2010.

[33]　关文达. 汽车构造[M]. 2 版. 北京：清华大学出版社，2009.

[34]　祖国海. 汽车构造[M]. 3 版. 北京：中国劳动社会保障出版社，2013.

[35]　莫宵依. 工程力学[M]. 北京：机械工业出版社，2010.